Barth lesen

T V Z

Matthias Freudenberg, Georg Plasger (Hg.)

Barth lesen

Zentrale Texte seines Denkens

TVZ

Theologischer Verlag Zürich

Gedruckt mit freundlicher Unterstützung der Evangelischen Kirche in Deutschland und der Union Evangelischer Kirchen in der Evangelischen Kirche in Deutschland, der Evangelisch-reformierten Kirche in Deutschland, der Evangelischen Kirche von Westfalen, der Evangelischen Kirche im Rheinland und der Karl Barth-Gesellschaft.

Der Theologische Verlag Zürich wird vom Bundesamt für Kultur mit einem Strukturbeitrag für die Jahre 2019–2020 unterstützt.

Bibliografische Information der Deutschen Nationalbibliothek

Die Deutsche Nationalbibliothek verzeichnet diese Publikation in der Deutschen Nationalbibliografie; detaillierte bibliografische Daten sind im Internet über http://dnb.dnb.de abrufbar.

Umschlaggestaltung
Simone Ackermann, Zürich
Unter Verwendung eines Bilds aus dem Karl Barth-Archiv

Die Fotografien sind dem Bildband «Karl Barth. Bilder und Dokumente aus seinem Leben» entnommen, Karl Barth-Gesamtausgabe, Band 54 © Karl Barth-Archiv

Druck
ROSCH-BUCH, Scheßlitz

ISBN 978-3-290-18209-0

2. Auflage 2019

www.tvz-verlag.ch

Inhalt

Vorwort

Die Schriften Karl Barths eröffnen bis heute in der ganzen Welt vielen Menschen weite theologische und geistesgeschichtliche Zusammenhänge. Aber aufgrund des großen Umfangs seiner Schriften – allein sein Hauptwerk, die «Kirchliche Dogmatik» (KD), hat circa 9 000 Seiten – und der Fülle – die «Gesamtausgabe» (GA) seiner Schriften umfasst bisher über 50 Bände – verschließen sie nicht wenigen den Zugang zu Barth.

Wir möchten mit dieser Auswahl von Texten aus allen Epochen Barths Zugänge zu seiner Theologie und auch zum Theologen Barth erleichtern. Die zwölf Kapitel sind thematisch aufgebaut und folgen in ihrer Reihenfolge im Wesentlichen Grundeinsichten von Barths Theologie. Den Auftakt bilden Texte, in denen Barth sich zur Entwicklung seiner Theologie geäußert und wichtige biografische Weichenstellungen beschrieben hat. Es folgen Kapitel, die den theologischen Themen zugeordnet sind, um die Barths Denken seit den Anfängen als Pfarrer in Safenwil bis zum Abschluss seiner «Kirchlichen Dogmatik» kreiste. Den Schluss bilden Auszüge aus Predigten. Barth verstand seine Theologie nicht zuletzt als eine Hilfestellung für Predigerinnen und Prediger und hat selbst gern gepredigt.

In allen Kapiteln sind längere und kürzere Abschnitte zusammengestellt, die aus unterschiedlichen Quellen stammen. Einige Kapitel beinhalten Abschnitte aus der «Kirchlichen Dogmatik», andere sind aus kleineren Schriften und Vorträgen zusammengestellt. Zu Anfang eines jeden Kapitels gibt es eine knappe thematische Einführung mit einem kurzen Hinweis auf den Kontext, in dem die Texte entstanden sind. Auch sonst haben wir Erklärungen nur da, wo sie uns unbedingt nötig erschienen, in eckigen Klammern und in Anmerkungen eingefügt sowie lateinische Begriffe übersetzt. Bei der Rechtschreibung und Zeichensetzung haben wir behutsame Angleichungen an die heute üblichen Regeln vorgenommen. Passagen aus der

«Kirchlichen Dogmatik», die dort kleiner gesetzt sind, geben wir hier in der gleichen Schriftgröße wie die anderen Texte wieder.

Barth bleibt theologisch schwere Kost. Das können und wollen wir auch nicht verändern, und das zeigt sich auch in den hier zu lesenden Texten. Aber es ist eine Kost, von der wir hoffen und erwarten, dass sie das christliche Leben nährt.

Ermöglicht wurde das Erscheinen des Bands durch Druckkostenzuschüsse der Evangelischen Kirche in Deutschland und der Union Evangelischer Kirchen in der Evangelischen Kirche in Deutschland, der Evangelisch-reformierten Kirche in Deutschland, der Evangelischen Kirche von Westfalen, der Evangelischen Kirche im Rheinland und der Karl Barth-Gesellschaft. Dafür danken wir sehr herzlich. Danke sagen wir auch Peter Zocher vom Karl Barth-Archiv für das Titelfoto und die Bilder im Band selbst, Anna Lena Schwarz für Korrekturarbeiten und Lisa Briner vom Theologischen Verlag Zürich für die angenehme Zusammenarbeit.

Saarbrücken / Siegen, 10. Dezember 2018 (50. Todestag Karl Barths)
Matthias Freudenberg / Georg Plasger

Karl und Nelly Barth, 1943

1 Theologische Wege und Wandlungen

Karl Barth hat keine Autobiografie verfasst. Zwar hat er Anfang 1966 begonnen, sein Leben zu Papier zu bringen; doch gab er dieses Vorhaben im Frühjahr 1967 zugunsten der Drucklegung seiner Tauflehre, des Interesses an der Erneuerung des Katholizismus und der Durchführung von Lehrveranstaltungen an der Universität Basel auf. Was von Barth vorliegt, sind autobiografische Skizzen und kurze Abhandlungen, in denen er Wege und Wandlungen in seiner theologischen Biografie beschrieben hat.

Geboren am 10. Mai 1886 in Basel, arbeitete Barth nach seinem Theologiestudium in Bern, Berlin, Tübingen und Marburg 1904–1908 als Redaktor der Zeitschrift «Die Christliche Welt» 1908/09 in Marburg. In der Folgezeit (1909–1911) war er Vikar in der deutschsprachigen reformierten Gemeinde Genf und danach (1911–1921) Pfarrer in der Arbeiter- und Bauerngemeinde Safenwil im Kanton Aargau. Eine wichtige Zäsur in seiner Biografie war das Jahr 1921 mit der Berufung auf eine Honorarprofessur für reformierte Theologie in Göttingen, die er bis 1925 wahrnahm. Von 1925 bis 1930 war er Professor für Dogmatik und neutestamentliche Exegese in Münster und von 1930 bis 1935 Professor für Systematische Theologie in Bonn. In den Bonner Jahren begann Barth mit der Arbeit an der «Kirchlichen Dogmatik» (seit 1932) und wirkte in der «Bekennenden Kirche» mit, die u. a. in der Abfassung der «Barmer Theologischen Erklärung» 1934 ihren Ausdruck fand. Nachdem Barth im November 1934 von der Bonner Professur aufgrund seiner Weigerung, den Eid auf Adolf Hitler ohne einschränkenden Zusatz zu leisten, suspendiert wurde, berief ihn 1935 die Universität Basel als Professor für Systematische Theologie und Homiletik.

Nach 1945 hielt Barth immer wieder Vorträge in Deutschland, zahlreichen anderen Staaten Europas und in den USA (1962), in denen er neben theologischen Themen auch Fragen der politischen und gesellschaftlichen Ordnung ansprach. Nach seiner Emeritierung 1961 hielt Barth eine letzte

Vorlesung «Einführung in die evangelische Theologie» (1961/62) sowie Kolloquien und Sozietäten. Einen Abschluss fand die «Kirchlichen Dogmatik» 1967 mit Band IV/4 über die Taufe. Am 10. Dezember 1968 starb Barth in seinem Haus in der Basler Bruderholzallee.

In die vorliegende Auswahl aufgenommen wurde eine «Autobiografische Skizze», die Barth für das Fakultätsalbum der Evangelisch-Theologischen Fakultät in Münster (1927) verfasst hatte. Die 1961 geschriebene Reflexion «Zwischenzeit» warf den Blick auf die Zwanzigerjahre des 20. Jahrhunderts. In drei Artikeln unter dem Titel «How my mind has changed», die Barth für die amerikanische Zeitschrift «The Christian Century» 1938, 1948 und 1958 schrieb, beleuchtete er eigene Denkwege und Diskussionen der Jahrzehnte 1928–1938, 1938–1948 und 1948–1958. Aus seinem letzten Lebensjahr sind Auszüge aus einem «Rundbrief an die Gratulanten zu Barths 82. Geburtstag» (1968) abgedruckt, in dem er u. a. über ökumenische Begegnungen und seine Freundschaft mit dem Dichter Carl Zuckmayer Auskunft gab. Im wenige Wochen vor seinem Tod geführten «Rundfunkinterview» von Roswitha Schmalenbach (1968) erklärte er schließlich seine Zuneigung zur Musik von Wolfgang Amadeus Mozart.

Auch in diesen Texten, die sehr autobiografisch sind, bleiben persönliche Reflexionen hinter der Beschreibung von theologischen und gesellschaftlichen Auf- und Umbrüchen sowie Auseinandersetzungen im Hintergrund. Vor Augen tritt ein theologischer Hauptakteur und Zeitzeuge des 20. Jahrhunderts, der dieses auch mit seinen politischen Stellungnahmen kritisch begleitet hat.

Autobiografische Skizze (1927)

[...] Der Betrieb der wissenschaftlichen Theologie begann mir, je länger ich zu predigen und zu unterrichten hatte, «irgendwie» fremd und rätselhaft zu werden. In verstärktem Maße geschah dies, als ich 1911, wie einst mein Vater, in den Aargau kam: in die Bauern- und Arbeitergemeinde Safenwil, in der mir, nicht ohne Einfluss der damals auf ihrem Höhepunkt stehenden Verkündigung von Kutter und Ragaz, die soziale Frage und Bewegung brennend wichtig wurden. In dem Klassengegensatz, den ich in meiner Gemeinde konkret vor Augen hatte, bin ich wohl zum ersten Male von der wirklichen Problematik des wirklichen Lebens berührt worden. Dies hatte zur Folge, dass meine Beschäftigung mit der Theologie (der 1912 erfolgte Tod meines Vaters mochte das Seine dazu beitragen) sich für Jahre auf die allerdings sehr sorgfältige Vorbereitung von Predigt und Unterricht reduzierte, während mein eigentliches Studium sich auf Fabrikgesetzgebung, Versicherungswesen, Gewerkschaftskunde und dergleichen richtete und mein Gemüt durch heftige, durch meine Stellungnahme auf Seiten der Arbeiter ausgelöste, lokale und kantonale Kämpfe in Anspruch genommen war.

Eine Wendung brachte erst der Ausbruch des Weltkriegs. Er bedeutete für mich konkret ein doppeltes Irrewerden: einmal an der Lehre meiner sämtlichen theologischen Meister in Deutschland, die mir durch das, was ich als ihr Versagen gegenüber der Kriegsideologie empfand, rettungslos kompromittiert erschien – sodann am Sozialismus, von dem ich gutgläubig genug noch mehr als von der christlichen Kirche erwartet hatte, dass er sich jener Ideologie entziehen werde, und den ich nun zu meinem Entsetzen in allen Ländern das Gegenteil tun sah. [...] Noch dachte und predigte ich zunächst auf den alten Linien weiter. Noch hielt ich es gerade damals für geboten, nun gerade mich auch äußerlich der sozialdemokratischen Partei anzuschließen. Über den liberal-theologischen und über den religiös-sozialen Problemkreis hinaus begann mir doch der Gedanke des Reiches Gottes in dem biblischen real-jenseitigen Sinn des Begriffs immer dringlicher und damit die allzu lange als selbstverständlich behandelte Textgrundlage meiner Predigten, die Bibel, immer problematischer zu werden. Immer noch reichlich naiv wurde eines bestimmten Tages im Jahre 1916 zwischen Thurneysen[1] und mir ausgemacht, dass man sich zwecks weiterer Klärung der Lage der wissenschaftlichen Theologie wieder

1 Eduard Thurneysen (1888–1974) war 1913–1920 Pfarrer im benachbarten Leutwil-Dürrenäsch und mit Barth eng persönlich und theologisch verbunden.

zuzuwenden habe. Hätten wir gewusst, was kam, wir würden wohl auch dazu die Parrhesie [= Freimütigkeit] nicht gefunden haben. Am folgenden Morgen fand ich mich, umgeben von einem Stoß von Kommentaren usw., vor dem Römerbrief des Apostels Paulus mit der, wie mir schien, ganz neu aufzuwerfenden Frage nach dem, was denn nun eigentlich dastehe. Aus den Notizen, die ich mir darüber zu machen pflegte, ist nachher das bekannte umstrittene Buch geworden. [...]

Dass ich Dinge gedacht und ausgesprochen hatte, die ich vor einer größeren Öffentlichkeit zu verantworten haben werde, das begann mir erst klar zu werden, als ich im September 1919, zu einem Vortrag an der religiös-sozialen Tagung in Tambach (Thüringen) aufgefordert, zum ersten Mal der gänzlich veränderten Lage im Deutschland der Nachkriegszeit ansichtig wurde.[2] [...] Hier fand ich auf einmal einen Kreis und Ausblick auf weitere Kreise von Menschen, zu deren Unruhe sich meine Versuche verhielten wie Antworten zu Fragen – Antworten, die mir doch gerade in dem nun anhebenden Verkehr mit diesen deutschen Zeitgenossen unter der Hand selber wieder zu Fragen wurden. Die Begrüßung mehr als eines dieser nach Realitäten hungrigen Geister ließ mich stutzig werden, ließ mich die Frage nach dem biblischen Sinn des «Reiches Gottes» ein zweites Mal aufwerfen [...] Das erste Dokument dieser Wendung ist der Aarauer Konferenzvortrag «Biblische Fragen, Einsichten und Ausblicke» von 1920. Von da an überstürzten sich die Dinge. Der Römerbrief ging an einen den Kairos besser erfassenden Münchener Verleger über, dem ich ihn aber zunächst nach Absatz der ersten Auflage wieder entreißen musste, um ihn einer völligen Umgestaltung zu unterziehen.[3]

Mitten in dieser Arbeit überraschte mich eines Morgens im Februar 1921 die Anfrage des alten Pfarrers Heilmann und später des preußischen Kultusministeriums, ob ich die in Göttingen zu errichtende Honorarprofessur für reformierte Theologie zu übernehmen willens sei. Ich kann jetzt, 6 Jahre später, wohl gestehen, dass ich damals die reformierten Bekenntnisschriften nicht einmal besaß, geschweige denn gelesen hatte, um von allerhand anderen ungeheuerlichen Lücken meines Wissens nicht zu reden. Wenn ich trotzdem nach kürzester Besinnung zusagte, so geschah es aus der unmittelbaren Empfindung, dass nach Lage der Dinge mein Ort bei der deutschen theologischen Jugend sei und nicht anderswo, und in der blinden Zuversicht, dass es mit der Wissenschaft und – mit der Obsorge für meine munter heranwachsende Kin-

2 Vortrag «Der Christ in der Gesellschaft» (1919).
3 Der damals von Albert Lempp (1884–1943) geleitete Christian Kaiser Verlag in München.

derschar da draußen irgendwie gehen müsse und werde. So übersiedelten wir im Oktober, 14 Tage nachdem die 2. Auflage des Römerbriefs fertig geworden war und unter allerlei stürmischen Ereignissen in meiner Gemeinde, in die ferne Stadt Albrecht Ritschls,[4] wo ich mit einer Sicherheit, die mir heute wieder unbegreiflich ist, alsbald die Bücher aufschlug, über deren Inhalt ich nun unversehens und sofort akademische Vorträge zu halten berufen war. Es fand sich zum Glück, dass meine Theologie, wie sie bis dahin geworden war, reformierter, calvinischer war, als ich selbst gewusst hatte, sodass ich meiner konfessionellen Sonderaufgabe mit Freude und gutem Gewissen nachgehen konnte. Die gewisse Unbestimmtheit meines Lehrauftrags sorgte dafür, dass ich die Aneignung wenigstens der nötigsten Stoffe, die ich, auf diese Zukunft nicht gefasst, früher versäumt hatte, Schritt für Schritt wenigstens in etwas nachholen konnte. Trost und Ermunterung war es mir, als ich im Februar 1922 von der Kunde überrascht wurde, dass ich von der theologischen Fakultät Münster zum D. Theol. ernannt worden sei. Und für die Dankbarkeit, mit der ich mich von Seiten vieler Göttinger Studenten alsbald umgeben sah, war ich ihnen dankbarer, als sie wissen konnten. […] Es waren freilich saure Jahre, da ich fortwährend nicht nur gleichzeitig lernen und lehren, sondern mich auch noch als Vertreter einer neuen theologischen Richtung in Form von Vorträgen und öffentlichen Diskussionen nach allen möglichen Richtungen legitimieren bzw. meiner Haut wehren musste. […]

Ende des Sommersemesters 1925, als ich eben meinen ersten dreisemestrigen Kurs über Dogmatik hinter mir hatte, erhielt ich die Nachricht, dass wiederum die evangelisch-theologische Fakultät Münster mich zum ordentlichen Professor für Dogmatik und neutestamentliche Exegese mit Erfolg vorgeschlagen habe. Wiederum hatte ich, nachdem mich eine gewisse Beengung meiner äußeren Stellung in Göttingen gelegentlich (wenn auch nicht allzu sehr) gestört hatte, keinen Grund, dem Ruf des Vertrauens nicht vertrauensvoll zu folgen, und bereue es bis heute nicht, es getan zu haben. Möchte dies auf Gegenseitigkeit beruhen. Ein etwas schwieriger Fall, der in mehr als einer Hinsicht der kollegialen und christlichen Geduld bedürftig ist, werde ich wohl nach meiner Meinung immer bleiben.

Karl Barth/Rudolf Bultmann, Briefwechsel 1911–1966, hg. v. Bernd Jaspert, Karl Barth-GA, Abt. V, Zürich [2]1994, 290–300.

4 Albrecht Ritschl (1822–1889) war von 1864–1889 Professor für Dogmatik und Ethik in Göttingen.

Zwischenzeit (1961)

[...] Im Herbst 1921 war ich von der Schweiz nach Deutschland übergesiedelt, vom Dienst eines Landpfarrers in ein akademisches Lehramt. [...] Ich sah ein Deutschland, das im Begriff war, sich von dem verlorenen ersten Weltkrieg und seinen Folgen – das Wort «Versailles», norddeutsch ausgesprochen, tönte oft wie ein Peitschenknall in meinen Ohren – erholen zu wollen, sich aber offenbar nicht erholen konnte. Ich begleitete die Bemühungen der wenigen besonnenen Männer, der kleinen gutwilligen Kreise, die die «Weimarer Republik» und ihre Verfassung ernst nahmen, eine deutsche soziale Demokratie aufbauen und dem Lande einen angemessenen Raum inmitten der ihm zunächst noch misstrauisch genug gegenüberstehenden Umwelt in loyaler Weise sichern wollten. Ich sah und hörte aber auch die damaligen «Deutsch-Nationalen» – in meinem Erinnerungsbild die unerfreulichsten aller Kreaturen Gottes, die mir je begegnet sind –, die nichts gelernt und nichts vergessen hatten, die jeden, aber auch jeden Versuch, auf jener Basis das Bestmögliche zu erreichen, torpedierten und damit und mit ihren Hetzreden zur Füllung der Schalen des Zornes, die sich dann in den zwei folgenden Jahrzehnten über die deutsche Nation ergossen, wohl den wichtigsten Beitrag geliefert haben. Gründlich geirrt habe ich mich damals, in dem bereits aufsteigenden Nationalsozialismus, der mir in seinen Ideen und Methoden, in seinen führenden Gestalten von Anfang an nur eben absurd vorkam, keine Gefahr zu erblicken. Ich hielt das deutsche Volk nun doch einfach für zu gescheit, um auf diese Möglichkeit hereinzufallen. [...]

In der deutschen evangelischen Kirche von damals, der ich als Theologe besonders verbunden und verpflichtet war, konnte mir nie so richtig wohl werden. Aus zwei Gründen nicht: sie hatte, jedenfalls in ihren führenden Organen und Kreisen, eine unverkennbare Schlagseite nach der schwarzweißroten Reaktion hin. Und sie entwickelte, dem Staat gegenüber zum ersten Mal auf eigene Füße gestellt, ein merkwürdig pompöses Selbstbewusstsein, dem der Gehalt und Tiefgang ihrer Verkündigung nun doch nicht zu entsprechen schien. Schon gab es da und dort «Bischöfe», solche, die die Bischöfe liebhatten, und solche, die selbst gern Bischöfe werden wollten. [...]

In der Theologie, auf meinem eigensten Feld, sah ich die Lage durch drei wichtige Faktoren bestimmt: einmal dadurch, dass die Vorherrschaft der am Anfang des Jahrhunderts modern gewesenen «liberalen», das heißt historisch-psychologisch orientierten Richtung zwar schon ziemlich problematisiert, aber noch keineswegs gebrochen war. Sodann durch eine in verschiedenen Varianten versuchte Rückkehr zu Luther, speziell zum sogenannten «Jungen

Luther», die später freilich mühelos in einen neuen lutherischen Konfessionalismus übergehen konnte. Endlich durch die Anfänge einer Neubegründung der Theologie auf einer an Kierkegaard[5] anknüpfenden «Existenzphilosophie». Wer sich für keinen dieser drei Wege entscheiden konnte, war damals darauf angewiesen, wie die Eidgenossen nach getanem Rütlischwur «sein Vieh zu wintern», sich also auf seinen eigenen, erst nachher kundzugebenden Vorschlag angemessen vorzubereiten. Das war mein Fall. Noch war ich in allem, was ich in den Zwanzigerjahren produziert habe, erst im Anlauf, in der Richtung auf das, worauf ich eigentlich hinauswollte. Sie waren nicht mehr meine Lehrlings-, aber immerhin erst meine Gesellenjahre.

Karl Barth, Zwischenzeit, in: Magnum. Zeitschrift für das moderne Leben 4 (1961), Heft 35, 38.

5 Sören Kierkegaard (1813–1855), dänischer Theologe, Philosoph und Schriftsteller.

How my mind has changed 1928–1938

[...] Nun, mein Denken hat sich jedenfalls darin nicht verändert, dass sein Gegenstand, seine Quelle und sein Maßstab, soweit das in meiner Absicht liegen kann, nach wie vor gerade *nicht* die sogenannte Religion, sondern das die christliche Kirche, Theologie, Predigt und Mission begründende, erhaltende und weiterführende *Wort Gottes* ist, das in der Heiligen Schrift *zum Menschen*: zu dem Menschen aller Zeiten, Länder, Lebensbedingungen und Altersstufen redet, das Wort Gottes, das Gottes Geheimnis in seinem Verhältnis zum Menschen und nicht, wie es die Vokabel «Religion» zu sagen scheint, das Geheimnis des Menschen in seinem Verhältnis zu Gott ist. [...] Insofern fing erst jetzt das eigentliche Leben an. Ich kann mich denn auch nicht erinnern, in den früheren Jahrzehnten meines Lebens so bewusst und doch auch – obwohl es sehr schwere Jahre waren – so gerne gelebt zu haben. Man hat alle Hände voll zu tun, man wirkt ungewollt auch als Beispiel und Vorbild und weiß also nur zu gut, wozu man da ist. Man weiß, dass es jetzt ums Ganze geht. [...]

Wenn ich auf meine Aufzeichnungen aus diesen letzten zehn Jahren blicke, so fällt mir äußerlich vor allem dies auf, dass ich eigentlich erst in dieser Zeit in etwas größerem Maßstabe etwas von der Welt oder doch von Europa gesehen habe. Bis 1928 war meine persönliche Bekanntschaft auf die Schweiz, auf größere Teile von Deutschland und auf Holland beschränkt. Erst 1929 sah ich Italien und dann in den folgenden Jahren nur einmal, zum Teil öfter: England und Schottland, Dänemark, Frankreich, Österreich (damals noch frei!), die Tschechoslowakei, Ungarn und Siebenbürgen. Ich weiß heute nicht mehr, wie es kam, dass ich vorher meinte, in meinem Studierzimmer und in dessen nächster Umgebung so viel zu lernen und zu tun zu haben, um nach der Ferne keinen Drang zu empfinden. Es musste wohl so sein. Jedenfalls weiß ich heute auch das nicht mehr: wie ich sein könnte, ohne dass alle jene fernen Orte, ihre Geschichte und ihre Gegenwart und ihre Menschen mehr oder weniger deutlich zu mir gesprochen haben, ohne vor allem Frankreich und England jetzt irgendwie ebenso wie die Schweiz und Deutschland in mir zu haben, ohne auch bei meiner theologischen Arbeit dauernd in der einen Kirche an die vielen Kirchen denken zu müssen, in denen ich so viel Echo und Mitarbeit finden durfte und damit auch gewisse Mitverantwortlichkeiten zu übernehmen hatte. So habe ich in diesen zehn Jahren gewissermaßen auf eigene Faust meine «ökumenische Bewegung» vollzogen und bin froh darüber, es getan zu haben. Ich sehe erst jetzt an anderen, dass es einen Unterschied der Haltung, der Aufmerksamkeit und des Einsatzes ausmacht, ob man das tut oder – in irgendeinem Nationalismus bzw. Provinzialismus befangen – nicht tut. Dass ich es tat, hat jedenfalls für mich *nicht* bedeutet, dass ich an dem einen Notwendigen, wie ich es vorher in meiner Klause kennengelernt hatte, irgendetwas abzustreichen oder abzuschwächen für nötig befunden hätte. Es bedeutete aber für mich den Ernst und die Freude der Verpflichtung, es als das für alle Kirchen in der einen Kirche *eine* Notwendige verstehen und, soweit das meine Aufgabe sein kann, vertreten zu lernen. [...]

Eine schmerzliche Veränderung, die in die vergangenen zehn Jahre fällt, besteht darin, dass ich eine ganze Anzahl von Nebenmännern, Mitarbeitern und Freunden, die ich 1928 noch hatte, seither verloren habe: nicht durch den Tod, aber dadurch, dass sie und ich allmählich oder plötzlich nicht mehr aus einem Geist und in einem Sinn miteinander arbeiten konnten, dass wir sehr bestimmt auf verschiedene Wege gerieten, auf denen gehend wir uns heute im besten Falle nur noch von ferne grüßen können. Ich kann mich nicht beklagen, weil ich genug alte Freunde behalten und auch neue, z. T. *sehr* gute Freunde in derselben Zeit finden durfte. Es ist mir aber in diesem Jahrzehnt sehr deutlich vor Augen gestellt worden, dass meiner Lebensarbeit eine gewisse sammelnde Kraft zu fehlen, ja dass ihr geradezu eine gewissermaßen explosive oder jedenfalls zentrifugale Wirkung eigen zu sein scheint. Man hatte sich in dem Jahrzehnt nach dem Weltkrieg in dem, was man meinte, wollte und wirkte, in gewissen gemeinsamen Gegensätzen und auch in gewissen allgemeinen Positionen gefunden und geglaubt, sich gegenseitig Vertrauen und Unterstützung schenken zu dürfen. Aber als die Sonne höher stieg – das geschah in dem Jahrzehnt, auf das wir hier zurückblicken –, da lösten sich die Gemeinschaften, die keine gewesen waren, in Dunst auf ... Hier sah ich unter den Jüngeren einen still zurückbleiben, dort einen lärmend, ich weiß nicht wohin, enteilen. Und dabei musste es wohl auch so sein, dass ich meinerseits mehr oder weniger lebhafte Beschwerden zu hören bekam: als ob *ich* dem ursprünglich gemeinsamen Ansatz nicht treu geblieben sei und also nicht gehalten habe, was ich einst versprochen – während ich doch nur auf dem damals angetretenen *Weg*, wie es bei einem Weg so sein muss, *weiter* gegangen zu sein, die Gründe, den Sinn, die Konsequenzen jenes einst gemeinsamen Ansatzes besser ans Licht gestellt zu haben meine. Wer hat nun recht? Es hätte wohl keinen Sinn, darüber streiten zu wollen. Wenn einige 1928 noch der Meinung sein konnten, dass man es in der sogenannten «dialektischen Theologie» («Barthianisme!») mit einer «Schule» zu tun habe, zu der man als Anhänger oder Gegner summarisch Stellung beziehen könne, kann es heute keinen der verantwortlich Mitredenden erspart bleiben, die auf diesem Felde unterdessen in ihrer Verschiedenheit sichtbar gewordenen Möglichkeiten als solche zu prüfen, sich also von meinen ehemaligen Nebenmännern und von mir *je einzeln* nach seiner eigenen Entscheidung fragen zu lassen. Es ist uns gewiss allen leid, dass wir es unseren Zeitgenossen – und besonders unseren auf möglichst einfache und rasche Information bedachten amerikanischen Zeitgenossen – nicht leichter machen können.

Indem ich mir nun darüber Rechenschaft zu geben suche, inwiefern ich selbst in meiner Arbeit mich in diesen zehn Jahren tatsächlich verändert habe, so erscheint es mir möglich, die Sache auf die Formel zu bringen: *ich* war etwa zu gleichen Teilen – in Wirklichkeit natürlich gleichzeitig – mit der *Vertiefung* und mit der *Anwendung* der zuvor in den Hauptzügen gewonnenen Erkenntnis beschäftigt.

Die *Vertiefung* war diese: Ich hatte mich in diesen Jahren von den letzten Resten einer philosophischen bzw. anthropologischen (in Amerika sagt man wohl: «humanistischen» oder «naturalistischen») Begründung und Erklärung der christlichen Lehre zu lösen. Das eigentliche Dokument dieses Abschieds ist nicht etwa die vielgelesene kleine Schrift «Nein!» gegen Brunner[6] von 1934, sondern das 1931 erschienene Buch [«Fides quaerens intellectum»] über den Gottesbeweis des Anselm von Canterbury, das ich von allen meinen Büchern mit der größten Liebe geschrieben zu haben meine und das in Amerika wohl gar nicht und auch in Europa von allen meinen Büchern am wenigsten gelesen worden ist. Das positive Neue war dieses: *ich* hatte in diesen Jahren zu lernen, dass die christliche Lehre ausschließlich und folgerichtig und in allen ihren Aussagen direkt oder indirekt Lehre von Jesus Christus als von dem uns gesagten lebendigen Wort Gottes sein muss, um ihren Namen zu verdienen und um die christliche Kirche in der Welt zu erbauen, wie sie als christliche Kirche erbaut sein will. Blicke ich von da aus zurück auf meine früheren Stadien, so kann ich mich jetzt wohl fragen, wie es möglich war, dass ich das nicht schon viel früher gelernt und entsprechend gesagt habe. Wie ist doch der Mensch so langsam, gerade wenn es um die wichtigsten Dinge geht! Man wird, um den Sinn und die Tragweite der damit eingetretenen Veränderung zu sehen und zu verstehen, die beiden 1932 und 1938 erschienenen ersten Bände meiner «Kirchlichen Dogmatik» einigermaßen studieren müssen. (Ihr wollt nicht so viel lesen? Ich mute es niemandem zu, das zu tun; doch kann ich nicht sagen, dass ich es richtig finde,

6 Emil Brunner (1889–1966), ab 1924 Professor für Systematische und Praktische Theologie in Zürich. Barth trat Brunners Versuch entgegen, im Menschen einen «Anknüpfungspunkt» des Wortes Gottes aufzuweisen.

wenn Leute über etwas reden, das sie nicht ordentlich studiert haben.) Meine neue Aufgabe war, alles vorher Gesagte noch einmal ganz anders, nämlich jetzt als eine Theologie der Gnade Gottes in Jesus Christus durchzudenken und auszusprechen. Ich kann nicht verschweigen, dass ich in der Bearbeitung dieser Aufgabe – ich möchte sie als christologische Konzentration bezeichnen – zu einer in erhöhtem Sinne *kritischen* Auseinandersetzung mit der kirchlichen Tradition, auch mit den Reformatoren, auch mit Calvin geführt worden bin. Und ich habe die Erfahrung gemacht, dass ich in dieser Konzentration alles viel klarer, unzweideutiger, einfacher und bekenntnismäßiger und zugleich doch auch viel freier, aufgeschlossener und umfassender sagen konnte als vorher, wo ich – weniger durch die kirchliche Tradition als durch die Eierschalen einer philosophischen Systematik – mindestens teilweise gehemmt war.

Ich weiß, dass diese Veränderung vielen gar nicht gefallen hat. Man hat mir vorgeworfen, ich hätte mich nun gänzlich hinter eine «chinesische Mauer» zurückgezogen und sei infolgedessen «äußerst uninteressant» (dieses Urteil kam aus Amerika!) geworden. Zu dieser letzten Feststellung kann ich kaum etwas sagen, wohl aber muss ich sagen, dass die Sache mit der chinesischen Mauer, jedenfalls von mir aus gesehen, sehr rätselhaft ist. Denn merkwürdigerweise war es so, dass ich gerade in diesem Jahrzehnt und also im Zuge dieser Veränderung Zeit und Lust gefunden habe, mich viel mehr als früher auch mit der allgemeinen Geistesgeschichte zu beschäftigen, auf zwei Italienreisen das klassische Altertum zu mir reden zu lassen, wie es das vorher nie getan hatte, ein neues Verhältnis z. B. zu Goethe zu gewinnen, zahlreiche Romane – darunter viele von den ausgezeichneten Hervorbringungen der neueren englischen Kriminal-Romanliteratur – zu lesen, ein schlechter, aber passionierter Reiter zu werden usw.! Nie zuvor meine ich so fröhlich in der wirklichen Welt gelebt zu haben wie gerade in der Zeit, die für meine Theologie jene vielen so mönchisch erscheinende Konzentration mit sich brachte. Ich weiß nicht, welche Diagnose die Psychologen mir daraufhin zuwenden werden. Und ich muss fast fürchten, dass ernste Christen es daraufhin in Zweifel ziehen werden, ob meine Veränderung in dieser Zeit tatsächlich in einer «Vertiefung» bestanden habe. Aber wie dem auch sei und wie man es auch deuten möge: die Gefahr einer abstrakten Weltverneinung, der mich einige offenbar verfallen sehen, ist heute wohl weniger als je meine Sorge, sondern ich muss es als Tatsache registrieren, dass ich in diesen letzten zehn Jahren *zugleich* sehr viel kirchlicher *und* sehr viel weltlicher geworden bin.

Die *Anwendung*, die ich zu machen hatte, hängt mit dem Namen *Hitler* aufs engste zusammen. Ich saß 1928 um diese Zeit an diesem gleichen Schreibtisch in einem kleinen mir gehörigen Hause in Münster in Westfalen: ein preußischer Professor und, nach sieben Jahren, die ich damals in Deutschland zugebracht, beinahe schon im Begriff, so etwas wie ein «guter Deutscher» zu werden. Wieder sieben Jahre später aber, 1935, war ich, inzwischen von Münster nach Bonn übergesiedelt, mitten aus meiner dortigen schönen Unterrichtsarbeit heraus abgesetzt und entlassen und befinde mich heute wie ein aus dem Sturme vorläufig geretteter Schiffer – ich hätte es mir damals nicht träumen lassen – hier in meiner Vaterstadt Basel. Zwischen damals und heute kam es nun allerdings zu einer erheblichen Veränderung meiner Haltung und Betätigung: nicht hinsichtlich des Sinnes und der Richtung meiner Erkenntnisse, wohl aber hinsichtlich ihrer *Anwendung*. Und diese Veränderung verdanke ich dem «Führer»! Was geschah? Es geschah zunächst – das muss man sich bei dem Ganzen vor Augen halten – eine riesenhafte Offenbarung der menschlichen Lüge und Brutalität auf der einen und der menschlichen Dummheit und Angst auf der anderen Seite. Und es geschah sodann dies, dass die deutsche Kirche, der ich als Mitglied und Lehrer angehörte, im Sommer des Jahres 1933 angesichts des Erfolgs des Nationalsozialismus und unter der suggestiven Macht seiner Ideen hinsichtlich ihrer Lehre und Ordnung in die größte Gefahr geriet, einer aus Christentum und Deutschtum wunderlich gemischten neuen Häresie, der Herrschaft der sogenannten «Deutschen Christen», zu verfallen. Es geschah weiter dies, dass ich die Vertreter der anderen (liberalen, pietistischen, konfessionellen, biblizistischen) theologischen Schulen und Richtungen in Deutschland, die vorher auf Ethik, Heiligung, christliches Leben, praktische Entscheidung usw. im Gegensatz zu mir so großes Gewicht gelegt hatten, jene Häresie z. T. offen bejahen, z. T. ihr gegenüber eine merkwürdig neutrale und tolerante Haltung einnehmen sah. Und es geschah weiter, dass ich, da so viele zustimmten und niemand ernsthaft protestierte, selber nicht gut schweigen konnte, sondern es unternehmen musste, der gefährdeten Kirche das Nötige zuzurufen. […]

Ich hatte doch in jenem ersten Heft «Theologische Existenz heute» im Juni 1933 nichts Neues zu sagen, sondern nur eben das, was zu sagen ich mich immer bemüht hatte: dass wir neben Gott keine anderen Götter haben können, dass der Heilige Geist der Schrift genügt, um die Kirche in alle Wahrheit zu leiten, dass die Gnade Jesu Christi genügt zur Vergebung unserer Sünden und zur Ordnung unseres Lebens. Nur dass ich eben dies nun auf einmal in einer Situation zu sagen hatte, in der eben dies nicht mehr den Charakter einer akademischen Theorie haben konnte, sondern, ohne dass ich es wollte und dazu machte, den Charakter eines Aufrufs, einer Herausforderung, einer Kampfparole, eines Bekenntnisses bekommen musste. Nicht ich habe mich verändert: es veränderte sich aber gewaltig der Raum und die Resonanz des Raumes, in dem ich zu reden hatte. Die konsequente Wiederholung jener Lehre wurde gerade in ihrer gleichzeitig vollzogenen Vertiefung in diesem neuen Raum von selbst zur Praxis, zur Entscheidung, zur Handlung.

So stand ich eines Tages zu meiner eigenen Überraschung zunächst mitten in der Kirchenpolitik, in der Mitarbeit an den Beratungen und Entschließungen der seit 1934 sich sammelnden «Bekennenden Kirche». Ich habe diese Mitarbeit freiwillig (und nicht immer nach den Wünschen meiner deutschen Freunde) auch von der Schweiz aus fortgesetzt und gedenke es fernerhin zu tun. Um was ging und geht es? Sehr einfach darum, daran festzuhalten und das ganz neu zu verstehen und zu praktizieren: dass Gott über allen Göttern ist und dass die Kirche in Volk und Gesellschaft und gegenüber dem Staat auf alle Fälle ihre eigene, durch die Heilige Schrift bestimmte Aufgabe, Verkündigung und Ordnung hat. Aber es konnte nicht anders sein – obwohl viele in der Bekennenden Kirche dies bis heute nicht einsehen und wahrhaben wollen –, als dass eben dies im Raume des Nationalsozialismus nicht nur eine «religiöse», nicht nur eine kirchenpolitische, sondern ipso facto [= durch diese Tat] auch eine politische Entscheidung bedeutet: die Entscheidung *gegen* einen Staat, der als totalitärer Staat eine andere Aufgabe, Verkündigung und Ordnung als seine eigene, einen anderen Gott als sich selbst nicht anerkennen kann und der darum, je mehr er sich entfaltete, umso mehr auch zur Unterdrückung der Kirche als solcher, umso mehr auch zur Beseitigung alles menschlichen Rechtes und aller menschlichen Freiheit auf allen Gebieten übergehen musste.

Hinter der in die Kirche eingedrungenen Häresie stand von Anfang an und trat dann bald heraus als der viel gefährlichere Gegner: der anfangs auch von so vielen Christen als Befreier und Erretter begrüßte Hitler, der Nationalsozialismus selbst und als solcher. Es trug der theologisch-kirchliche Konflikt den politischen in sich, und es musste so kommen, dass er tatsächlich mehr und mehr als politischer Konflikt offenbar wurde. Weil ich mir das selbst und anderen nicht verbergen, weil ich meine Vorlesung in Bonn nicht gut mit dem Hitlergruß beginnen, und weil ich einen unbedingten Eid auf den Führer, wie ich ihn als Beamter schwören sollte, nicht gut schwören konnte, darum habe ich meine Stellung im Dienst dieses Staates verlieren und Deutschland verlassen müssen. Unterdessen hat sich das antichristliche und damit antihumane Wesen des Nationalsozialismus noch viel deutlicher offenbart, gleichzeitig aber auch sein Einfluss und seine Macht im übrigen Europa unheimlich verstärkt. Die Lüge und Brutalität, aber auch die Dummheit und die Angst wachsen und sind längst über die Grenzen Deutschlands hinausgewachsen. Und Europa versteht die Gefahr nicht, in der es steht. Warum nicht? Weil es das erste Gebot nicht versteht, weil es nicht sieht, dass der Nationalsozialismus die bewusste, prinzipielle und systematische Übertretung eben des ersten Gebotes bedeutet. Und weil es nicht sieht, dass diese Übertretung als Sünde gegen Gott das Verderben der Völker nach sich zieht.

So kam es von selbst, dass ich auch in der Schweiz um der Erhaltung der echten Kirche und des rechten Staates willen in meinem Gegensatz zum Nationalsozialismus verharren musste, weshalb ich denn auch in Deutschland als eine Art «Staatsfeind Nr. 1» gelten und alle meine Schriften auf den Index der verbotenen Bücher gesetzt sehen muss. Ein Brief, den ich während der tschechoslowakischen Krisis an den Prager Professor Hromádka[7] gerichtet und in welchem ich geschrieben hatte, dass an der böhmischen Grenze nicht nur die Freiheit Europas, sondern auch die der christlichen Kirche zu verteidigen sei, hat mir Äußerungen des Zornes oder auch der ängstlichen Zurückhaltung aus vielen Ländern und natürlich besonders auch aus Deutschland eingetragen. Ich hoffe, dass wir nicht zu spät und nicht zu schmerzlich aus dem Schlaf erwachen müssen, dem sich mit vielen anderen auch die christlichen Kreise in den europäischen Ländern immer noch hingeben zu dürfen meinen. Man hat sich über die «Veränderung» meiner Haltung, auch sofern sie in diesen Zusammenhang gehört, *sehr* verwundert: zuerst darüber, dass ich kirchenpolitisch, dann noch viel mehr darüber, dass ich nun auch noch direkt politisch zu werden begann. Dass es mir früher und jetzt nicht immer gelungen ist, mich für alle verständlich auszudrücken, das ist ein Stück von der Schuld, die ich, wenn ich mich von so viel Ärger und Verwirrung umgeben sehe, gewiss vor allem mir selber zuzuschreiben habe.

Ich möchte aber doch gern sagen dürfen, dass, wer mich wirklich vorher gekannt hat, sich auch jetzt so sehr nicht verwundern dürfte. Ich denke, dass die Majestät Gottes, der eschatologische Charakter der ganzen christlichen Botschaft, die Predigt des reinen Evangeliums als die alleinige Aufgabe der christlichen Kirche die Gedanken sind, die nach wie vor den Mittelpunkt meiner theologischen Lehre bilden. Es existierte aber der abstrakte transzendente Gott, der sich des wirklichen Menschen nicht annimmt: «Gott ist alles,

7 Josef Hromádka (1889–1969) war bis zu seiner Emigration in die USA 1920–1939 Professor für Systematische Theologie in Prag. In einem Briefwechsel 1938 über die Sudetenkrise bezeichneten Barth und Hromádka militärischen Widerstand gegenüber Hitlerdeutschland als christlich geboten.

der Mensch ist nichts!» Es existierte eine abstrakt eschatologische Erwartung ohne Gegenwartsbedeutung und es existierte die ebenso abstrakt nur mit diesem transzendenten Gott beschäftigte, von Staat und Gesellschaft durch einen Abgrund getrennte Kirche nicht in *meinem* Kopf, sondern nur in den Köpfen mancher meiner Leser, und besonders solcher, die Rezensionen und ganze Bücher über mich geschrieben haben. Ich habe insbesondere jene verhängnisvolle lutherische Lehre, nach welcher dem Leben des Staates eine von der Verkündigung des Evangeliums unabhängige, von ihr nicht zu berührende Eigengesetzlichkeit zukommen würde, nie gutgeheißen. Handelt es sich bei der bei mir vorgefallenen «Veränderung» um etwas anderes als darum, dass die praktische Relevanz, der Kampf- und Bekenntnischarakter einer theologischen Lehre, die eben jenen Mittelpunkt hatte und noch hat, vielen oder den meisten erst jetzt, auf dem Hintergrund der eben durch den Nationalsozialismus gestalteten Zeit sichtbar geworden ist? Ich habe nicht nur zum Vergnügen einen leeren Bogen gespannt, wie ich es nach vieler Meinung zu tun schien, ich habe nun offenbar auch einen Pfeil auf der Sehne gehabt und habe geschossen. Es wäre gut, wenn einige im Blick auf das, was jetzt geschehen ist, endlich verstehen würden, wie es schon vorher gemeint war! Bin ich nun plötzlich ein Aktivist, ein gläubiger Demokrat, eine Art Kreuzzugsprediger geworden? Und war ich etwa vorher ein entscheidungs- und talentloser Quietist? […] Hitler wird gewiss irgendeinmal (vielleicht schon bald) nicht mehr da sein, und dann wird auch meine Stellung und Funktion den gewissen grellen Widerspruchs- und Widerstandscharakter, den sie heute haben muss, nicht mehr oder jedenfalls so wie heute nicht mehr haben müssen. […]

Karl Barth, Der Götze wackelt. Zeitkritische Aufsätze, Reden und Briefe von 1930 bis 1960, hg. v. Karl Kupisch, Berlin 1961 (Nachdruck Waltrop 1993), 181–190.

How my mind has changed 1938–1948

[…] Das Jasagen wurde mir überhaupt wichtiger als das freilich auch wichtige Neinsagen und in der Theologie die Botschaft von Gottes Gnade dringlicher als die freilich auch nicht zu unterdrückende Botschaft von Gottes Gesetz, Zorn, Anklage und Gericht. Schwächeerscheinungen? Vielleicht! Aber einerseits kann ich, wenn es durchaus sein muss, auch heute noch um mich schlagen. Und andererseits meine ich zu bemerken, dass ich in dieser anderen, vielleicht mit meinem Lebensalter zusammenhängenden Form eher mehr als weniger geschafft habe und ausrichten konnte, als in der Kampflust früherer Jahre. […]

Die sieben ersten dieser Jahre waren dadurch charakterisiert, dass ich sie – nachdem mich das vorangehende Jahrzehnt durch viele Länder geführt hatte – mit Ausnahme einiger letzter Fahrten nach Frankreich, Holland und Dänemark im Jahr 1939 – ganz und gar nur in meinem schweizerischen Vaterland zugebracht habe. Ich habe meine Heimat in dieser Zeit mit Vorträgen und auf Konferenzen aller Art und auch sonst fleißig durchzogen und besser kennengelernt als je zuvor. Aber seine Grenzen waren auch die meinigen; denn jenseits seiner Grenzen wäre es mir damals, als Hitler und Mussolini uns von allen Seiten umgaben, sicher schlecht ergangen. Das große Unheil, das man 1938 erst kommen sehen musste, war ja im Jahr darauf über Europa und die Welt hereingebrochen. Die aufgelaufene Rechnung musste bezahlt werden, und leider sind wir in anderer Weise auch noch 1948, indem jene Gefahr längst hinter uns liegt, noch immer damit beschäftigt. Für meine nächstliegende und wichtigste Pflicht hielt ich die: an meinem Teil dafür zu sorgen, dass wenigstens an einer Stelle inmitten des irrsinnig gewordenen Europas, nämlich auf unserer schweizerischen Insel und speziell in dieser unserer Grenzstadt Basel – von der aus man zugleich in das triumphierende und später so schwer leidende Deutschland und in das unterdrückte und später sich erhebende Frankreich hinübersah – ordentlich und «als wäre nichts geschehen» Theologie getrieben werde. Und ich war wie nie zuvor froh, gerade durch diese auf alle Fälle haltbare, dauernde und verheißungsvolle Sache in Anspruch genommen zu sein. Aber es war klar, dass das nicht bedeuten konnte, dass ich mich dem ganzen bedrängenden Zeitgeschehen fernhalten durfte. Wie hat man die Bewegungen auf den Kriegsschauplätzen und, soweit sie erkennbar waren, im Inneren der anderen Länder auch hier begleitet! Wie hat man gebangt und gehofft und gewartet! Und wie hat man in unserer Schweiz selbst alle Hände voll zu tun gehabt!

Ich bin in diesen Jahren schweizerischer geworden als ich es je gewesen war und von mir selbst erwartet hätte. Es war ja klar, dass unsere Bedrohung und auch unsere Versuchung durch die uns umgebende Welt der Diktatoren in all diesen Jahren nicht gering sein konnte. Und auch bei uns waren nicht alle und war nicht alles bereit zu dem inneren und äußeren Widerstand, der zu leisten war. Wir hatten ja nicht nur für uns selbst zu viel zu verlieren – wir hatten auch für ein künftiges Europa zu viel zu hüten und zu bewahren, als dass man auch nur einen Augenblick hätte zweifeln dürfen: dieser Widerstand musste geleistet werden. Die Situation war einfach, aber auch schwer – schwer, aber auch einfach und klar (man denkt heute oft fast mit einer gewissen Sehnsucht daran zurück!): wir hatten uns, in uns selbst zusammengerollt wie ein Igel, in jedem Sinn, unter allen Umständen und mit allen Mitteln zu behaupten. Es galt einfach geduldig und mutig zu sein und immer wieder zu werden. So fand man mich in dieser Zeit als Mitglied einer Art Geheimorganisation für die innere Abwehr im Fall einer Invasion. So war ich als Mitglied eines «Hilfswerks für die Bekennende Kirche in Deutschland» einer der Mitarbeiter des rührigen Pfarrers Paul Vogt, der die ausländischen, insbesondere die jüdischen Flüchtlinge mit einer unendlichen und doch in vielen Fällen erfolgreichen Mühe betreut hat. So habe ich aber auch auf eigene Faust gegen Hitler und für die schweizerische Freiheit geredet und geschrieben, so gut ich es vermochte und soweit mir die Polizei und Zensur unserer vorsichtigen Regierung dazu den Atem ließen. So bin ich aber mit 54 Jahren auch noch ziemlich regelrecht Soldat geworden – kein allzu tüchtiger und gefährlicher Kämpfer wahrscheinlich, aber immerhin bewaffneter und exerzierter Soldat, und habe als solcher am Rhein, auf dem Jura und anderswo Wache gestanden und nach Hitlers höllischen Scharen Ausschau gehalten. Die Sache hatte den schönen Nebenerfolg, dass ich mit den Männern meines Volkes, mit denen ich da Tag und Nacht zusammenlebte, in eine schlichte Nähe kam, wie ich sie so noch nie gefunden hatte. Und gerne, sehr gerne habe ich diesen meinen Kameraden, von denen 95 % keine Kirchgänger waren, gelegentlich auch gepredigt und dabei noch einmal ganz neu gelernt, wie eine wirklich auf den Mann gezielte Predigt eigentlich beschaffen sein müsste. […]

Dann ist der Krieg zu Ende und ist die Türe zur übrigen Welt wieder aufgegangen. Sie bedeutet für mich vor allem die Türe nach Deutschland, wo ich ja früher so lange, so gerne und so beteiligt gelebt, wo ich so viele liebe Freunde und auch so viel zähe Gegner zurückgelassen hatte. Deutschland, mit dem ich mich in der Zeit der nötigen Abwehr gegen alles, was von dort kam, nur um so intimer beschäftigt hatte.

Ich hatte schon während des letzten Kriegsjahres einen neuen Kurs genommen und reiste in den ersten Monaten des Jahres 1945 mit einem Vortrag

[«Die Deutschen und wir»] durch die ganze Schweiz, in welchem ich zunächst meinen Landsleuten klar zu machen versuchte, dass angesichts der unvermeidlich nahenden deutschen Niederlage die Frage brennender werde als alle anderen: wie wir unseren unglücklichen Nachbarn nun vielleicht erst recht gute und hilfreiche Freunde werden und sein könnten? Ich rechnete dabei damit, dass auch die siegreichen Völker und ihre Regierungen nach so viel Versicherungen ihres höheren Rechtes eine in diesem Sinn vernünftige Politik Deutschland gegenüber wählen und befolgen würden. In dieser Erwartung habe ich mich allerdings gründlich getäuscht. Unerwartet traf mich aber auch die Tatsache, dass die meisten Deutschen (bis hin zu den deutschen Flüchtlingen hier in der Schweiz) diesen Vortrag und alles, was ich nachher weiter im selben Sinn gesagt und geschrieben habe, gerade nicht als das Wort eines Freundes verstehen wollten, sondern mit mehr oder weniger heftigen Gebärden ablehnten. Der Grund war der, dass ich beiläufig die Meinung vertreten hatte, der ich noch heute bin: die innere Remedur [= Besserung] des deutschen Wesens dürfe sich nicht nur auf die krasse Verderbnis der Hitlerzeit erstrecken, sondern müsse bis auf deren Wurzeln in der Zeit Bismarcks, ja Friedrichs des Großen zurückgehen. Über diesen Ratschlag wollten und wollen in allem Elend der deutschen Nachkriegszeit nun doch nur die wenigsten mit sich reden lassen. Immerhin ist der nötige Wechsel in der Gesinnung den geschlagenen Deutschen gegenüber hier in der Schweiz, für den ich damals eintreten wollte, tatsächlich in weitem Umfang eingetreten. […]

Im Herbst desselben Jahres [1945] konnte ich unter der geschickten Betreuung einer amerikanischen Spezialorganisation eine ausgiebige erste Reise durch Deutschland unternehmen, auf der ich in Frankfurt a. M. [an] der Rekonstituierung des «Bruderrates der Bekennenden Kirche» und nachher in Treysa an derjenigen der offiziellen «Evangelischen Kirche in Deutschland» teilgenommen habe. Ich fand diese Kirche – abgesehen davon, dass die «Deutschen Christen» von 1933 nun natürlich verschwunden oder untergetaucht oder (einige wenige) auch ehrlich bekehrt waren – zu meinem Erstaunen ungefähr in derselben Struktur, Gruppierung und herrschenden Tendenz wieder, in der ich sie 1933 in ihr Verderben hatte eilen sehen. Noch waren die nach vorwärts Drängenden, die zwischen 1933 und 1945 wirklich widerstanden hatten, die die Lehren dieser Zeit nun aber auch verwirklichen wollten (Niemöller[8] einer

8 Martin Niemöller (1892–1984), führender Vertreter der Bekennenden Kirche, 1945–1948 stellvertretender Vorsitzender und bis 1955 Mitglied des Rates der EKD sowie 1947–1964 Kirchenpräsident der Ev. Kirche von Hessen und Nassau.

der Besten unter ihnen!), vorhanden und am Werk, aber auch noch in derselben Minderheit abseits von den eigentlich herrschenden und entscheidenden Kreisen und Instanzen. Noch stieß ich auf das alte Interesse an dem formalen, ordnungsmäßigen Bestand der «Landeskirchen»: nicht eben verbessert durch das Interesse an allerlei neuen Wunderlichkeiten, an einem verstärkten Konfessionalismus und Klerikalismus vor allem, und daneben an einem in allen Spielarten florierenden Liturgismus. Noch fand ich das alles viel stärker als etwa die Frage nach der Erneuerung der christlichen Botschaft aus ihren Quellen und ihrer Anwendung auf die nun entstandene neue Lage. Noch schien die Sache der Kirche immer wieder die Sache irgendwelcher führenden Personen und Personenkreise und durchaus nicht die der Gemeinden zu sein. Von der einfachen Sorge um den besten Weg, dem schwer heimgesuchten deutschen Volk das Evangelium zu verkünden, habe ich gerade damals, als die Eindrücke des Geschehenen noch frisch und vieles noch offen war, was heute wieder verschlossen ist, nur wenig bemerkt. Ein neues Wort und ein neuer Glaube war offensichtlich wohl vielen treuen und entschiedenen Einzelnen da und dort, war der Kirche im Ganzen aber nicht geschenkt worden: weder in den Bedrückungen des Hitlerregimes, noch in dem Grauen der Bombennächte, noch in der Demütigung der deutschen Niederlage. Entsprechendes galt und gilt wohl auch von den Kirchen der meisten anderen Länder. Mir wurde deutlicher, als es mir vorher war, dass die Menschheit – auch die christliche Menschheit und gerade sie! – ein zähes Leben hat und nicht so schnell zur Buße zu rufen ist.

Nun, ich ließ mich, wie es sich gehört, nicht abschrecken und bin dann noch mehrfach gründlich in Deutschland gewesen, so vor allem – begleitet von meiner getreuen Helferin Charlotte von Kirschbaum[9] – in den Sommersemestern 1946 und 1947 als Gastprofessor an meiner alten Universität Bonn. Ich habe dort einen lebendigen und verheißungsvollen Kontakt mit der neuen, aus Kriegsdienst und Gefangenschaft zurückgekehrten theologischen Jugend Deutschlands finden und habe von dort aus in sehr vielen deutschen Städten (bis hin nach Berlin und Dresden) sprechen, alte Beziehungen aufnehmen und neue anknüpfen dürfen. Ich kann unmöglich daran zweifeln, dass das deutsche Volk und die Kirche in Deutschland noch ihre Zukunft und vielleicht einmal eine sehr besondere Zukunft haben werden. Ich frage mich aber, ob die Hilfe von außen dort nicht zunächst ihre sehr bestimmten Grenzen hat. Mir persönlich hat sich das Problem des deutschen Neuaufbaus als so groß und als von

9 Charlotte von Kirschbaum (1899–1975) war seit 1929 Mitarbeiterin und Lebensgefährtin von Barth sowie selbst Autorin theologischer und politischer Schriften.

der Umwelt wie von den Deutschen selbst her so kompliziert dargestellt, dass ich mich vor die Alternative gestellt sah: *entweder* endgültig nach Deutschland zurückzukehren und die mir noch verbleibende Zeit *und* Kraft ganz und ausschließlich den deutschen Fragen und Aufgaben zuzuwenden *oder* nun doch wieder an meine eigentliche Arbeit, die Fortsetzung und vielleicht Vollendung der «Kirchlichen Dogmatik» zu gehen und meine direkte Mitwirkung an den Dingen in Deutschland, wie die allfällig auch in anderen Ländern geforderte, auf einzelne Gelegenheiten zu beschränken. Ich meinte mich für das zweite entscheiden zu sollen.

So hatte ich in diesem Jahr 1948 zunächst die Freiheit, eine Einladung der Reformierten Kirche in Ungarn anzunehmen, wo ich von früher her gute Freunde habe. Sie sind heute durch die politische Umwälzung und durch die Einbeziehung ihres Landes in den Ostblock in eine schwierige Lage geraten und wollten meine Meinung darüber hören, wie sie sich mit dem neuen kommunistischen Regime auseinanderzusetzen hätten. Meine eigentliche Aufgabe bestand freilich in Vorträgen und Aussprachen über das, was von der Natur und Aufgabe der Kirche immer und überall zu sagen ist. Eben dabei verständigte ich mich aber mit meinen dortigen Freunden darüber, dass ihre Situation und ihr besonderes Problem nicht einfach nach dem Vorbild des Verhältnisses der westeuropäischen Kirchen zum Nationalsozialismus behandelt werden dürfe, sondern vom Evangelium her und im Blick auf die besondere ungarische Vergangenheit und Geschichte selbstständig zu beurteilen sei. Wir meinten zu sehen, dass der Protest gegen die offenkundigen Gefahren und Schäden des kommunistischen Systems für die Kirche nun gerade nicht die vordringlichste Aufgabe sei. Ich verstand und billigte die mir dort vorgetragene Ansicht, nach der eine mit größtem inneren und äußeren Ernst in Angriff zu nehmende Evangelisation des verirrten und verwirrten ungarischen Volkes die Frucht des Glaubens und der Buße sei, die zunächst gerade von der Kirche erwartet sei. Es war diese Stellungnahme, die man mir, nachdem meine Verhandlungen in Ungarn selbst einen durchaus friedlichen und freudigen Charakter gehabt hatten, in meiner Heimat und vielleicht auch anderswo überaus übelgenommen hat. […]

Meine andere in diesem Jahr unternommene Fahrt in die Ferne war bedingt durch meine Teilnahme am *World Council of Churches* in Amsterdam. Ich habe mich früher nicht oder kaum an der «Ökumenischen Bewegung» beteiligt, hatte sogar allerhand gegen sie einzuwenden, wir mir denn alle «Bewegungen» als solche immer etwas suspekt waren und noch sind. Aber in diesem Fall muss ich wohl im gewöhnlichen Sinn der Worte bekennen: *My mind has changed.* Es kam dazu sehr einfach in der Weise, dass man mich eines Tages zu theologischer Mitarbeit aufforderte und dann im Besonderen für das Gelingen der Amsterdamer Konferenz in so hervorgehobener Art mitverantwortlich machte und dass ich diese Mitarbeit und Mitverantwortung bei näherem Zusehen nicht nur interessant, sondern auch wichtig finden musste. […]

Nichtsdestoweniger bin ich froh, mich nun wieder an meinem eigentlichen Ort, nämlich in meinem Studierzimmer in Basel zu befinden. Wichtiger als alles andere war mir ja doch die Bewegung, die ich auch in dieser Zeit hier zu vollziehen hatte. Vier weitere Bände meiner «Kirchlichen Dogmatik» konnten in diesen zehn Jahren im Zusammenhang mit meinen Vorlesungen an der Basler Universität fertiggestellt und veröffentlicht werden […] Ich konnte mich auf keinem der genannten Gebiete einfach an eine gegebene Kirchenlehre und theologische Tradition anschließen, sondern musste von der von mir für richtig gehaltenen Mitte (dem alt- und neutestamentlichen Zeugnis von der Person und dem Werk Jesu Christi) aus alles neu durchdenken und entfalten. […]

Karl Barth, Der Götze wackelt. Zeitkritische Aufsätze, Reden und Briefe von 1930 bis 1960, hg. v. Karl Kupisch, Berlin 1961 (Nachdruck Waltrop 1993), 190–199.

How my mind has changed 1948–1958

[…] Es war die *Ost-West-Frage*, die seit dem Ende des Zweiten Weltkrieges uns alle, und so auch mich begleitet und beschattet hat. Eben in dieser Frage konnte und kann ich mit der großen Mehrheit der mich umgebenden Geister nicht einiggehen. Nicht, dass ich für den östlichen Kommunismus im Blick auf seine bisherige Selbstdarstellung irgendeine Zuneigung aufzubringen vermöchte; ich ziehe es entschieden vor, nicht in seinem Bereich leben zu müssen, und wünsche es auch keinem anderen, dazu gezwungen zu sein. Ich sehe aber nicht ein, dass es politisch oder gar noch christlich geboten oder erlaubt sein soll, solcher Abneigung und Ablehnung die Folgen zu geben, die man ihr im Westen seit fünfzehn Jahren in zunehmender Schärfe gegeben hat. Ich halte den prinzipiellen Antikommunismus für das noch größere Übel als den Kommunismus selber. Kann man übersehen, dass dieser das unwillkommene, aber in seiner ganzen Unart natürliche Ergebnis und Gegenspiel westlicher Entwicklungen ist? Spukt nicht gerade der totale, der gewiss unmenschliche Zwang, den wir ihm zum schwersten Vorwurf machen, in anderer Gestalt von jeher auch in unseren angeblich freien westlichen Gesellschafts- und Staatsordnungen? Und war es denn auf einmal etwas Neues und besonderen Entsetzens wert, dass der Kommunismus sich für eine alle Menschen und Völker beglückende und darum über die ganze Welt zu verbreitende Heilslehre hält? Gibt es nicht auch andere Systeme dieser Art und Tendenz? Weiter: Konnte man den von ihm beherrschten Völkern und der durch ihn bedrohten Welt – konnte man auch nur einen einzigen der unter seinen Auswirkungen leidenden Menschen damit zu helfen meinen, dass man ein exklusives Feindverhältnis ihm gegenüber als die einzige Möglichkeit proklamierte und praktizieren wollte? […]

Eben in dieses ganze Narrenwerk – ich kann es nicht anders nennen – habe ich mich in all diesen Jahren in keiner Weise finden können. Ich denke, dass in dieser ganzen Sache aus lauter Angst vor dem Feuer in unverantwortlicher Weise mit dem Feuer gespielt worden ist. Ich denke, dass der Westen, der es besser wissen konnte, zu der gewiss gebotenen kritischen Auseinandersetzung mit der Macht und mit der Ideologie des kommunistischen Ostens bessere Wege suchen und finden musste als die, die er bisher beschritten hat. Möglichkeiten zu einer würdig, umsichtig und fest geführten Ko-Existenz- und Neutralisierungspolitik waren ihm in diesen Jahren mehr als einmal geboten, und er hätte dem Namen der «freien Welt», dessen er sich rühmt, wenn er sie ergriffen hätte, mehr Ehre gemacht, wäre dann auch zu brauchbareren und verheißungsvolleren praktischen Ergebnissen gekommen als die, vor denen wir heute stehen. Ich denke, dass insbesondere die westliche Presse und Literatur, statt den Inhumanen ausgesprochen inhuman zu begegnen, eben die gepriesene Humanität des Westens durch ein ruhiges Sehen und Verstehen der östlichen Personen und Verhältnisse in ihrer dialektischen Wirklichkeit unter Beweis zu stellen gehabt hätte. Und ich denke vor allem, dass es Auftrag der christlichen Kirchen gewesen wäre, den politisch führenden Verantwortlichen und der öffentlichen Meinung durch ihr überlegenes Zeugnis vom Frieden und von der Hoffnung des Reiches Gottes zu Hilfe zu kommen. Sie haben der Sache des Evangeliums durch die weithin völlig unbesonnene Art, in der sie sie mit der eben so schlecht konzipierten wie ungeschickt geführten Sache des Westens identifiziert haben – Rom war darin nicht besser als Genf und Genf nicht besser als Rom! – einen Schaden zugefügt, der nach menschlichem Ermessen auch durch die besten ökumenischen und missionarischen Anstrengungen auf längste Zeit nicht wiedergutzumachen sein wird. Sie haben der östlichen Gottlosigkeit, statt sie praktisch zu widerlegen, neue, schwer zu überwindende Argumente geliefert.

Indem ich die Dinge so gesehen habe und noch sehe, habe ich mich in diesen Jahren mehr als einmal bloßstellen müssen: in den selteneren Fällen, indem ich, wo die meisten geschwiegen haben, redete – öfters, indem ich, wo sie redeten, geschwiegen habe. [...] Oh, ich meine, die Nekrologe bereits zu lesen, in denen man dereinst zusammenfassend von mir sagen wird, dass ich mir zwar in der Erneuerung der Theologie und allenfalls im deutschen Kirchenkampf gewisse Verdienste erworben habe, in politischer Hinsicht aber ein bedenkliches Irrlicht gewesen sei! [...]

Im Mai 1956 bin ich 70 Jahre alt geworden. Ich durfte eine ganze Fülle von Zeichen freundlichen Gedenkens aus der Nähe und aus der Ferne empfangen und habe sie vergnügt und dankbar gegen Gott und Menschen entgegengenommen: wie ich hoffe, unter mannhaftem Widerstand gegen die Versuchung, mich selbst als Jubilar und sonst allzu wichtig zu nehmen. Mir war denn auch 1956 tatsächlich noch bedeutsamer als das Jahr, in welchem vor 200 Jahren *W. A. Mozart* geboren wurde. Und sein Höhepunkt bestand für mich darin, dass ich eingeladen wurde, bei der in Basel veranstalteten Feier die Gedenkrede auf diesen Mann und sein Werk zu halten. Ich bin kein ästhetisch besonders begabter und gebildeter Mensch und überdies gewiss nicht geneigt, die Heilsgeschichte mit irgendeinem Stück Kunstgeschichte zu verwechseln und gleichzusetzen. Aber die goldenen Klänge und Weisen der Mozartschen Musik haben nun einmal – nicht als Evangelium, aber als Gleichnisse des im Evangelium von Gottes freier Gnade offenbarten Reiches – von jeher zu mir geredet und tun es mit größter Frische immer wieder. Ohne sie könnte ich mir, was mich persönlich wie in der Theologie wie in der Politik bewegt, könnte ich mir auch das Lebensjahrzehnt, von dem ich hier einiges zu erzählen versuchte, nicht denken. Es gibt wohl auch nur wenige theologische Studierzimmer, in denen das Bild Calvins und das Mozarts auf gleicher Höhe nebeneinander zu sehen sind.

Karl Barth, Der Götze wackelt. Zeitkritische Aufsätze, Reden und Briefe von 1930 bis 1960, hg. v. Karl Kupisch, Berlin 1961 (Nachdruck Waltrop 1993), 200–209.

Rundbrief an die Gratulanten zu Barths 82. Geburtstag (1968)

[...] Noch ist mir (auch im Spital übrigens) – wo so viele andere längst willig oder unwillig zu betrübten Nicht-Rauchern wurden – die Pfeife nicht ausgegangen. Und noch kann und darf ich am späten Abend ein Gläslein weißen oder roten Weines, ausnahmsweise auch ein bisschen Bier zu mir nehmen! [...] Zum ernstlich Positiven im persönlichen Bereich rechne ich aber durchaus auch die Stunde, die ich allsonntäglich bei und mit meiner lieben Lollo von Kirschbaum[10] auf ihrer «Sonnenhalde» in Riehen verbringe. Ohne ihre Hingabe und Betätigung wäre ja die ganze mittlere Zeit meines Lebens und Arbeitens undenkbar gewesen. Jetzt ist sie infolge ihrer Gehirnkrankheit nur noch wie tief verschleiert, was sie einst gewesen ist. [...]

Es war und ist so, dass ich meine 1962 eingestellte akademische Tätigkeit seit dem Herbst 1966 wieder ein bisschen aufnehmen konnte. Ein bisschen: nämlich in Form eines allwöchentlich zweistündig stattfindenden «Kolloquiums» (könnte auch «Seminar» heißen), in welchem ich mein altes Unterrichtsziel in dieser Sparte: Lesen lernen! anhand von Texten des Zweiten Vatikanum, Calvins und z. Zt. – man höre und staune! – Schleiermachers mit doch etwa 50 bis 60 Studenten neu zu praktizieren versuche. [...] Weiter: Es ist mir, seit ich 1966 Ad Limina Apostolorum aufbrach, wie von selbst zugefallen, mich auf eigene Faust und gewiss in schmalem Umfang «ökumenisch» zu bewegen. So im Verkehr mit der dem Bruder Klaus[11] verschriebenen katholischen Quartiergemeinde, deren Pfarrer mich jüngst coram publico [= in aller Öffentlichkeit] als «Kirchenvater vom Bruderholz» apostrophiert hat [...] So in Unterhaltungen mit einem angeregten Trupp katholischer Vikare aus Basel und Umgebung. So im April dieses Jahres mit einem Vorträglein bei einer Spitzenkonferenz katholischer, christkatholischer und reformierter Kirchenmänner. Und an jedem lieben Sonntagmorgen hören wir zu zweit nicht nur eine, sondern (am Radio) gleich zwei Predigten: eine katholische und eine evangelische. Keine Sorge, ich werde nicht katholisch! Schon weil ich allzu konkret in die auch dort waltende Misere hineinschaue. Meine Sorge ist vielmehr, dass gewisse Katholiken nur allzu «protestantisch» werden könnten.

Weiter: Mein Buch über die Taufe, nach menschlichem Ermessen mein letztes, ist erschienen. Mein erster Eindruck von seiner Wirkung: es wird von

10 Siehe oben Anm. 9. Von Kirschbaum erkrankte 1962 an Demenz und wohnte seit 1966 im Pflegeheim, in dem sie von Barth regelmäßig besucht wurde.

11 Nikolaus von Flüe (1417–1487), Schweizer Mystiker.

klugen Menschen (Theologen und Nichttheologen beider Kirchen) gelesen und bedacht; es wird von denen, die sich für besonders historisch-kritisch halten, vornehm übersehen, und es wird von den Männern der Kirchenleitung voll Rücksicht auf den verdienten alten Mann und noch mehr: voll Vorsicht im Blick auf die möglichen Folgen schubladisiert werden. Was ich darin Wahres gesagt habe, wird sich auch so durchsetzen.

Endlich: Mir ist im hohen Alter noch eine sehr merkwürdige neue Freundschaft zuteilgeworden – mit dem Dichter Carl Zuckmayer nämlich, den ich im vorigen Sommer […] in Saas-Fee aufsuchte und mit dem ich dann in eine muntere Korrespondenz geriet. Ganz neulich ist er (anlässlich der Basler Premiere von «Des Teufels General») auch ausgiebig bei mir gewesen, und es schien ihm zwischen meinen starrenden Bücherwänden leidlich wohl zu sein. Er ist ein Mensch. Und er hat viele ganz ernste und viele ganz heitere Möglichkeiten.

Dass bei und mit dem allem auch die Musik, will sagen: Mozart mich – wie Schleiermacher es seiner «Religion» zugeschrieben hat – unablässig begleitete und noch begleitet, ist klar. […] Im Rückblick habe ich mich über niemand und nichts ernstlich zu beklagen: es wäre denn mein eigenes Versagen heute, gestern, vorgestern und vorvorgestern – ich meine mein Versagen in der rechten Dankbarkeit. Vielleicht habe ich noch schwere Tage vor mir und in irgendeiner Nähe oder Ferne sicher meinen Todestag. Was bleibt mir schon übrig, als mir im Blick auf den gestrigen Tag und alle, die ihm vorangingen, und wieder im Blick auf die, die ihm noch folgen mögen, und schließlich auf jenen sicher kommenden letzten Tag unablässig vorzuhalten und einzuprägen: «Vergiss nicht, was Er dir Gutes getan hat!» [Ps 103,2]

Karl Barth, Briefe 1961–1968, hg. v. Jürgen Fangmeier/Hinrich Stoevesandt, Karl Barth-GA, Abt. V, Zürich 1975, 475–480.

Interview im Deutschschweizer Rundfunk (1968)

Barth: [...] Ich würde sagen: Was ich bei Mozart höre, ist ein letztes Wort über das Leben, soweit es vom Menschen ausgesprochen werden kann, – vielleicht kein Zufall, dass es gerade ein Musiker ist[, der das gesagt hat]! –, aber ein letztes Wort, das sich bewährt, wie ich es da in den paar Sätzen gesagt habe, die Sie vorlasen, [ein Wort,] das durchhält, auf das man wieder zurückkommen, mit dem man wieder anfangen kann. Denn wir müssen schließlich alle immer wieder jeden Morgen neu anfangen. Und das Neu-Anfangen mache ich am besten, wenn ich Mozart höre.

Schmalenbach: Etwas anderes haben Sie noch geschrieben, Herr Professor – nämlich, dass Mozart dem sehr wichtigen menschlichen Bedürfnis nach dem Spielen entgegenkomme.

Barth: Ja, es ist mir sehr ernst, wenn ich das sage. Aber ich glaube, dass man eben, was richtiges Spiel ist, letztlich nur verstehen kann, wenn man auch weiß, was Arbeit ist. Mein Leben ist ein gefülltes Leben gewesen, [gefüllt] mit viel Arbeit. Und gerade im Verhältnis zur Arbeit habe ich es so gut verstehen können, was bei Mozart ja nun auch auf Arbeit beruhte, aber im Effekt dann Spiel war ...

Schmalenbach: Wobei man ihn nicht als leicht oder als verspielt oder gar als Rokoko-Musiker [verstehen darf]?

Barth: Davon kann gar keine Rede sein. Nicht wahr, das ist es ja eben, dass dort Spiel [ist] auf dem Hintergrund von Arbeit und Lust, auf dem Hintergrund von Leben, auch im Leid und im Tragen von Beschwerden, persönlichen und anderen, die er hatte.

Schmalenbach: Im gerüttelten Maße ...

Barth: Ja, ja, nicht wahr? [...] Ich könnte Mozart nicht so verstehen, wie ich ihn verstehe, wenn ich nicht selbst von anderswoher etwas vom Ernst des Lebens wüsste – ich meine jetzt nicht das, dass ich dann [auch selbst] ein bisschen gearbeitet, meine Dogmatik geschrieben und meine Predigten gemacht habe usw. –, sondern von dorther, wo ich das *geschöpft* habe, wo ich das *gehört* habe, wo ich das *vernommen* habe. Und dann habe ich einen Einklang, einen Zusammenklang gehört von dem, was Mozart offenbar gehört hat – nicht komponiert, sondern zuerst hat er gehört (nicht wahr? gehört!) –, mit dem, was ich ganz anderswoher als er gehört habe.

Schmalenbach: Herr Professor, anderswoher?

Barth: Anderswoher? Ja, jetzt bin ich als Theologe gefragt.

Schmalenbach: In der Bibel? Im Wort Gottes?

Barth: Jawohl. [...]

Schmalenbach: Durch die Frage nach dem Spielen im ernsthaften Leben kamen wir auf das soeben gehörte Allegretto. Spielen, mit aller Hingebung spielen tun Kinder. Und damit komme ich jetzt zu Ihnen [in der Zeit] vor einigen Jahren, als Sie ein Kind waren. Wie war dort Ihre Beziehung zur Musik? Haben Sie selbst Musik ausgeübt?

Barth: Ich habe einmal probiert, Musik auszuüben, aber das ist nicht gut herausgekommen. Ich bin dann ein richtiger Musik-*Hörer* geworden. Mein Vater war musikalisch und spielte gern frei am Klavier. Und da ist mir – nach meiner Erinnerung [...] war ich vielleicht vier oder fünf Jahre alt – unvergesslich, wie er aus der Zauberflöte spielte: «Tamino mein, o welch ein Glück ...» usw. Das ging in mich hinein, ich weiß nicht wie – und ich habe gemerkt: der ist's! [...]

Schmalenbach: Wenn man in seiner Begeisterung über Mozart stammelt – mehr als dass man redet –, so kann man zu hören bekommen: es sei «begnadete» Musik, er sei ein «begnadeter» Musiker. Und da steckt eben das Wort «Gnade» drin, das nun ein zentrales Wort in Ihrer Theologie ist, das man aber sicher erklären muss.

Barth: [...] Ja, dieses Wort «Gnade» gehört auch ein bisschen zu diesen abgenutzten Worten. Ich habe es viel gebraucht und muss es auch brauchen. Aber wiederum, eben: «begnadet», das kann vieles heißen. Du liebe Zeit, es kann einen «begnadeten» Schachspieler oder Fußballspieler usw. geben. Gerade mit dem Wort «Wunder» ist es auch so. Also Vorsicht!

Schmalenbach: Aber wenn man mit einem Theologen, wenn man mit Karl Barth redet, ist eine andere Gnade gemeint?

Barth: ... ist eine andere Gnade gemeint. Und jetzt, sehen Sie, jetzt komme ich auf das, wo ich eigentlich daheim bin – oder ich möchte jetzt sagen: auf *den*, bei dem ich eigentlich daheim bin. «Gnade» ist auch nur ein vorläufiges Wort. Und das letzte Wort, das ich – auch als Theologe und letztlich als Politiker – zu sagen habe, ist nicht so ein Begriff wie «Gnade», sondern ist ein *Name:* Jesus Christus. *Er* ist die Gnade, nicht wahr? Und *er* ist das Letzte, jenseits von Welt und Kirche und auch von Theologie. Wir können ihn nicht einfangen, aber haben es mit ihm zu tun. Und das, worum ich mich in meinem langen Leben bemüht habe, war in zunehmendem Maße das: diesen Namen hervorzuheben und zu sagen: *dort!* «Es ist in keinem Namen Heil als in diesem Namen» [Apg 4,12]. Und dort ist dann auch die Gnade. Und dort ist dann auch der Antrieb zur Arbeit, auch der Antrieb zum Kampf, auch der Antrieb zur Gemeinschaft, auch der Antrieb zum

Mitmenschen – alles, was ich in Schwachheit und Torheit in meinem Leben probiert habe, aber *dort ist's*. […]

Karl Barth, Gespräche 1964–1968, hg. v. Eberhard Busch, Karl Barth-GA, Abt. IV, Zürich 1997, 528–542.

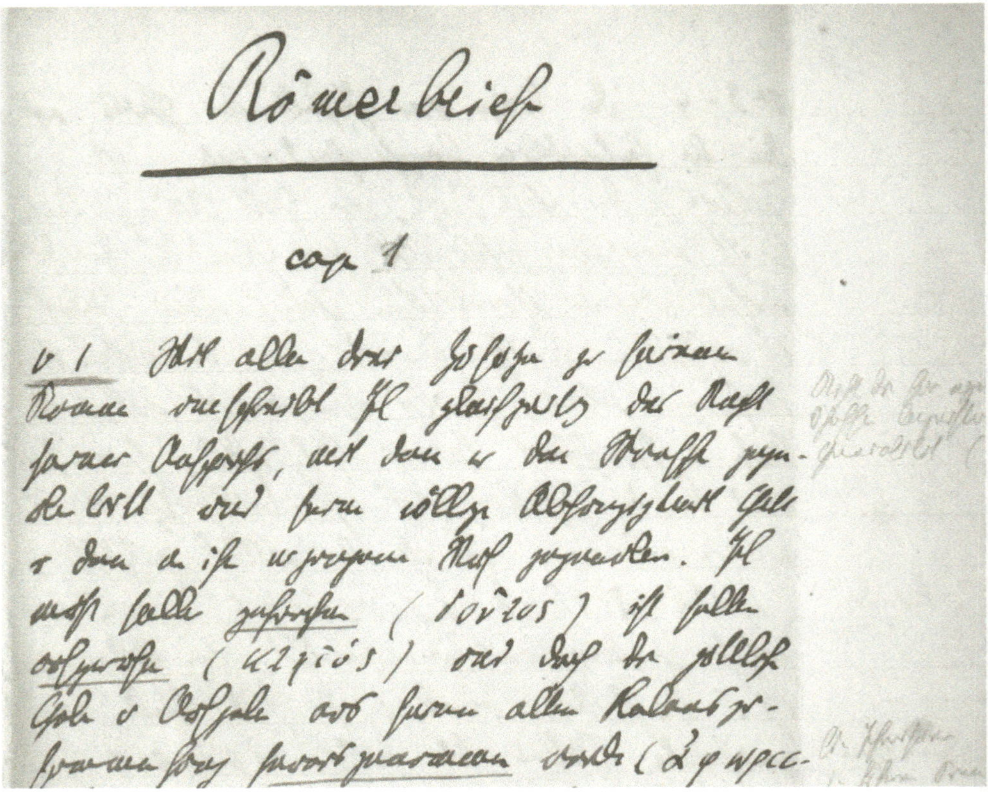
Römerbrief

cap 1

Manuskript zum Römerbrief

2 Mit dem Anfang anfangen

Nachdem Karl Barth sein Safenwiler Pfarramt 1911 angetreten hatte, behandelte er in seinen Predigten und Vorträgen vielfach religiös-soziale und sozialpolitische Themen. Schon bald wurde ihm der Titel des «roten Pfarrers von Safenwil» angehängt. 1915 trat er in die Sozialdemokratische Partei der Schweiz ein.

Natürlich wirkte auf Barths frühe Theologie noch etwas anderes ein: der Beginn des Ersten Weltkriegs und das Erschrecken darüber, dass seine theologischen Lehrer den Krieg vehement befürworteten. Erschüttert stellte er fest, dass Gott für die deutsche Seite religiös in Anspruch genommen und missbraucht wurde. Barth, der seinen Denkweg im Milieu der liberalen Theologie angetreten hatte, gelangte nun zu einem grundlegenden theologischen Neuansatz: Er schloss aus, dass in bestimmten menschlichen Taten und geschichtlichen Ereignissen Gottes Willen zu erkennen sei. So hinterfragte er den religiösen und kulturellen Optimismus des Neuprotestantismus und entdeckte die Bibel neu für sich. Es schälte sich fortan ein Grundzug seiner späteren Theologie heraus: zuerst sei nach Gott zu fragen und erst dann, von Gott her, sich dem Menschen zuzuwenden.

Barth kam der Frage der Gotteserkenntnis, dem Schriftverständnis und der Rede von Gott in der Predigt neu auf die Spur. Aus der Einsicht, dass es in der Theologie ganz anders und radikaler um Gott gehen muss, entwarf er sein Programm, mit dem Anfang – nämlich mit dem Wort Gottes – noch einmal anzufangen und anzuerkennen, dass Gott Gott ist. Damit war der Weg hin zu einer Theologie des Wortes Gottes bzw. zur «Dialektischen Theologie» geebnet.

Erstmals begegnet die Wendung «mit dem Anfang anfangen» 1916 in einer Predigt über Genesis 15,6. In der «Kirchlichen Dogmatik» (Band I/2, 971) und in seiner Abschiedsvorlesung «Einführung in die evangelische Theologie» (1961/62) kam er darauf zurück. Die Herzstücke der neuen Wahrnehmung der biblischen Texte sind dann die erste und die zweite Fassung des Römerbriefs (1919 und 1922), in denen Barth versuchte, den Inhalt und das Zentrum des christlichen Glaubens grundsätzlich zu entdecken. In den beiden Vorworten erklärte er seine Auslegungsmethode, durch das Historische hindurch in den «Geist der Bibel» und dessen Bedeutung für die Gegenwart zu blicken. Mit dieser Vorgehensweise zeigte Barth auf, dass Gott im Himmel und der Mensch auf Erden sei – beide voneinander unterschieden und doch aufgrund einer von Gott ausgehenden Beziehung miteinander verbunden. Dass Gott das ganz Andere und die Offenbarung die Begegnung mit dem gekreuzigten Christus sei, betonte Barth im Vortrag «Biblische Fragen, Einsichten und Ausblicke» (1920). Schließlich dokumentierten seine «Sechzehn Antworten an Herrn Professor von Harnack» (1923) über die Wissenschaftlichkeit der Theologie den endgültigen Abschied vom theologischen Liberalismus.

Predigt über Genesis 15,6, Safenwil 1916

«Das Eine Notwendige»

[…] Wir begehen immer aufs Neue den verhängnisvollen Irrtum, dass wir nicht real genug mit dem Anfang anfangen. Wir wollen denken und handeln, Beobachtungen machen, Urteile fällen und Probleme bearbeiten, wollen historische und psychologische, theologische und philosophische, politische und soziale Behauptungen aufstellen und vertreten und womöglich gleich die praktischen Versuche dazu wagen, – *bevor* wir das alles – von Gottes wegen – *dürfen*, bevor das lebendige Wasser sich in uns gesammelt und gestaut hat, um dann mit wirklicher Gewalt, wirklich schöpferisch, wirklich segensvoll nach außen zu brechen. Wir wollen so oder so Berge von Schwierigkeiten versetzen, bevor wir in den Maßen des Senfkorns an Gott geglaubt haben [Mt 17,20]. […] Wir spüren es in unserem Kirchentum, in unseren nationalen Fragen und Bemühungen, in unserem Erziehungswesen, in den Bewegungen, die unser Sozialismus heute durchmacht – immer das Gleiche: wir haben nicht mit dem Anfang angefangen. Darum immer wieder unsere Irrtümer, Unzulänglichkeiten und Zusammenbrüche. Es fehlt uns nicht an Scharfsinn, es fehlt uns nicht an gutem Willen, es fehlt uns nicht an vaterländischer Treue, es fehlt uns nicht an Idealismus und nicht an gediegener Christlichkeit. Es fehlt uns aber am Einfachsten, am Glauben, der allem Denken und Handeln vorangeht und es erst möglich macht, am Glauben an Gott, der Wollen und Vollbringen in uns schaffen will [Phil 2,13]. Gottes Zusage an uns will *a priori, vor* allem ernst genommen sein. Die Wahrheit liegt in der Grundlegung. «*Im Anfang* war das Wort, und das Wort war bei Gott, und Gott war das Wort» [Joh 1,1]. Das ist keine metaphysische Konstruktion, sondern die tiefste praktische Lebenserkenntnis. Im Anfang! *Dann* heran an das Sehen und Feststellen, Begreifen und Verstehen, Anwenden und Ausführen, *dann* heran an die Fragen und Aufgaben und Konflikte! […] Es ist gefährlich, so zu tun, als ob das Einfachste sich von selbst verstünde. Es ist gefährlich, darüber hinweg zu irgendeiner Tagesordnung überzugehen, auch wenn wir voll guten Willens und voller Begeisterung sind. Es ist gefährlich, etwas machen zu wollen, bevor wir uns jenes Werkmeisters versichert haben. Solange wir nicht *vor* allem *zu* Gott gehen, werden wir auch schwerlich *trotz* allem *mit* ihm gehen, so gern wir es wollten. […]

Es wird eben unser persönliches Leben nicht in Ordnung kommen, wir werden im Umkreis weilen und nicht im Mittelpunkt, wir werden ewig probieren und nie wirken, wir werden nie Geschichte machen – solange wir uns weigern, einmal fröhlich mit dem Anfang anzufangen, bevor die Definition dazu fertig ist. Nicht wahr, so wollen wir uns doch nicht selbst aufhalten? Was ist denn Glauben? Anerkennen, dass Gott Gott ist! Anerkennen, dass er nicht ferne ist! Anerkennen, dass er recht hat gegen uns, für uns! Haben wir etwa die Zusage Gottes nicht, die uns diese Anerkennung ins Herz schreibt und auf die Lippen legt? Ist sie nicht in sich selbst ganz klar und unmittelbar überzeugend? […] Der Glaube ist ja eben kein besonderes umwälzendes Erlebnis, auf das man warten müsste, sondern ein schlichtes Ernstnehmen dessen, was man schon weiß, und das kann jeden Augenblick anfangen. Steht nicht Gottes gütiges Bild ganz deutlich vor uns, wenn wir für einen Augenblick nur still werden und statt auf das, was in unseren Köpfen, in unseren Büchern, in unseren Systemen wahr ist, achten auf das, was in unseren Herzen wahr ist? Redet Gott etwa nicht zu einem jeden von uns mit ganzer Liebe und ganzer Bereitschaft, sofort auf uns einzugehen, wenn wir aus unseren wissenschaftlichen, politischen und gesellschaftlichen Irrgärten, in denen wir uns tummeln und müde machen, und aus den privaten Irrgärtlein, die wir uns alle noch persönlich erbaut haben, die Augen erheben zu seinen Sternen [Gen 15,5]? Leuchtet uns nicht auch in den schlimmsten Abgründen, in die wir uns starr und steif und stolz mögen verlaufen haben, die warme, lachende Sonne seiner Barmherzigkeit, die ja gar nicht will, dass wir verloren gehen, sondern dass uns allen geholfen werde [1Tim 2,4]? Sagt uns nicht auch in der dunkelsten Nacht von Torheit, Sünde, Leid und Tod das fröhliche Wachstum des kleinsten Gräsleins, dass es eben etwas anderes gibt und geben wird als das große Weh, das jetzt in uns und um uns ist, eine ganze Welt von Leben, das keine Bosheit zerbrechen und kein Sterben auflösen kann? Ja, ist diese Welt des wahrhaftigen Lebens nicht schon jetzt da in uns und um uns, leben wir etwa auch in unseren trübsten und schlechtesten Augenblicken tatsächlich von etwas anderem als wenigstens von der Erinnerung an diese Welt? Ist's nicht schon in dieser jetzigen Welt, in der wir des Vollkommenen erst warten, tatsächlich so, dass wir im Lichte Gottes Licht sehen [Ps 36,10], wenn es auch erst ganz wenig und zerstreutes Licht ist? Und wie ist all dieser Ernst und all diese Liebe Gottes für uns hervorgebrochen in der Erscheinung Jesu Christi, der doch sichtbar und erkennbar genug vor uns steht, wenn wir nur sehen und erkennen wollen. Er gehört doch auch in unser Leben hinein so gut wie all die anderen Faktoren und Momente, denen wir so viel Nachdenken und Aufmerksamkeit widmen, die wir beständig so bitter ernst nehmen. Er sagt uns doch so deutlich, wie er es vor 2000 Jahren gesagt hat: Kehret um, denn das Himmelreich ist nahe herbeigekommen [Mt 4,17]. Und dieses sein großes «nahe» bedeutet keine fahle apokalyptische Wunderbotschaft, sondern heute wie damals die freundliche Einladung, nun einmal mit ihm persönlich hineinzustehen in das so unendlich naheliegende neue Leben von Gott her, das ist und das kommen will. Dieser Einladung folgen ist nicht schwer. Glauben ist kein Laufen und Rennen. Glauben ist keine erknorzte [= mühsame] mystische oder eschatologische Stimmung. Glauben ist keine Narkose und kein Traum. Glauben heißt die Augen auftun. Glauben heißt wahrhaftig werden. Glauben heißt gelten lassen, was eigentlich ist. Glauben heißt im Realen leben. Drängt uns etwa nicht alles dazu? Ist es uns denn etwa so viel natürlicher, alles, alles ernst zu nehmen, nur Gott nicht, Gottes Wahrheit immer erst dann zu Worte kommen zu lassen, wenn wir alle unsere Bedenken, Vorbehalte, Vorsichtigkeiten dagegen ausgespielt haben? Ist es denn etwa praktischer, Gott immer nur zu guter Letzt als den solennen Hintergrund unserer Ideen in Anspruch zu nehmen? Haben wir denn etwa Ruhe, Klarheit, Zielstrebigkeit, Durchschlagskraft bei diesem ganzen Verfahren? Oder stellt nicht gerade unsere ganze heutige Situation in der Welt und im Vaterland an den Tag, dass es so nicht geht, dass es leichter, natürlicher, auf der Hand liegender wäre, nun einmal von unten aufzubauen und mit dem Anfang anzufangen? [...]

Karl Barth, Predigten 1916, hg. v. Hermann Schmidt, Karl Barth-GA, Abt. I, Zürich 1998, 109–124.

Römerbrief (Erste Fassung 1919)

Vorwort

Paulus hat als Sohn seiner Zeit zu seinen Zeitgenossen geredet. Aber *viel* wichtiger als diese Wahrheit ist die andere, dass er als Prophet und Apostel des Gottesreiches zu allen Menschen aller Zeiten redet. Die Unterschiede von einst und jetzt, dort und hier, wollen beachtet sein. Aber der Zweck der Beachtung kann nur die Erkenntnis sein, dass diese Unterschiede im Wesen der Dinge *keine* Bedeutung haben. Die historisch-kritische Methode der Bibelforschung hat ihr Recht: sie weist hin auf eine Vorbereitung des Verständnisses, die nirgends überflüssig ist. Aber wenn ich wählen müsste zwischen ihr und der alten Inspirationslehre, ich würde entschlossen zu der letzteren greifen: sie hat das größere, tiefere, *wichtigere* Recht, weil sie auf die Arbeit des Verstehens selbst hinweist, ohne die alle Zurüstung wertlos ist. Ich bin froh, nicht wählen zu müssen zwischen beiden. Aber meine ganze Aufmerksamkeit war darauf gerichtet, durch das Historische *hindurch* zu sehen in den Geist der Bibel, der der ewige Geist ist. Was einmal ernst gewesen ist, das ist es auch heute noch, und was heute ernst ist und nicht bloß Zufall und Schrulle, das steht auch in unmittelbarem Zusammenhang mit dem, was einst ernst gewesen ist. Unsere Fragen sind, wenn wir uns selber recht verstehen, die Fragen des Paulus, und des Paulus Antworten müssen, wenn ihr Licht uns leuchtet, unsere Antworten sein. […]

Das ist sicher, dass allen nach Gerechtigkeit hungernden und dürstenden Zeiten natürlicher war, sich sachlich beteiligt neben Paulus, statt im gelassenen Abstand des Zuschauers ihm gegenüber zu stellen. Vielleicht gehen wir jetzt in eine solche Zeit hinein. Wenn ich mich darin nicht täusche, dann kann dieses Buch jetzt schon seinen bestimmt umschränkten Dienst tun. Man wird es ihm anspüren, dass es mit Entdeckerfreude geschrieben ist. Die kräftige Stimme des Paulus war mir neu, und es ist mir, sie müsste auch manchen andern neu sein. Aber dass da noch vieles ungehört und unentdeckt ist, das ist mir am Ende dieser Arbeit ganz klar. Sie will darum nicht mehr sein als eine Vorarbeit, die um Mitarbeit bittet. Wenn doch recht viele und Berufenere sich einfinden würden, um daselbst Brunnen zu graben. Sollte ich mich aber täuschen in der freudigen Hoffnung auf ein gemeinsames neues Fragen und Forschen nach der biblischen Botschaft, dann hat dieses Buch Zeit, zu – warten. Der Römerbrief selbst wartet ja auch.

Karl Barth, Der Römerbrief (Erste Fassung) 1919, hg. v. Hermann Schmidt, Karl Barth-GA, Abt. II, Zürich 1985, 3f.

Römerbrief (Erste Fassung 1919)
Die Sache (Röm 1,16f.)

[...] Eine Sache, die in der Welthauptstadt schüchtern *verschwiegen* werden müsste, ist das Evangelium jedenfalls *nicht*. Die Leser brauchen sich damit inmitten der Konkurrenz der Religionen und Philosophien nicht befangen und verlegen zu fühlen, Paulus wird es auch nicht tun. Es erträgt und es schlägt diese Konkurrenz. Es ist nicht *eine* Wahrheit, sondern *die* Wahrheit. Wer sie erkennt, soll sich keinen Augenblick Sorge machen um ihren Sieg, sondern er soll vor allem stolz darauf sein, dass er sie erkennen darf. Er braucht sie nicht zu vertreten und zu tragen, wie die andern, die menschlichen Geistesbewegungen und Religionsunternehmungen vertreten und getragen sein wollen, sondern sie vertritt und trägt *ihn*. Berufene des Christus [Röm 1,6], die sich mit Gott genieren, die sich ängstigen um den Gang ihrer Sache – eine Unmöglichkeit! Gott müsste sich *unser* schämen, wenn er nicht Gott wäre, aber nicht umgekehrt. Gott geht, nicht wir gehen.

Es ist *Kraft* ausgegangen von Gott in der Auferstehung des Christus von den Toten. Das ist's, was hinter uns steht, ganz abgesehen von allem, was wir sind, denken und treiben. Keine Theorie wird hier aufgerichtet, keine abstrakte Moral gepredigt, kein neuer Kultus empfohlen. Alles Derartige, was auch unter uns auftauchen mag, ist menschliches Beiwerk, gefährlicher religiöser Rest, bedauerliches Missverständnis, nicht die Sache selbst. Würde es sich nur *darum* handeln, dann müssten wir uns allerdings bald «schämen», dann ständen wir nicht konkurrenzlos da, dann müssten wir der Welt erliegen, sobald *ihre* Kräfte gegen uns ins Spiel träten. Denn in der Welt sind auch Kräfte [Röm 8,38], und die sind stärker als unsre Ideen. Aber wir haben nicht Ideen hinter uns, sondern die Kraft aller Kräfte, die darum auch die Idee aller Ideen ist: die Kraft Gottes. Unsre Sache ist unsre im Christus realisierte Erkenntnis Gottes, in der uns Gott nicht gegenständlich, sondern unmittelbar und schöpferisch nahetritt, in der wir nicht nur schauen, sondern geschaut *werden*, nicht nur verstehen, sondern verstanden *sind*, nicht nur begreifen, sondern *ergriffen* sind. Unser Gottesgedanke ist der lebendige Arm Gottes, unter den die Natur, die Geschichte, die Menschheit, wir selbst (wir selbst als im Besitz der «Erstlinge des Geistes», Röm 8,23, *zuerst!*) wieder gestellt sind. Der *Ursprung*, der immer behauptete, gewusste, vermisste und unter Schmerzen gesuchte, hat seinen Mund wieder aufgetan. Das göttliche Wort «Es werde!» ist wieder erschollen, gehört, in Erfüllung gegangen. Also nichts Neues, sondern das Älteste: nichts Besonderes, sondern das Allgemeinste; nichts Geschichtliches, sondern die Voraussetzung aller Geschichte. Das, was immer verhüllt war in den unverstandenen Naturerscheinungen [Röm 1,20] und verschlossen in den nicht gehörten Prophetenworten [Röm 16,25f.], aber jetzt erst offenbart, sodass es nun wieder wie im Anfang in den Augen und Ohren der Menschen ist und damit in der Welt, deren Haupt und Zentrum der Mensch ist. Und insofern nicht das alte Bekannte, sondern ein Neues, nicht das Allgemeine, sondern das Besonderste, keine bloße Voraussetzung, sondern selber Geschichte: die Eröffnung eines neuen Äons, die Erschaffung einer Welt, in der Gott wieder Gewalt hat. Diese Kraft Gottes steht hinter uns. Sie ist das Evangelium, das wir verkündigen. Sie ist unsre Sache.

Das jetzt anhebende Werk der Kraft Gottes ist eine *Errettung.* Denn mit der ganzen gegenwärtigen Welt befindet sich der Mensch in einer Gefangenschaft. Eine Abkehr des Menschen von Gott [Röm 1,18; 5,12] hat ihn seinem Ursprung entfremdet, Gott zu seinem Feind gemacht; die einst in Gott gebundenen und spielenden natürlichen und geschichtlichen Weltkräfte herrenlos gemacht, ihn und alle Kreatur unter das Gericht der eigenen Verworfenheit [Röm 1,24] und des Todes [Röm 5,12] gebracht. Den Knoten dieser hoffnungslos verwirrten Lage, die durch keine Sittlichkeit zu überwinden und durch keine Religiosität zu beschönigen war, hat Gott nun zerhauen durch die reale Tat der Eröffnung einer messianischen, göttlich-irdischen Geschichte. Im Christus ist die Menschheit Gott wieder zugekehrt und damit der Grund gelegt worden zur Wiederbringung alles dessen, was verloren ist. Wir stehen schon in den Anfängen dieses Geschehens, und eine weite Perspektive eröffnet sich auf einen Zustand in der Freiheit Gottes [Röm 5,2; 8,18]. Nicht mehr unter dem Gericht, sondern unter der Gnade, nicht mehr in der Sünde, sondern in der Gerechtigkeit, nicht mehr im Tode, sondern im Leben, das ist der Weg der Errettung, den die Kraft Gottes jetzt mit uns und einst mit der ganzen Welt gehen will und wird.

Jetzt mit uns! Es handelt sich darum, an die Kraft Gottes zu *glauben.* […] Die kommende Welt kommt nicht mechanisch, sondern organisch. Und das schöpferische Organ, das dazu in Wirksamkeit treten muss, ist eine Vorausnahme des Zieles, das erreicht werden soll: die freie Vereinigung des Menschen mit Gott, wie sie im Christus vollzogen war und wie sie in den vom Christus Berufenen möglich und wirklich wird. Wenn der Mensch Ja sagt zu dem göttlichen Ja, das im Christus zu ihm gesprochen hat, wenn er Gebrauch macht von den neuen Augen und Ohren, die ihm durch die Kraft Gottes geschenkt sind, wenn die Treue Gottes, der von der Welt und vom Menschen nicht lassen kann, einer neuerwachten Gegentreue begegnet, das ist «Glaube». Da hebt die

Errettung an. Da setzt sich die im Christus begründete Weltenwende fort. Das ist das Gebot und die Einladung, die jetzt mit dem Evangelium allen Völkern verkündigt wird, damit sie ihr gehorchen sollen [Röm 1,5]. Wohlzuverstehen, dass die Wärme der Empfindung, die Wucht der Entscheidung und Überzeugung, die Tüchtigkeit der persönlichen Gesinnung *keine* wichtigen Merkmale des Glaubensvorgangs sind. Es handelt sich wesentlich um das, was auf der geistigen, nicht um das, was auf der seelischen Seite des Menschen vorgeht.

Die Glaubenden bilden das neue internationale *Gottesvolk,* das sich jetzt um die Auferstehungskraft schart als um seine Sache. Jedermann kann und soll dabei sein. Der Glaube ist die Weltfrage geworden. Als die Erben der Verheißung und der verschlossenen Prophetenworte hatten die Juden einen Vorsprung. In ihrer Mitte ist der Messias geboren; sie zuerst haben seine Botschaft gehört [Röm 10,14f.]. Dann aber brach sie heraus zu den Heiden. Die Frage «kirchlich» oder «weltlich» ist keine Frage mehr. Die kommende Welt kennt diese Schranken nicht. Nur eins entscheidet jetzt: ob die wieder offenbar gewordene Kraft Gottes nun Glauben oder Unglauben findet.

So beruht das Bewusstsein und die Zuversicht, mit der der Christ sich zu seiner Sache stellt, selbst auf der schöpferischen, erlösenden, die Welt umfassenden Kraft Gottes. Kraft *Gottes* ist sie, darüber soll es keine Zweideutigkeit geben – keine von den Weltkräften, die nichts Neues schaffen, sondern uns letzten Endes immer im Kreise herumführen. Denn das, was uns den Christus hat zur Kraft werden lassen, das ist keine menschliche Größe, weder im Bösen *noch* im Guten, sondern die in ihm wieder enthüllte *Gerechtigkeit Gottes.* Gott handelt in Übereinstimmung mit sich selber, wenn er der Welt in diesem Einen die Retterhand reicht. Denn es ist in diesem Einen auf der Erde wieder erschienen das ursprüngliche, unmittelbare, normale Verhältnis des Menschen zu Gott, das Verhältnis, das Gott selbst recht ist, das seinem Sinne entspricht. In ihm kann sich Gott wie er ist wieder zum Menschen bekennen und im Bilde des Menschen sich selber wiedererkennen. Diese Gerechtigkeit Gottes, die im Christus war, ist das Geheimnis der Kraft seiner Auferstehung, sie auch die Voraussetzung der Errettung der Welt vom Verderben, die durch diese Kraft begonnen hat. Denn allein die wiedergewonnene Unmittelbarkeit des Menschen zu Gott im Gehorsam des Christus vermochte des Grabes Türe zu sprengen, sie allein macht die Errettung real, zu einer entscheidend neuen Bewegung, schützt sie vor dem Rücklauf aller menschlichen Bewegungen in neue Sünde und neuen Tod. Es ist also die Liebe, mit der sich jetzt Gott der Welt wieder zuwendet, keine Sentimentalität, durch die er in Widerspruch mit sich selbst und mit dem Tatbestand der menschlichen Verfassung geraten würde, sondern (indem er dem menschlichen Wesen im Christus seine «gerechte» Verfassung wiedergibt) vielmehr die Verkündigung und Aufrichtung seiner eigenen innersten Wahrheit auf Erden. Gott erträgt die Ungerechtigkeit unter den Menschen nicht mehr; er will, dass seine Gerechtigkeit wieder gelte. Darum und in diesem Sinn spricht er im Christus das erlösende Wort, durch das der Mensch aus der Fremde wieder in die Heimat gerufen wird. Es ist also auch menschlicherseits kein eigenmächtig tumultuarisches Ansichreißen des Göttlichen, durch das wir der Heiligkeit Gottes zu nahe träten, wenn wir der Auferstehungskraft des Christus Glauben schenken und uns der kommenden Errettung freuen, sondern es ist *Erkenntnis* Gottes im strengsten Sinn, was uns dazu führt; es ist (im Gegensatz zu aller menschlichen Willkür, aber auch zu aller menschlichen Moralität und Religiosität) «Erkenntnis der *Klarheit* Gottes in dem Angesichte Jesu Christi» [2Kor 4,6], Beugung vor dem innersten Wesen Gottes, Gehorsam, wie der Christus gehorsam war. Und darum, weil es sich nicht um irgendetwas, sondern um die Gerechtigkeit Gottes handelt, täuschen wir uns nicht in der Zuversicht, dass Gott selbst unsre Sache führt.

Es ist aber eine *Offenbarung*, durch die Gott dies lösende Wort spricht und der wir diese Erkenntnis verdanken. Es versteht sich nicht von selbst, dass das Verhältnis des «Zorns», der «Frevelhaftigkeit und Ungerechtigkeit» [Röm 1,18] zwischen ihm und uns aufgehoben, der tragisch unfruchtbare Ernst der Moral und der Religion zerbrochen, die Kraft Gottes zur Errettung in der Welt wirksam wird. Es ist ein Wunder, dass der sündige und todgeweihte Mensch, so wie er ist, im Christus das Urteil hören darf, dass er Gott recht ist, und dass er durch dieses Urteil (das im Munde des Gottes der Wahrheit ein Schöpfungswort ist), wenn er es hören will, gerecht und lebendig gemacht wird. Wir stehen also gerade in Bezug auf das innerste Wesen der Kraft Gottes vor einer tatsächlichen Wende der Zeiten, vor der Enthüllung eines Mysteriums, «das durch Weltalter hindurch verschwiegen war» [Röm 16,26]. Denn auch die Propheten konnten nur wie vor verschlossenen Türen die Gerechtigkeit, aus der das Leben kommt, bezeugen und ihre Enthüllung weissagen. Nun aber erschließt sie sich selbst, indem das Urteil und die Erkenntnis, durch die der Mensch wieder in das ursprüngliche und positive Verhältnis zu Gott versetzt wird, in dem geschichtlichen Ereignis der Erscheinung des Christus zur Aussprache kommt. So ist uns gerade der *Inhalt* des Evangeliums eine *Entdeckung*, nicht eine allgemeine Wahrheit, und von Gott aus betrachtet: der Gegenstand einer Tat, nicht einer ruhenden Eigenschaft, so sicher menschlicherseits die Möglichkeit dieser Entdeckung und göttlicherseits die Bereitschaft zu dieser Tat immer vorhanden war. Die *Wirklichkeit* der Gerechtigkeit Gottes im Christus ist das Neue im Evangelium. [...]

So erfüllt sich in unsrer Sache die prophetische Weissagung: «Der aus Treue gerecht Gemachte *wird leben.*» Man könnte auch sagen: «Der durch den Glauben gerecht Gewordene»; es ist dasselbe; denn es handelt sich um ein Machen Gottes und um ein Werden des Menschen in Einem. Gottes Gerechtigkeit ist nun wieder aufgerichtet auf Erden durch das lösende Wort, das im Christus gesprochen, und durch die Erkenntnis, die in den Christen zustande gekommen ist. Und wie unter dem herrschenden göttlichen «Zorn» und im Gebiet der menschlichen «Frevelhaftigkeit und Ungerechtigkeit» der Tod die höchste Gewalt haben musste auf Erden, so ist durch jene Aufrichtung der göttlichen Gerechtigkeit die Keimzelle des Lebens wieder in die Geschichte und in die Natur gegeben. Nun wächst in die menschliche Weltgeschichte hinein die göttliche. Nun hat die neue Schöpfung angefangen, in der der Tod nicht mehr sein wird.

Karl Barth, Der Römerbrief (Erste Fassung) 1919, hg. v. Hermann Schmidt, Karl Barth-GA, Abt. II, Zürich 1985, 18–24.

Biblische Fragen, Einsichten und Ausblicke (1920)

Was uns die Bibel an Erkenntnis zur Deutung des Weltgeschehens zu bieten hat, fragen wir. Diese Frage kehrt sich aber sofort um, richtet sich an uns selbst und lautet dann, ob und inwiefern wir denn in der Lage sind, uns die in der Bibel gebotene Erkenntnis zu eigen zu machen. Auf unsere Frage muss ja ohne Besinnen die Antwort gegeben werden: Erkenntnis Gottes bietet uns die Bibel, also keine besondere, nicht diese oder jene Erkenntnis, sondern den Anfang und das Ende, den Ursprung und die Grenze, die schöpferische Einheit und die letzte Problematik aller Erkenntnis. Was fragen wir lange? «Im Anfang schuf Gott Himmel und Erde» [Gen 1,1] und «Amen, ja komm Herr Jesu!» [Offb 22,20]. Das ist die Deutung des Weltgeschehens, die sich aus der in der Bibel gebotenen Erkenntnis ergibt. Uns selbst und unser Tagewerk und unsere geschichtliche Stunde in Gott dem Schöpfer und Erlöser zu begreifen, das ist die Aufgabe, an deren Bearbeitung sich diese Deutung bewähren muss. […]

Was bietet die Bibel? Sie *hat* schon geboten, unsre ganze Erkenntnis *lebt* von der Erkenntnis Gottes. Wir sind nicht draußen, sondern drinnen. Erkenntnis Gottes ist nicht eine Möglichkeit, mit der wir es zur Deutung des Weltgeschehens versuchen oder allenfalls auch *nicht* versuchen können, sondern die Voraussetzung, von der wir belehrt oder halbbelehrt oder unbelehrt immer schon herkommen bei all unsern Deutungsversuchen. […]

Es ist offenbar, dass die Frage nach Gott *eine letzte Unvermeidlichkeit* ist, dass schon unser Fragen voller Antwort ist, dass wir bedrängt und gefangen genommen sind von einem vorausgesetzten anfänglichen Ja. Wir würden nicht verneinen, wenn uns nicht die Realität des Ja so stark beunruhigte. Wir können die ursprüngliche Einheit und Gründung der Seele in Gott nicht ganz vergessen. Wir könnten nicht Grenzen der Humanität aufrichten und bewachen, wenn wir uns nicht gleichzeitig des Begrenzenden erinnern würden. Wir würden nicht suchen, wenn wir nicht schon gefunden hätten. Wie sollte also Erkenntnis Gottes nicht Raum haben in uns? […] Wir werden durch die Erkenntnis, die die Bibel uns bietet und gebietet, auf eine schmale Felsenkante hinausgedrängt, in eine Schwebelage hart zwischen Ja und Nein, zwischen Leben und Tod, zwischen Himmel und Erde. […] Das ist's, was uns die Bibel vor allem zu bieten hat: die Einsicht, dass Erkenntnis Gottes das ewige Problem unsres persönlichen Daseins ist, der Ursprung, von dem wir leben und doch nicht leben, von dem wir getrennt sind und doch nicht getrennt. […]

Ein Neues, Unvergleichliches, Unerreichbares, ein nicht nur Himmlisches, sondern Überhimmlisches: *Gott* hat die Aufmerksamkeit dieser Menschen auf sich gezogen. Gott verlangt ihr *volles* Gehör, ihren *ganzen* Gehorsam. Denn er will sich selbst treu sein; er will heilig sein und bleiben. Er will nicht an sich gerissen, in Betrieb und Gebrauch gesetzt sein, er will nicht dienen. Er will herrschen. Er will selbst an sich reißen, beschlagnahmen, betreiben, gebrauchen. Er will keine anderen Bedürfnisse befriedigen als seine eigenen. Er will nicht Jenseits sein neben einem Diesseits, er will alles Diesseits verschlingen ins Jenseits. Er will nicht *Etwas* sein neben anderen, sondern das *ganz* Andere, der Inbegriff aller bloß relativen Anderheit. Er will nicht Religionsgeschichte begründen, sondern der Herr unsres Lebens, der ewige Herr der Welt sein. *Darum* handelt es sich in der Bibel. […]

Die biblische Linie ist ja nicht identisch mit dem Bibelbuch. Sie liegt in der Bibel selbst ungeschützt mitten in der allgemeinen Religionsgeschichte, und kaum ein Punkt, wo sie nicht von andern, fremdartigen Linien geschnitten würde. Jene Ränder in der Bibel, wo die biblischen Menschen nicht nur *andern* Menschen, sondern *religiösen* Menschen sehr ähnlich sehen, sind besonders im Alten Testament verwirrend breit und fehlen auch im Neuen Testament durchaus nicht. Die Fülle der Variationen lässt streckenweise das Thema fast vergessen. Die Meinung, es sei auch die Bibel nur ein Teil des allgemeinen religiösen Chaos, ist also begreiflich. Aber nicht unvermeidlich! Nicht unvermeidlich wenigstens in einer Zeit, der die Relativität des Christentums, sofern es Erlebnis, Metaphysik und Geschichte ist, so handgreiflich, so unverkennbar vor Augen gestellt, der die Frage nach einem *Neuen*, nach dem *ganz* Andern, nach der Realität *Gottes* so auf der Zunge liegt, wie unsrer Zeit. […]

Mag es sich mit dem historischen Jesus verhalten, wie es will, Jesus der Christus, des lebendigen Gottes Sohn, gehört weder der Historie noch der Psychologie an; denn was historisch und psychisch ist, das ist eben als solches auch verweslich. Die Auferstehung Christi oder, was dasselbe sagt: seine Wiederkunft, sie ist kein geschichtliches Ereignis […] Anbruch der neuen Weltzeit, Herrschaft dessen, der da war und ist und kommt – das ist Ostern. […]

Karl Barth, Vorträge und kleinere Arbeiten 1914–1921, hg. v. Hans-Anton Drewes, Karl Barth-GA, Abt. III, Zürich 2012, 662–701.

Römerbrief (Zweite Fassung 1922)

Vorwort

Im Vorwort zur ersten Auflage bezeichnete ich dieses Buch als eine «*Vorarbeit*». Wenn dieser Hinweis ebenso aufmerksam beachtet worden ist wie der fast berüchtigt gewordene Schlusssatz («Dieses Buch kann warten ...»), so brauche ich mich heute nicht zu rechtfertigen, wenn ich das Buch in einer neuen Bearbeitung vorlege, bei der von jener ersten sozusagen kein Stein auf dem andern geblieben ist. Sie hat ihren «bestimmt umschränkten Dienst», wie ich damals zu hoffen wagte und doch fast nicht hoffen konnte, getan, einige auf Paulus und auf die Bibel überhaupt aufmerksam zu machen, die es vorher so nicht waren. Sie kann heute mit ihren Vorzügen und Fehlern vom Schauplatz verschwinden. Ich habe die begonnene Arbeit fortgesetzt und lege hier ein weiteres vorläufiges Resultat vor. [...]

Dieses Buch will nichts anderes sein als ein Stück des Gesprächs eines Theologen mit Theologen. [...] Die Ansicht, dass es heute vor allem darauf ankomme, die Theologie von sich abzuschütteln und irgendetwas jedermann Verständliches zu denken und vor allem zu sagen und zu schreiben, halte ich für eine durchaus hysterische und unbesonnene Ansicht. Meine Frage ist vielmehr die, ob es nicht am Platze wäre, dass diejenigen, die sich solchen Redens und Schreibens an jedermanns Adresse unterwinden wollen, sich zunächst einmal *unter sich* über das *Thema* etwas besser verständigen würden, als es heute der Fall ist. [...] Wir andern sind der Meinung, dass die Frage nach dem Was? gerade in den Zeiten, wo scheinbar alles zum Rufen auf den Gassen drängt, eine wichtige Frage sei. Ich mache also kein Hehl daraus, dass es schlecht und recht Theologie ist, was hier auf den Leser wartet. Sollten trotz dieser Warnung auch Nicht-Theologen nach dem Buche greifen – und ich kenne solche, die das, was darin steht, besser verstehen werden als viele Theologen –, so ist mir das eine große Freude; denn ich bin durchaus der Meinung, dass sein Inhalt jedermann angeht, weil seine Frage jedermanns Frage ist, ich konnte es aber auch im Gedanken an sie nicht leichter machen, als ich durfte [...]

Einfach ist für *uns* weder der Römerbrief des Paulus, noch die heutige Lage in der Theologie, noch die heutige Weltlage, noch die Lage des Menschen Gott gegenüber überhaupt. Wem es in dieser Lage um die Wahrheit zu tun ist, der muss den Mut aufbringen, zunächst einmal auch *nicht* einfach sein zu können. Schwer und kompliziert ist das Leben der Menschen heute in jeder Beziehung. Für kurzatmige Pseudo-Einfachheiten werden sie uns zu allerletzt Dank wissen, wenn denn einmal vom Dank der Leute überhaupt die Rede sein soll. Ich frage mich aber ernstlich, ob der ganze Schrei nach der «Einfachheit» etwas anderes bedeutet, als das an sich ja sehr verständliche, auch von den meisten Theologen geteilte Verlangen nach einer direkten, nicht-paradoxen, nicht allein *glaub*würdigen Wahrheit. [...]

Man hat mich einen «abgesagten Feind der *historischen Kritik*» genannt. Warum statt solcher aufgeregter Worte nicht lieber ruhig erwägen, um was es sich handelt? In der Tat, ich erhebe einen Einwand gegen die neueren Kommentare zum Römerbrief [...] Aber nicht die historische Kritik mache ich ihnen zum Vorwurf, deren Recht und Notwendigkeit ich vielmehr noch einmal ausdrücklich anerkenne, sondern ihr Stehenbleiben bei einer Erklärung des Textes, die ich keine Erklärung nennen kann, sondern nur den ersten primitiven Versuch einer solchen, nämlich bei der Feststellung dessen, «was da steht» mittelst Übertragung und Umschreibung der griechischen Wörter und Wörtergruppen in die entsprechenden deutschen, mittelst philologisch-archäologischer Erläuterungen der so gewonnenen Ereignisse und mittelst mehr oder weniger plausibler Zusammenordnung des Einzelnen zu einem historisch-psychologischen Pragmatismus. [...]

Und *hier*, nicht bei dem selbstverständlichen Gebrauch historischer Kritik anlässlich der Arbeit, die vorher zu tun ist, beginnt der Dissensus. Während ich den Historikern aufmerksam und dankbar folge, solange sie mit jenem primitiven Erklärungsversuch beschäftigt sind, [...] gerate ich immer wieder in Erstaunen über die Bescheidenheit ihrer Ansprüche, sobald ich ihre Versuche, zu eigentlichem *Verstehen* und *Erklären* vorzudringen, betrachte. Eigentliches Verstehen und Erklären nenne ich diejenige Tätigkeit, die Luther in seinen Auslegungen mit intuitiver Sicherheit geübt, die sich Calvin sichtlich systematisch zum Ziel seiner Exegese gesetzt [...] haben. [...] Wie energisch geht der Letztere zu Werk, seinen Text, nachdem auch er gewissenhaft festgestellt, «was da steht», *nach* zu denken, d. h. sich solange mit ihm auseinander zu setzen, bis die Mauer zwischen dem 1. und 16. Jahrhundert *transparent* wird, bis Paulus dort *redet* und der Mensch des 16. Jahrhunderts hier *hört*, bis das Gespräch zwischen Urkunde und Leser ganz auf die *Sache* (die hier und dort keine verschiedene sein *kann!*) konzentriert ist. Wahrhaftig, wer die Methode Calvins mit dem nachgerade abgebrauchten Sprüchlein vom «Zwang der Inspirationslehre» meint erledigen zu können, der beweist nur, dass er in *dieser* Richtung noch nie wirklich *gearbeitet* hat. [...]

Dem gegenüber meine ich nun, dass jener erste primitive Umschreibungsversuch und was dazu gehört nur den Ausgangspunkt bilden dürfte zu einem mit allen Hebeln und Brechwerkzeugen einer ebenso unerbittlichen wie elastischen dialektischen Bewegung zu leistenden *sachlichen* Bearbeiten des Textes. *Kritischer* müssten mir die Historisch-Kritischen sein! Denn wie «das was *da* steht» zu *ver*stehen ist, das ist nicht durch eine gelegentlich eingestreute, von irgendeinem zufälligen Standpunkt des Exegeten bestimmte *Wertung* der Wörter und Wortgruppen des Textes auszumachen, sondern allein durch ein *tunlichst* lockeres und williges Eingehen auf die innere Spannung der vom Text mit mehr oder weniger Deutlichkeit dargebotenen Begriffe. [...] Tunlichst wenig darf übrigbleiben von jenen Blöcken bloß historischer, bloß gegebener, bloß zufälliger Begrifflichkeiten, tunlichst weitgehend muss die Beziehung der Wörter auf das Wort in den Wörtern aufgedeckt werden. Bis zu dem Punkt muss ich als Verstehender vorstoßen, wo ich nahezu nur noch vor dem Rätsel der *Sache*, nahezu nicht mehr vor dem Rätsel der *Urkunde* als solcher stehe, wo ich es also nahezu vergesse, dass ich nicht der Autor bin, wo ich ihn nahezu so gut verstanden habe, dass ich ihn in meinem Namen reden lassen und selber in seinem Namen reden kann. [...]

Oder wissen denn diese von mir wahrhaftig als Historiker respektierten Gelehrten gar nichts davon, dass es eine Sache, eine Kardinalfrage, ein Wort in den Wörtern gibt? Dass es Texte gibt, z. B. die des Neuen Testamentes, die zum *Reden* zu bringen, koste es was es wolle, eine letzte und tiefste Kulturangelegenheit, um es einmal so zu nennen, ist? Dass ihnen durch die kirchliche Zukunft ihrer Studenten wahrhaftig nicht nur eine praktische, sondern eine höchst sachliche Frage gestellt ist? Ich weiß, was es heißt, jahraus, jahrein den Gang auf die Kanzel unternehmen zu müssen, verstehen und erklären sollend und wollend und doch nicht könnend, weil man uns auf der Universität ungefähr nichts als die berühmte «Ehrfurcht vor der Geschichte» beigebracht hatte, die trotz des schönen Ausdrucks einfach den Verzicht auf jedes ernsthafte ehrfürchtige Verstehen und Erklären bedeutet? [...]

Aber was meine ich, wenn ich die *innere Dialektik der Sache* und ihre Erkenntnis im Wortlaut des Textes den entscheidenden Faktor des Verständnisses und der Erklärung nenne? [...] Wenn ich ein «System» habe, so besteht es darin, dass ich das, was Kierkegaard den «unendlichen qualitativen Unterschied» von Zeit und Ewigkeit genannt hat,[12] in seiner negativen und positiven Bedeutung möglichst beharrlich im Auge behalte. «Gott ist im Himmel und du auf Erden.» Die Beziehung *dieses* Gottes zu *diesem* Menschen, die Beziehung *dieses* Menschen zu *diesem* Gott ist für mich das Thema der Bibel und die

12 Sören Kierkegaard, Einübung im Christentum, in: ders., Gesammelte Werke, hg. v. Hermann Gottsched/Wolfgang Pfleiderer/Christoph Schrempf, Bd. 9, Jena 1912, 126.

Summe der Philosophie in Einem. Die Philosophen nennen diese Krisis des menschlichen Erkennens den Ursprung. Die Bibel sieht an diesem Kreuzweg Jesus Christus. Trete ich nun an einen Text wie den Römerbrief heran, so tue ich das unter der vorläufigen Voraussetzung, dass dem Paulus bei der Bildung seiner Begriffe die ebenso schlichte wie unermessliche Bedeutung jener Beziehung mindestens ebenso scharf vor Augen gestanden sei wie mir, wenn ich mich jetzt des aufmerksamen Nachdenkens seiner Begriffe befleißige, gerade wie ein anderer Exeget mit gewissen vorläufigen Voraussetzungen mehr pragmatischer Art, z. B. mit der Annahme, der Römerbrief sei wirklich von Paulus im 1. Jahrhundert geschrieben, an den Text herantritt. Ob sich solche Voraussetzungen bewähren, das kann sich wie alle Voraussetzungen nur im Akt, d. h. in diesem Fall in der genauen Untersuchung und Überlegung des Textes von Vers zu Vers zeigen, und selbstverständlich kann es sich bei dieser Bewährung immer nur um eine *relative*, mehr oder weniger gewisse Bewährung handeln, und dieser Regel ist natürlich auch meine Voraussetzung unterworfen. Setze ich nun vorläufig voraus, Paulus habe im Römerbrief wirklich von Jesus Christus geredet und nicht von irgendetwas anderem, so ist das zunächst eine Annahme so gut oder so schlecht wie irgendeine von den vorläufigen Annahmen der Historiker. Die Auslegung allein kann darüber entscheiden, ob und wie weit es mir gelingt, meine Annahme durchzuführen. Ist sie falsch, hat Paulus wirklich von etwas anderem geredet als von der permanenten Krisis von Zeit und Ewigkeit, nun, dann werde ich mich ja im Verlauf seines Textes selbst ad absurdum führen. Sollte man mich freilich weiterfragen, mit welchem Grund ich gerade mit dieser Annahme an den Römerbrief herantrete, so würde ich mit der Gegenfrage antworten, ob denn ein ernster Mensch etwa mit einer andern Annahme an einen nicht zum vornherein keines Ernstes würdigen Text herantreten könne als mit der Annahme, dass – Gott Gott ist? […]

Paulus weiß nun einmal etwas von Gott, was wir in der Regel nicht wissen, aber durchaus auch wissen könnten. Dass ich weiß, dass Paulus dies weiß, das ist mein «System», meine «dogmatische Voraussetzung», mein «Alexandrinismus», und wie man das immer zu nennen belieben mag. Ich habe gefunden, dass man dabei auch *historisch*-kritisch betrachtet, verhältnismäßig am besten fährt. Denn die modernen Paulusbilder sind mir und einigen andern auch *historisch* durchaus nicht mehr glaubwürdig. Die zahlreichen Anspielungen auf gegenwärtige Erscheinungen und Probleme haben *nur* die Bedeutung von Erläuterungen. Meine Absicht war nicht, dies und das zur Lage zu sagen, sondern den Römerbrief zu verstehen und zu erklären. […]

Was nun den *Inhalt* meiner vorliegenden Römerbrieferklärung betrifft, so gebe ich zu, dass es mir jetzt wie vor drei Jahren mehr um das *wirkliche* als um das sogenannte *ganze* Evangelium zu tun war, weil ich keinen Weg zum *ganzen* Evangelium sehe als den über das Erfassen des *wirklichen*, das sich noch keinem von allen Seiten zugleich gezeigt hat. Das übliche arbeitslose Reden und Schreiben vom ganzen Evangelium, das Glaube, Liebe und Hoffnung, Himmel, Erde und Hölle in schöner Proportion gleichmäßig umfasst, halte ich für wenig erbaulich. [...]

Karl Barth, Der Römerbrief (Zweite Fassung) 1922, hg. v. Cornelis van der Kooi/Katja Tolstaja, Karl Barth-GA, Abt. II, Zürich 2010, 5–24.

Römerbrief (Zweite Fassung 1922)

Die Liebe (Röm 8,28f.32)

[...] *«Wir wissen.»* Keine göttliche Gegebenheit, keine Anschaulichkeit, keine Gegenständlichkeit! Gäbe es sie, Gott wäre nicht Gott! Kein Hinübergreifen des Menschen findet statt in jenes Reich und kein Hineinragen jenes Reiches in diese Welt. Wir sind *die* Menschen, für die Gott endgültig und auf der ganzen Linie dessen, was wir wissen, der andere, der Fremde ist. Und unsre Welt ist *die* Welt, innerhalb derer Gott endgültig und im ganzen Umkreis – außerhalb ist. [...] Nur vom Seufzen der Kreatur und von seinem eigenen Seufzen *weiß* dieser Mensch in dieser Welt [Röm 8,22f.], *kann* er wenigstens wissen [Röm 1,19f.], sofern ihm die «Leerheit» seines Daseins [Röm 8,20], die Dialektik der Gegensätze, die Relativität und das Heimweh alles nur Gegebenen, nur Anschaulichen, nur Gegenständlichen nicht etwa entgehen sollte. Für die heilsame Öffnung unsrer Augen sorgt das Leiden und, unmittelbar an das Grenzdatum des Leidens anknüpfend, in ihrem Wesen als Deutung dieses Datums die ihres Namens würdige Philosophie. Also, nicht-wissend um Gott und sein Reich, wissend um das Seufzen alles Geschaffenen, gehen wir einig mit jeder ehrlich profanen, nicht einig mit den Halbheiten theologischer Natur- und Geschichtsbetrachtung. Denn gerade jenes Nicht-Wissen und dieses Wissen sind der Stahl und der Kiesel, aus denen, sofern sie im Geist, in der Wahrheit zusammentreffen, als Neues und Drittes das Feuer des nicht-wissenden *Wissens* von Gott und des wissenden *Nicht-Wissens* von der Leerheit unsres Daseins, das Feuer der *Liebe* zu *Gott*, weil er Gott ist [Röm 5,5], aufspringt, während das theologische, scheinbare Wissen von Gott und scheinbare Nicht-Wissen von der Leerheit unsres Daseins sich weder im Geist und in der Wahrheit treffen, noch weniger Feuer und noch weniger das Feuer der Liebe zu Gott entzünden können.

«Denen, die Gott lieben.» Liebe zu Gott ist nicht diese oder jene Möglichkeit menschlicher Haltung. Sie kann in unsren Ohren sein, wenn wir das Seufzen der Kreatur vernehmen, und auf unsern Lippen, wenn wir selbst seufzen. Sie kann in unserm Beten sein, aber auch in unserm Nichtbetenkönnen. Sie kann in unsrer Religion sein, aber auch in unsrer Gleichgültigkeit, in unsrer Abneigung, in unsrem Kampf gegen sie. Sie kann auf dem Grunde unsrer größten Leidenschaft wohnen oder auf dem unsrer größten Gelassenheit. Und sie ist doch nie weder dieses noch jenes, sondern der Sinn und die Kraft, die sowohl diese wie jene Möglichkeit menschlicher Haltung von Gott aus und in Beziehung auf Gott bekommen kann. Liebe zu Gott ist die tiefste Sachlichkeit gegenüber der Problematik unsres Lebens. Wenn der Mensch (ob in dieser

oder jener Haltung) *tatsächlich*, existenziell, einmalig, eindeutig, unausweichlich, unrettbar auf die Frage: Wer bin ich? gestoßen ist, dann liebt er Gott. Denn das gegenüberstehende Du, das den Menschen zwingt, sich also von sich selbst zu unterscheiden, ist Gott; und gezwungen, sich selber also gegenüberzutreten, hat der Mensch seine Liebe zu Gott bereits betätigt. Der Mensch kann *tatsächlich* wissen von den Pfeilen, die in ihm stecken, von dem Gift, das sein Geist trinken muss, von den Schrecknissen, die auf ihn gerichtet sind [Hiob 6,4]. Er kann *tatsächlich* wissen, dass er immer im Streit sein muss auf Erden und dass seine Tage sind wie eines Tagelöhners [Hiob 7,1]. Er kann *tatsächlich* schreien: «Bin ich denn ein Meer oder Meerungeheuer, dass du mich so verwahrest?» [Hiob 7,12]. Er kann *tatsächlich* Einem gegenüberstehen, über dem er keinen Schiedsrichter weiß, «der seine Hand auf uns beide lege» [Hiob 9,33]. Er kann *tatsächlich* der Mann sein, des Weg verborgen und vor ihm von *Gott* verzäunt ist [Hiob 3,23], – so sehr *tatsächlich* und eben darum so sehr von *Gott*, dass er neben diesem Tatsächlichen nichts Zweites, nichts anderes sehen, wissen, wollen, ernst nehmen und gelten lassen kann, sondern eben diesem Tatsächlichen, nicht resigniert, fatalistisch oder religiös getröstet sich *ergeben*, sondern existenziell, mit dem unausgesprochenen Seufzen des Geistes [Röm 8,26] – «Ich weiß, dass mein Erlöser lebt!» [Hiob 19,29] – sich *hingeben* muss. Dann *liebt* der Mensch Gott, nicht vorher und nicht nachher, sondern in diesem Augenblick, der *keiner* in der Reihe und der Sinn *aller* Augenblicke in der Zeit ist. […]

Also wohl zu verstehen: Indem Liebe zu Gott stattfindet, wird freilich (bewusst oder unbewusst) die religiöse Möglichkeit zum zeitlichen Ereignis, aber nicht diese Begleiterscheinung, nicht die Weissagung, nicht das Zungenreden, nicht die Erkenntnis, unter denen jene etwa auftreten mag, sind wesentlich – so gewiss im Hiobbuche nicht eben die vortrefflichen Reden der Freunde wesentlich sind, sondern die Antwort Gottes, die da gehört wird, die Gegenwart Christi und die Ausgießung des Heiligen Geistes, die da stattfindet, der «unbegreifliche Weg» [1Kor 12,31] Gottes zum Menschen, des Menschen zu Gott, der da eröffnet und betreten ist, die Notwendigkeit und Freiheit, mit der da der Mensch in Berührung kommt, und die existenzielle Begründung seiner Persönlichkeit, die ihm da widerfährt, der Sinn aller menschlichen Möglichkeiten, der sich ihm da offenbart als *ewiger* Sinn; jenseits dessen, was «aufgehoben» wird, wenn das Kind zum Mann wird, wenn wir, statt im dunkeln Spiegel, schauen von Angesicht zu Angesicht, wenn wir, statt «stückweise» zu erkennen, erkennen, wie wir erkannt sind [1Kor 13,8–12]. Die Liebe zu Gott – Agape: von allem, auch von allem religiösen Eros geschieden durch das blitzende Schwert des Todes und der Ewigkeit, das verkündigt, dass hier der neue Mensch, der weder freit noch sich freien lässt, vor dem Gott steht, mit dem, im Unterschied zu Baal und seinesgleichen, keinerlei Minne zu treiben ist – ist die Liebe, die «nimmer aufhört» [1Kor 13,8], mit Glaube und Hoffnung das, was bleibt, und zugleich «das Größte unter diesen», weil sie als das existenzielle Geschehen im Glauben und in der Hoffnung (als die «Energiewerdung» des Glaubens Gal 5,6) ganz und gar *nur* als Gottes Werk, als der «unbegreifliche Weg» verstanden werden kann [1Kor 13,13]. [...]

Denen *«lässt er alles zum Guten zusammenwirken»*. Liebe zu Gott ist eine Demut, die so sehr Selbstbewusstsein ist, so sehr weiß, was sie will, dass sie gewisse Fragen nicht mehr stellt, gewisse Ansprüche nicht mehr erhebt. Sie ist eine Sehnsucht, so groß, dass sie schon Erfüllung geschmeckt hat und gerade darum nicht mehr zu beruhigen, nicht mehr zu löschen ist. Sie ist ein Friede, tief genug, um höchste Ruhe und höchste Unruhe zugleich zu sein. Sie ist so sehr ein Warten auf die Erlösung, dass sie auf keine Zeit, auf keine Ereignisse, Erfülltheiten, Erlöstheiten zu warten braucht. Nicht-wissend weiß sie schon von Gott, und wissend weiß sie nicht mehr von der «Leerheit» unseres Daseins. Und also ist sie der unanschauliche, der ewige Ort, wo die Umkehrung aller Dinge schon vollzogen ist. Hiob hat *in* seinem rücksichtslosen Schreien angesichts der Verborgenheit Gottes «recht geredet vor mir». Darum sieht ihn der Herr an und gibt ihm zwiefältig wieder, was er gehabt hatte [Hiob 42,7–10]. Er hat, im Unterschied zu seinen allzu religiösen Freunden, den toten Punkt überwunden, den lebendigen Punkt erreicht, wo der Mensch und seine Welt nicht mehr nur in der Nacht, sondern zugleich im Widerschein des kommenden Tages der Herrlichkeit steht, wo Gott als der große Unbekannte der große Bekannte wird und das Geheimnis des Kosmos sich offenbart als Schöpfung Gottes. «Denen, die Gott lieben, lässt er alles zum Guten zusammenwirken.» Das Gute ist das Schauen des Erlösers und der Erlösung, das Erreichen des lebendigen Punktes jenseits des toten, das Anheben *des* Wartens, das kein Warten, *des* Nicht-Wissens von Gott, das höchstes Wissen, *des* Wissens von Sünde und Tod, Teufel und Hölle, das höchstes Nicht-Wissen ist. Das Gute ist die Liebe Gottes selbst gegen den Menschen, der arm und nackt nur noch vor Ihm selbst, aber eben darum reich und wohlbekleidet dasteht. Alles muss zusammenwirken um den, der Gott liebt, dieses Guten teilhaftig zu machen und also zu erbauen: die ganz und gar unerbauliche Anschaulichkeit der Welt sowohl wie die ebenso unerbauliche Unanschaulichkeit Gottes, der Jammer unserer Kreatürlichkeit wie die Finsternis des göttlichen Zornes, die unheilbare Fragwürdigkeit der «Zeit» wie die gegenüberstehende Fragwürdigkeit der «Ewigkeit». Denn er, der Gott Liebende, steht als solcher dort, wo die beiden Negationen, eben in ihrer ganzen Schärfe offenbart und gesehen, sich aufeinander beziehen, sich gegenseitig aufheben, wo *hinter* ihnen, *über* ihnen, *in* ihnen die überlegene Position sichtbar wird: Jesus Christus, die Auferstehung und das Leben. Selige Entdeckung, dass Gott in einem Lichte wohnt, da niemand zu kann! Und selige Entdeckung, dass alles Fleisch ist wie Gras und alle Herrlichkeit des Menschen wie des Grases Blume! Ist im Geist, in der Wahrheit, die eine Entdeckung gemacht, dann auch die andere, dann wirken wirklich beide zusammen, gelenkt von dem *einen* Gott, dessen Majestät hüben und drüben das Ja im Nein ist. Denn alles, diese Seite des großen Rätsels *und* jene, ist, indem die Liebe zu Gott es wagt, hüben und drüben *ganz* zu sehen, nicht mehr diese Seite *oder* jene, sondern Offenbarung der einen Wahrheit, die hüben und drüben, jenseits aller Dualitäten und Spannungen von dem Einen redet, dass Gott der Freie, der Gerechte, der Selige, der Lebendige uns, die Gefangenen, die Sünder, die Verdammten, die Toten kennt als die Seinigen. Also, und das ist das nicht-wissende Wissen und wissende Nicht-Wissen der Liebe zu Gott, offenbart sich die letzte, die ursprüngliche Einheit von Anschaulichkeit und Unanschaulichkeit, Erde und Himmel, Mensch und Gott, *also*, dass alles auch in der *Zweiheit*, in der wir es jetzt und hier und bis an das Ende der Tage allein kennen, verkünden muss seine *Nicht-Zweiheit*, unsre Hoffnung, die Herrlichkeit der Kinder Gottes. Und also lohnt Gott, denen, die ihn lieben.

Wer aber sind diese? *«Die nach seinem Beschluss dazu berufen sind.»* Also weder Diese noch Jene, noch etwa Alle. Die Frage: welche sind's, «die Gott lieben»? kann gar nicht quantitativ gestellt werden. Liebe zu Gott ist nie und nirgends gegeben, vorhanden, greifbar, weder als individuelle, noch als allgemeine, weder als erworbene, noch als ererbte, noch als angeborene Eigenschaft des Menschen. Es gibt, ernsthaft verstanden, keine «Christen». Es gibt nur die ewige, für alle gleich zugängliche und gleich unzugängliche *Gelegenheit*, Christen zu *werden*. Immer und überall steht diesem Menschen in dieser Welt Gott selbst als Gott *gegenüber*. *Gott* ist's, der den Menschen zuerst geliebt hat, der den Abgrund zu seiner Rechten und den Abgrund zu seiner Linken aufreißt und ihm so jede Möglichkeit nimmt außer der einen, ihn wieder zu lieben, der die Gegensätze in ihrer Zweiheit also verschärft und also «zusammenwirken» lässt, dass den Menschen ihre Nicht-Zweiheit, ihre verborgene Einheit nicht ganz entgehen kann, und der ihn also erbaut durch das Unerbauliche hüben und drüben. «Nach seinem Beschluss» sind die, die ihn lieben, berufen zu einem Tun, zu dem kein Mensch sich selber, keiner den andern berufen kann. Oder wann hätte je Einer, der Gott liebte, es anders gewusst? Sich dessen gerühmt etwa, dass *er* den Schlüssel gedreht, die Türe geöffnet, die Negation der Negation vollzogen, den schmalen Weg zwischen den zwei Abgründen hinter sich gebracht, die unerbaulichen Vorzeichen hüben und drüben geändert und also die Umkehrung aller Dinge vollbracht hätte? [...] Liebe zu Gott weiß, dass sie kein Etwas ist, keine heroische Glanzleistung dieser oder jener Menschen, kein Hafen, in den man am Ende langer müheseliger Reise endlich und zuletzt einfahren könnte, kein «Gut», in dessen Besitz «der Christ» irgendwie gegen irgendwen Recht habend dastehen könnte, sondern ganz und gar und immer wieder *Gottes* Gabe und Werk, ganz und gar *Berufung* aufgrund eines *Beschlusses*, der *vor* aller Zeit und also auch *vor* jedem einzelnen Augenblick der Zeit in Gott gefasst ist. [...]

Blicken wir dorthin, wo das Da-Sein und So-Sein dieses Menschen in dieser Welt seinen Tiefpunkt erreicht, wo seine «Leerheit» am unverkennbarsten ist, woher das jammervollste «Seufzen» uns entgegentönt, wo das Inkognito des Göttlichen am undurchdringlichsten ist, so begegnet uns dort, gerade dort Jesus Christus. [...] Denn mit ihm sind wir alle – wenn *er*, um wie viel mehr *wir!* – von der Flut bedeckt, in die Tiefe gerissen, vor das Nein gestellt, das von Gott über diesen Menschen in dieser Welt gesprochen ist, der Möglichkeit auszuweichen beraubt, dorthin geführt, wo uns im Gericht, unter dem alles steht, im unheilbaren Konflikt von Gerechtigkeit und Sünde, Leben und Tod, Ewigkeit und Zeit nur Gott in seiner Existenzialität übrigbleibt. Aber indem dieses rätselvolle Geschehen sich *vollzieht, vollzieht* sich auch die Umkehrung aller Dinge. Wo *nur* Gott in seiner Existenzialität uns übrigbleibt, da *wird* er uns wahrhafter lebendiger Gott, da *erscheint* uns die Hoffnung seiner Herrlichkeit, da *steht* Gott – Gott, den wir nie anders kennen, als gegenüber uns, gegen uns – für uns. Christus *dahingegeben*, Christus, der uns alles nimmt außer Gott in seiner Existenzialität, das ist – wir *müssen* es wagen, diese uneinnehmbare Position zu stürmen, denn sie ist schon gefallen! – *«Gott für uns»* [Röm 8,31], wir an Gottes Seite! Der dahingegebene Christus ist der Geist, die Wahrheit, der nicht ruhende Arm Gottes. Leiden wir mit ihm, wie sollten wir nicht auch mit ihm verherrlicht werden [Röm 8,17]? Sterben wir mit ihm, wie sollten wir nicht auch mit ihm leben? [Röm 6,8]. Hat uns Gott *mit ihm* dahingegeben unter das Gericht, das über allem ist, wie sollte er uns nicht auch *mit ihm* in allem Gnade geben, alles uns zum Guten zusammenwirken lassen [Röm 8,28]? «In Allem Gnade!» Wir können *nicht* reden, aber auch *nicht nicht* reden von der Morgenröte, die wir gesehen haben.

Karl Barth, Der Römerbrief (Zweite Fassung) 1922, hg. v. Cornelis van der Kooi/Katja Tolstaja, Karl Barth-GA, Abt. II, Zürich 2010, 435–448.

Sechzehn Antworten an Herrn Professor von Harnack (1923)

Zum Titel:[13] Wer einen Einwand erhebt gegen die Form protestantisch-wissenschaftlicher Theologie, die sich seit den Tagen des Pietismus und der Aufklärung und im Besondern in den letzten fünfzig Jahren deutscher Vergangenheit als maßgebend herausgebildet hat, braucht darum noch kein «Verächter» *der* «wissenschaftlichen Theologie» zu sein. Der Einwand lautet dahin, *diese* Theologie möchte sich mehr als gut ist von ihrem (zuletzt durch die Reformation deutlich gestellten) Thema entfernt haben.

1. Jenseits der «Religion» und der «Offenbarungen» der Bibel dürfte als Thema der Theologie auch die *eine Offenbarung Gottes* in Betracht kommen. «Geschichtliches Wissen» könnte uns dann freilich sagen, dass die Mitteilung des «Inhalts des Evangeliums» jedenfalls nach dessen eigener Aussage nur durch eine Handlung dieses «Inhalts» *selbst* sich vollziehen kann. Aber «kritisches Nachdenken» könnte ja zu dem Ergebnis führen, dass diese Aussage des Evangeliums im Wesen der Sache (der Beziehung zwischen Gott und Mensch) begründet und also ernstlich zu respektieren ist. Die «Wissenschaftlichkeit» der Theologie wäre dann ihre Gebundenheit an die Erinnerung, dass ihr Objekt *zuvor Subjekt* gewesen ist und immer wieder werden muss – was mit «Erfahrung» und «Erlebnis» an sich *gar* nichts zu tun hat.

2. «Innere Aufgeschlossenheit» – Erfahrung, Erlebnis, Herz und dergleichen – einerseits und «geschichtliches Wissen» und «kritisches Nachdenken» andrerseits sind Möglichkeiten, die zum «Verstehen» der Bibel ebensowohl förderlich, gleichgültig oder hinderlich sein können. «Verstanden» wird die Bibel weder durch diese noch durch jene «Seelen- und Geistesfunktion», sondern kraft *des* Geistes, der ihrem Inhalt *gleich* ist, und das im *Glauben.*

3. Also ist das sogenannte *«Gotteserlebnis»* von der Erweckung des Glaubens durch Gott so verschieden wie die Erde vom Himmel und unterscheidet sich *in der Tat* nicht von «unkontrollierbarer Schwärmerei». Warum sollte es darum nicht deutlicheres oder verworreneres Symptom und Zeugnis von der Erweckung des Glaubens sein *können?* Der *Glaube* aber kommt *in der Tat*

13 Adolf von Harnack (1851–1930) war 1888–1924 Professor für Kirchengeschichte in Berlin. Er überschrieb seine Veröffentlichung mit dem Titel «Fünfzehn Fragen an die Verächter der wissenschaftlichen Theologie unter den Theologen». Barths Antwort darauf wurde später meistens unter dem Titel «Fünfzehn Antworten an Herrn Professor von Harnack» abgedruckt. In der Barth-GA wurde die Antwortreihe aus gutem Grund mit «Sechzehn Antworten an Herrn Professor von Harnack» überschrieben, denn die Passage «Zum Titel» verstand Barth als seine erste Antwort.

aus der Predigt, die Predigt aber (wie es auch mit dem «geschichtlichen Wissen» und «kritischen Nachdenken» des Predigers stehe) «durch das Wort des Christus» [Röm 10,17]. Die Aufgabe der Theologie ist eins mit der Aufgabe der Predigt. Sie besteht darin, das Wort des Christus aufzunehmen und weiterzugeben. Warum sollten dabei «geschichtliches Wissen» und «kritisches Denken» nicht vorbereitenden Dienst leisten *können?*

4. Der von Gott erweckte Glaube wird die Notwendigkeit eines mehr oder weniger «radikalen» Protestes gegen *diese* Welt nie ganz vermeiden können, so gewiss er eine Hoffnung ist auf das verheißene Unsichtbare [Hebr 11,1]. Eine Theologie, die das Verständnis für die grundsätzliche Distanz des Glaubens gegenüber *dieser* Welt etwa verlöre, müsste im selben Maße auch der Erkenntnis Gottes des *Schöpfers* uneingedenk werden. Denn es ist der «schlechthinige Gegensatz» von Gott und Welt, das *Kreuz*, die einzige Art, in der wir als *Menschen* der ursprünglichen und endlichen *Einheit* von Schöpfer und Geschöpf gedenken können. Sophistik ist nicht die Einsicht, dass uns auch unser Protest gegen die Welt vor Gott nicht rechtfertigen kann, wohl aber der übliche Versuch, mithilfe des verflachten Schöpfungsgedankens das Kreuz zu umgehen.

5. Gerade die evangelische Nebeneinanderstellung von Gottes- und Nächstenliebe ist der stärkste Hinweis darauf, dass das Verhältnis zwischen unserm «Leben in der Welt» und unserm «Leben in Gott» das eines «schlechthinigen Gegensatzes» ist, der nur durch das Wunder des ewigen Gottes selbst überwunden wird. Oder gibt es ein fremdartigeres, ein unbegreiflicheres, ein mehr der Offenbarung Gottes bedürftiges Faktum in der Welt als eben der «Nächste»? «Höchstschätzung der Moral», ja, aber *lieben* wir denn unsern Nächsten, können wir es? Und wenn wir *ihn nicht* lieben, wie steht es dann mit unserer *Gottes*liebe? Was zeigt deutlicher als dieser «Kern» (nicht des Evangeliums, aber des Gesetzes), dass Gott nicht lebendig macht, er töte denn zuvor? [1Sam 2,6]

6. «Niemand kann zu mir kommen, es ziehe ihn denn der Vater, der mich gesandt hat, und ich werde ihn auferwecken am jüngsten Tage.» [Joh 6,44]

7. Die «aus der Entwicklung der Kultur und ihrer Erkenntnis und Moral» stammenden Aussagen über Gott mögen als Ausdruck besonderer «Gotteserlebnisse» (z. B. des Kriegserlebnisses) neben denen primitiver Völker, die solch hohe Güter noch nicht kennen, ihre Bedeutung und ihren Wert haben (z. B. die Aussagen der Kriegstheologen aller Länder). Als «Predigt des Evangeliums» (3.) kommen *diese* Aussagen jedenfalls *nicht* in Betracht, und ob sie die Kultur und den Einzelnen «vor dem Atheismus *schützen*» und nicht vielmehr, aus dem Polytheismus stammend, Atheismus *pflanzen*, das dürfte in jedem einzelnen Fall eine *offene* Frage sein.

8. «Wahrhafte Aussagen über Gott» werden überhaupt nur da gemacht, wo man sich statt auf irgendeine Höhe der Kultur oder der Religion vor die *Offenbarung* und damit unter das *Gericht* gestellt weiß, unter dem mit allen menschlichen Aussagen über diesen Gegenstand doch wohl auch die Goethes und Kants stehen. Schleiermachers Bangemachen vor der «Barbarei» ist als unwesentlich und unsachlich abzulehnen, weil das Evangelium mit der «Barbarei» so viel und so wenig zu tun hat wie mit der Kultur.

9. Mögen innerhalb der menschlichen Aussagen über Gott *unter sich* «wie in aller physischen und geistigen Entwicklung» «Gegensätze zugleich Stufen und Stufen zugleich Gegensätze» sein, so gilt doch (und es ist, jedenfalls für die *Theologie*, dringlicher *diese* Erkenntnis zu «erfassen» und «auszubauen»!), dass zwischen der Wahrheit *Gottes* (die ja auch in einer menschlichen Aussage ausgesprochen sein *kann*) und *unsrer* Wahrheit *nur* Gegensatz, nur *Entweder-Oder* besteht. Denn Demut, Sehnsucht und Flehen wird *unsrerseits* wie das Erste, so auch immer das Letzte sein. Der Weg von der alten zur neuen Welt ist *kein* Stufenweg, *keine* Entwicklung in irgendeinem Sinn, sondern ein neues Geborenwerden.

10. Wenn die Erkenntnis «Gott ist die Liebe» die *höchste und abschließende Erkenntnis Gottes* ist, wie darf man dann immerfort tun, als ob man in ihrem Besitz wäre? Ist der «Durchgangspunkt» nicht genau so lang wie die *Zeit?* Ist *unser* Glaube nicht immer auch Unglaube? Oder sollen wir an unseren *Glauben* glauben? Lebt er nicht davon, dass er Glaube an Gottes *Verheißung* ist? Sind wir etwa anders als in *Hoffnung* gerettet? [Röm 8,24]

11. «Der Friede Gottes, welcher *höher* ist als alle Vernunft …», Phil 4,7. Die «Scheidewand» dieses «*höher*» ist grundsätzlich und unübersteigbar. «*Bewahrt* er unsre Herzen und Sinne in Christo Jesu» und macht so die Ermahnung Phil 4,8 («Was wahrhaftig ist …») *möglich*, dann *als solcher*, als der, der *höher* ist als alle Vernunft. Es *ist* eine Verbindung zwischen ihm und dem, was *wir* gut, wahr und schön nennen, aber die Verbindung ist eben die «Scheidewand», die göttliche *Krisis*, aufgrund deren erst ernsthaft vom Guten, Wahren und Schönen gesprochen werden kann.

12. Wenn Sünde vielleicht noch etwas mehr sein sollte als «Mangel an Ehrfurcht und Liebe», nämlich *Abfall* des Menschen von *Gott* und Verlorensein in eine Gottähnlichkeit, deren Ende der *Tod* ist, dann ist die Predigt (die Theologie) von Gottes heiliger Majestät und Liebe eine Aufgabe, die *wunderliche* Wege zu gehen unserm menschlichen Denken und Reden nicht ersparen zu können scheint. *Zuschauer*theologie mag dann von «allen möglichen Paradoxien und Velleitäten» reden. Wer in der Lage ist, dieselbe (aber *dieselbe!*) Aufgabe einfa-

cher zu lösen, der zeige, wie man das macht. Geschichtliches Wissen sagt uns, dass Paulus und Luther *nicht* in dieser Lage waren.

13. *Welche* theologische Tradition ist es doch, die von der Apotheose des «Gefühls» ausgehend nun in dem schauerlichen Sumpf der Psychologie des Unbewussten glücklich gelandet scheint? *Wer* hat abseits von der kritischen Vernunft eine besondere «religiöse» Erkenntnisquelle eröffnen zu können gemeint? Und ad vocem «gnostischer Okkultismus»: *welche* Theologie steht notorisch jeden Augenblick in Gefahr, ihre begabtesten Anhänger an Dr. Steiner[14] zu verlieren?

14. Die Zuverlässigkeit und Gemeinschaftlichkeit der Erkenntnis der Person Jesu Christi als Mittelpunkt des *Evangeliums* kann keine andre sein als die des von Gott erweckten *Glaubens*. Kritisch-geschichtliches Studium bedeutet das verdiente und notwendige Ende *der* «Grundlagen» dieser Erkenntnis, die keine sind, weil sie nicht von Gott selbst gelegt sind. Wer es etwa noch nicht weiß (und wir wissen es alle immer *noch* nicht), dass wir Christus nach dem Fleische *nicht* mehr kennen [2Kor 5,16], der mag es sich von der kritischen Bibelwissenschaft sagen lassen; je radikaler er erschrickt, umso besser für ihn und die Sache. Und das mag dann etwa der Dienst sein, den «geschichtliches Wissen» bei der eigentlichen Aufgabe der Theologie leisten kann.

15. Wenn die Theologie wieder den Mut zur Sachlichkeit bekäme, den Mut, Zeuge des *Wortes* von der Offenbarung, vom Gericht und von der Liebe *Gottes* zu werden, so könnte es ja auch *so* sein, dass die «Wissenschaft überhaupt» nach «fester Verbindung und Blutsverwandtschaft» mit der *Theologie* ausschauen müsste, statt umgekehrt; denn es stünde vielleicht auch um die Juristen, Mediziner und Philosophen besser, wenn sie wüssten, was die Theologen – wissen sollten. Oder sollte die heutige zufällige opinio communis [= herrschende Auffassung] der andern wirklich die Instanz sein, von der wir unserem Tun «Überzeugungskraft» und «Wert» zusprechen lassen müssten? […]

Karl Barth, Offene Briefe 1909–1935, hg. v. Diether Koch, Karl Barth-GA, Abt. V, Zürich 2001, 62–67.

14 Rudolf Steiner (1861–1925) war der Begründer der Anthroposophie.

Bonn, 1932

3 Offenbarung und Wort Gottes

Karl Barth verglich die Theologie gelegentlich mit dem Versuch, einen Vogel im Flug zu beschreiben. Ein solcher Versuch, der freilich immer unvollkommen bleibt, ist der Theologie aufgetragen. Denn der Gegenstand der Theologie, die Geschichte Gottes mit den Menschen, ist ausgesprochen denkwürdig. Die Theologie denkt dieser Geschichte nach und bezieht sie auf das Leben der Menschen und auf die Kirche.

Dass Gott sich in seinem verlässlichen Wort zeigt, gehört zu den Grundlagen von Barths Denken. In der Theologie und in der Kirche geht es nicht um Wahrheiten, sondern um die *eine* Wahrheit. Diese besteht im Wort Gottes, das Barth in dreifacher Gestalt als geoffenbartes (Jesus Christus), geschriebenes (Bibel) und verkündigtes (Predigt) Wort beschrieben hat. Im Zentrum steht dabei das Wunder, dass Gott in Jesus Christus Mensch geworden ist. Dass Gott nicht schweigt, sondern sich redend offenbart und mitteilt, ist die zentrale Wahrheit, die der Rede von Gott und der Kirche ihren Boden gibt. Gottes Selbstoffenbarung bzw. das Wort Gottes erhob Barth zur entscheidenden Kategorie in der Theologie.

Die Offenbarung des Wortes Gottes stellte Barth der neuprotestantischen Hochschätzung der menschlichen Religiosität gegenüber, mit der sich der Mensch vor Gott beweisen und ihm imponieren wollte. Im Rahmen seiner Wort-Gottes-Theologie prägte er die Formel «Gott ist Gott», um den Unterschied von Gott und Welt zu verdeutlichen. Gott ist unverfügbar und sorgt selbst dafür, dass er vom glaubenden Menschen erkannt wird. Vom offenbarten Wort Gottes aus lässt sich dann auch die Beziehung zwischen dem dreieinigen Gott und dem Menschen angemessen entfalten.

Dass in der Verkündigung des Evangeliums das Wagnis geschieht und geschehen soll, trotz des eigenen Unvermögens von Gott zu reden, sprach Barth im Vortrag «Das Wort Gottes als Aufgabe der Theologie» (1922) an: Letztlich kann nur Gott angemessen von sich reden. Ein Jahrzehnt später bestimmte er in Band I/1 der «Kirchlichen Dogmatik» das Wort Gottes in seiner dreifachen Gestalt und als Rede Gottes näher. In das vom beginnenden Kirchenkampf gekennzeichnete Jahr 1933 datiert der Vortrag «Das erste Gebot als theologisches Axiom». Darin bekräftigte Barth die Geltung des Gebots «Du sollst keine andern Götter neben mir haben!» und trat dafür ein, sich ausschließlich an Gottes Selbstoffenbarung in Jesus Christus zu orientieren und alle zusätzlichen Erkenntnisquellen wie Ordnung und Volk abzulehnen. Aus demselben Jahr 1933 stammte auch der Bekenntnisentwurf «Was heißt: evangelisch sein?» und eine vor den Kirchenwahlen gehaltene Rede «Für die Freiheit des Evangeliums». Die «Kurze Kommentierung des ersten Satzes der Theologischen Erklärung der Barmer Synode» erläuterte 1937/38 die Absicht und Wirkung der ersten Barmer These (1934): «Jesus Christus, wie er uns in der Heiligen Schrift bezeugt wird, ist das eine Wort Gottes, das wir zu hören, dem wir im Leben und im Sterben zu vertrauen und zu gehorchen haben.»

Das Wort Gottes als Aufgabe der Theologie (1922)

Wir Theologen sind durch unsern Beruf in eine Bedrängnis versetzt, in der wir uns vielleicht vertrösten, aber sicher nicht trösten lassen können. Wir ahnten es ja schon als Studenten dunkel, dass es so kommen werde; wir wurden älter, und es war schwerer, als wir je geahnt hatten. Wir sind Pfarrer, oder wir sind Dozenten; es ist immer die gleiche Bedrängnis, die einen können ihr so wenig ausweichen wie die andern. [...] Haben wir noch nicht gemerkt, in der Kirche wie auf der Universität, dass, was gestern uns Ruhe war, morgen sicher uns Unruhe sein wird, dass vom Wechsel der Methoden und Orientierungen, so unvermeidlich er uns immer wieder wird, eine Beseitigung dessen, was uns bedrängt, jedenfalls nicht zu erwarten ist? Es kann sich auch wirklich nicht etwa um eine eigentümliche Verlegenheit gerade der Gegenwart handeln. Darum nicht, weil die Theologen so ziemlich jeder Zeit gemeint haben, gerade zu ihrer Zeit sei es besonders schwer, diesen Beruf zu versehen. [...]

[Die wesentliche Not der Theologie] liegt in der Sache, in der uns gestellten Aufgabe. Wie weit sie von Diesem und Jenem *empfunden* wird, ist eine Frage für sich. Über unsre *Situation* möchte ich mich mit Ihnen unterhalten, und das sollte möglich sein, gleichviel ob wir so oder anders empfinden. Ich möchte diese unsre Situation in folgenden drei Sätzen charakterisieren: *Wir sollen als Theologen von Gott reden. Wir sind aber Menschen und können als solche nicht von Gott reden. Wir sollen beides,* unser Sollen und unser Nicht-Können, *wissen und eben damit Gott die Ehre geben.* Das ist unsre Bedrängnis. Alles andre ist daneben Kinderspiel. Ich will versuchen, eines nach dem andern zu erläutern.

Wir sollen von Gott reden. Unser Name sagt es. Aber nicht bloß unser Name. Es wird wohl auch uns Theologen gegenüber erlaubt sein, die schlichte Frage nach dem *Zweck* unsres Tuns zu stellen. Was hat die Aufmachung, der Betrieb unsres Amtes für einen Sinn? Was für eine Erwartung setzen die Menschen auf uns, sie, die uns als das, was wir sind, haben wollen oder doch gelten lassen? [...] Unsre Existenz als Theologen ist doch nur zu verstehen aufgrund der Existenznot der andern Menschen. Zum Aufbau ihrer Existenz mit allem, was dazu gehört, brauchen sie uns nicht. Das besorgen sie ohne unsre Ratschläge, und zwar besser, als wir gewöhnlich denken. Jenseits ihrer Existenz aber und jenseits aller Fragen, die damit verknüpft sind, kennen sie ein großes Was? Wozu? Woher? Wohin?, das ist ein Minus vor der ganzen Klammer, eine Frage, die alle schon beantworteten Fragen in der Klammer aufs Neue zu Fragen macht. Auf diese Frage aller Fragen wissen sie sich keine Antwort zu geben und sind naiv genug anzunehmen, andere könnten es, und darum schieben sie uns in unsre merkwürdige Sonderexistenz, darum stellen sie uns auf ihre Kanzeln und Katheder, damit wir daselbst von Gott reden sollen, von der Antwort auf die letzte Frage. [...] Offenbar drücken sie mit ihrem Zu-uns-Kommen aus, dass sie irgendwie wissen, dass der Mensch sich die Antwort auf diese Frage nicht selber geben könne und dass, wenn nun einer mit dieser Frage zum andern geht, doch auch dies jedenfalls nicht um der Antwort willen geschieht, die dieser andere selber etwa geben kann.

Aber wie dem auch sei: wir sind *gefragt*. Und nun gilt es wohl zu beachten, *wonach* wir gefragt sind. Zum Leben brauchen uns die Menschen offenbar nicht, aber zum *Sterben*, in dessen Schatten ja ihr ganzes Leben steht, scheinen sie uns brauchen zu wollen. Die Geschichte geht ihren Gang ohne uns; wenn aber die eschatologischen, die *letzten Dinge* an ihrem Horizont auftauchen – und welches Problem in der Geschichte läge nicht auf der Schwelle zu den letzten Dingen? –, dann sollten wir offenbar da sein und eröffnende, entscheidende Worte zu sprechen haben. Über sich selbst und das, was ihnen möglich und erlaubt ist, sind sie leidlich orientiert; wie es aber mit dem dünnen Faden steht, an dem das ganze Netz dieser Lebensorientierung aufgehängt ist, mit dem messerscharfen Gratweg zwischen *Zeit* und *Ewigkeit*, auf dem sie sich manchmal plötzlich wandelnd wissen, nachdem sie es lange vergessen, das wollen sie wunderlicher Weise von uns wissen. An den *Grenzen* der Humanität ist das theologische Problem aufgeworfen. [...] Nicht *ihre* Existenz, sondern das Jenseits ihrer Existenz, *Gottes* Existenz steht infrage, wenn sie uns um unsre Hilfe angehen. Als Dorfweise oder Stadtweise aber sind wir im Grunde unerwünscht, überflüssig und lächerlich. [...]

Der Mensch als Mensch schreit nach Gott, nicht nach *einer* Wahrheit, sondern nach *der* Wahrheit, nicht nach *etwas* Gutem, sondern nach *dem* Guten, nicht nach Antworten, sondern nach der Antwort, die unmittelbar eins ist mit seiner Frage. Denn er selbst, der *Mensch*, ist ja die Frage, so muss die Antwort die *Frage* sein, sie muss *er selbst* sein, aber nun als Antwort, als beantwortete Frage. Nicht nach Lösungen schreit er, sondern nach *Er*lösung. Nicht wiederum nach etwas Menschlichem, sondern nach Gott, aber nach Gott als dem Erlöser seiner *Menschlichkeit*. [...]

Der Mensch und sein Universum, sein noch so lebendig angeschautes und gefühltes Universum, ein Rätsel, eine Frage, nichts sonst. Ihm steht Gott gegenüber als das *Unmögliche* dem Möglichen, als der *Tod* dem Leben, als die *Ewigkeit* der Zeit. Die Auflösung des Rätsels aber, die Antwort auf die Frage, das Ende der Existenznot ist das schlechthin neue Geschehen, dass das Unmögliche *selbst* das Mögliche wird, der *Tod* das Leben, die *Ewigkeit* Zeit, *Gott* Mensch. Ein *neues* Geschehen, zu dem *kein* Weg führt, für das der Mensch *kein* Organ hat. Denn der Weg und das Organ sind selber das Neue, die Offenbarung und der Glaube, das Geschautwerden und Schauen des neuen Menschen. Nur auf den *Ernst* dieses Versuches, von Gott zu reden, möchte ich hinweisen – das Gelingen ist eine andre Frage –, auf den Einsatzpunkt. *Verstanden* ist hier auf alle Fälle die Not, in der der Mensch als Mensch sich befindet. […]

Ich wende mich zu meinem zweiten Satz: *Wir sind aber Menschen und können als solche nicht von Gott reden.* […] Nehmen wir an, wir hätten mit unserm Amt zugleich den Verstand, d. h. unsre göttliche Berufung und Ausrüstung bekommen, so bleibt es doch dabei: wir können als Menschen nicht von Gott reden. Wie erstaunlich die Meinung der andern, der Gemeinde, sie könnten uns zuschieben, ihnen das zu sagen, was ja freilich, wir wissen es selber nur zu gut, um jeden Preis gehört werden müsste, uns zu delegieren, wie die Universität es tut, *das* zu sagen, was sonst niemand sagen kann noch darf. Wir sind auch Menschen, wir können, was sie von uns wollen und was wir als Theologen selber wollen müssen, ebenso wenig wie sie. Wir können nicht von Gott reden. Denn von Gott reden würde, wenn es ernst gelten soll, heißen, aufgrund der Offenbarung und des Glaubens reden. Von Gott reden würde heißen Gottes Wort reden, das Wort, das nur von ihm kommen kann, das Wort, *dass Gott Mensch wird.* Diese vier Worte können wir sagen, aber wir haben damit noch nicht das Wort Gottes gesagt, in dem das *Wahrheit* ist. Das zu sagen, dass *Gott Mensch* wird, aber als *Gottes* Wort, wie es eben wirklich *Gottes* Wort ist, das wäre unsre theologische Aufgabe. Das wäre die Antwort auf die an uns gerichtete Frage der erschrockenen Gewissen, die Antwort auf die Frage des Menschen nach der Erlösung seiner Menschlichkeit. […]

Mein dritter Satz lautet: *Wir sollen beides*, dass wir von Gott reden sollen und nicht können, *wissen und eben damit Gott die Ehre geben.* […] Das Wort Gottes ist die ebenso notwendige wie unmögliche Aufgabe der Theologie. Das ist das Ergebnis des Bisherigen, und das Bisherige ist das Ganze, was ich zu diesem Thema zu sagen habe. Was nun, angesichts dieses Ergebnisses? […] Wir sollen eben beides, die Notwendigkeit und die Unmöglichkeit unsrer Aufgabe *wissen.* Was heißt das? Den Blick fest und unverwandt auf das richten, was von uns erwartet ist, da wir nun einmal dahingestellt sind, wo wir stehen. Was daraus wird und ob man mit uns zufrieden ist, sind keine Fragen. […] Und ebenso genau ist zu bedenken, dass es mit unsrer Aufgabe so steht, dass von Gott nur Gott *selber* reden kann. Die Aufgabe der Theologie ist das Wort Gottes. Das bedeutet die sichere *Niederlage aller* Theologie und *aller* Theologen.

Auch hier gilt es, dem, was zu sehen ist, nicht auszuweichen, nicht links noch rechts auszublicken nach einer von den vielen erbaulichen oder unerbaulichen Verschleierungen und Bemäntelungen des Tatbestandes, die allerdings möglich sind. […] So gewiss wir irgendeinen Weg gehen müssen und so gewiss es sich wahrhaftig lohnt, wählerisch zu sein und nicht den ersten besten Weg zu gehen, so gewiss müssen wir bedenken, dass das Ziel unsrer Wege das ist, dass Gott selber rede, und dürfen uns also nicht wundern darüber, wenn uns überall am Ende unsrer Wege, und wenn wir unsre Sache noch so gut gemacht hätten, ja dann am meisten, der Mund *verschlossen* wird. Dreierlei möchte ich zum Schluss noch sagen.

1. […] Es scheint mir, dass wir nicht darüber reden sollten, was zu tun ist, *wenn* unsre Situation die ist, sondern darüber, ob wir anerkennen wollen, *dass* unsre Situation die ist, die hier gezeichnet wurde. Auf Grund dieser Anerkennung würde dann vielleicht in der Kirche und auf der Universität einiges anders zu machen sein, als es gemacht wird. […]

2. Unsere Bedrängnis ist auch unsre Verheißung. […] Es könnte ja sein, […] dass das Wort, das Wort Gottes, das wir nie sprechen werden, angenommen hat unsre Schwachheit und Verkehrtheit, sodass *unser* Wort *in* seiner Schwachheit und Verkehrtheit fähig geworden wäre, wenigstens Hülle und irdenes Gefäß [2Kor 4,7] des Wortes Gottes zu werden. Es könnte sein, sage ich, und wenn es so wäre, dann hätten wir allen Anlass, statt von der Not, laut und stark von der Hoffnung, von der verborgenen Herrlichkeit unsres Berufes zu reden.

3. Ich habe das *eigentliche* Thema meiner Darlegungen einige Mal berührt, aber nie ausdrücklich genannt. Alle meine Gedanken kreisten um den einen Punkt, der im Neuen Testament Jesus Christus heißt. Wer «Jesus Christus» sagt, der darf nicht sagen: «es könnte sein», sondern: es *ist*. Aber wer von *uns* ist in der Lage, «Jesus Christus» zu sagen? *Wir* müssen uns vielleicht begnügen mit der Feststellung, dass Jesus Christus *gesagt* ist von seinen ersten Zeugen. Auf ihr Zeugnis hin zu glauben an die Verheißung und also Zeugen von ihrem Zeugnis zu sein, also *Schrift*theologen, das wäre dann unsre Aufgabe. […]

Karl Barth, Vorträge und kleinere Arbeiten 1922–1925, hg. v. Holger Finze, Karl Barth-GA, Abt. III, Zürich 1990, 144–175.

Das offenbarte Wort Gottes (KD I/1, 1932)

[...] Die Bibel ist das konkrete Mittel, durch das die Kirche an Gottes geschehene Offenbarung erinnert, zur Erwartung künftiger Offenbarung aufgerufen und eben damit zur Verkündigung aufgefordert, ermächtigt und angeleitet wird. Die Bibel ist also nicht selbst und an sich Gottes geschehene Offenbarung, wie ja auch die kirchliche Verkündigung nicht selbst und an sich die erwartete künftige Offenbarung ist. Sondern die als Gottes Wort zu uns redende und von uns gehörte Bibel *bezeugt* die geschehene Offenbarung. Die als Gottes Wort zu uns redende und von uns gehörte Verkündigung *verheißt* die künftige Offenbarung. Indem sie *wirklich* Offenbarung bezeugt, *ist* die Bibel, und indem sie *wirklich* Offenbarung verheißt, *ist* die Verkündigung Gottes Wort. Die Verheißung in der Verkündigung beruht aber auf der Bezeugung in der Bibel, die Hoffnung künftiger Offenbarung auf dem Glauben an die ein für alle Mal geschehene. Darum ist die entscheidende Beziehung der Kirche zur Offenbarung ihre Bezeugung durch die Bibel. Ihre Bezeugung! Nochmals: die Bibel ist nicht selbst und an sich Gottes geschehene Offenbarung, sondern indem sie Gottes Wort wird, bezeugt sie Gottes geschehene Offenbarung und ist sie Gottes geschehene Offenbarung in der Gestalt der Bezeugung. [...] Bezeugen heißt: in einer bestimmten Richtung über sich selbst hinaus und auf ein anderes hinweisen. Bezeugung ist also der Dienst an diesem anderen, in welchem der Zeuge für die Wahrheit dieses anderen einsteht, der Dienst, der eben im Hinweis auf dieses andere besteht. [...]

Die Offenbarung, auf die die biblischen Zeugen von sich selbst wegsehend und wegzeigend hinsehen, unterscheidet sich von dem Wort der Zeugen schon rein formal so, wie sich eben ein Geschehen selbst auch von dem besten, getreuesten Bericht darüber unterscheidet. Aber dieser Unterschied ist unbeträchtlich neben dem aus aller Analogie herausfallenden, dass es sich ja in der Offenbarung um den kommenden und endlich, als die Zeit erfüllt war, gekommenen Jesus Christus handelt. Also um das eigene, buchstäblich und diesmal wirklich unmittelbar von Gott selbst gesprochene Wort. [...]

Die Offenbarung erzeugt die sie bezeugende Schrift: als Auftrag, als «Last», die den Propheten und Aposteln auferlegt wird, als Gegenstand, der sich ihnen gegenüber selber auf den Plan führt, als Richter zugleich und als Bürge der Wahrheit ihrer Rede, als Ereignis der Inspiration, in welchem sie Redner und Schreiber des Wortes Gottes werden. Weil die Offenbarung die sie bezeugende Bibel erzeugt, weil Jesus Christus das Alte und Neue Testament in die Existenz gerufen hat, weil die Heilige Schrift das Dokument eines einzigartigen Hörens auf einen einzigartigen Ruf, das Dokument eines einzigartigen Gehorsams gegen einen einzigartigen Befehl ist, darum konnte sie Kanon und darum kann sie je und je bewegter Kanon werden: Künderin der Offenbarung, Ruf und Befehl Gottes, Wort Gottes an uns. Wenn die Kirche in den Propheten und Aposteln das konkrete Gegenüber hat, durch das sie an Gottes geschehene Offenbarung erinnert, in die Erwartung seiner künftigen Offenbarung versetzt und ebenso zu ihrer Verkündigung befohlen und ermächtigt wird, dann geschieht dies doch darum, weil sie in ihnen wirklich die Künder dieser geschehenen Offenbarung hat. Zu solchen Kündern der Offenbarung haben sich aber die Propheten und Apostel nicht selbst eingesetzt, und sie sind es auch keinen Augenblick an sich und selbstverständlich. Sondern was sie dazu macht, das ist das von ihrer Existenz verschiedene Geschehensein der Offenbarung Gottes selber. Das Geschehen*sein*, so müssen wir dieses an ihnen Geschehende bezeichnen: *Deus dixit* [= Gott hat gesprochen]. Was die Schrift erzeugt hat und was die Schrift nun ihrerseits bezeugt, das ist wirklich und endgültig, einmal und einmal für allemal geschehen. Was da geschehen ist, davon war im Umriss schon die Rede: Gott war mit uns, mit uns seinen Feinden, mit uns, den von seinem Zorn Getroffenen und Zerschlagenen. Gott war mit uns, so real und vollständig, wie Gott das tut, was er tut; er war mit uns als unseresgleichen. Sein Wort ward Fleisch von unserem Fleisch, Blut von unserem Blut. Seine Herrlichkeit wurde gesehen hier in der Tiefe unserer Situation, und was die tiefste Tiefe unserer Situation ist, das wurde ja erst offenbar, als sie dort und damals von der Herrlichkeit des Herrn erleuchtet wurde: als er in seinem Wort hinabfuhr in die untersten Örter der Erde [Eph 4,9], um daselbst und so dem Tode die Macht zu nehmen und das Leben und ein unvergängliches Wesen ans Licht zu bringen [2Tim 1,10]. Das ist geschehen und das ist's, was das Alte Testament als Wort von der Weissagung und das Neue Testament als Wort von der Erfüllung, aber beide als *geschehen*, abschließend, vollkommen und genugsam geschehen, verkündigen. […]

Diese erfüllte Zeit, die mit Jesus Christus identisch ist, dieses schlechthin Geschehene, im Verhältnis zu dem alles andere ein noch nicht oder nicht mehr Geschehenes ist, dieses «Es ist vollbracht!», dieses *Deus dixit*, zu dem es keine Analogien gibt, ist die in der Bibel bezeugte Offenbarung. Die Bibel verstehen würde von Anfang bis zu Ende, von Vers zu Vers bedeuten: verstehen, wie alles in ihr darauf als auf seine unsichtbar-sichtbare Mitte bezogen ist. Aber eben weil es sich darum handelt, werden wir sagen müssen, dass wir die Bibel zu verstehen von uns aus gar nicht in der Lage sind. Es kann nur darum gehen, dass die Bibel sich uns zu verstehen *gibt*, dass wir die Bibel als Gottes Wort zu hören *bekommen*. Die Bibel als Gottes Wort hören heißt dann aber: Da und dort, in dem gewiss immer sehr bescheidenen, wechselnden, vielleicht zunehmenden, vielleicht aber auch abnehmenden Umfang, in welchem das eben für jeden Einzelnen je und je wahr wird, hören, wie die Menschenworte der Bibel Träger dieses ewigen Wortes sind, d. h. wie sie von dieser Mitte her gemeint, mit allem, was sie sagen, wiederum diese Mitte meinen. Indem dann und so die Bibel selbst Offenbarung ist, begründet sie die Kirche, macht sie Verkündigung notwendig und möglich. [...] Die Offenbarung ist nach allem Gesagten ursprünglich und unmittelbar, was die Bibel und die kirchliche Verkündigung abgeleitet und mittelbar sind: *Gottes Wort*. Wir sagten von der kirchlichen Verkündigung: Sie muss Gottes Wort je und je werden. Und wir sagten dasselbe von der Bibel: Sie muss Gottes Wort je und je werden. [...]

Weil 1. die *Verkündigung* nur als Wiederholung der biblischen Bezeugung der geschehenen Offenbarung wirkliche Verkündigung, d. h. Verheißung künftiger Offenbarung ist, und weil 2. die *Bibel* nur in ihrer Beziehung auf die in ihr bezeugte geschehene Offenbarung wirkliche Bezeugung, d. h. faktische Erinnerung an diese geschehene Offenbarung ist – darum ist die Freiheit der Gnade Gottes der Grund und die Grenze, die Voraussetzung und der Vorbehalt der Sätze, laut welcher die Verkündigung und die Bibel das Wort Gottes sind. [...]

Sagt man aber «Gott mit uns», dann sagt man das, was keinen Grund und keine Möglichkeit außer seiner selbst hat, was in keinem Sinn vom Menschen und von seiner Situation aus, sondern nur als Erkenntnis Gottes aus Gott, als freie unverdiente Gnade zu erklären ist. Indem die Bibel die Offenbarung Gottes bezeugt und indem die kirchliche Verkündigung dieses Zeugnis im Gehorsam aufnimmt, verzichten beide auf jede andere Begründung als die, die Gott selber ein für alle Mal gegeben hat, indem er gesprochen hat. Bibel und Verkündigung appellieren gleichsam an dieses ein für alle Mal Gegebene, dass es als solches auch jetzt und hier auf dem Plane sein möchte. Eben als das ein für alle Mal Gegebene können sie es ja nicht wiedergeben, nicht selber auf den Plan führen, sondern eben nur bezeugen und verkündigen. [...]

Es ist Jesus Christus selbst, der da für sich selbst spricht und keines Zeugen bedarf als eben seines Heiligen Geistes und des *Glaubens* der seiner in der empfangenen und ergriffenen Verheißung froh wird. Dieses unabhängige und unüberbietbare Woher des zu uns kommenden Wortes Gottes meinen wir, wenn wir von seiner dritten – sachlich wäre zu sagen von seiner *ersten* – Gestalt reden, von seiner Gestalt als *offenbartes* Wort Gottes.

Karl Barth, KD I/1, Zürich 1932, 114–124.

Das Wort Gottes als Rede Gottes (KD I/1, 1932)

Die kirchliche Verkündigung ist Rede. Auch die Heilige Schrift ist Rede. Aber Rede ist auch die Offenbarung selbst und als solche. Halten wir uns an das Wort Gottes in den drei Gestalten, in denen es in der Kirche tatsächlich gehört wird, denken wir nicht über die Kirche hinaus an Dinge, die Gott gewollt und getan haben könnte, aber jedenfalls in der Kirche nun einmal nicht getan und also auch nicht gewollt hat, dann haben wir keinen Anlass, den Begriff «Wort Gottes» nicht vor allem wörtlich zu nehmen. «Gottes Wort» heißt: Gott redet. [...]

In der Gestalt, in der die Kirche Gottes Wort kennt – der einen und einzigen, die uns notwendig, weil gebieterisch etwas angeht –, in dieser Gestalt heißt «Gottes Wort»: «Gott redet», und alles, was weiter von ihm zu sagen ist, muss als Exegese, nicht aber als Einschränkung oder Negation dieses Satzes zu verstehen sein. [...] Was bedeutet das für den Begriff des Wortes Gottes, wenn Wort Gottes ursprünglich und unaufhebbar heißt: Gott redet?

1. Es bedeutet zunächst und vor allem die *Geistigkeit* des Wortes Gottes, Geistigkeit verstanden im Unterschied zur Natürlichkeit, zur Leiblichkeit, zu allem physischen Geschehen. [...] Das Wort Gottes ist primär geistiges und *dann* und *so*, in dieser seiner Geistigkeit, um ihretwillen und ihrer unbeschadet, *auch* leiblich-natürliches Geschehen. Das ist vor allem gemeint, wenn wir es entsprechend den Gestalten, in denen wir es hören, Rede Gottes heißen. Rede ist, auch als Rede Gottes, die Form, in der sich Vernunft der Vernunft, Person der Person mitteilt. Gewiss göttliche Vernunft der menschlichen, göttliche Person der menschlichen. [...] Das Wort Gottes ist – wir dürfen dem heute so verpönten Begriff nicht ausweichen, ein rationales und nicht ein irrationales Geschehen. [...]

Reden steht in Korrelation zu Hören, Verstehen, Gehorchen. Wie sehr diese Begriffe dadurch problematisiert werden mögen, dass es sich hier ja um Gottes Reden und um das dem Reden Gottes korrelate Hören, Verstehen und Gehorchen handelt – es ist der Glaube, der die Rede Gottes hört, versteht und ihr gehorcht – wir werden die Ebene eben dieser Begriffe Reden, Hören, Verstehen, Gehorchen nicht verlassen dürfen, wenn wir uns nicht anderswohin stellen wollen, als wo das Wort Gottes gehört wird. [...]

Das Wort Gottes hat *auch* Naturgewalt, aber es hat zuerst und vor allem und entscheidend die schlichte geistige Gewalt der *Wahrheit*. Was wir hier vom Worte Gottes sagen, gilt nicht etwa gleichmäßig von jedem Wort. Man kann von keinem anderen Worte sagen, dass es entscheidend die Gewalt der Wahrheit habe. [...] Jedes andere Wort entbehrt bald mehr der Wahrheit, bald mehr der Wirklichkeit und damit dann sicher beider. [...] Das Wissen um die primäre Geistigkeit des Wortes Gottes wird uns zur Konzentration auf das geistige Gebiet und zur Umsicht beim Betreten des natürlichen mahnen.

2. «Gottes Wort» heißt: Gott redet. Das bedeutet zweitens seine *Persönlichkeit.* Gottes Wort ist kein Ding, das zu beschreiben, es ist aber auch kein Begriff, der zu definieren wäre. Es ist weder ein Sachverhalt, noch eine Idee. Es ist nicht «eine», auch nicht die höchste «Wahrheit». Es ist *die* Wahrheit, indem es Gottes sprechende Person ist [...] Es ist nicht ein Objektives. Es ist *das* Objektive, indem es *das* Subjektive, nämlich das Subjektive Gottes ist. Gottes Wort heißt: der redende Gott. Gewiss, Gottes Wort ist nicht etwa bloß die formale Möglichkeit, sondern die gefüllte Wirklichkeit göttlicher Rede. Es hat immer einen ganz bestimmten objektiven Inhalt. [...] Was Gott redet, das ist nie und nirgends abstrahiert von Gott selbst bekannt und wahr. Es wird bekannt und wahr dadurch und darin, dass er selbst es sagt, dass er in Person in und mit dem von ihm Gesagten gegenwärtig ist. [...]

Person sein heißt nicht nur in logischem Sinne *Subjekt* sein, sondern auch in ethischem Sinn: *freies* Subjekt sein, frei auch gegenüber den jeweiligen Beschränkungen, die mit seiner Individualität als solcher gegeben sind, *verfügen* können über sein eigenes Dasein und Sosein, sowohl sofern es geprägte Form als auch sofern es lebendige Entwicklung ist, aber auch *wählen* können neuer Daseins- und Soseinsmöglichkeiten. [...]

Nicht irgendetwas, [...] sondern er selbst kommt zu uns in seinem Wort. Gerade in seinem Wort ist Gott Person. Das bedeutet dann aber konkret: Er ist der *Herr* der Wörtlichkeit seines Wortes. Er ist nicht an sie, sondern sie ist an ihn gebunden. Er verfügt also frei über die Wörtlichkeit der Heiligen Schrift, er kann sie gebrauchen oder auch nicht gebrauchen, er kann sie so oder auch anders gebrauchen. Und er kann über die Wörtlichkeit der Heiligen Schrift hinaus neue Wörtlichkeit wählen: Was die Heilige Schrift verkündigt als sein Wort, kann wiederum als sein Wort in neuer Wörtlichkeit verkündigt werden, immer so, dass er selbst es ist, der in dieser Wörtlichkeit redet. [...] Gottes Treue gegen seine Kirche besteht darin, dass er von seiner Freiheit Gebrauch macht, in seinem Worte selber zu uns zu kommen, und dass er sich die Freiheit wahrt, dies immer wieder zu tun.

3. «Gottes Wort» heißt: Gott redet. Das muss drittens das bedeuten, was ich die *Absichtlichkeit* des Wortes Gottes nennen möchte. Man könnte auch sagen: seine Bezogenheit oder seine Gezieltheit, sein Charakter als Anrede. Wir kennen das Wort Gottes weder in seiner Gestalt als Verkündigung, noch als Heilige Schrift, noch als Offenbarung als eine für sich seiende oder auch nur

für sich sein könnende Wesenheit. Wir kennen es nicht anders denn als an *uns* gerichtetes, *uns* angehendes Wort. […] Wir verstehen die Liebe Gottes zum Menschen oder zunächst überhaupt zu einer von ihm selbst unterschiedenen Wirklichkeit zweifellos nur dann, wenn wir sie als freie, ungeschuldete, nicht auf einem Bedürfnis beruhende Liebe verstehen. Gott wäre um nichts weniger Gott, wenn er keine Welt und keinen Menschen geschaffen hätte. Das Dasein der Welt und unser Dasein ist Gott nicht etwa wesensnotwendig, auch nicht als Gegenstand seiner Liebe. […] Gott brauchte nicht zu uns zu reden; was er bei sich selber und mit sich selber redet von Ewigkeit zu Ewigkeit, könnte ohne unser Dabeisein, als Rede, die für uns ewiges Schweigen wäre, wirklich ebenso gut und besser geredet sein. Nur wenn man sich darüber klar ist, kann man würdigen, was es heißt, dass Gott eine Welt und uns selbst – nicht notwendig für ihn, aber tatsächlich geschaffen hat, dass seine Liebe – nicht notwendig für ihn, aber tatsächlich uns gilt, dass sein Wort – nicht notwendig für ihn, aber tatsächlich zu uns gesprochen ist. Es ist also *freie tatsächliche nicht Gott wesensnotwendige* Absichtlichkeit, die uns in der Verkündigung, in der Bibel, in der Offenbarung begegnet. Wir würdigen ihre Wirklichkeit nur dann recht, wenn wir sie verstehen als die Wirklichkeit der Liebe des Gottes, der unser nicht bedarf und nun doch nicht ohne uns sein will, nun doch gerade auf uns sein Absehen gerichtet hat. […]

Das Wort Gottes als an uns gerichtetes ist *erstens* ein solches, das wir uns nicht selbst sagen und das wir uns auch unter keinen Umständen selbst sagen könnten. Alles menschliche Wort, auch das menschliche Wort der Verkündigung, auch das der Bibel, könnten und können wir uns vielleicht als solches auch selber sagen. […] Die Begegnung mit dem Worte Gottes ist echte, unaufhebbare, d. h. nicht in Gemeinschaft aufzulösende Begegnung. Das Wort Gottes sagt uns immer ein Neues, das wir sonst nie und von niemandem gehört hätten. […]

Als solches an uns gerichtetes Herrenwort ist das Wort Gottes dann *zweitens* das Wort, das uns in unserer Existenz meint und trifft. Kein Menschenwort hat die Kompetenz, uns in unserer Existenz zu meinen, und kein Menschenwort hat die Kraft, uns in unserer Existenz zu treffen. […] Das Wort Gottes geht uns darum an, wie uns kein Menschenwort als solches angehen kann und wie uns auch der Tod nicht angeht, weil es das Wort unseres *Schöpfers* ist, das Wort dessen, der unsere Existenz *und* das Ende unserer Existenz umgrenzt, von dem her sie bejaht *und* verneint ist, weil eben durch dieses Wort alles geworden und erhalten ist und ohne es nicht wäre. Der sich hier hören lässt, dem gehören wir. Was er auch sagen mag, es wird jedenfalls auch in dieser Beziehung des Schöpfers zu seinem Geschöpf gesagt sein.

Als das an uns gerichtete Wort unseres Schöpfers ist das Wort Gottes *drittens* das Wort, das offenbar als Erneuerung jener ursprünglichen Beziehung zwischen uns und ihm nötig geworden ist und nötig wird. Dass Gott zu uns redet, dass er sich uns offenbart, d. h. doch aber: sich uns ganz neu zuwendet, als Unbekannter sich selbst bekannt macht – nachdem er uns doch geschaffen hat, obwohl wir ihm doch gehören, das muss einerseits eine Kritik der Wirklichkeit der zwischen ihm und uns bestehenden Beziehung bedeuten, andererseits aber auch eine Erklärung, sie seinerseits trotz und mit dieser seiner Kritik aufrecht zu erhalten und neu zu befestigen. Beides könnte nicht Inhalt eines menschlichen Wortes sein: Nur der diese Beziehung geschaffen hat, kann sie auch bestätigen und erneuern, wenn sie gestört oder zerstört ist. Nur Gott kann das Urteil sprechen und die Zusage geben und den Anspruch erheben, die alle gleicherweise eben in dem Begriff der Offenbarung liegen. Es ist das Wort Gottes, unter diesem dritten Aspekt seiner Absichtlichkeit das Wort der Versöhnung, d. h. des *Versöhners*, des Gottes, der, eine zweite Schöpfung, seinen Bund mit uns in Gericht und Gnade neu aufrichtet. Was Gott uns sagen mag, es wird jedenfalls auch in dieser erneuernden Beziehung gesagt sein.

Eben als das an uns gerichtete Versöhnungswort ist das Wort Gottes aber *viertens* und endlich das Wort, durch welches Gott sich selber dem Menschen ankündigt, d. h. durch welches er sich selber verheißt als Inhalt der Zukunft des Menschen, als der ihm auf seinem Weg durch die Zeit als das Ende aller Zeit, als der verborgene Herr aller Zeiten, Entgegenkommende. Seine Gegenwart durch das Wort ist eben seine Gegenwart als Kommender, kommend zur Erfüllung und Vollendung der in der Schöpfung zwischen ihm und uns begründeten, in der Versöhnung erneuerten und bestätigten Beziehung. Wieder kann dieses letzte Wort kein Menschenwort sein. Menschliche Worte sind nie letzte Worte, nie Zusage eines gewissen endgültigen Kommens des anderen. Es ist Gottes und nur Gottes Wort eigen, eben als Wort auch die volle echte Gegenwart des Sprechenden, wenn auch seiner als des Kommenden zu sein. Gottes Wort ist das Wort unseres *Erlösers*, d. h. des Herrn, der Herr sein wird, wie er es war und ist, der in seiner Beziehung zu uns sich selber und damit auch uns *ewige* Treue hält. Und eben so wirklicher rechter Herr, der Herr aller Herren, ist. Und was immer Gott uns sagen mag, es wird jedenfalls immer auch in dieser letzten, vollendenden, eschatologischen Beziehung gesagt sein. […]

Karl Barth, KD I/1, Zürich 1932, 136–148.

Das erste Gebot als theologisches Axiom (1933)

[…] Auch die Theologie beruht hinsichtlich des Beweises ihrer Sätze auf einer letzten entscheidenden Voraussetzung, die als solche weder bewiesen werden kann noch bewiesen zu werden nötig hat, sondern die alles zu ihrem Beweise Nötige selber sagt. Sie ist so genau angebbar wie das Axiom oder wie die Axiome irgendeiner anderen Wissenschaft. Die theologischen Sätze sind an ihr ebenso streng gemessen wie die Sätze jeder anderen Wissenschaft an ihren Axiomen: jeder theologische Satz steht unter der Frage, wie er sich zu dieser Voraussetzung aller theologischen Sätze verhält, das heißt, ob und wie er von ihr aus beweisbar, haltbar und also rechtmäßig ist. Aber freilich: wer von einem *theologischen* Axiom redet und wer nun gar die bestimmte Angabe macht: das *erste Gebot* – das bekannte erste Gebot des Dekalogs – ist das theologische Axiom, der muss sich sofort darüber klar sein, dass er dem Begriff eine Füllung und einen Sinn gibt, den er so jedenfalls nur in der Theologie haben kann. […]

Wir sprechen zuerst von der besonderen Füllung, von dem besonderen Sinn, den der Begriff «Axiom» dann bekommt, wenn wir die theologische Voraussetzung damit bezeichnen.

1. Das erste Gebot *«steht geschrieben»* im 20. Kapitel des Buches Exodus. Es ist dem theologischen Axiom wesentlich, dass es «geschrieben steht», das heißt, dass es Bestandteil der Urkunde ist, auf die bezogen die Kirche in der Welt als Kirche existiert. Die Kirche existiert, indem sie diese Urkunde als das alleinige Zeugnis von Gottes alleiniger Offenbarung liest und verkündigt und wieder liest, verkündigt und liest und wieder verkündigt. In dieser Lebensbewegung der Kirche existiert auch die Theologie. Darum kann ihre Voraussetzung nur sein, was «geschrieben steht»; darum können ihre Sätze grundsätzlich nur Auslegung sein. […] Das erste Gebot, das theologische Axiom aber ist nicht direkt, nicht unmittelbar, nicht allgemein auffindbar, es «steht geschrieben», und nur so und darin ist es Axiom, dass es geschrieben steht: geschrieben für eine Kirche, für die es Autorität hat und die schlechterdings darin und nur darin existiert, dass sie dieses Geschriebene liest und verkündigt.

2. Das erste Gebot steht geschrieben als Bericht über ein *zeitliches Ereignis*, nämlich als eine Anrede einer Person an eine andere Person: «Und Gott redete alle diese Worte: *Ich* bin der Herr *dein* Gott! *Du* sollst keine andern Götter neben *mir* haben!» [Ex 20,2f.] In solcher Anrede: Ich – du! tritt Gott auf den Plan, wird das theologische Axiom aufgerichtet. Was immer wir über Gottes Ewigkeit zu wissen meinen – es wird uns, wenn wir hier verstehen wollen, nicht veranlassen dürfen, von dem Ereignischarakter dieses Axioms auch nur ein

Jota abzustreichen. Nicht von einer zeitlosen *Beziehung*, sondern von einer in der Zeit sich abspielenden *Geschichte* zwischen Gott und Mensch ist hier die Rede. […] Dass das Wort Fleisch ward, dass Gott menschlich zum Menschen redet, in der Seinsweise des Menschen also und in der Zeit, das ist der Sinn schon des Buches Exodus. Nicht indem wir die zeitlose Wahrheit dieses zeitlichen Ereignisses zu erhaschen suchen, sondern indem wir diesem zeitlichen Ereignis als Hörer des geschriebenen ersten Gebotes *gleichzeitig* werden, verstehen wir das theologische Axiom. Wer sich in *seiner* Zeit dieselbe zeitlich bestimmte Anrede Gottes gefallen lassen muss, die sich der Israelit am Sinai zu *seiner* Zeit wohl oder übel gefallen lassen musste, der und nur der versteht das theologische Axiom. […]

3. Wir können das erste Gebot, wenn wir es in dem biblischen Zusammenhang verstehen wollen, und wir können also das theologische Axiom wirklich nur als das, als was es sich gibt, nämlich als *Gebot,* verstehen. Es ist wesentlich nicht nur eine Mitteilung Gottes über sich selbst: etwa über seine Einzigkeit, etwa darüber, dass es neben ihm keine Götter gebe. Es ist nicht bloß eine Offenbarung göttlicher Wahrheit. Sondern es ist wesentlich ein *Befehl* Gottes an den von ihm einzeln angeredeten Menschen in Israel. Gott *bezeichnet* sich nicht nur als der Herr, sondern er *benimmt* sich als solcher, indem er fordert, gebietet, verbietet: «Du sollst keine andern Götter neben mir haben!» [Ex 20,3] Man darf auch von diesem göttlichen Sichbenehmen, von diesem faktischen Herrsein Gottes keinen Augenblick abstrahieren. Das theologische Axiom ist wesentlich eine göttliche Stellungnahme. Damit ist nun aber auch die Erkenntnis des theologischen Axioms durch den Menschen wesentlich als eine bestimmte Stellungnahme qualifiziert. Hört er nicht, was ihm gesagt wird, dann wird das nicht nur heißen, dass er sich irrt, sondern dass er ungehorsam ist. Hört er, was ihm gesagt wird, so wird das nicht nur heißen, dass er richtig verstanden, sondern dass er gehorcht habe. Es wird zuerst und entscheidend das heißen: Gehorsam oder Ungehorsam. Die göttliche Wahrheit, die ihm durch das Gebot freilich auch gesagt wird, kommt – wenn sie zu ihm kommt – zu ihm durch eine göttliche *Entscheidung* und so oder so in einer darauf antwortenden *menschlichen* Entscheidung. […] Die Wahrheit des theologischen Axioms aber liegt im göttlichen Bereich und darum ist auch seine Geltung ein Triumph *göttlicher* Freiheit und eine Sache menschlichen *Gehorsams* oder *Ungehorsams.* […]

4. Es ist eine wesentliche Eigentümlichkeit des ersten Gebotes, dass der, der dieses Gebot gibt und der sich der Herr nennt, zu dem, dem er es gibt, in dem Verhältnis des *Befreiers* zum Befreiten, des *Erretters* zum Erretteten steht. «Ich bin der Herr dein Gott, der ich dich aus Ägyptenland, dem Diensthause,

geführt habe.» [Ex 20,2] Auch diese Vorgeschichte des Gebotes ist nicht etwa zufällig. Auch von ihr kann nicht etwa abstrahiert werden. Wer der Gott ist, der im ersten Gebot persönlich mit seinem Befehl auf den Plan tritt, das ergibt sich vielmehr entscheidend aus dieser Vorgeschichte seines Befehlens. Er ist der Erlöser Israels und so jedes einzelnen Israeliten. Er hat – in seiner Freiheit, aber wir müssen nun deutlich sagen: in der Freiheit seiner Barmherzigkeit – Israel erwählt unter den Völkern. Er hat einen Bund zwischen sich und ihm aufgerichtet, und er hat diesen Bund seinerseits bereits gehalten und bewährt. Israel existiert kraft dieses von seinem Gott aufgerichteten und schon gehaltenen Bundes.

Der Gott des ersten Gebotes ist also der Gott des Menschen, den er in diesem Gebot anredet, weil und indem er der mächtige und gnädige Gott Israels ist. [...] Als solcher sagt er: Ich und du, als solcher nennt er sich den Herrn und verhält er sich als Herr. [...] Seine schon erwiesene Güte ist die Kraft des Gebotes. Sein Gesetz steht keinen Augenblick für sich und auf sich selbst. Es steht in und auf dem Evangelium von seiner geschehenen Hilfe im Tode, das als solches die Verheißung neuer Hilfe ist. «Ich bin der Herr, *dein* Gott.» [Ex 20,2] *Dein* Gott, das heißt, der Gott, der als solcher schon an dir gehandelt hat, befiehlt: «Du sollst keine andern Götter neben mir haben!» [Ex 20,3] «Vergiss nicht, was er dir Gutes getan hat!» [Ps 103,2] Um dieses Nichtvergessen handelt es sich beim Gehorsam, um dieses Vergessen beim Ungehorsam gegen dieses Gebot. Gehorsam ist Dankbarkeit, Ungehorsam ist Undankbarkeit. Das theologische Axiom lässt sich nicht lösen aus diesem soteriologischen oder, sagen wir gleich konkret: aus diesem christologischen Zusammenhang. Die Offenbarung geschieht in der Versöhnung, in dem von Gott aufgerichteten und gehaltenen Bund zwischen ihm und den Menschen. Sie geschieht durch Sündenvergebung, Rechtfertigung und Heiligung. Auch als Offenbarung des Gesetzes! *Jesus Christus* ist der Sinn des Sinaigesetzes, sofern es Gottes Offenbarung ist. [...]

Uns beschäftigt ein bestimmter kleiner Ausschnitt aus der Bedeutung dieses Gebotes: seine Bedeutung für die *Theologie.* Theologie ist der mit den Mitteln des menschlichen Denkens und der menschlichen Sprache unternommene Versuch einer wissenschaftlichen Klärung der Frage nach dem Grund und Gesetz der Kirche und ihrer Verkündigung. So steht sie von Haus aus im Bereich der Heiligen Schrift und damit des ersten Gebotes. Dort, wo in andern Wissenschaften die Axiome stehen, steht in der Theologie vor allem theologischen Denken und Reden, an seiner Quelle oder Wurzel, begründend und kritisch, aber wie wir sahen: ganz anders begründend und kritisch als alle andern Axiome, der Befehl: Du sollst keine andern Götter neben mir haben!

Theologisch verantwortlich denke und rede ich dann, wenn ich mich bei dem, was ich als Theologe denke und rede, diesem Befehl gegenüber verantwortlich weiß und wenn ich diese meine Verantwortlichkeit kenne als Verantwortlichkeit gegenüber einer Instanz, von der es keinen Appell an eine andere höhere gibt, weil sie selbst die letzte und höchste, die schlechthin entscheidende Instanz ist. [...]

Auch und gerade die Theologie ist immer wieder gefragt: wo sie nun eigentlich ihr Herz, ihre Anliegen, ihr Interesse habe, und ob ihr Herz nicht etwa heimlich ein zwischen diesem Gott und den andern Göttern geteiltes Herz sein möchte. Sie ist zum Beispiel gefragt nach dem bei ihrer Arbeit vorausgesetzten Begriff vom höchsten *Gut* oder vom höchsten *Wert.* Sie ist gefragt nach der *Quelle,* aus der sie ihre Sätze ableitet. Sie ist gefragt nach dem Maßstab der *Gewissheit,* die sie ihren Sätzen beilegt. Sie ist gefragt nach dem praktischen *Motiv,* nach der *Absicht,* in der sie gerade diese Sätze und diese gerade so und so bildet. Sie ist gefragt, wo sie eigentlich herkommt und wo sie eigentlich hinwill. [...]

Der rechte Gehorsam, das gute Werk in der Theologie muss in einem rechten theologischen Denken und Reden bestehen. Recht und gut ist es dann, wenn es dem ersten Gebot entspricht und nicht widerspricht. [...]

Karl Barth, Vorträge und kleinere Arbeiten 1930–1933, hg. v. Michael Beintker/Michael Hüttenhoff/Peter Zocher, Karl Barth-GA, Abt. III, Zürich 2013, 209–241.

Was heißt: evangelisch sein? (1933)

Die Antwort auf diese Frage gibt uns das uns allein in der Heiligen Schrift Alten und Neuen Testamentes gesagte *Wort Gottes.*

Evangelisch sein heißt: *auf das Gebot unseres Schöpfers hören;* – es heißt: dem Allmächtigen danken, der einem Jeden von uns das Leben in Familie, Volk und Menschheit gibt; – es heißt: sich vor dem heiligen Gott als Sünder beugen; – es heißt: auf den Vater im Himmel sein ganzes Vertrauen setzen.

Evangelisch sein heißt: *auf den Ruf des Herrn Jesus hören;* – es heißt: ihn erkennen als den Sohn Gottes, der für uns Mensch wurde; – es heißt: ihn gelten lassen als den Heiland, der für uns Sünder gestorben und auferstanden ist; – es heißt: ihn erwarten als den kommenden Richter aller Menschen.

Evangelisch sein heißt: *auf das Trösten und Mahnen des Heiligen Geistes hören* und also im Glauben unserer Rettung durch Jesus Christus gewiss sein und seiner Führung im Gehorsam folgen; – es heißt: ein lebendiges Glied der Kirche Jesu Christi sein; – es heißt: in den Sorgen und Verantwortungen dieses Lebens das uns heilsame Kreuz erkennen und auf uns nehmen; – es heißt: wachen und beten und hoffen auf die Verheißung: Siehe ich mache alles neu! [Offb 21,5]

Karl Barth, Vorträge und kleinere Arbeiten 1930–1933, hg. v. Michael Beintker/Michael Hüttenhoff/Peter Zocher, Karl Barth-GA, Abt. III, Zürich 2013, 242–248.

Für die Freiheit des Evangeliums (1933)

[...] Es geht um das Evangelium. Eine evangelische Gemeinde nennen wir uns. Das bedeutet: eine Gemeinde, die durch das Evangelium aufgerufen und um das Evangelium versammelt ist. Was heißt Evangelium? Muss ich das noch besonders sagen? Ja – und es ist keine Schande, dass man gerade das immer wieder besonders sagen muss. Denn dass es das gibt, das Evangelium, das ist immer wieder etwas so unerhört Großes und Neues, dass es nicht anders sein kann: wir alle müssen es uns immer wieder von Neuem sagen lassen. Ich darf es zu sagen versuchen, wie ich es verstehe: Evangelium ist eine Botschaft, die an uns ergangen ist und ergeht und wieder ergehen will. Sie lautet: Wir Menschen sind nicht allein. Wir sind nicht unserem Schicksal überlassen. Wir sind nicht unseren guten und bösen Mitmenschen überlassen. Wir sind auch nicht dem Tod überlassen, der auf uns alle wartet. Und wir sind vor allem nicht uns selbst überlassen, weder unseren guten noch unseren schlechten Eigenschaften, weder unseren Tugenden noch unseren Fehlern, weder unserer eigenen Klugheit noch unserer eigenen Dummheit. Sondern wir haben einen Herrn und dieser Herr steht gut für uns, weil wir zu ihm gehören. Wie ein reicher Mann gut steht für einen armen Mann, weil dieser sein Bruder ist. Und wir gehören darum zu diesem Herrn, weil er für uns gut steht, weil unsere Sache für Zeit und Ewigkeit bei ihm wohl aufgehoben ist. Dieser unser Herr hat alles, was uns angeht und angehen kann, in Ordnung gebracht für uns. Da ist keine Sorge, die er uns nicht im Voraus abgenommen hätte, da ist keine Sünde, für die bei ihm nicht Vergebung bereit wäre. Da ist keine Eigenwilligkeit und Eitelkeit, die vor ihm nicht zum Vornherein in ihrer Torheit gerichtet wäre. Da ist keine Last, die er nicht längst getragen und hinweggetragen hätte. Das ist unser Trost, dass wir diesen Herrn haben: unser Trost, unsere Freude, unsere Hilfe, unsere Leitung für unser Leben in guten und bösen Tagen. [...]

Also der Herr heißt: Jesus Christus. Jesus Christus aber heißt: Gott für uns Menschen und mit uns Menschen. Und das heißt an das Evangelium glauben: diese Botschaft annehmen, die Botschaft, dass Gott für uns und mit uns ist, diesen Herrn für unseren Herrn halten.

Es geht aber um die Freiheit des Evangeliums. Nicht das ist damit gemeint, dass Menschen frei seien oder frei sein möchten. Sondern das ist gemeint: das Evangelium selbst ist frei und will und muss frei bleiben und als freies Evangelium verstanden werden. Was heißt das? Vor allem dies: Wir haben zu verstehen, dass das Evangelium eine Botschaft ist, die zu uns kommt, ohne dass wir zu ihr kommen könnten. Was wir eben gehört haben als Inhalt des Evangeliums, das kann kein Mensch sich selber sagen, das können wir uns nur gesagt sein lassen. Kein Mensch kann das von sich aus entdecken in der Natur oder in der Geschichte oder im Schatz seiner Lebenserfahrung, dass Gott für uns und mit uns ist. Sondern das ist zu hören in der Freiheit, in der Gott selbst sein Wort zu den Menschen gesprochen hat und wieder sprechen will. Er hat es nicht immer und überall gesprochen, sondern zu bestimmter Zeit und Stelle: zu den Propheten des Alten und zu den Aposteln des Neuen Testamentes, die uns nun ihrerseits Zeugnis geben von seinem Wort. [...]

Das Evangelium hören heißt: berufen sein. Das Hören des Evangeliums ist also nicht eine Fortsetzung oder Ergänzung oder Erhöhung oder Bereicherung unseres natürlichen Menschenlebens. Das Hören des Evangeliums ist eine neue Geburt, die wir nicht selber schaffen können, die «von oben» [Joh 3,3], vom Evangelium selbst her geschehen muss. Das ist die Freiheit des Evangeliums. Und das ist weiter die Freiheit des Evangeliums, dass seine Botschaft, dass Jesus Christus der Herr nach den Worten des Heidelberger Katechismus unser einiger Trost ist im Leben und im Sterben [Frage 1]. Unser einiger Trost! Man kann diese Botschaft nicht hören, ohne das Gebot zu hören: Du sollst keine anderen Götter haben neben mir [Ex 20,3]! Es gibt auch andere, hohe, ideale und werte Güter: Kunst, Sittlichkeit und Erkenntnis, Familie, Besitz und Volkstum. Aber es gibt nur einen Gott und darum nur einen Trost im Leben und im Sterben, ganz und gar unvergleichlich mit jedem anderen Gut, so hoch es uns stehen, so teuer es uns sein mag. Das Evangelium bedeutet uns entweder allein den ganzen Trost, den wir brauchen, oder es bedeutet uns gar nichts. Das Evangelium hat entweder unser ganzes Herz oder es hat unser Herz gar nicht. Du sollst keine anderen Götter haben neben mir! An das Evangelium glauben heißt also: im Evangelium seinen Meister gefunden haben, den Meister, dem gegenüber der Mensch nicht mehr frei sein wollen kann, dem er umgekehrt alle Freiheit zuschreibt und zuerkennt, dem er sich unterwirft als dem, der allein die Herrschaft haben darf. Nur wenn wir das Evangelium in dieser seiner Freiheit haben, haben wir es wirklich, und nur, wenn wir es in dieser seiner Freiheit verstehen, können wir es recht verstehen.

In der evangelischen Kirche muss es also um die Freiheit des Evangeliums gehen. Die Kirche ist die menschliche Gemeinschaft, in der das Evangelium verkündigt und gehört wird. Weil sie eine menschliche Gemeinschaft ist, darum ist das, was heute so laut und nachdrücklich verkündigt wird, nichts als selbstverständlich: die Kirche nimmt teil an den Gestaltungen der Natur, der Kultur und der Geschichte; sie ist die Kirche dieser und dieser Völker im Raume dieser und dieser Staatsformen. Wie sollte es anders sein? Die Kirche anerkennt ihre

Verbundenheit mit der Welt der Schöpfung und des Sündenfalls. Sie gibt dem Kaiser, was des Kaisers ist [Mt 22,21 parr]. Wie sollte es anders sein, da doch Evangelium heißt: Gott für den Menschen! und da doch, wer «Mensch» sagt, eben dies sagt: Schöpfung, Sündenfall, Natur, Kultur, Geschichte. Aber: nicht dies, dass die Kirche teilnimmt an der menschlichen Wirklichkeit und an dem, was wir als die Ordnungen dieser Wirklichkeit verstehen zu können meinen – nicht dies macht die Kirche zur Kirche und nicht von daher ist die Kirche als Kirche zu verstehen. Evangelium heißt ja nicht: der Mensch für Gott!, sondern ganz und gar und allein: Gott für den Menschen! [...] Gerade die menschliche Natur und Kultur, gerade Volk und Staat bedürfen einer Kirche, die nicht an sie gebunden ist, die nicht ihrerseits Natur und Kultur, Volk und Staat, sondern die, sich selber getreu, rein und lauter das Evangelium verkündigt. Gerade die Kirche, die rechtschaffen Kirche auf Gottes Erdboden ist, kann nicht stehen oder fallen mit dieser oder jener Naturmöglichkeit und Kulturgestalt und auch nicht mit dieser oder jener Phase der Geschichte eines Volkes oder Staates. Die Kirche steht und fällt ihrem eigenen Herrn [Röm 14,4]. Und wenn der wirkliche Mensch etwas von ihr erwartet, dann eben dies, dass sie Kirche sei, dass sie ein ewiges und nicht wiederum ein zeitliches Wort für ihn habe. Gehorsam dem Gebote Gottes, das sie geschaffen hat, muss und wird die Kirche frei sein inmitten der menschlichen Wirklichkeit, frei, indem sie dem Evangelium seine Freiheit lässt. Das bedeutet praktisch Folgendes:

1. Die Kirche hat dem Volk, sie hat im Staat das Wort Gottes auszulegen nach der Heiligen Schrift. Die Freiheit des Evangeliums hängt daran, dass es keine anderen Quellen kirchlicher Verkündigung gibt: kein Buch des Schicksals, der Geschichte, der Natur, der Erfahrung, der Vernunft [...]

2. Die Kirche hat dem Menschen, dem Menschen im Volk und im Staat, den Herrn, nämlich Gott als den Herrn in seiner Gnade und Strenge anzuzeigen. Sie hat dem Menschen nichts anderes als diesen Herrn, also gerade keine Moral, weder eine private noch eine öffentliche, weder eine internationale noch eine nationale Moral zu verkündigen. Das Evangelium als helfendes Wort ist das Wort von Gott für den Menschen, aber von Gott und von keinem anderen mehr.

3. Die Kirche hat in der Zeit und unter den Menschen dieser Zeit, auf dem Erdboden und angesichts der Eigentümlichkeit dieses und dieses Stückes Erdboden, auf dem Boden dieser und dieser irdischen Heimat ihr eigenes Leben zu leben, ihren eigenen Weg zu gehen und gerade so dieser irdischen Heimat Treue zu beweisen. Gliedschaft in der Kirche kann darum nicht bedingt sein durch die Gliedschaft der Rasse und des Blutes. Der Heilige Geist und die

Taufe allein machen den Menschen zum Glied der Kirche. Darum muss die Kirche nicht nur an der Unabhängigkeit ihres unsichtbaren, sondern auch an der Selbständigkeit ihres sichtbaren Wesens, auch an der Freiheit ihrer äußeren Ordnung gegenüber allen irdischen Gewalten festhalten. Sie hat die Freiheit des Evangeliums nicht im luftleeren Raum, sondern in der Zeit und auf dem Erdboden und darum wahrhaftig auch äußerlich zu bezeugen. […]

Karl Barth, Vorträge und kleinere Arbeiten 1930–1933, hg. v. Michael Beintker/Michael Hüttenhoff/Peter Zocher, Karl Barth-GA, Abt. III, Zürich 2013, 390–412.

Kurze Kommentierung des ersten Satzes der Theologischen Erklärung der Barmer Synode (1937/38)

[...] Wenn in Barmen Jesus Christus, wie er uns in der Heiligen Schrift bezeugt ist, als das eine Wort Gottes bezeichnet wurde, dem wir im Leben und im Sterben zu vertrauen und zu gehorchen haben, wenn hier die Lehre von einer von diesem einen Worte Gottes verschiedenen Quelle der kirchlichen Verkündigung als falsche Lehre verworfen wurde [...] – dann hatte man damit [...] eine Feststellung gemacht, die, wenn mit ihr Ernst gemacht wurde, eine Reinigung der Kirche nicht nur von der konkret zur Diskussion stehenden *neuen*, sondern von *aller* natürlichen Theologie[15] in sich schloss. [...]

Dass der Kirche, als ihr *nichts anderes* übrigblieb, das eine Wort Gottes, das *Jesus Christus* heißt, *übrigblieb*, dass sie sich nicht fallen lassen konnte ins Bodenlose, wie es ihr zugemutet war, sondern dass sie neuen Stand fassen konnte und musste, dass jene auf der anderen Seite diesmal unaufhaltsame Logik der Sache in der Kirche gerade diesmal grundsätzlich zum Stehen kam, das will geistlich gewürdigt sein, oder es kann gar nicht gewürdigt werden. Was zu erwarten war, war dies, dass die Kirche, nachdem sie der Versuchung in ihren früheren, feineren Formen so oft erlegen war, ermüdet, farbenblind geworden und innerlich ausgehöhlt, dem Ansturm der groben Versuchung erst recht und nun endgültig erliegen werde. Dass das nicht geschah, dass das Wort Gottes nun dennoch auf dem Plane war, in derselben Kirche, in der es so oft verleugnet und verraten worden war, dass die Menschen vor dem Spuk der Schreckgestalt des neuen Gottes und seines Messias immerhin noch so erschrecken konnten, um ihr nicht zu verfallen, dass sie überhaupt in die Lage kamen, zu erkennen, dass es eine andere Möglichkeit als die des Sturzes ins Bodenlose gebe, dass man in aller Schwachheit nach dieser anderen Möglichkeit greifen, die Bibel wieder lesen, zu ihren klaren Aussagen sich aufs Neue bekennen und also den Not- und Freudenschrei von Barmen ausstoßen, und dass man dann auf diesem Boden, nachdem aller andere Boden unter den Füßen gewichen war, sofort stehen und sich halten konnte – das alles hatte gewiss auch seine geistesgeschichtlichen, theologischen und politischen Voraussetzungen und

15 Die von Barth abgelehnte natürliche Theologie ist der Versuch, aus natürlichen Quellen eine Erkenntnis über Gott zu erlangen. Barth denkt vor allem an die Gefahr, dass die Theologie sich abseits der biblischen Rede von Gott einer Offenbarung ausliefert, die den christlichen Glauben ideologisch verfälscht.

Bedingtheiten, das alles war aber doch unmöglich und schließlich ein Wunder vor den Augen derer, die es aus der Nähe gesehen haben. […]

Was sie bei diesem Anlass notierte, das ist der Satz von der alleinigen Geltung Jesu Christi als des uns für Leben und Sterben gesagten Wortes Gottes. Die Ablehnung der natürlichen Theologie war nur die selbstverständliche Rückseite dieser Notiz. Sie hat keine selbstständige Bedeutung. Sie besagt nur: alles andere hilft dir nicht – in der Anfechtung nämlich – dann, wenn es um das Sein und Nichtsein der Kirche geht. Was dann hilft, wenn alles andere nicht mehr hilft, ist nur das Wunder, die Kraft und der Trost des einen Wortes Gottes. […]

Die Kirche lebt davon, dass sie die Stimme dieses Ich hört und die Verheißung ergreift, die laut dieser Stimme ganz allein in diesem Ich beschlossen ist: dass sie also *den* Weg wählt, *die* Wahrheit erkennt, *das* Leben lebt, durch *die* Türe geht, die ganz allein Jesus Christus selber ist. Wiederum nicht in eigener Vollmacht, nicht in Ausführung eines eigenen Sicherungsprogramms, sondern aufgrund der Notwendigkeit, in der Jesus Christus selbst gesagt hat, dass niemand zum Vater komme denn durch ihn, dass jedes Vorbeigehen an ihm Diebstahl und Mord bedeute, vollzieht dann die Kirche auch die Exklusive, spricht sie ihr Nein zu allem, was außer ihm Weg, Wahrheit, Leben, Türe sein möchte. […]

Die Kirche lebt davon, dass sie ein Wort Gottes hört, dem sie ganzes Vertrauen und ganzen Gehorsam schenken darf, und das im Leben und im Sterben, d. h. in der Zuversicht, in solchem Vertrauen und Gehorsam für Zeit und Ewigkeit wohl aufgehoben zu sein. Eben weil sie zugelassen und eingeladen ist zu ganzem Vertrauen und Gehorsam, weiß sie, dass das ihr gesagte Wort das eine Wort Gottes ist, durch das sie gebunden, in dem sie aber auch frei ist, neben dessen Evangelium es kein fremdes Gesetz und neben dessen Gesetz es kein fremdes Evangelium gibt, neben oder hinter oder über dem wir keine andere Gewalt als Weg, Wahrheit, Leben und Türe zu ehren und zu fürchten haben. Und dieses eine Wort ist nicht erst zu finden, sondern es hat sich schon zu finden gegeben: in dem, der die Macht und das Recht hat, sich selbst den Weg, die Wahrheit, das Leben, die Tür zu nennen, weil er das alles ist. Dieses eine Wort heißt Jesus Christus von Ewigkeit her und in alle Ewigkeit. So ist es bezeugt in der Heiligen Schrift des Alten und Neuen Testamentes. So hat es die Kirche begründet; so erhält, erneuert und regiert, so rettet es immer wieder die Kirche. So ist es ihr Trost und Weisung im Leben und im Sterben. So und nicht anders! Von diesem «nicht anders» redet der abschließende kritische Satz. Man bemerke, dass er die Existenz anderer Ereignisse und Mächte, Gestalten und Wahrheiten neben jenem einen Worte Gottes nicht in Abrede stellt, dass er also auch die Möglichkeit einer natürlichen Theologie als solche durchaus nicht leugnet. Er setzt vielmehr voraus, dass es das alles gibt. Er leugnet aber, er bezeichnet als falsche Lehre die Behauptung, dass das alles Quelle der kirchlichen Verkündigung, eine zweite Quelle neben und außer jenem einen Worte Gottes werden könne. Er schließt die natürliche Theologie von der kirchlichen Verkündigung aus. Nicht in der Meinung und Absicht, sie in sich und als solche zu verwerfen, wohl aber in der Meinung und Absicht, dass sie neben und außer dem Worte Gottes, wenn es darauf ankommt, zu sagen, wem wir im Leben und im Sterben zu vertrauen und zu gehorchen haben, keinen Sinn und Bestand haben kann. Als Gottes Offenbarung, als Norm und Inhalt der im Namen Gottes auszurichtenden Botschaft, können die Größen, auf die die natürliche Theologie sich zu beziehen pflegt, was sie auch im Übrigen sein und bedeuten mögen, nicht in Betracht kommen. Wenn die Kirche Gottes Offenbarung verkündigt, dann redet sie nicht aufgrund einer noch so tiefen und gläubigen Schau der Wirklichkeit der Welt und des Menschen, dann exegesiert sie nicht jene Ereignisse und Mächte, Gestalten und Wahrheiten, dann liest und erklärt sie, gebunden an ihren Auftrag und frei gemacht durch die damit empfangene Verheißung das Wort, das Jesus Christus heißt, und darum das Buch, das von ihm zeugt. Sie ist und sie bleibt dankbar für die Erkennbarkeit Gottes, in der er sich selber uns gegeben hat, indem er uns seinen Sohn gab.

Karl Barth, Texte zur Barmer Theologischen Erklärung. Mit einer Einleitung von Eberhard Jüngel und einem Editionsbericht hg. v. Martin Rohkrämer, Zürich [2]2004, 67–87 (= KD, Bd. II/1, Zürich 1940, 194–200).

Bonn, 1933

4 Wesen und Aufgabe der Theologie

Karl Barth warf der liberalen Theologie vor, dass ihre Rede von Gott nichts anderes sei, als in erhöhtem Ton vom Menschen zu reden und dadurch den Menschen auf Kosten Gottes groß zu machen. Demgegenüber ging Barth davon aus, dass die Kirche von Gott zu reden habe, weil Gott sie dazu beauftrage. Die kirchliche Rede von Gott ist jedoch nicht mit Gottes Offenbarung identisch, sondern bedarf der ständigen Überprüfung, ob sie der Selbstoffenbarung Gottes in Jesus Christus entspricht. Daraus ergibt sich die Notwendigkeit der Theologie. Diese ist auf Gottes Gnade in der Spannung zwischen der geschehenen Offenbarung und der in dieser Offenbarung enthaltenen Verheißung angewiesen. Barth zufolge ist die Theologie keine auf den Gegebenheiten der Erfahrung und der Vernunft beruhende Wissenschaft, Philosophie, Lebensweisheit, Metaphysik oder Weltanschauung. Vielmehr ist sie eine Aufgabe, die im Glauben und im Gehorsam dem Wort Gottes gegenüber wahrgenommen werden muss.

Das Wesen und die Aufgabe der Theologie brachte Barth in unterschiedlichen Kontexten zur Sprache, beispielsweise in Band I/1 der «Kirchlichen Dogmatik» (1932) als Auftakt der Lehre vom Wort Gottes. Darin hielt er fest, dass die Aufgabe der Dogmatik in der kritischen Selbstprüfung der kirchlichen Rede von Gott bestehe. Im Jahr darauf bestimmte er in der kirchenpolitisch brisanten Situation der Auseinandersetzung mit der «Glaubensbewegung Deutsche Christen» die «Theologische Existenz heute» als theologische Arbeit, die an das Wort Gottes gebunden sei. Es gelte, zur Sache zu reden und dem Wort Gottes Gehör zu verschaffen. Damit wandte sich Barth gegen die Einrichtung eines übergeordneten Bischofsamts, durch das das staatliche Führerprinzip faktisch in der Kirche eingeführt und der Zweck der Kirche dem deutschen Volk untergeordnet wurde.

Auf der Zweiten Freien Reformierten Synode (26.–28. März 1935) in Siegen betonte er in einer «Predigt über Exodus 20,4–6» das biblische Bilderverbot und stellte es der ideologischen Vereinnahmung der Kirche gegenüber. In seiner in Bonn 1946 vorgetragenen «Dogmatik im Grundriß» und in seiner Basler Abschiedsvorlesung «Einführung in die evangelische Theologie» (1961/62) äußerte Barth sich in grundsätzlicher Weise zu seinem Verständnis der Theologie, die auf einem aufmerksamen Hören auf Gottes Wort gründet. Die Besonderheit der Theologie, mit der er sich 40 Jahre lang als theologischer Lehrer beschäftigt hatte, ist ihr Charakter als eine bescheidene, befreite, kritische und fröhliche Wissenschaft. In einem Gespräch wenige Monate vor seinem Tod hielt Barth fest: «[Die Kirchliche Dogmatik] ist nicht vom Himmel gefallen, sondern sie ist hier am Schreibtisch geschrieben. Das ist zweierlei. […] Ich verstehe [sie] also nicht […] als ein orthodoxes Werk, das nur nachgesprochen werden muss, sondern als eine Anleitung zum eigenen Denken» (Gespräche 1964–1968, 455f.)

Kirche, Theologie, Wissenschaft (KD I/1, 1932)

Dogmatik ist als theologische Disziplin die wissenschaftliche Selbstprüfung der christlichen Kirche hinsichtlich des Inhalts der ihr eigentümlichen Rede von Gott.

Dogmatik ist eine theologische Disziplin. Theologie ist aber eine Funktion der Kirche. Die Kirche bekennt sich zu *Gott*, indem sie von Gott *redet*. Das geschieht einmal durch ihre Existenz im Handeln jedes einzelnen *Glaubenden*. Und das geschieht zweitens durch ihr besonderes Handeln als *Gemeinschaft:* in der Verkündigung durch Predigt und Sakramentsverwaltung, in der Anbetung, im Unterricht, in der äußeren und inneren Mission mit Einschluss der Liebestätigkeit unter den Schwachen, Kranken und Gefährdeten. Die Wirklichkeit der Kirche geht zum Glück nicht auf in ihrem Handeln. Aber ihr Handeln geht darin auf, dass sie sowohl in ihrer Existenz in den Glaubenden als auch in ihrer gemeindlichen Existenz als solcher *von Gott redet*. Ihr Handeln ist «Theologie» in jenem weiteren und in diesem engeren Sinn. […]

Aber eben indem sich die Kirche zu Gott bekennt, bekennt sie sich auch zu der Menschlichkeit und zugleich zu der Verantwortlichkeit ihres Handelns. Sie weiß um die schwere Anfechtbarkeit, in der sie von Gott redet, und weiß, dass sie für ihr Reden Gott Rechenschaft schuldig ist. Die erste, letzte und entscheidende Antwort auf diese doppelte Not besteht darin, dass sie sich an der Gnade dessen genügen lässt, dessen Kraft in den Schwachen mächtig ist. Aber eben indem sie sich *daran* genügen lässt, anerkennt und übernimmt sie als handelnde Kirche eine weitere menschliche Aufgabe: die Aufgabe der Kritik und Korrektur ihres Redens von Gott. Damit stehen wir vor dem Begriff der Theologie im dritten, engsten und eigentlichen Sinn des Wortes. […]

Theologie als *Wissenschaft* (im Unterschied zu der «Theologie» des einfachen Glaubens- und Lebenszeugnisses und im Unterschied zu der «Theologie» des Gottesdienstes) ist eine Maßnahme der Kirche, ergriffen im Blick auf jene Anfechtbarkeit und Verantwortlichkeit ihres Redens. Sie wäre sinnlos ohne die rechtfertigende *Gnade*, die auch hier allein gut machen kann, was der Mensch als solcher auf alle Fälle schlecht macht, sie kann aber sinnvoll sein als Akt des *Gehorsams* eben gegen diese Gnade, des Gehorsams, in dem der Mensch auch hier ohne zu schauen *glauben* darf, seine Sache *gut* zu machen. […]

Kirche bringt Theologie in diesem besonderen und eigentlichen Sinn hervor, indem sie sich einer *Selbstprüfung* unterzieht. Sie stellt sich die Wahrheitsfrage, d. h. sie misst ihr Handeln, ihr Reden von Gott an ihrem Sein als Kirche. Es gibt also *Theologie* in diesem besonderen und eigentlichen Sinn, weil es in der *Kirche* vor ihr und ohne sie *Rede* von Gott gibt. Theologie *folgt* der Rede der

Kirche, sofern sie sie mit ihrer Frage, ob es dabei mit rechten Dingen zugehe, nicht an einem ihr fremden Maßstab, sondern an ihrem eigensten Ursprung und Gegenstand misst. Theologie *führt* die Rede der Kirche, sofern sie sie konkret daran erinnert, dass sie unter allen Umständen fehlbares Menschenwerk ist, das in Bezug auf seine Sachlichkeit oder Unsachlichkeit auf der Waage liegt, das Gehorsam gegen die Gnade sein muss, um wohlgetan zu sein. Theologie *begleitet* die Rede der Kirche, sofern sie selbst nichts anderes ist als menschliche «Rede von Gott», sofern sie mit jener unter dem beim Hause Gottes anfangenden Gericht steht und sofern sie mit jener lebt von der der Kirche gegebenen Verheißung. […]

Die Wahrheitsfrage, um die es in der Theologie durchweg geht, ist die Frage der Übereinstimmung der der Kirche eigentümlichen Rede von Gott mit dem Sein der Kirche. Das *Kriterium* der christlichen Rede von der Vergangenheit und von der Zukunft her und mitten in der Gegenwart ist also das *Sein der Kirche*, d. h. aber *Jesus Christus:* Gott in seiner gnädigen offenbarenden und versöhnenden Zuwendung zum Menschen. Kommt die christliche Rede *von ihm her?* Führt sie *zu ihm hin?* Ist sie *ihm gemäß?* Keine dieser Fragen ist ohne die andere, aber jede ist mit ganzem Gewicht selbstständig zu stellen. So ist Theologie als *biblische* Theologie die Frage nach der *Begründung*, als *praktische* Theologie die Frage nach dem *Ziel*, als *dogmatische* Theologie die Frage nach dem *Inhalt* der der Kirche eigentümlichen Rede. […] Indem sich die Kirche die Wahrheitsfrage in diesem dreifachen Sinn nicht willkürlich, sondern sachgemäß stellt, bekommt diese ihre Selbstprüfung den Charakter eines *wissenschaftlichen* Unternehmens, das als solches selbstständig neben andere menschliche Unternehmungen gleicher oder ähnlicher Art tritt: als *diese besondere*, die *theologische* «Wissenschaft». […]

Die anderen Wissenschaften haben eben die Aufgabe der Theologie faktisch *nicht* als ihre eigene anerkannt und aufgenommen. Das Reden der Kirche von Gott ist freilich von jeher von vielen Seiten kritisiert und zu korrigieren versucht worden. Aber was hier geschehen muss, das ist ja seine Kritik und Korrektur vom Sein der Kirche her: von Jesus Christus her als von seiner Begründung, seinem Ziel und seinem Inhalt. Und nun ist es faktisch so (ohne dass sich erweisen ließe, inwiefern es *prinzipiell* so sein müsse), dass der Historiker, der Pädagoge usw. und nicht zuletzt auch der Philosoph, auch wo sie voll guten Willens dieses Thema mit in Betracht ziehen, im Rahmen *ihrer* Wissenschaften an dem hier vorliegenden Problem immer wieder vorbeireden, d. h. das Reden der Kirche von Gott nach irgendwelchen ihm fremden Prinzipien statt nach seinem eigenen beurteilen und so den Schaden, um deswillen die Kirche einer kritischen Wissenschaft bedarf, mehren statt mindern. [...]

Soll nun das Anliegen der Kirche nicht einfach liegen bleiben, so wird entsprechend der besonderen Funktion des Gottesdienstes die besondere Funktion einer wissenschaftlichen *Theologie* faktisch unentbehrlich. Ihre Aufgabe ist die von den anderen Wissenschaften faktisch nicht versehene Kritik und Korrektur der Rede von Gott nach Maßgabe des der Kirche *eigenen* Prinzips. Theologie ist diejenige Wissenschaft, die sich letztlich *diese* und *nur* diese Aufgabe stellt, alle anderen möglichen Aufgaben menschlicher Wahrheitsforschung aber dieser Aufgabe *unter*ordnet. [...]

Die Sonderexistenz der Theologie bedeutet die Notmaßnahme, zu der sich die Kirche angesichts des faktischen Versagens der anderen Wissenschaften entschließen muss. Eine wissenschaftstheoretische Begründung dafür lässt sich nicht geben. Gerade von der Kirche und also von der Theologie selbst her gesehen, ist diese Sonderexistenz der Theologie theoretisch völlig problematisch. Die Theologie selbst wird von den Bemühungen, ihr eine Stellung im System der Wissenschaften zuzuweisen, sagen müssen, dass ihr dabei zu viel und – zu wenig Ehre angetan wird.

Ähnlich verhält es sich nun aber auch mit der Frage, ob die Theologie überhaupt eine «Wissenschaft» sei. Diese Frage ist auf keinen Fall eine Lebensfrage für die Theologie. Denn es gibt keine *prinzipielle* Notwendigkeit, keine *inneren* Gründe, die sie veranlassen könnten, ihre Zugehörigkeit gerade zu *diesem* Genus in Anspruch zu nehmen. Es könnte vielmehr allerlei Anlass bestehen, in aller Form darauf Verzicht zu leisten. [...]

Wenn die Theologie sich eine «Wissenschaft» nennen lässt und selber nennt, so erklärt sie damit: 1. Sie ist wie alle anderen sogenannten Wissenschaften menschliche Bemühung um einen bestimmten Erkenntnisgegenstand. 2. Sie geht dabei wie alle anderen Wissenschaften einen bestimmten, in sich folgerichtigen Erkenntnisweg. 3. Sie ist wie alle anderen Wissenschaften in der Lage, sich selbst und jedermann (jedermann, der fähig ist, sich um diesen Gegenstand zu bemühen und also diesen Weg zu gehen) über diesen Weg Rechenschaft abzulegen. Es würde aber an dem, was sie zu tun hat, nicht das Geringste ändern, wenn sie als irgendetwas anderes denn gerade als «Wissenschaft» zu gelten hätte. Keinesfalls folgt aus der Tatsache, dass sie als solche gilt und auch wohl zu gelten beansprucht, die Verpflichtung, sich mit Rücksicht auf das, was sonst «Wissenschaft» heißt, in ihrer eigenen Aufgabe stören und beeinträchtigen zu lassen. Der Ausrichtung auf diese ihre eigene Aufgabe hat sie vielmehr schlechterdings *jede* Rücksicht auf das, was sonst «Wissenschaft» heißt, unterzuordnen und nötigenfalls zu opfern. Die Existenz der anderen Wissenschaften, die höchst achtunggebietende Treue, mit der wenigstens manche von ihnen ihren Axiomen und Methoden nachgehen, kann und muss sie daran erinnern, dass auch sie ihrer eigenen Aufgabe ordentlich, d. h. mit entsprechender Treue nachgehen soll. Sie kann sich aber nicht von jenen darüber belehren lassen, was das in ihrem Fall konkret zu bedeuten hat. Sie hat methodisch nichts bei ihnen zu lernen. Sie hat sich nicht vor ihnen zu rechtfertigen, vor allem nicht dadurch, dass sie sich den Anforderungen eines zufällig oder nicht zufällig allgemein gültigen Wissenschaftsbegriffs unterzieht. […] Wenn die Theologie sich eine Wissenschaft nennen lässt oder selber nennt, so kann sie damit keinerlei Verpflichtung übernehmen, sich an den für andere Wissenschaften gültigen Maßstäben messen zu lassen. […] Auch die Verpflichtung zur Vorlage eines besseren Wissenschaftsbegriffs als prinzipielle Selbstrechtfertigung kann also seitens der Theologie nur abgelehnt werden.

Die Theologie hat keine andere Möglichkeit, ihre «Wissenschaftlichkeit» zu erweisen, als die, in der faktisch stattfindenden, durch ihren Gegenstand bestimmten Arbeit an ihrer Erkenntnisaufgabe zu zeigen, was nun eben sie unter «Wissenschaftlichkeit» versteht. […] Die Theologie hat keinen Anlass, sich den Namen einer Wissenschaft verbieten zu lassen. Wer weiß denn, ob sie es nicht mehr ist als viele oder alle der unter jener Konvention vereinigten «Wissenschaften»?

Das praktische *Interesse*, um deswillen wir an der Bezeichnung der Theologie als Wissenschaft ohne besonderes Pathos festhalten, ist aber dieses:

1. Indem die Theologie sich als «Wissenschaft» bezeichnet, stellt sie sich in die Reihe, bekennt sie sich als menschliche Bemühung um die Wahrheit zu ihrer Solidarität mit den heute nun einmal unter diesem Begriff vereinigten sonstigen Bemühungen dieser Art, protestiert sie selbst gegen die Vorstellung ihrer ontologischen Erhöhung über diese anderen […], erinnert sie sich selbst daran, dass sie eben *nur* «Wissenschaft» ist und also an die «Profanität», in der sie auch auf ihrem relativ besonderen Weg auch in den höchsten Regionen ihr Werk tut.

Indem sie den Begriff «Wissenschaft» nicht einfach den anderen überlässt, meldet sie aber auch 2. den (bei allem schuldigen Respekt vor der klassischen Tradition) nötigen Protest gegen jenen zugestandenermaßen «heidnischen» allgemeinen Wissenschaftsbegriff an. Es kann auch seinen unentwegtesten Vertretern, es kann der Universität nichts schaden, durch die Nachbarschaft des Theologen unter demselben Dach daran erinnert zu werden, dass die quasi-religiöse Unbedingtheit ihrer Interpretation dieses Begriffs faktisch nicht unangefochten ist [...]

Und schließlich dokumentiert die Theologie damit, dass sie sich mit den «Wissenschaften» [...] faktisch unter demselben Namen zusammenschließt, 3. dass sie deren Heidentum nicht ernst genug nimmt, um sich unter einem anderen Namen vornehm von ihnen abzusondern, dass sie sie vielmehr trotz ihres Versagens gegenüber der theologischen Aufgabe und trotz ihres für die Theologie nicht tragbaren Wissenschaftsbegriffs mit sich selbst zur Kirche rechnet. [...]

Karl Barth, KD I/1, Zürich 1932, 1–10.

Theologische Existenz heute! (1933)

Mir ist in einer zuletzt nicht mehr zu überhörenden Weise zugerufen worden, dass manche unter meinen ehemaligen akademischen Zuhörern und auch manche andere von den an meiner theologischen Arbeit Beteiligten sich längst fragten, ob ich zu den uns allen nun seit Monaten beschäftigenden kirchlichen Sorgen und Problemen nicht auch etwas zu sagen haben möchte. Ich möchte dazu zunächst dies bemerken dürfen: das Entscheidende, was ich heute zu diesen Sorgen und Problemen zu sagen versuche, kann ich darum nicht zum Gegenstand einer besonderen Mitteilung machen, weil es sehr unaktuell und unangreifbar einfach darin besteht, dass ich mich bemühe, hier in Bonn mit meinen Studenten in Vorlesungen und Übungen nach wie vor und als wäre nichts geschehen – vielleicht in leise erhöhtem Ton, aber ohne direkte Bezugnahmen – Theologie und nur Theologie zu treiben. Etwa wie der Horengesang der Benediktiner im nahen Maria Laach auch im Dritten Reich zweifellos ohne Unterbruch und Ablenkung ordnungsgemäß weitergegangen ist. Ich halte dafür, das sei auch eine Stellungnahme, jedenfalls eine kirchenpolitische und indirekt sogar eine politische Stellungnahme! Und ich erwarte, dass dieses Wort ohne besondere Worte von einigen der mir anvertrauten Studenten so gut gehört und verstanden werde, als es inmitten der mannigfaltigen Aufregungen unserer Tage möglich sein mag. Ich habe Gründe, mir an diesem Reden und Gehörtwerden innerhalb der Schranken meiner Berufung genügen zu lassen. Sie wurden auch damit nicht überschritten, dass ich mich auf ergangene Einladung an der Ausarbeitung zweier der Öffentlichkeit vorgelegter theologischer Erklärungen meiner reformierten Bekenntnisgenossen beteiligte.[16] Man hat gerade meine Beteiligung an dieser Sache sehr richtig verstanden, man hat diesen Erklärungen m. E. das schönste Lob erteilt, indem man ihnen Mangel an Aktualität bzw. an Existenzialität, d. h. an konkreter Bezugnahme auf die Probleme des Tages vorgeworfen hat. Soll ich mich nun dennoch unterwinden, das von mir erwartete «Wort zur Lage» zu reden, liebe fernere und liebe nähere theologische Freunde, so kann es inhaltlich wirklich nur in der Frage bestehen: ob es nicht der Kirche und uns allen besser wäre, wenn wir jetzt gerade *nicht* «zur Lage», *sondern* nun erst recht, ein jeder in den Schranken seiner Berufung, «zur Sache» reden bzw. die Voraussetzungen bedenken und bearbeiten würden, deren es bedarf, um Tag für Tag «zur Sache» zu reden, wie es

16 Gemeint sind die Texte: «Eine theologische Erklärung zur Gestalt der Kirche» (1933) und «Forderungen zur Gestalt der Kirche» (1933).

heute – nicht erst heute, aber auch heute! – von uns gefordert ist? Eine kleine Erläuterung dieser Frage kann allein der Sinn dessen sein, was ich, da man es denn hören will, zu den uns bewegenden Dingen zu sagen habe.

Das, was jetzt unter keinen Umständen geschehen darf, ist dies, dass wir im Eifer für irgendetwas, was wir für eine gute Sache halten, unsere theologische Existenz verlieren. Unsere theologische Existenz ist unsere Existenz in der Kirche, und zwar als berufene Prediger und Lehrer der Kirche.

In der Kirche ist man sich einig darüber, dass es in der ganzen Welt keinen dringlicheren Anspruch gibt als den, den das Wort Gottes darauf hat, verkündigt und gehört zu werden; diesem Anspruch muss Genüge getan werden, koste es, was es wolle, und werde aus der Welt und aus der Kirche selbst, was da aus ihnen werden möge. In der Kirche ist man sich einig darüber, dass das Wort Gottes alles und jedes aus dem Felde schlägt, was ihm widerstehen mag, dass es darum über uns und über alle seine anderen Feinde siegen *wird,* weil es – «gekreuzigt, gestorben, begraben, am dritten Tage wieder auferstanden, sitzend zur Rechten Gottes des Vaters» – schon ein für alle Mal über und für uns und alle seine anderen Feinde gesiegt *hat.* In der Kirche ist man sich darüber einig, dass Gott durch eben dieses sein Wort *alle* Dinge trägt [Hebr 1,3], auf *alle* Fragen Antwort gibt, *allen* Anliegen Gerechtigkeit widerfahren lässt, alles, was er geschaffen hat, erhält und zu seinem eigensten Ziele führt, dass aber auch *kein* Ding in der Welt ohne sein Wort bestehen und gedeihen kann. In der Kirche ist man sich darüber einig, dass es dem Menschen gut ist und dass ihm in Zeit und Ewigkeit nur dies eine gut sein kann, dem Worte Gottes anzuhängen von ganzem Herzen, von ganzer Seele, von ganzem Gemüt und von allen seinen Kräften. In der Kirche ist man sich darüber einig, dass Gott für uns nirgends da ist, in der Welt ist, in unserem Raum und in unserer Zeit ist, als in diesem seinem Wort, dass dieses sein Wort für uns keinen anderen Namen und Inhalt hat als Jesus Christus und dass Jesus Christus für uns in der ganzen Welt nirgends zu finden ist als jeden Tag neu in der Heiligen Schrift Alten und Neuen Testamentes. Darüber ist man sich in der Kirche einig, oder man ist nicht in der Kirche.

Und wir als Prediger und Lehrer der Kirche insbesondere sind uns in Furcht, aber auch in Freude darüber einig, dass wir berufen sind, durch unsere Predigt und Lehre dem Worte Gottes in der Kirche und in der Welt zu dienen, dass wir mit der Erfüllung dieser Berufung nicht nur selbst stehen und fallen, sondern auch schlechterdings alles, was uns in dieser Welt wichtig, lieb und groß sein mag, stehen und fallen sehen, dass uns also keine Sorge dringlicher und keine Hoffnung bewegender sein kann als die Sorge und Hoffnung unseres

Dienstes, kein Freund lieber als der, der uns hilft in diesem Dienst, und kein Feind verhasster als der, der uns in diesem Dienst hindern will. Wir sind uns darüber einig, dass wir neben diesem Ersten als Sinn unserer Arbeit und unserer Ruhe, unseres Ernstes und unserer Gelassenheit, unserer Liebe und unseres Zornes kein Zweites kennen, sondern alles Zweite und Dritte, das uns auch bewegen mag und muss, in diesem Ersten eingeschlossen und aufgehoben, von ihm her gerichtet und gesegnet sehen. Darüber sind wir uns einig, oder wir sind nicht Prediger und Lehrer der Kirche. Und dies ist's, was ich unsere «theologische Existenz» nenne: dass uns inmitten unserer sonstigen Existenz (z. B. als Männer, als Väter und Söhne, als Deutsche, als Bürger, als Denker, als Besitzer eines allzeit unruhigen Herzens usw.) das Wort Gottes das sei, was es nun einmal ist und was nur es uns sein kann, und insbesondere unsere Berufung als Prediger und Lehrer uns so in Anspruch nehme, wie nur sie uns in Anspruch nehmen kann und darf.

Diese unsere theologische Existenz, d. h. unsere Bindung an das Wort Gottes und die Geltung unserer besonderen Berufung zum Dienst am Wort Gottes kann uns heute verloren gehen. Anders gesagt: Wir können heute versäumen, uns jetzt erst recht und mehr als je in dieser Existenz zu behaupten. Noch anders und besser gesagt: es kann sein, dass sie uns heute nicht mehr geschenkt wird, wie sie uns jeden Tag neu geschenkt werden müsste, weil wir vergessen, darum zu bitten und uns danach auszustrecken, wie es jetzt mehr als je geschehen müsste, damit sie uns geschenkt werde. Denn das ist die kräftige, in allen möglichen Gestalten auftretende Versuchung dieser Zeit: dass wir über der Macht anderer Ansprüche die Intensität und Exklusivität des Anspruchs des göttlichen Wortes als solche nicht mehr und damit dieses Wort sofort überhaupt nicht mehr verstehen. Dass wir in der Ängstlichkeit vor allerhand Gefahren der Gewalt des Wortes Gottes nicht mehr so ganz trauen, sondern ihm mit allerhand Veranstaltungen zu Hilfe kommen zu müssen meinen und damit unser Vertrauen auf seinen Sieg ganz und gar wegwerfen. Dass wir bestimmte Dinge besser anderswoher als aus und durch Gottes Wort meinen beantworten, lösen, schaffen zu können und damit beweisen, dass wir es faktisch in keinem Ding als den Schöpfer, Versöhner und Erlöser zu würdigen wissen. Dass wir unser Herz teilen zwischen dem Wort Gottes und allerlei anderem, was wir ausdrücklich oder stillschweigend neben ihm mit der Herrlichkeit des Göttlichen umkleiden, und damit zeigen, dass wir unser Herz gar nicht beim Worte Gottes haben. Dass wir unter dem stürmischen Eindruck gewisser «Mächte, Fürstentümer und Gewalten» [Eph 1,21; 3,10; 6,12; Kol 2,15] Gott noch anderswo suchen als in seinem Wort und sein Wort noch anderswo als in Jesus Christus und Jesus Christus noch anderswo als in der Heiligen Schrift Alten und Neuen Testamentes und eben damit solche sind, die Gott gar nicht suchen. Das alles, obwohl man sich in der Kirche über das Gegenteil einig ist! Wie sollten wir aber dann in der Kirche sein? Und das ist die besondere Form dieser Versuchung für uns Prediger und Lehrer der Kirche: dass es uns in den Sinn kommt, zwischen unserer Berufung in der Kirche und dieser und jener davon verschiedenen Berufung könnte so etwas wie Konkurrenz möglich und wirklich sein, in der Weise, dass wir uns gedrungen und gezwungen fühlten, diese und jene sonstige Berufung gegen unsere kirchliche Berufung oder doch neben ihr auszuspielen oder unsere kirchliche Berufung von dieser und jener anderweitigen Berufung her zu interpretieren und zu gestalten. Dass wir uns selbst und die Menschen, an die wir gewiesen sind, unter ganz anderen Bedingungen stehen und fallen sehen als unter der Bedingung, dass unser Dienst recht ausgerichtet werde. Dass uns das Zweite oder Dritte, das wir in dem Ersten wohl aufgehoben wissen müssten, faktisch das Erste wird, mit dem Ersten zusammenfließt und endlich an die Stelle des Ersten tritt. Womit uns dann das wirklich Erste und unsere Berufung selbst hoffnungslos verloren gehen. Obwohl wir uns doch als Prediger und Lehrer der Kirche in ganz anderem Sinne einig waren! Wir sind dann nicht mehr Prediger und Lehrer der Kirche. Wir sind dann Politiker und Kirchenpolitiker. Es ist kein Schimpf, sondern es hat seine besondere Ehre, Politiker oder auch Kirchenpolitiker zu sein. Es ist aber etwas anderes, Theologe zu sein. Es kann immer den Verlust der theologischen Existenz bedeuten, wenn ein Theologe Politiker oder Kirchenpolitiker wird. Es scheint heute in ganz besonderer Weise das bedeuten zu wollen. Und dann ist es an der Zeit, dies zu sagen: dass wir unter keinen Umständen unsere theologische Existenz verlieren, unser Erstgeburtsrecht gegen ein Linsengericht vertauschen sollten [Gen 25,29–34]. Oder positiv: dass wir jetzt Mann für Mann in der Kirche, wie sie uns geboren hat durch das Wort Gottes, und in dem unvergleichlichen Raum unserer Berufung *bleiben* oder in die Kirche und in diesen Raum unserer Berufung *zurückkehren* müssen: unter allen Umständen, unter Hintanstellung aller anderen Rücksichten und Anliegen, um jeden Preis. […]

Ist Gott in Jesus Christus ganz und gar für uns Menschen, so muss auch die Kirche als der Ort, da seine Ehre wohnt, ganz und gar für die Menschen sein und also die deutsche evangelische Kirche für das deutsche evangelische Volk und also auch wir deutschen Theologen wirklich und ehrlich ganz und gar für dieses Volk. Wir müssen es aber sein als die, die *wir* sind, und mit dem, was *uns* aufgetragen ist. Uns ist aber aufgetragen, in diesem Volk dem Worte Gottes zu dienen. Wir versündigen uns nicht nur an Gott, sondern auch an diesem Volk, wenn wir anderen Idealen und Aufgaben nachgehen, die nun eben *uns nicht* aufgetragen sind. Es liegt aber auch in der Natur dieses Auftrags, dass er keinem anderen Anliegen, das uns auch bewegen mag, untergeordnet oder nebengeordnet werden kann. […]

Darum kann die Kirche, kann die Theologie auch im totalen Staat keinen Winterschlaf antreten, kein Moratorium und auch keine Gleichschaltung sich gefallen lassen. Sie ist die naturgemäße Grenze jedes, auch des totalen Staates. Denn das Volk lebt auch im totalen Staat vom Worte Gottes, dessen Inhalt ist: «Vergebung der Sünden, Auferstehung des Fleisches und ein ewiges Leben.» Diesem Wort haben Kirche und Theologie zu dienen für das Volk. Darum sind sie die Grenze des Staates. Sie sind es zum Heil des Volkes, zu *dem* Heil, das weder der Staat noch auch die Kirche schaffen können, das zu verkündigen aber die Kirche berufen ist. Sie muss ihrer eigentümlichen Sachlichkeit treu bleiben *dürfen* und treu bleiben *wollen*. In der ihm aufgetragenen *besonderen* Sorge muss der Theologe *wach* bleiben, ein einsamer Vogel auf dem Dach, auf der Erde also, aber unter dem offenen, weit und unbedingt offenen Himmel. Wenn doch der deutsche evangelische Theologe wach bleiben oder, wenn er geschlafen haben sollte, heute, heute wieder wach werden wollte!

Karl Barth, Vorträge und kleinere Arbeiten 1930–1933, hg. v. Michael Beintker/Michael Hüttenhoff/Peter Zocher, Karl Barth-GA, Abt. III, Zürich 2013, 271–363.

Predigt über Exodus 20,4–6, Siegen 1935

[…] Die im zweiten Gebot verbotenen Bilder sind im Sinn der Heiligen Schrift und waren auch im Sinn unserer Väter nicht nur die von Händen gemachten und mit leiblichen Augen sichtbaren Bilder. Nicht gegen die menschliche Kunst, nicht gegen die irdische Materie, nicht gegen jene Vorbilder im Himmel, auf der Erde und unter der Erde und nicht gegen die Sichtbarkeit als solche richtet sich der göttliche Unwille, der aus diesem Gebot redet. Was ist es denn mit dem Menschen, dessen Drang und Lust ihn dazu führt, sich und anderen ein solches sichtbares Gottesbild zu schaffen? […]

Seht, gegen diese *Gestalt*, die schon da ist, lange bevor das äußere Bild da ist, die das äußere Bild erst möglich und notwendig macht, gegen diese Gestalt richtet sich zuerst und eigentlich der göttliche Unwille, der aus dem zweiten Gebot redet. Diese Gestalt ist das Götzenbild, von dem wir lassen sollen, weil es dem Herrn ein Gräuel ist. […] Kennen wir es etwa nicht: jenes eigenmächtige Formen Gottes zu der Gestalt, in der wir ihn dann nach bestem Wissen und Gewissen unseren Gott sein lassen, in der wir ihn dann nach dem Drang und der Lust unseres Herzens anbeten und ihm dienen wollen? […] Wissen wir nicht ganz genau, dass der Mensch der Gottesgestalt seines eigenen Witzes auch noch ganz anderen und heutzutage vielleicht noch viel wirkungsvolleren Ausdruck geben kann als in sichtbaren Bildern: nämlich in Prinzipien, in Gedankengebäuden und Systemen, in Plänen und Programmen, in Träumen und Ideologien, die wir zur Ehre Gottes entwerfen und aufrichten, und meinen doch, wenn wir «Gott» sagen: die Gestalt, die wir heimlich selbst geformt haben, und tun also gar nichts anderes, als was dort Israel am Sinai getan hat? Wissen wir nicht ganz genau, wie das ist, wenn der Mensch die Schöpfung Gottes, den Himmel, die Erde und die Unterwelt, die Natur und die Geschichte dazu missbraucht, ihre Gestalten, so wie er sie in seiner Torheit zu erkennen meint, zum Vorbild eines Gottes zu machen, den er in seinem Herzen und Kopf sich selber schafft? […]

Da, da brennt sein Zorn und seine Barmherzigkeit: wo wir ihn schon erkannt haben, ihm schon dienen wollen als dem einigen wahren Gott, nun aber gefragt sind, ob wir das tun wollen nach unserem eigenen oder aber nach seinem Denken und Wollen. Das Gebot: «Du sollst dir kein Bildnis noch irgendein Gleichnis machen» bildet hier die Grenzscheide. Sie läuft nicht zwischen der Kirche und der Welt: was wissen die armen Heiden von Gottes Eifersucht und Barmherzigkeit? Sie läuft mitten hindurch durch die Kirche. […]

Zum ersten: Wir haben das Gebot: «Du sollst dir kein Bildnis noch irgendein Gleichnis machen» wie jedes Gebot Gottes als ein Wort *unseres* Gottes zu verstehen. Es ist kein Fremder, sondern der uns bekannte Gott, der so mit uns redet. Er will auch durch das, was er uns hier sagt, keine Kluft zwischen sich und uns aufreißen, sondern er will uns näher und näher mit ihm selbst verbinden. Er will uns nicht weh, sondern wohl tun. [...] Zum anderen: Es steckt in dem harten «Du sollst nicht!» dieses Gebotes wie in allen Verboten Gottes ein überaus süßes, freundliches: Du musst nicht, du brauchst nicht, du hast es nicht nötig, du sollst dich nicht damit mühen, aufregen und abquälen, dir Bilder und Gleichnisse von mir zu machen, sie anzubeten und ihnen zu dienen. Wer hat dir gesagt, dass du das tun müssest? [...]

Und nun können und müssen wir das Entscheidende zu diesem Gebot sagen: Der Gott, der sich uns in ewiger Treue verbunden hat, spricht uns darum frei von allem Bilderdienst, weil er allen unseren Bemühungen, ihn äußerlich oder innerlich sehen zu *wollen*, längst damit zuvorgekommen ist, dass wir ihn ohne unser Zutun sehen *dürfen*. Er weiß ja, dass wir ohne ihn nicht sein können. Er weiß aber auch, was für ein Gemächte wir sind und was es ist um die leiblich-sichtbaren Werke unserer Hände und um die geistig-sichtbaren Werke unserer Herzen und Köpfe. [...] Nicht wir sind es, die uns da etwas hätten nehmen können, die da mit unseren viel zu geschäftigen und viel zu plumpen Fingern, mit unseren viel zu stumpfen und viel zu spitzen Gedanken einen Gott uns zurechtgemacht hätten als Abbild dessen, was im Himmel, auf der Erde und unter der Erde ist. Nicht was wir von Gott zu wissen und zu haben meinen, hat da Gestalt bekommen. Sondern Gott selbst ist es, der uns da sich selbst gegeben hat. Zum Sehen? Ja, heißt doch dieses ewige Wort, heißt doch Jesus Christus das «Ebenbild des unsichtbaren Gottes» [Kol 1,15], der «Glanz seiner Herrlichkeit» [Hebr 1,3], und heißt es doch ausdrücklich: Wir sahen seine Herrlichkeit [Joh 1,14]. Aber mit keinem leiblichen oder geistigen Sehen ist dieses Sehen zu vergleichen. Gerade weil er selber sich uns Sündern hier ganz und gar gegeben hat, gerade weil wir hier Gnade gefunden haben vor *seinen* Augen, kann das Sehen *unserer* leiblichen oder geistigen Augen, unsere eigenmächtige Kunst, unser willkürliches Greifen nach Bildern und Gleichnissen, unser trotziges Gestalten hier nicht mitwirken, ist die Sichtbarkeit des ewigen Sohnes verborgen im *Kreuz*, eingeschlossen im *Wort*. Indem wir *hören*, sehen wir den Sohn Gottes, indem wir an ihn *glauben*, dürfen wir ihn sehen, den wir doch nicht sehen. Dieses Sehendürfen ohne unser Verdienst und Zutun und also der Glaube und also das Hören und also Jesus Christus, das fleischgewordene und ans Kreuz geschlagene Wort Gottes ist es, was uns alles

Bildermachen und allen Bilderdienst überflüssig und unmöglich macht. Gottes herrliche und freie Gnade *schenkt* uns ja, was wir uns nicht nehmen können. Wie sollten wir es uns nun immer noch nehmen wollen? Gottes Gnade ist's, die hier wie überall unsere eigenen Werke als Werke der Sünde aufdeckt, verurteilt und ausschließt, indem sie gut macht, was wir mit unseren Werken schlecht machen. Seht, darum eifert Gott und will nicht haben, dass wir uns Bildnisse und Gleichnisse von ihm machen, dass wir sie anbeten und ihnen dienen. [...]

Und nun sind wir in unseren Tagen ernstlich erschrocken angesichts der fast unzweideutig gewordenen Tatsache, dass im deutschen Volk wieder einmal eine mächtige Bewegung entstanden ist zur Herstellung, zur Anbetung und zum Dienst eines eigenmächtig entworfenen Gottesbildes. [...]

Lasst mich noch ein ganz persönliches Wort sagen: ich denke, dass heute Abend auch mehr als einer von den jungen und jüngsten Streitern der bekennenden Kirche, junge Pfarrer, Vikare, Kandidaten und Studenten in unserer Mitte sind. Viele von uns Älteren haben uns gefreut an der Haltung, die sie in dieser gerade für sie so versuchungsvollen und harten Zeit an den Tag gelegt haben. Aber lasst mich euch das Eine sagen: ihr werdet doch nur dann recht kämpfen und schließlich gekrönt werden, wenn ihr gerade auch alle Gottesbilder, vor allem auch die der Theologie – auch die der Theologie, die ihr bei mir gelernt habt – von euch tut, um ganz frei zu werden für das Wort Gottes selber. Gefangene eines Prinzips und Systems, heiße es, wie es wolle, sind dem Kampf gegen den Götzendienst nicht gewachsen, weil sie selber noch Götzendienst treiben. Lasst euch, ich bitte euch darum, durch eine rechte Theologie auch von der Theologie befreien, damit ihr ganz allein Diener Christi seid.

Ist das alles zu viel verlangt? Ja, das ist freilich zu viel verlangt: von der Kirche und von den Einzelnen, von den Alten und von den Jungen. Geschieht es nicht immer wieder mit der Notwendigkeit des Falles eines losgelassenen Steines, dass wir alle uns immer wieder dem zweiten Gebot zum Trotz Bilder von Gott machen, sie anbeten und ihnen dienen? Wird es morgen anders sein als heute? Liebe Gemeinde, es *wird* morgen anders sein als heute, und der Stein *wird* inmitten seines Falles nun doch aufgehalten sein, wenn wir uns das, was da von uns verlangt wird: dass wir uns von Gott kein Bild machen sollen, nicht ein Werk unseres Herzens und Kopfes, sondern unsere rettende Begegnung mit Jesus Christus sein lassen, unsere Begegnung mit dem Gott, der uns alle unsere Sünde vergibt und heilet alle unsere Gebrechen. Wahrlich, das *ist* sie doch, unsere Begegnung auch mit dem zweiten Gebot! Gehorsam gegen dieses Gebot und also Gottesdienst im Geist und in der Wahrheit heißt: sich an den Herrn anklammern, bei dem es Gnade gibt ohne all unser Verdienst und Würdigkeit und trotz aller unserer Übertretungen, weil er es ein für alle Mal und für uns alle gut gemacht hat. […]

Karl Barth, Predigten 1921–1935, hg. v. Holger Finze, Karl Barth-GA, Abt. I, Zürich 1998, 428–440.

Dogmatik im Grundriß (1947)
Die Aufgabe

Dogmatik ist die Wissenschaft, in der sich die Kirche entsprechend dem jeweiligen Stand ihrer Erkenntnis über den Inhalt ihrer Verkündigung kritisch, d. h. am Maßstab der Heiligen Schrift und nach Anleitung ihrer Bekenntnisse Rechenschaft gibt.

Dogmatik ist eine *Wissenschaft*. [...] Ich schlage Ihnen vor, wir verstehen unter Wissenschaft einen auf einen bestimmten Gegenstand und Tätigkeitsbereich bezogenen Versuch des Verstehens und der Darstellung, der Forschung und der Lehre. Kein menschliches Tun kann den Anspruch erheben, mehr zu sein als ein Versuch, auch nicht die Wissenschaft. Indem wir sie als einen Versuch bezeichnen, konstatieren wir ohne Weiteres ihre Vorläufigkeit und Begrenztheit. Gerade da, wo die Wissenschaft praktisch ganz ernst genommen wird, gibt man sich keiner Täuschung darüber hin, dass das, was der Mensch tun kann, ein Unternehmen höchster Weisheit und letzter Kunst nicht sein kann, dass es eine sozusagen vom Himmel gefallene, eine absolute Wissenschaft nicht gibt. Ein Versuch ist auch die christliche Dogmatik, ein Versuch des Verstehens und ein Versuch der Darstellung, ein Versuch, bestimmte Tatsachen zu sehen, zu hören, festzustellen und diese Tatsachen zusammenzuschauen, zusammenzuordnen, sie in Gestalt einer Lehre darzubieten. Es handelt sich in jeder Wissenschaft um einen Gegenstand und um einen Tätigkeitsbereich. In keiner Wissenschaft handelt es sich um reine Theorie oder um reine Praxis, sondern es geht einerseits um Theorie, anderseits aber auch um eine von dieser Theorie geleitete Praxis. Wir verstehen also auch unter Dogmatik dieses Doppelte: Forschung und Lehre in Bezug auf einen Gegenstand und Tätigkeitsbereich.

Das *Subjekt der Dogmatik ist die christliche Kirche*. Subjekt einer Wissenschaft kann nur der sein, dem der betreffende Gegenstand und Tätigkeitsbereich gegenwärtig und vertraut ist. Es kann also keine Einschränkung und keine Schädigung des Begriffs der Dogmatik als Wissenschaft bedeuten, wenn wir konstatieren: das Subjekt dieser Wissenschaft ist die Kirche. Sie ist der Ort, die Gemeinschaft, der der Gegenstand und die Tätigkeit, auf welche die Dogmatik sich bezieht, nämlich die Verkündigung des Evangeliums, aufgetragen ist. Wenn wir die Kirche das Subjekt der Dogmatik nennen, so ist damit gemeint: wo Dogmatik getrieben wird, sei es lernend, sei es lehrend, da befindet man sich im Raum der Kirche. [...] Vertrautheit mit dem Gegenstand muss auch in der Dogmatik vorhanden sein, und das heißt eben Vertrautheit mit dem Leben der Kirche. Das kann aber nicht etwa bedeuten, dass in der Dogmatik etwas vorzutragen wäre, was in alter oder neuer Zeit von einer kirchlichen Autorität gesagt worden ist, sodass wir nur zu wiederholen hätten, was sie vorgeschrieben hat. Nicht einmal katholische Dogmatik versteht ihre Aufgabe so. Wenn wir die Kirche das Subjekt der Dogmatik nennen, so ist damit schlechterdings nur das gemeint: dass wer sich mit dieser Wissenschaft befasst, sich lernend oder lehrend verantwortlich auf den Boden der christlichen Kirche und ihres Werkes stellen muss. […]

Die Kirche gibt sich in der dogmatischen Wissenschaft Rechenschaft *entsprechend dem jeweiligen Stand ihrer Erkenntnis.* […] Dogmatik wird ihre Aufgabe immer nur erfüllen können entsprechend dem jeweiligen Stand der Kirche. Indem die Kirche sich ihrer Schranken bewusst ist, ist sie dem Gut gegenüber, das sie zu verwalten und zu pflegen hat und ist sie dem Guten gegenüber, der ihr dieses Gut anvertraut hat, Rechenschaft und Verantwortung schuldig. Diese wird nie eine vollkommene Sache sein können, sondern christliche Dogmatik wird immer ein relatives und ein irrtumsfähiges Denken, Forschen und Darstellen bleiben. Auch Dogmatik kann nach bestem Wissen und Gewissen immer nur fragen nach dem Besseren und sich dessen bewusst bleiben: es kommen nach uns andere, Spätere, und wer treu ist in diesem Werk, der wird hoffen, dass diese anderen, Späteren besser und tiefer denken und sagen, was wir zu denken und zu sagen versuchten. Mit ruhiger Nüchternheit und mit nüchterner Ruhe werden wir so unsere Arbeit tun. Wir dürfen unsere Erkenntnis brauchen, so wie sie uns heute geschenkt ist. […]

Dogmatik gibt sich als Wissenschaft Rechenschaft über den Inhalt der Verkündigung der christlichen Kirche. Es gäbe keine Dogmatik und es gäbe wohl überhaupt keine Theologie, wenn die Aufgabe der Kirche nicht zentral in der Verkündigung des Evangeliums, im Zeugnis des von Gott gesprochenen Wortes bestehen würde. Diese immer wieder sich stellende Aufgabe, dieses Problem, das der Kirche von Anfang an gestellt war, das Problem des Unterrichts, der Lehre, des Zeugnisses, der Verkündigung, steht wahrhaftig nicht nur als die Frage der Theologen, der Pfarrer immer wieder vor der ganzen Kirche: was haben wir als Christen eigentlich zu sagen? Denn zweifellos sollte die Kirche ein Ort sein, wo ein Wort ertönt in die Welt hinein. Da dem so ist, dass die Verkündigung des *von Gott gesprochenen Wortes*, die zugleich doch *menschliches Werk* ist, die Aufgabe der Kirche bildet, hat sich von Anfang die Notwendigkeit der Theologie und dessen, was wir heute – etwa seit dem 17. Jahrhundert – Dogmatik nennen, ergeben. Es gibt in der Theologie die Frage nach der *Quelle*, nach dem *Woher* des Wortes, und die Antwort auf diese erste Frage wird immer wieder zu geben sein in jener Disziplin, die wir *Exegese* nennen. Auf der anderen Seite aber erhebt sich auch die Frage nach dem *Wie*, nach der Form und Gestalt der Verkündigung, die der Kirche aufgetragen ist, und dort befinden wir uns auf dem Felde dessen, was man die *praktische Theologie* nennt. Genau in der Mitte zwischen Exegese und praktischer Theologie steht die *Dogmatik* oder umfassender ausgedrückt: die *systematische Theologie*. In der Dogmatik fragen wir nicht: Woher stammt – und nicht: Wie gestaltet sich die kirchliche Verkündigung, sondern in der Dogmatik fragen wir: *Was* haben wir zu denken und zu sagen? Wohlverstanden: nachdem wir uns aus der Schrift belehrten, woher wir dieses Was zu schöpfen haben, und im Blick darauf, dass wir nicht nur theoretisch etwas zu sagen haben, sondern etwas in die Welt hineinrufen sollen. Gerade von der Dogmatik aus muss es deutlich sein, dass die ganze Theologie einerseits wirklich nicht eine bloße Historik ist, dass die Geschichte *gilt*, aber die Geschichte, die hineingeht in die heutige Gegenwart, *hic et nunc* [= sofort]. Anderseits freilich darf die Predigt nicht entarten zu einer bloßen Technik. Gerade in der heutigen Notzeit geht es mehr als je um die Frage: *Was* soll der Inhalt der christlichen Verkündigung sein? Bei diesem Was möchte ich Sie etwas festhalten dürfen. Um dieser Frage willen treibt man nicht nur Exegese und nicht nur praktische Theologie, sondern eben Dogmatik. Um die *Kirchengeschichte* nicht außer Acht zu lassen, möchte ich nur anfügen, dass sie eine enzyklopädische Aufgabe hat. Ihre Ehre ist die besondere, dass sie gleichsam überall auf dem Plan sein und darum auch im christlichen Unterricht ihren Ort haben muss.

Die Dogmatik ist eine *kritische Wissenschaft*. Darum kann es also nicht gehen, wie man wohl mitunter meint, als ob es sich hier um ein Feststellen von irgendwelchen alten oder auch neuen Sätzen handle, die man schwarz auf weiß nach Hause tragen kann. Sondern wenn es irgendeine kritische Wissenschaft gibt, die immer wieder mit dem Anfang anzufangen hat, so dürfte das gerade die Dogmatik sein. Sie entsteht ja äußerlich aus der Tatsache, dass die Verkündigung der Kirche in Gefahr ist, zu irren. Dogmatik ist die Prüfung der kirchlichen Lehre und Verkündigung, nicht eine willkürliche Prüfung von einem freigewählten Standpunkt aus, sondern vom Standpunkt der Kirche aus, der hier der allein sachgemäße Standpunkt ist. Das bedeutet konkret: die Dogmatik misst die Verkündigung der Kirche *nach dem Maßstab der Heiligen Schrift* Alten und Neuen Testamentes. Die Heilige Schrift ist das Dokument des Grundes, des innersten Lebens der Kirche, das Dokument der Epiphanie [= Erscheinung] des Wortes Gottes in der Person Jesu Christi. Wir haben kein anderes Dokument dieses Lebensgrundes der Kirche, und wo die Kirche lebendig ist, da wird sie sich selber immer wieder an diesem Maßstab messen müssen. Dogmatik kann nicht getrieben werden, ohne dass dieser Maßstab sichtbar bleibt. Die Frage muss immer wieder gestellt werden: Was ist das Zeugnis? Nicht das Zeugnis meiner Gedanken, meines Herzens, sondern das Zeugnis der Apostel und Propheten als Zeugnis von Gottes Selbstzeugnis. Eine Dogmatik, die diesen Maßstab aus den Augen verlieren würde, wäre eine unsachliche Dogmatik.

Als zweites erwähnten wir im Leitsatz: *nach Anleitung ihrer Bekenntnisse.* Die Heilige Schrift und die Bekenntnisse stehen nicht auf der gleichen Ebene. Es ist nicht an dem, dass wir mit der gleichen Ehrfurcht und Liebe die Bibel und die Tradition – auch nicht in ihren ehrwürdigsten Erscheinungen – zu respektieren hätten. Kein Bekenntnis der Reformation oder unserer Tage kann den Anspruch erheben, den Respekt der jeweiligen Kirche in dem Maß in Anspruch zu nehmen, wie die Schrift in ihrer Einzigkeit ihn verdient. Aber das ändert nichts daran, dass in der Kirche das Zeugnis der Väter gehört und respektiert wird. [...] Wenn die Heilige Schrift *verbindliche* Autorität hat, so könnten wir das von den Bekenntnissen nicht sagen, aber es gibt auch eine unverbindliche und dennoch ernst zu nehmende Autorität. [...] An diesem Maßstab messend und in diesem Sinne kritisch geht die Dogmatik an ihre Aufgabe heran, sich Rechenschaft zu geben über den Inhalt der Verkündigung, über das Verhältnis zwischen der faktischen Verkündigung und dem, was in der Kirche gelten *sollte* als treue Wiedergabe dessen, was der Kirche gesagt wurde. Das, was in der Kirche gelten sollte als Wiedergabe des Wortes Gottes, nennen wir das *Dogma*. Die Kirche fragt sich und muss sich dauernd fragen: Inwiefern entspricht das, was in der kirchlichen Verkündigung geschieht, dem Dogma? Der Zweck ist schlicht, die kirchliche Verkündigung besser zu gestalten. Die Korrektur, die Vertiefung, die Präzision dessen, was in unserer Kirche gelehrt wird, kann nur Gottes eigenes Werk sein, aber nicht ohne menschliches Bemühen. Ein Teil dieser Bemühung ist die Dogmatik. [...]

Karl Barth, Dogmatik im Grundriß, Zürich [9]2006, 9–15.

Dogmatik im Grundriß (1947)

Glauben heißt Bekennen

Der christliche Glaube ist die Entscheidung, in der Menschen die Freiheit haben, ihr Vertrauen auf das Wort Gottes und ihre Erkenntnis der Wahrheit Jesu Christi in der Sprache der Kirche, aber auch in weltlichen Stellungnahmen und vor allem auch in den entsprechenden Taten und Verhaltungsweisen öffentlich zu verantworten.

Der christliche Glaube ist eine *Entscheidung*. Mit diesem Satz müssen und wollen wir hier anfangen. Der christliche Glaube ist freilich ein Ereignis im Geheimnis zwischen Gott und Mensch; das Ereignis der Freiheit, in welchem Gott diesem Menschen gegenüber handelt, und der Freiheit, die Gott diesem Menschen gibt. Aber das schließt nicht aus, sondern eben ein, dass da, wo im Sinne des christlichen Credo geglaubt wird, *Geschichte* sich ereignet: dass da in der Zeit vom Menschen etwas unternommen, vollbracht und durchgeführt wird. Glaube ist das hervorbrechende Geheimnis Gottes; Glaube ist die Freiheit Gottes und die Freiheit des Menschen in der Aktion. [...]

Der Glaube ist des Menschen Entsprechung zu diesem geschichtlichen Sein und Wesen und Handeln Gottes. Der Glaube hat es mit dem Gott zu tun, der in sich selber geschichtlich ist und einen Ratschluss gefasst hat, der auf Geschichte zielt und diese Geschichte ins Werk gesetzt und vollendet hat. Christlicher Glaube, der nicht selber Geschichte wäre, wäre nicht christlicher Glaube, nicht Glaube *an* ... Wo christlich geglaubt wird, da entsteht und wächst eine geschichtliche Gestalt, da entsteht unter Menschen, unter Gleichzeitigen und Ungleichzeitigen eine *Gemeinschaft*, ein Zusammensein, eine Bruderschaft. Darüber hinaus aber durch das Mittel dieser Gemeinschaft kommt es da, wo christlich geglaubt wird, notwendig zu einer menschlichen Verkündigung und Botschaft auch an die *Welt* außerhalb dieser Gemeinschaft und Bruderschaft. Da ist ein Licht angezündet, das allen denen leuchtet, die im Hause sind. M. e. W. gesagt: Wo christlicher Glaube ist, da entsteht und lebt Gottes Gemeinde in der Welt für die Welt, da sammelt sich Israel abseits von den Völkern der Welt und da sammelt sich die Kirche für sich, die Gemeinschaft der Heiligen, und nun doch nicht als Selbstzweck, sondern als die Erscheinung des Knechtes Gottes, den Gott eingesetzt hat für *alle*, der Leib Christi. Und es geschieht diese Geschichte – nun kommt es zu dem menschlichen Werk in Entsprechung zu Gottes Werk und Sein in der Wahl seiner Gnade – in der Entsprechung des *Gehorsams*. Glaube ist *Gehorsam*, also nicht nur ein passives Sichfügen. Wo gehorcht wird, da wird auch vom Menschen gewählt, der

Glaube gewählt statt sein Gegenteil, der Unglaube, das Vertrauen statt des Misstrauens, das Erkennen statt des Nicht-Wissens. Glauben heißt wählen zwischen Glauben und Unglauben, Irrglauben und Aberglauben. Glaube ist die Tat, in welcher der Mensch sich zu Gott so einstellt, wie es Gott entspricht. Denn dieses Werk geschieht in einem Schritt heraus aus der Neutralität Gott gegenüber, heraus aus einem Verhältnis der Unverbindlichkeit unseres Seins und Verhaltens ihm gegenüber, heraus aus der Privatsphäre hinein in die Entschlossenheit, Haftbarkeit und Öffentlichkeit. Glaube ohne diese Richtung auf die Öffentlichkeit, Glaube, der diese Schwierigkeit vermeidet, ist in sich schon Unglaube, Irrglaube, Aberglaube. Denn der Glaube, der an Gott den Vater, den Sohn und den Heiligen Geist glaubt, der kann sich dessen nicht weigern, öffentlich zu werden.

«Der christliche Glaube ist die Entscheidung, in der Menschen die Freiheit haben …», hieß es im Leitsatz. Es geht auch in der öffentlichen Verantwortung um eine dem Menschen gegebene Erlaubnis, um eine offene Türe, und das heißt eben um eine *Freiheit*. In der Freiheit des Vertrauens und der Freiheit der Erkenntnis tritt nun notwendig die Freiheit der Verantwortung. […] Wo geglaubt wird, da geschieht es notwendig, dass Gottes *doxa, gloria,* Ehre, sein Lichtglanz kund wird auf Erden. […] Diese öffentliche Verantwortung unseres Vertrauens auf Gottes Wort und unserer Erkenntnis der Wahrheit Jesu Christi ist der Allgemeinbegriff von dem, was im christlichen Sinne *Bekennen* und *Bekenntnis* zu nennen ist.

Es geht um die öffentliche Verantwortung in der Sprache der Kirche, aber auch in weltlichen Stellungnahmen und vor allem auch in den entsprechenden Taten und Verhaltungsweisen. In diesen drei Bestimmungen des Begriffs der öffentlichen Verantwortung handelt es sich, wenn ich recht sehe, um die drei wiederum voneinander nicht zu trennenden, nicht gegeneinander auszuspielenden, sondern notwendig zusammenzudenkenden Gestalten des christlichen Bekennens, welches seinerseits eine notwendige Wesensform des christlichen Glaubens ist. Die folgenden Ausführungen sind also synthetisch zu verstehen.

1. Im Glauben haben wir die Freiheit, unser Vertrauen und unser Erkennen öffentlich zu verantworten *in der Sprache der Kirche*. […] Die Sprache des Glaubens, die Sprache der öffentlichen Verantwortung, in welcher wir als Christen notwendig sprechen, wird darum unvermeidlich ganz schlicht jedenfalls auch die Sprache der Bibel sein […] Das ist sicher, wo die christliche Kirche nicht in ihrer Sprache zu bekennen wagt, da pflegt sie gar nicht zu bekennen. […] Wo geglaubt wird, da stellt sich dringend die Frage, ob da nicht fröhlich und getrost auch und gerade so geredet wird, wie die Bibel gesprochen hat und wie

in alter und neuer Zeit die Kirche gesprochen hat und sprechen muss. Wo der Glaube in seiner Freiheit und Freude auf dem Plan ist, da wird das Lob Gottes wahrhaftig auch in dieser Sprache angestimmt und gesungen werden.

2. [...] Der Raum der Kirche steht in der *Welt*, wie schon äußerlich die Kirche in einem Dorf oder in einer Stadt neben dem Schulhaus, dem Kino und dem Bahnhof steht. Die Sprache der Kirche kann nicht Selbstzweck sein wollen. Es muss sichtbar werden, dass die Kirche für die Welt da zu sein hat, dass das Licht in der Finsternis scheint. Wie Christus nicht gekommen ist, sich selbst dienen zu lassen, so steht es auch den Christen nicht an, in ihrem Glauben zu existieren, als seien sie für sich selber da. Das bedeutet nun aber, dass Glauben notwendig im Zuge dieser Veröffentlichung des Vertrauens und der Erkenntnis *bestimmte weltliche Stellungnahmen* bedingt. Wo das Bekennen ernst und klar ist, da *muss* es grundsätzlich *übersetzbar* sein in die Sprache des Herrn Jedermann, des Mannes und der Frau von der Straße, in die Sprache derer, die nicht gewohnt sind, in der Schrift zu lesen und aus dem Gesangbuch zu singen, sondern die eine ganz andere Terminologie haben und ganz andere Interessengebiete. Das ist die Welt, in die Christus seine Jünger gesandt hat und in der wir alle auch existieren. Es ist keiner von uns nur Christ, sondern wir sind alle auch selber ein Stück Welt. Und so geht es notwendig auch um weltliche Stellungnahmen, um Übersetzungen unserer Verantwortung in diesen Bereich hinein. Denn das Bekenntnis des Glaubens will *vollzogen* sein in der Anwendung auf das Leben, das wir alle leben, auf die Probleme unserer tatsächlichen Existenz in den theoretischen und praktischen Fragen unseres Alltags. Wenn unser Glaube real ist, so muss das in unser Leben eingreifen. [...]

Zum Schluss: das letzte Moment des Leitsatzes lautet: *in den entsprechenden Taten und Verhaltungsweisen*. Ich habe das absichtlich als ein Drittes noch einmal von dem Zweiten unterschieden. Was hülfe es dem Menschen, wenn er in kräftigster Sprache reden und bekennen würde und hätte der Liebe nicht? Bekenntnis ist Lebensbekenntnis. Wer glaubt, der ist aufgerufen, mit seiner Person zu bezahlen, «*payer de sa personne*». Das ist der Nagel, an dem alles aufzuhängen ist.

Karl Barth, Dogmatik im Grundriß, Zürich [9]2006, 31–38.

Einführung in die evangelische Theologie, 1962
Erläuterung

Theologie ist eine von den herkömmlich als «Wissenschaften» bezeichneten menschlichen Unternehmungen, einen bestimmten Gegenstand oder Gegenstandsbereich auf dem durch diesen selbst gewiesenen Weg als Phänomen wahrzunehmen, in seinem Sinn zu verstehen, in der Tragweite seiner Existenz zur Sprache zu bringen. Das Wort «Theologie» scheint zu besagen, dass es sich in ihr als einer besonderen (sehr besonderen!) Wissenschaft darum handle, «*Gott*» wahrzunehmen, zu verstehen, zur Sprache zu bringen.

Aber mit dem Wort «Gott» kann vieles gemeint sein. Und so gibt es auch vielerlei Theologien. Kein Mensch, der nicht bewusst oder unbewusst oder halbbewusst – als Gegenstand seines höchsten Begehrens und Vertrauens, als Grund seiner tiefsten Bindung und Verpflichtung auch seinen Gott oder seine Götter hat und insofern auch Theologe ist. Und keine Religion, keine Philosophie, keine Weltanschauung (bis hin zu der des Schweizerpsalms[17]), die nicht in irgendeiner Gründlichkeit oder Oberflächlichkeit auch einer so oder so interpretierten und umschriebenen Gottheit zugewendet und insofern auch Theologie wäre. Das gilt nicht nur da, wo man diese Gottheit als Inbegriff der Wahrheit und Macht irgendeines höchsten Prinzips positiv zur Geltung bringen oder doch gelten lassen möchte, sondern auch da, wo man es auf ihre Leugnung abgesehen hat, die ja praktisch doch nur darin bestehen wird, dass man genau ihre Würde und Funktion etwa auf die «Natur», auf einen unbewussten und gestaltlosen Lebensdrang, auf die «Vernunft», auf den Fortschritt oder auf den fortschrittlich denkenden und handelnden Menschen, vielleicht auch auf ein erlösendes Nichts überträgt, in das einzugehen des Menschen Bestimmung sei: Theologien sind auch solche scheinbar «gottlosen» Ideologien. […]

Mit «evangelisch» soll hier sachlich die «katholische», die ökumenische (um nicht zu sagen: die «konziliare») *Kontinuität* und *Einheit* all *der* Theologie bezeichnet sein, in der es inmitten des Vielerlei aller sonstigen Theologien und (ohne Werturteil festgestellt) verschieden von ihnen darum geht, den *Gott des Evangeliums*, d. h. den im Evangelium sich kundgebenden, für sich selbst zu den Menschen redenden, unter und an ihnen handelnden Gott auf dem durch ihn selbst gewiesenen Weg wahrzunehmen, zu verstehen, zur Sprache zu bringen.

17 Nationalhymne der Schweizerischen Eidgenossenschaft, auch im Gesangbuch der Evangelisch-reformierten Kirchen der deutschsprachigen Schweiz unter Nr. 519 abgedruckt.

Wo es sich ereignet, dass er der Gegenstand menschlicher Wissenschaft und als solcher deren Ursprung und deren Norm wird, da ist *evangelische* Theologie.

Wir versuchen es jetzt, das Ereignis evangelischer Theologie zu umschreiben, indem wir uns präludierend ihre durch diesen ihren Gegenstand bestimmte Eigenart durch den Aufweis ihrer wichtigsten *Merkmale* deutlich machen. [...]

1. [...] Der Gott des Evangeliums ist der seinerseits dem Leben aller Menschen und so auch ihren Theologien barmherzig zugewendete, aber nicht nur den Unternehmungen der anderen, sondern auch der der evangelischen Theologie gegenüber *überlegene*, immer wieder neu sich erschließende und neu zu entdeckende Gott, über den auch sie keine Verfügung hat noch bekommt. Sich als den einen wahren Gott von den anderen zu unterscheiden und auszuzeichnen, kann immer nur *seine* Tat sein, die als solche von keiner menschlichen Wissenschaft – auch nicht von einer gerade ihm zugewendeten Theologie – nachvollzogen werden kann. [...]

Evangelische Theologie kann und soll wohl von der Entscheidung und Tat her denken und reden, in der Gott selbst seine Ehre vor allen Göttern zum Leuchten bringt. Sie würde aber gerade *nicht* von ihr her denken und reden, wenn sie daraus nach dem Vorbild anderer Theologien einen Ruhm für sich selbst gewinnen wollte. Sie muss wohl oder übel ihren eigenen, von dem jener anderen von Haus aus grundverschiedenen Weg antreten und gehen. Sie muss es sich aber gefallen lassen, mit jenen anderen zusammen in einer Reihe gesehen und verstanden und also, ohne sich selbst an diesem Versuch beteiligen zu können, unter dem Titel «Religionsphilosophie» mit ihnen verglichen und in Beziehung gesetzt zu sehen. Sie kann ihr Recht nur davon erwarten, dass Gott sie ins Recht setzt. Sie kann nur ihm, nicht sich selbst, die Ehre geben. Evangelische Theologie ist, eben von ihrem Gegenstand dazu bestimmt, *bescheidene* Wissenschaft.

2. Evangelische Theologie arbeitet mit drei untergeordneten Voraussetzungen, nämlich (a) allgemein mit dem Ereignis der menschlichen *Existenz* in ihrer unauflöslichen Dialektik, die sie mit der Selbstkundgebung Gottes im Evangelium konfrontiert sieht, (b) im Besonderen: mit dem *Glauben* von solchen Menschen, denen es gegeben ist und die dazu willig und bereit sind, diese Selbstkundgebung Gottes als auch und als gerade für sie geschehen zu anerkennen, zu erkennen und sich zu ihr zu bekennen, (c) allgemein und besonders: mit der *Vernunft*, d. h. mit dem Wahrnehmungs-, Urteils- und Sprachvermögen aller und so auch der glaubenden Menschen, das es diesen technisch ermöglicht, sich an der dem im Evangelium sich selbst kundgebenden Gott zugewendeten theologischen Erkenntnisbemühung aktiv zu beteiligen. Das heißt nun

aber nicht, dass es ihr geboten oder auch nur erlaubt wäre, an Stelle Gottes die menschliche Existenz oder den Glauben oder des Menschen geistiges Vermögen […] zu ihrem Gegenstand und Thema zu machen, in dessen Entfaltung das Thema «Gott» dann erst nachträglich und beiläufig zur Geltung zu bringen wäre. […] Sie weiß wohl, dass es dem Gott des Evangeliums in der Tat um die menschliche Existenz geht, dass er den Menschen in der Tat zum Glauben an ihn erweckt und aufruft, dass er damit in der Tat sein geistiges (und nicht nur sein geistiges) Vermögen in seiner Totalität in Anspruch nimmt und in Bewegung setzt. Was das heißt, interessiert sie aber, indem sie sich zuerst und umfassend für *ihn selbst* interessiert. Sie denkt und redet unter der übergeordneten Voraussetzung von Gottes Existenz- und Souveränitätserweis. […] Sie wartet ab und lässt es vertrauensvoll darauf ankommen, wie sich die Existenz, der Glaube, das geistige Vermögen des Menschen – sein Selbstsein und sein Selbstverständnis – in seiner Konfrontation mit dem ihm vorgeordneten Gott des Evangeliums darstellen möchte. Sie ist im Blick auf jene untergeordneten Voraussetzungen in aller Bescheidenheit *freie*, d. h. ihren Gegenstand *freigebende* und so, d. h. durch ihren Gegenstand in ihrem Verhältnis zu jenen untergeordneten Voraussetzungen ihrerseits immer wieder *befreite* Wissenschaft.

3. Der Gegenstand evangelischer Theologie ist Gott in der *Geschichte* seiner *Taten*. In ihr gibt er sich selbst kund. In ihr *ist* er aber auch der, der er ist. In ihr hat und beweist er miteinander seine Existenz *und* seine Essenz: ohne Präzedenz der einen oder der anderen! Er, der Gott des Evangeliums, ist also weder ein Ding, eine Sache, ein Objekt, noch eine Idee, ein Prinzip, eine Wahrheit oder eine Summe von vielen Wahrheiten oder der personale Exponent einer solchen Summe – es wäre denn, man verstünde unter «Wahrheit» […] sein Sein in der Geschichte seiner Selbstenthüllung, in seinem Aufleuchten als der Herr aller Herren, in der Heiligung seines Namens, im Kommen seines Reiches, im Geschehen seines Willens als seinem Werk – und unter «Wahrheiten» die Folge der je besonderen, aber nicht isoliert, sondern in ihrem geschichtlichen Zusammenhang zu betrachtenden und zu fixierenden Elemente dieses Seins in seinem Tun und Aufleuchten. Man merke: Evangelische Theologie soll die Geschichte, in der Gott ist, der er ist, weder wiederholen, noch vergegenwärtigen, noch vorwegnehmen, sie darf sie nicht als ihr eigenes Werk auf den Plan führen wollen. Sie hat anschaulich, begrifflich und sprachlich von ihr Rechenschaft zu geben. Sie tut das aber nur sachgemäß, indem sie dem lebendigen Gott in jenem Vorgang, in welchem er Gott ist, *folgt* und also in ihrem Wahrnehmen, Bedenken, Besprechen selbst den Charakter eines lebendigen *Vorgangs* hat. […] Evangelische Theologie kann im Blick auf den Gott

des Evangeliums nur in lebendiger Bewegung sein und bleiben. Sie hat zwischen Altem und Neuem – ohne jenes zu verachten und dieses zu fürchten –, sie hat zwischen dem Gestern, Heute und Morgen seiner *einen* Gegenwart und Aktion, ohne sie in ihrer Einheit aus den Augen zu verlieren, immer wieder zu unterscheiden. Sie ist gerade von hier aus gesehen eminent *kritische*, d. h. der ihr von ihrem Gegenstand her widerfahrenden Krisis dauernd ausgesetzte, aus ihr nie entlassene Wissenschaft.

4. Der Gott des Evangeliums ist kein einsamer, sich selbst genügender und in sich selbst verschlossener, kein «absoluter» (zu Deutsch: kein von allem, was nicht er selbst ist, gelöster) Gott. Er hat allerdings keinen Seinesgleichen neben sich, durch den er dann wohl begrenzt und bedingt sein müsste. Er ist aber auch nicht der Gefangene seiner Majestät, nicht daran gebunden, nur eben der oder das «ganz Andere» zu sein. [...] Wie er in sich selbst der Eine ist in der Einheit seines Lebens als Vater, Sohn und Heiliger Geist, so ist er im Verhältnis zu der von ihm verschiedenen Wirklichkeit *de iure* und *de facto* [= rechtlich betrachtet und tatsächlich] *frei* dazu, nicht *neben* dem Menschen, aber auch nicht bloß *über* ihm, sondern *bei* und *mit* ihm und vor allem: *für* ihn Gott zu sein: nicht nur als sein Herr, sondern auch als sein Vater, Bruder und Freund – *sein*, des *Menschen*, Gott – und das nicht in Verminderung oder gar Preisgabe, sondern in Bestätigung gerade seines *göttlichen* Wesens. «In der Höhe throne ich *und* bei den Zerschlagenen und Demütigen» [Jes 57,15]. Das tut er in der Geschichte seiner Taten. Ein Gott, der dem Menschen nur eben erhaben, fern und fremd in einer Divinität ohne Humanität gegenüberstünde, könnte, sollte er sich ihm dennoch irgendwie bemerklich machen, nur der Gott eines Dysangelion [= Gegenteil des Evangeliums; üble Botschaft], eines verachtenden, richtenden, tödlichen Nein sein, das der Mensch zu scheuen hätte, vor dem er, wenn er es vermöchte, fliehen, das er, da er ihm doch von ferne nicht zu genügen vermag, lieber nicht kennen würde. [...]

Der Gott, der der Gegenstand evangelischer Theologie ist, ist wie erhaben so auch niedrig: erhaben gerade in seiner Niedrigkeit. Und so ist auch sein unvermeidliches Nein eingeschlossen in sein Ja zum Menschen. So ist, was er für ihn und mit ihm will und wirkt, ein hilfreiches, heilvolles, zurechtbringendes und darum Frieden und Freude bringendes Werk. So ist er wirklich der Gott des Euangelions, des dem Menschen guten, weil gnädigen Wortes. Evangelische Theologie antwortet mit ihrer Bemühung auf dieses sein gnädiges Ja, auf Gottes Selbstkundgebung in seiner Menschenfreundlichkeit. Sie hat es mit Gott als dem Gott des *Menschen*, eben darum aber auch mit dem Menschen als dem Menschen *Gottes* zu tun. Ihr ist der Mensch durchaus nicht das, was «überwunden» werden muss[18], im Gegenteil: ihr ist er der von Gott zum Überwinden Bestimmte. So reicht das Wort «Theologie» zu ihrer Bezeichnung genau genommen nicht zu, weil es gerade diese entscheidende Dimension ihres Gegenstandes – die freie Liebe erweckende Liebe Gottes, seine nach Dankbarkeit (*eucharistia*) rufende Gnade (*charis*) – nicht sichtbar macht.

«Theanthropologie» würde wohl besser sagen, um wen und um was es in ihr geht [...]! Lassen wir es bei «Theologie» – wenn nur die in unserem Fall unentbehrliche Erläuterung: «*evangelische* Theologie» gerade in dem zuletzt angedeuteten besonderen Sinn unvergessen und in Kraft bleibt: evangelische und also ja nicht eine einem unmenschlichen Gott zugewendete und darum *gesetzliche* Theologie! Evangelische Theologie hat es mit dem Immanuel, Gott mit uns! zu tun. Wie sollte sie von diesem ihrem Gegenstand her nicht dankbare und darum *fröhliche* Wissenschaft sein? [...]

Karl Barth, Einführung in die evangelische Theologie, Zürich ^{3}1985, 9–19.

18 Barth wendet sich gegen den Ausspruch von Friedrich Nietzsche (1844–1900) aus «Also sprach Zarathustra».

Mit Charlotte von Kirschbaum, die ihn bei der Abfassung der «Kirchlichen Dogmatik» unterstützt hat, 1929

5 Gottes Wesen und seine Gnadenwahl

Dass Gott anders ist, als Menschen und insbesondere Christenmenschen sich das vorstellen, war Karl Barths Tenor in der Frühzeit gewesen. Die Parole «Gott mit uns» auf den Koppelschlössern der deutschen Soldaten im Ersten Weltkrieg war für Barth nicht nur ein Hinweis auf eine problematische Vereinnahmung Gottes für Kriegszwecke. Vor allem sah er darin auch eine Grundtendenz des Menschen, Gott vor den eigenen Karren zu spannen. Diesen Aspekt betonte Barth in seiner ganzen theologischen Arbeit immer wieder. Hinzu kam aber seit den Zwanzigerjahren und vor allem in der «Kirchlichen Dogmatik» eine ganz neue Pointierung: die Selbstoffenbarung Gottes. Gott gibt sich im Kommen Jesu Christi so zu erkennen, wie er selbst ist. Wenn man wissen will, wie und wer Gott ist, soll man genau auf Jesus Christus schauen. Barths Gotteslehre beginnt deshalb auch nicht mit Erwägungen, was Menschen unter «Gott» verstehen, sondern mit der Selbsterschließung Gottes als Vater, Sohn und Heiliger Geist.

Das thematisiert der erste Text in Band I/1 der «Kirchlichen Dogmatik». Der zweite Text in Band II/1 präzisiert diesen Gedanken der «Selbstoffenbarung» Gottes: Gott ist so, wie er sich gezeigt hat – und nicht anders. Deshalb – und diesen Gedanken zeigt der dritte Text in Band II/1 auf – kann man Gottes Eigenschaften (Barth sprach von Gottes «Vollkommenheiten») auch nur dort finden, wo Gott sich zu erkennen gegeben hat. Mit allgemeinen Aussagen wie etwa zur «Allwissenheit Gottes» kommt man Gott nicht näher. Gott ist vielmehr so, wie er sich in Freiheit der Welt zugewendet hat. Ein vierter Text aus Band II/2 setzt noch einmal einen neuen Akzent, indem er die Gnadenwahl Gottes thematisiert. Wer Gott ist, lässt sich gar nicht trennen von Gottes Tun – oder genauer: von Gottes Gnadenwahl. Er ist so, wie er handelt – und er hat sich selbst dazu bestimmt und erwählt, Partner des Menschen zu sein.

Gottes Dreieinigkeit (KD I/1, 1932)

[...] Die Lehre von der Dreieinigkeit Gottes, wie sie sich in der Kirche als Interpretation der biblischen Offenbarung hinsichtlich der Frage nach dem Subjekt dieser Offenbarung herausgebildet und mit Recht behauptet hat, sie bedeutet – das ist vor allem hervorzuheben und festzustellen – keine Aufhebung oder auch nur Infragestellung, sondern vielmehr die letzte und entscheidende Bestätigung der Einsicht: Gott ist *Einer.* [...]

Gott ist Einer, aber nun nicht so, dass er als solcher eines Zweiten und Dritten erst bedürfte, um Einer zu sein, und auch nicht so, als ob er allein wäre und des Gegenübers entbehren müsste, nicht so also – das wird bei der Lehre von der Schöpfung und vom Menschen, aber auch bei der Lehre von der Versöhnung entscheidend bedeutsam werden –, als ob er nicht ohne die Welt und den Menschen zu sein vermöchte, als ob zwischen ihm und der Welt und dem Menschen ein notwendiges Reziprozitätsverhältnis bestünde. Sondern in ihm selbst schon sind diese Schranken dessen, was wir sonst unter Einheit verstehen, aufgehoben; in sich selbst ist seine Einheit keine Einzelheit und Einsamkeit. Damit, d. h. aber eben mit der Trinitätslehre, betreten wir den Boden des *christlichen* Monotheismus. [...]

Der Begriff der offenbarten Einheit des offenbarten Gottes schließt also nicht aus, sondern ein eine Unterscheidung (*distinctio* oder *discretio*), eine Ordnung (*dispositio* oder *oeconomia*) im Wesen Gottes. Diese Unterscheidung oder Ordnung ist die Unterscheidung oder Ordnung der drei «Personen» – wir sagen lieber: der drei «Seinsweisen» in Gott. [...]

Es handelt sich um besondere, um verschiedene, um je ganz *eigentümliche* Seinsweisen Gottes. Das will sagen: diese Seinsweisen Gottes sind nicht miteinander zu verwechseln noch zu vermischen. Wohl ist Gott in allen drei Seinsweisen in sich selbst und der Welt und den Menschen gegenüber der eine Gott. Dieser eine Gott ist aber dreimal anders Gott, so anders, dass er eben nur in dieser dreimaligen Andersheit Gott ist, so anders, dass diese Andersheit, sein Sein in diesen drei Seinsweisen ihm schlechterdings wesentlich, von seiner Gottheit unabtrennbar ist, so anders also, dass diese Andersheit *unaufhebbar* ist. Weder kann in Betracht kommen, dass die eine der göttlichen Seinsweisen ebenso gut die andere, dass etwa der Vater ebenso gut der Sohn oder der Sohn der Geist sein könnte, noch dass zwei von ihnen oder alle drei sich in einer zusammenfinden und auflösen könnten. Wäre dem so, dann wären sie keine dem göttlichen Sein wesentliche Seinsweisen. Eben weil die Dreiheit in dem einen Wesen des offenbarten Gottes gründet, weil man bei Leugnung der Dreiheit in der Einheit Gottes sofort einen anderen Gott meint als den nach der Schrift offenbarten – ebendarum muss man diese Dreiheit als eine unaufhebbare, die Eigentümlichkeit der drei Seinsweisen als eine unverwischbare verstehen. [...]

Man hat hier mit Recht zuerst und vor allem auf die neutestamentlichen Namen *Vater, Sohn* und *Geist* verwiesen. Wenn diese drei Namen wirklich in ihrer Dreiheit der eine Name des einen Gottes sind, dann folgt, dass in diesem einen Gott zunächst jedenfalls – sagen wir vorsichtig: so etwas wie Vaterschaft und Sohnschaft, also so etwas wie Erzeugen und Erzeugtsein, stattfindet und dazu ein Drittes, jenen beiden Gemeinsames, das nicht ebenfalls ein Erzeugtsein ist, auch nicht ebenfalls ein Hervorgehen bloß aus dem Erzeuger, sondern sagen wir allgemein: eine Hervorbringung, und zwar eine von dem Erzeuger und von dem Erzeugten gemeinsam herrührende Hervorbringung. Wir dürfen aber ruhig auch unter Anwendung unseres Ternars Offenbarer, Offenbarung, Offenbarsein so sagen: es gibt ein Woher, eine Urheberschaft, einen Grund der Offenbarung, einen Offenbarer seiner selbst, von der Offenbarung als solcher so gewiss unterschieden, als Offenbarung ein schlechthin Neues bedeutet gegenüber dem Geheimnis des Offenbarers, das in der Offenbarung als solcher abgelegt wird. Es gibt also, im Unterschied zu jenem ersten, als zweites die Offenbarung selbst als das Ereignis des Offenbarwerdens des zuvor Verborgenen. Und es gibt als das gemeinsame Ergebnis dieser zwei Momente als drittes ein Offenbarsein, die Wirklichkeit, die die Absicht des Offenbarers und darum zugleich der Sinn, das Wohin der Offenbarung ist. Kürzer gesagt: *nur weil es eine Verhüllung Gottes gibt, kann es eine Enthüllung, und nur indem es Verhüllung und Enthüllung Gottes gibt, kann es eine Selbstmitteilung Gottes geben.* [...]

Es handelt sich in der Trinitätslehre um die Einheit in der Dreiheit und um die Dreiheit in der Einheit Gottes. Über diese beiden offenbar einseitigen und ungenügenden Formulierungen können wir nicht hinauskommen. Sie sind beide einseitig und ungenügend, weil bei der ersten eine leichte Überbetonung der Einheit und bei der zweiten eine leichte Überbetonung der Dreiheit unvermeidlich ist. Man muss den Begriff «Dreieinigkeit» verstehen als die Zusammenfassung dieser beiden Formeln, oder vielmehr als die Bezeichnung derjenigen Zusammenfassung beider, die wir nicht zu erreichen vermögen und für die wir darum auch keine Formel haben, sondern um die wir nur als um die unbegreifliche Wahrheit des Gegenstandes selber wissen können. [...]

Dreieinigkeit Gottes heißt darum notwendig auch: Einigkeit des Vaters, des Sohnes und des Geistes *unter sich.* Das Wesen Gottes ist ja eines, aber auch die verschiedenen Ursprungsbeziehungen besagen gerade keine Trennungen, sondern – wo Unterschied ist, da ist auch Gemeinschaft – eine bestimmte

Teilnahme jeder Seinsweise an den anderen Seinsweisen, und zwar, weil die Seinsweisen ja identisch sind mit den Ursprungsbeziehungen, eine vollständige Teilnahme jeder Seinsweise an den anderen Seinsweisen. Genauso wie nach dem biblischen Zeugnis in der Offenbarung der eine Gott nur in den Dreien, die Drei nur als der eine Gott erkennbar werden, so auch keiner der Drei ohne die zwei Anderen, sondern jeder der Drei nur *mit* den zwei Anderen. […]

Gottes in der Schrift bezeugte Offenbarung nötigt uns zu dieser Unterscheidung. Die Schrift selbst redet fortwährend in diesen Unterscheidungen, und zwar ernstlich, d. h. so, dass wir ohne exegetische Gewalttat nicht in der Lage sind, diese Unterscheidungen aufzuheben. Sie zeigt uns Gott in seinem Wirken als Offenbarer, als Offenbarung, als Offenbarsein oder als Schöpfer, Versöhner und Erlöser, oder als Heiligkeit, Barmherzigkeit und Güte. In diesen Unterschieden können und sollen wir der Unterschiede der göttlichen Seinsweisen in der uns zugemessenen und angemessenen Wahrheit einsichtig werden. Die Schranke unseres Begreifens liegt darin, dass wir, indem wir diese Unterschiede *begreifen*, die Unterschiede der göttlichen Seinsweisen selber *nicht begreifen*. Diese bestehen nicht in solchen Unterschieden der Taten oder Eigenschaften Gottes. Wollten wir das annehmen, dann würden wir ja drei Götter oder ein dreigeteiltes Wesen Gottes annehmen. Gottes Wirken wäre dann ein merkwürdiges Zusammenspiel dreier göttlichen Wahrheiten oder Kräfte oder gar Individuen. Also wir müssen schon *glauben*, dass jene Unterschiede im Wirken Gottes zwar im Raum und in den Schranken unserer Begreiflichkeit wirklich *stattfinden*, dass sie aber auch hier und erst recht im verborgenen Wesen Gottes selbst das letzte Wort nicht bedeuten, dass in *diesen* Unterschieden die Unterschiede in Gott *selbst* nicht beruhen können. […]

Wir verstehen unter der Trinitätslehre die kirchliche Lehre von der Einheit Gottes in den drei Seinsweisen des Vaters, des Sohnes und des Heiligen Geistes oder von dem dreimaligen Anderssein des einen Gottes in den Seinsweisen des Vaters, des Sohnes und des Heiligen Geistes. Alles, was hier im Einzelnen auszuführen war und noch sein wird, konnte und kann nur ausführen: die Einheit in der Dreiheit, die Dreiheit in der Einheit Gottes. Diese Lehre steht als solche nicht in den Texten des alt- und neutestamentlichen Zeugnisses von Gottes Offenbarung. Sie ist nicht aus den geschichtlichen Situationen entstanden, denen diese Texte angehören. Sie ist Exegese dieser Texte in der Sprache und das heißt auch im Lichte der Fragen einer späteren Situation. Sie gehört der Kirche an. Sie ist ein Theologumenon. Sie ist Dogma. […] Das biblische Zeugnis von Gottes Offenbarung stellt uns vor die Möglichkeit, den einen Satz «Gott offenbart sich als der Herr» dreimal in verschiedenem Sinn zu interpretieren. Diese Möglichkeit ist die biblische Wurzel der Trinitätslehre. Es bleibt aber in der Bibel bei dieser Möglichkeit. Wir fragen nun nach dem Sinn ihrer Verwirklichung, nach der Notwendigkeit und dem Recht, mit dem die Kirche dieses Dogma formuliert hat. Sie *konnte* es tun. Aber *musste* sie es tun? Welche Einsicht hat sie mit diesem Dogma ausgesprochen und welchen Grund haben wir also, uns um sein Verständnis zu bemühen?

Über diese Frage kann selbstverständlich dann sinnvoll nicht geredet werden, wenn uns die Kirche der Vorzeit, die dieses Theologumenon bildete und zum Dogma erhob, etwa in dem Grade *fremd* geworden ist, dass wir sie und ihre Gedankenarbeit nur noch historisch, d. h. in diesem Fall: von außen, unsererseits als Fremde, ihre Gedanken nicht wirklich mitdenkend, beschauen und nach ihren Absichten so oder so beurteilen können. [...]

Man muss sich klarmachen, dass man mit solcher Stellungnahme der Kirche jener Vorzeit zutraut, dass sie sozusagen ihr Thema verloren habe, dass sie in dem, was sie eigentlich sein wollte, Kirche Jesu Christi, von uns gar nicht mehr ernst zu nehmen sei, dass ihre Arbeit uns darum nichts angehe, es wäre denn als Objekt solcher Betrachtung von außen. Indem man sie würdigt, wie man allenfalls eine Häresie oder gar eine fremde Religion zu würdigen sucht, kann man natürlich nicht ernsthaft, d. h. nicht mit ihr zusammen, nach dem Sinn ihres Wollens fragen. Aber nun muss man sich weiter klarmachen, dass eben das ein sehr gewagtes und sehr gefährliches Urteil ist. Gewagt eben darum, weil man die Kirche der Vorzeit damit im Grunde als eine Häresie oder fremde Religion erklärt, ein Urteil, das zwar gewiss nicht formal unmöglich ist, aber mindestens höchst verantwortlich, insbesondere wenn es sich, wie gerade hier, um die dogmengeschichtliche Linie handelt, auf der seit den großen Entscheidungskämpfen des vierten Jahrhunderts alle bedeutsam gewordenen kirchlichen Theologen mit Einschluss der Reformatoren und ihrer Nachfolger im 17. Jahrhundert unentwegt weitergegangen sind. Und gefährlich könnte ein solches Urteil darum sein, weil, wer in der Kirche andere in dieser Weise nur noch von außen sehen und verstehen will, sich fragen lassen muss, ob nicht vielleicht umgekehrt er der ist, der als Anhänger einer Häresie oder gar einer fremden Religion draußen steht. Normaler und sicherer dürfte es jedenfalls sein, mindestens auszugehen von der Voraussetzung, dass die Kirche der Vorzeit und gerade die Kirche dieser Vorzeit mit der Kirche, die wir kennen und die wir *die* Kirche nennen möchten, eine und dieselbe, dass es also sinnvoll ist, ernsthaft zu fragen, d. h. mit ihr zusammen zu fragen, was sie mit dem Dogma gewollt habe. Die Annahme, dass Jesus Christus seine Kirche in dieser Zeit nicht ganz verlassen habe und dass es also trotz allem, was vielleicht mit Recht gegen sie zu sagen ist, am Platze sei, sie zu *hören*, wie man eben die *Kirche* hört, diese Annahme dürfte vor der entgegengesetzten in allen Fällen einen sehr bestimmten Vorsprung haben. Die Gründe müssen in jedem Fall schon sehr gewichtig sein, wenn man sich entschließen muss, die Kirche irgendeiner Zeit wirklich sozusagen fallen zu lassen und jener Betrachtung und Beurteilung von außen, jenem nicht mehr ernstlichen Hören auf ihre Stimme Raum zu geben. Sind die Gründe, die im Fall der kirchlichen Vorzeit, in der das Trinitätsdogma entstanden ist, dafür sprechen könnten, so zwingend? [...]

Die Trinitätslehre sagt – und das ist das Positive, das sie auf ihren polemischen Fronten verteidigt –, dass und inwiefern der, der sich nach dem Zeugnis der Schrift Menschen offenbart, unser *Gott*, dass und inwiefern er *unser* Gott sein kann. Er kann unser *Gott* sein, weil er in allen seinen Seinsweisen sich selbst gleich, ein und derselbe Herr ist. Erkenntnis der Offenbarung, wie sie am Zeugnis der Schrift aufgehen kann, heißt im Sinn der Trinitätslehre in allen Momenten des Ereignisses, auf das uns dieses Zeugnis hinweist: Erkenntnis des Herrn als dessen, der uns begegnet und sich uns verbindet. Und dieser Herr kann *unser* Gott sein, er kann uns begegnen und sich uns verbinden, weil er Gott ist in diesen drei Seinsweisen als Vater, Sohn und Geist, weil die Schöpfung, die Versöhnung, die Erlösung, das ganze Sein, Reden und Handeln, in dem er unser Gott sein will, begründet und vorgebildet ist in seinem eigenen Wesen, in seinem Gottsein selber. Als Vater, Sohn und Geist ist Gott sozusagen im Voraus der unsrige. So sagt uns die Trinitätslehre beides, dass der, der sich nach der Schrift offenbart, zu fürchten und zu lieben ist: zu *fürchten,* weil er Gott sein kann, zu *lieben,* weil er unser Gott sein kann. Dass er beides *ist,* das kann uns die Trinitätslehre als solche nicht sagen. Kein Dogma, keine Theologie als solche kann das. Die Trinitätslehre als solche ist nicht das Wort Gottes, das uns das sagen könnte. Aber wenn es einen Dienst am Worte Gottes gibt, eine Verkündigung, die Wort Gottes werden kann und einen Dienst an diesem Dienst, Dogmatik als kritische Besinnung auf den rechten Inhalt der Verkündigung, dann dürfte doch wohl die Frage nach dem Subjekt der Offenbarung, auf die die Trinitätslehre antwortet, der erste Schritt solcher Besinnung sein. Die Schrift, in der das Problem der Trinitätslehre gestellt ist, ist und bleibt das Maß und der Richter der Lösung dieses Problems. Sie steht über dem Dogma der Kirche und also über der kritischen Besinnung, zu der wir uns durch das Dogma der Kirche anleiten lassen. Aber alles wohl erwogen wagen wir es, diese Anleitung bis auf bessere Belehrung für eine angemessene zu halten.

Karl Barth, KD I/1, Zürich 1932, 367–404.

Gottes Sein in der Tat (KD II/1, 1940)

[...] Die *Dogmatik* in allen und jeden von ihren Teilen und Unterteilen, mit ihren sämtlichen Fragen und Antworten, mit ihren sämtlichen biblischen und geschichtlichen Feststellungen, mit ihren sämtlichen formalen und materialen Besinnungen, Untersuchungen und Zusammenfassungen kann erstlich und letztlich, kann im Ganzen und im Einzelnen nichts anderes sagen wollen als dieses: Gott ist. In dem Maß, als sie das tut, dient sie der Kirche als Kritik ihres Tuns und als Ratschlag und Vorschlag zu ihrem Tun. Indem sie das sagt oder auch nicht sagt: Gott ist, entscheidet sie selbst nicht nur über ihre Brauchbarkeit oder Unbrauchbarkeit, sondern auch über ihren wissenschaftlichen Wert oder Unwert. In jedem Gedankengang, in jedem Satz, der direkt oder indirekt dazu dient, das zu sagen, tut die Dogmatik, was sie tun soll, was ihre Existenz als solche erfordert und rechtfertigt. Und umgekehrt: in jedem Gedankengang oder Satz, der dazu nicht dienen, in welchem sie nicht direkt oder indirekt das sagen, in welchem sie direkt oder indirekt etwas anderes sagen würde als: Gott ist – auf jedem solchen Wege, wie einleuchtend und ertragreich er unter anderer Betrachtung immer sein möchte, würde sie sich bestimmt einer Entgleisung schuldig machen, würde sie die Kirche in die Irre statt in die Wahrheit führen, würde sie also auch sich selbst und ihr Existenzrecht infrage stellen.

Dem ist aber so, weil auch die *Kirche*, deren Auftrag die Dogmatik an ihrem Ort und in ihrer Weise zu dienen hat, davon und nur davon lebt, dass sie hören darf: Gott ist, und weil sie sich selber und der Welt in Ausrichtung ihres Auftrags erstlich und letztlich dies und nur dies zu sagen hat: Gott ist. Dies ist es ja, was Gott mit den Menschen und von den Menschen will laut seines Wortes: sie dürfen und müssen hören, glauben, wissen, damit rechnen, sie dürfen und müssen im Großen und im Kleinen, im Ganzen und im Einzelnen, in der Totalität ihrer Existenz als Menschen leben mit der alle und in allen alles nicht nur neu beleuchtenden, sondern real verändernden Tatsache, dass Gott ist. Dass dem so ist: dass Gott die Menschen leben lassen will mit dieser Tatsache seines eigenen Seins und dass, was Gott will, geschieht, dafür braucht die Kirche freilich nicht zu sorgen. Dafür sorgt überhaupt kein Mensch und keine andere Kreatur, dafür sorgt Gott selbst in seinem Wort. Die Kirche hat aber diesem seinem Wort, in welchem er selbst dafür sorgt, zu dienen. Denn vom Worte Gottes und für das Wort Gottes lebt die Kirche. Das ist also der Auftrag der Kirche, dem auch die Dogmatik in ihrer Art und in ihrer Weise zu dienen hat: sie hat, belehrt und gebunden durch das Wort Gottes und um seinetwillen (weil sie keinen anderen Existenzgrund hat als den, dem Worte Gottes zu dienen) zu sagen, dass Gott ist. So ist auch von ihr (und zuerst von ihr) zu sagen: sie tut, was sie tun soll, was allein, was aber auch unbedingt von ihr gefordert ist, was sie allein, was sie aber auch unbedingt rechtfertigt – wenn sie sagt, dass Gott ist. Indem sie selbst vom Worte Gottes und für das Wort Gottes lebt, weiß sie ja, dass eben dies unter allen Umständen gesagt werden muss, dass die Menschen eben dies zu hören, eben mit der Tatsache in der Totalität ihrer Existenz zu leben unter allen Umständen nötig haben, dass sie aber eben dies unter keinen Umständen sich selber sagen können (wie auch sie, die Kirche, es sich nicht selber gesagt hat): dass Gott ist. Sie ist ihrem Auftrag getreu, indem sie, belehrt und gebunden durch das Wort Gottes und um seinetwillen, sich selbst und der Welt direkt oder indirekt aber unzweideutig eben dieses sagt. Denn was sie auch sagen kann, es wird, wenn es recht gesagt sein soll, direkt oder indirekt dieses sein müssen. Es würde aber auch von ihr (und zuerst von ihr) gelten, dass sie sich selbst unmöglich machen würde, wenn sie dieses nicht sagen, wenn sie direkt oder indirekt etwas anderes sagen würde.

So schlicht und so umfassend ist dieser Satz: *Gott ist,* dass man sich wohl fragen könnte, ob eine besondere Entfaltung und Erklärung dieses Satzes, als wäre er ein Satz für sich und nicht der Satz aller Sätze, nicht überhaupt überflüssig und unmöglich sei. Sollten wir uns nicht begnügen dürfen und müssen mit der Bezeichnung jenes Subjektes, die wir damit vollziehen, dass wir diejenigen Sätze aufnehmen, die laut des Wortes Gottes als Beschreibung des *Tuns* und *Wirkens* dieses Subjektes notwendig werden? Darauf ist zu antworten: Wenn das Wort Gottes uns die Frage nach Gottes Sein als eine besondere Frage verbieten oder wenn es uns dieser besonderen Frage gegenüber im Stich lassen würde, dann würde das doch bedeuten, dass es uns keine wirkliche Offenbarung Gottes bieten würde. Ein Tun und Wirken, sehr bedeutsam, sehr mächtig vielleicht, würde es uns dann zwar offenbaren, aber dass und inwiefern es das Tun und Wirken Gottes sei, das würde es uns dann gerade vorenthalten und also nicht offenbaren. Jenes Tun und Wirken wird und ist aber doch erst damit bedeutsam und mächtig in einer von allerlei anderem Tun und Wirken qualitativ unterschiedenen Bedeutsamkeit und Mächtigkeit, dass es *Gottes* Tun und Wirken ist. Nicht indem es an sich, nicht indem eine Schöpfung, eine Versöhnung, eine Erlösung verkündigt und geglaubt wird, sondern indem das alles als *Gottes* Tun und Wirken verkündigt und geglaubt wird, wird in Jesus Christus, wird in der Heiligen Schrift, wird in der Kirche Gottes Wort als wirkliche Offenbarung verkündigt. Die wirkliche Offenbarung bleibt auch auf die *besondere* Frage nach Gottes *Sein* – abgesehen davon, dass sie im *Ganzen* eine einzige Antwort auf diese Frage ist – nicht stumm. Sie ist die volle Wahrheit.

Sie erlaubt und gebietet uns, ruhig und aufrichtig auch an dieser Stelle Halt zu machen und uns im Besonderen zu besinnen auf das, was wir sagen, wenn wir dieses Schlichteste und Umfassendste sagen: *Gott ist.* Und weil dem so ist, darum würden wir uns einer Nachlässigkeit schuldig machen, die sich rächen müsste, wenn wir an dem Satz «Gott ist» vorübereilen würden, als wäre er nur die allgemeine Wahrheit in allen anderen Sätzen, als lohne es sich nicht, sich über seine besondere Wahrheit auch besonders Rechenschaft zu geben. [...]

Wir werden aus dem Einwand gegen die Möglichkeit einer besonderen Gotteslehre, obwohl wir ihn als solchen nicht gelten lassen können, etwas lernen müssen: Wir können uns, wenn wir nach dem Sein Gottes fragen, aus dem Bereich seines Tuns und Wirkens, wie es uns in seinem Wort offenbart ist, tatsächlich nicht hinausbegeben. Gott ist, der er ist, in seinen Werken. Er ist derselbe auch in sich selber, auch vor und nach und über seinen Werken, auch ohne sie. Sie sind an ihn, aber er ist nicht an sie gebunden. Sie sind nichts ohne ihn. Er aber ist, der er ist, auch ohne sie. Er ist also, der er ist, nicht *nur* in seinen Werken. Er ist aber auch in sich selber kein anderer als eben der, der er in seinen Werken ist. Es bleibt angesichts dessen, was er in seinen Werken ist, keine Frage offen nach dem, was er in sich selber ist, sodass er vielleicht in sich selber ein ganz anderer oder etwas ganz anderes oder wohl auch nichts sein könnte. Sondern in seinen Werken ist er selber offenbar als der, der er ist. Es ist also schon richtig, dass wir uns bei der Entfaltung und Erklärung des Satzes: «Gott ist» auf alle Fälle ganz und gar an seine (in der Tat seiner Offenbarung sich ereignenden oder als solche sichtbar werdenden) Werke zu halten haben. Nicht nur darum, weil wir Gott und wer Gott ist anderswo nicht erkennen können, sondern auch darum, weil wir ihn auch anderswo, wenn wir ihn dort erkennen könnten, nur als eben den erkennen würden, der er in seinen Werken ist, weil er dieser und kein anderer ist. Wir dürfen und müssen nach Gottes *Sein* fragen, weil Gott als das Subjekt seiner Werke für deren Wesen und Erkenntnis so entscheidend charakteristisch ist, dass sie ohne dieses Subjekt etwas ganz anderes wären als das, was sie laut des Wortes Gottes sind, dass wir sie also aufgrund des Wortes Gottes notwendig nur mit diesem ihrem Subjekt zusammen erkennen und verstehen können. [...]

Wir müssen uns aber nach der anderen Seite darüber im Klaren sein, dass *Gott* und nicht das Sein – das Sein nur als das Sein *Gottes* unser Gegenstand ist, dass es sich also bei dem hier in Rede stehenden Sein Gottes nicht um einen frei zu wählenden allgemeinen und neutralen, sondern um einen zum vornherein in ganz bestimmter Weise gefüllten Seinsbegriff handelt, und dass diese seine Füllung nicht willkürlich, sondern nur aus dem Worte Gottes geschehen kann, nachdem sie im Worte Gottes schon geschehen und uns vorgegeben ist. Das bedeutet aber, dass wir Gottes Sein nun doch nicht anders bestimmen können als im Blick dahin, wo Gott sich selber uns zu sehen gibt und also im Blick auf seine Werke, auf sein Sichbeziehen und Sichverhalten: in der Zuversicht, dass wir es in diesen seinen Werken nicht mit irgendwelchen anderen, sondern eben mit *seinen* Werken und also zugleich mit ihm selber, mit seinem *Sein* als *Gott,* zu tun haben.

Was heißt das: Gott «ist»? Was oder wer «ist» Gott? Wollen wir diese Frage legitim und sinnvoll beantworten, dann dürfen unsere Gedanken keinen Augenblick anderswohin streben als zu Gottes Tat in seiner Offenbarung, keinen Augenblick anderswoher kommen, als eben von daher.

Wir stehen hier vor der Fehlerquelle, die sich in der Gotteslehre der alten Theologie mit Einschluss der protestantischen Orthodoxie fast auf der ganzen Linie geltend machte. Diese Gotteslehre strebte mindestens zum großen Teil auch anderswohin als zu Gottes Tat in seiner Offenbarung und sie kam in großen Teilen auch anderswoher als von dort. Das hängt damit zusammen, dass man in einer seltsam allgemeinen Gedankenlosigkeit die Gotteslehre der Trinitätslehre – von der man doch theoretisch behauptete, dass sie die Grundlage der ganzen Theologie sei – aus formal-logischen Gründen *voran*zustellen pflegte. In dem leeren Raum, in den man sich damit begab, konnte etwas anderes als allgemeine, von gewissen menschlichen Anschauungen und Begriffen als von unanfechtbaren Gegebenheiten ausgehende und dann ein wenig kraftlos von allerlei biblischen Reminiszenzen durchzogene Reflexionen über das, was Gott allenfalls sein möchte, unmöglich wirklich werden. Damit schuf man eine Gotteslehre, die für den übrigen Inhalt der Dogmatik entweder keine oder aber nur eine fatale Bedeutung haben konnte. Und eben damit schuf man ungewollt selber die Basis, von der aus eine antikirchliche Philosophie (und gleichzeitig und später eine häretische Theologie) das Trinitätsdogma und damit alle entscheidenden Aussagen des Glaubens und seiner Erkenntnis des Wortes Gottes nur zu leicht angreifen konnte. […] Wir werden uns in energischer Distanzierung gegenüber dieser Tradition bei allen in diesem Kapitel anzustellenden Überlegungen vor Augen zu halten haben, dass eine kirchliche Dogmatik vom Trinitätsdogma immer schon herkommt, dass sie also keine Möglichkeit hat, mit dem Sein eines anderen Gottes oder mit einem anderen Sein Gottes zu rechnen als mit dem, welches das des Vaters, des Sohnes und des Heiligen Geistes ist in Gottes Offenbarung und in Ewigkeit – und dass sie also, wie sie auch Gott als den Seienden bezeichne und erkläre, nicht irgendeine freie Reflexion über das Wesen des Seins anzustellen, sondern, welches auch die heranzuziehenden Anschauungen und Begriffe sein mögen, deren besonderen Sinn in diesem Zusammenhang unter allen Umständen im Blick auf die Offenbarung dieses, des Seins des dreieinigen Gottes zu gewinnen und zu erläutern hat.

Was Gott zu Gott macht: die göttliche Selbstheit und Eigentlichkeit, die *essentia* [= das Sein] oder das «Wesen» Gottes – wir werden ihm entweder da begegnen, wo Gott an uns handelt als Herr und Heiland, oder wir werden ihm gar nicht begegnen. Die Tat seiner Offenbarung als solche schließt einmal dies in sich, dass Gott gerade sich selber als das wahre Sein den Menschen gegenüber nicht vorbehalten hat, dass er ihnen als Überwindung ihrer Not, als Licht in ihrer Finsternis, nicht weniger als sich selbst geschenkt hat: den Vater in seinem eigenen Sohne durch den Heiligen Geist. Die Tat der Offenbarung Gottes schließt sodann dies in sich, dass der Mensch als Sünder, der von sich aus nur verkehrte Wege gehen kann, von allen eigenen Versuchen, die Frage nach dem wahren Sein zu beantworten, zurückgerufen und an die von Gott selbst in dieser Sache gegebene Antwort gebunden wird. Und die Tat der Offenbarung Gottes schließt endlich dies in sich, dass der Mensch durch Gottes Wort im Heiligen Geist ohne alle *andere* Zuversicht mit *unüberwindlicher* Zuversicht den den Seienden sein lässt, in dem das wahre Sein selbst sucht und findet, der ihm hier als die Quelle seines Lebens, als Trost und Gebot, als die Macht über ihn und alle Dinge begegnet. [...]

Karl Barth, KD II/1, Zürich 1940, 288–305.

Gottes Einheit und Allgegenwart (KD II/1, 1940)

[…] Man kann alle Vollkommenheiten der Freiheit Gottes und insofern alle Vollkommenheiten seiner in seiner Freiheit wirklichen und betätigten Liebe und insofern alle Vollkommenheiten des göttlichen Wesens überhaupt und als solchen in dieser einen zusammenfassen, man kann alles, was Gott ist, wenn man es recht versteht, eben damit aussprechen, dass man dies sagt: Gott ist *Einer.* Darin unterscheidet er sich von allem, was von ihm selbst verschieden ist, darin regiert und bestimmt er es, darin ist er aber auch in sich selber, der er ist: er ist Einer. Das Wort «Einheit» ist doppelsinnig. Es kann sowohl *Einzigkeit* (*singularitas*), als auch *Einfachheit* (*simplicitas*) bedeuten. Und es muss als Aussage über Gott tatsächlich beides bedeuten, und beides miteinander wird uns hier zu beschäftigen haben.

Wir verstehen Einheit zunächst als *Einzigkeit.* Was ist damit gesagt, wenn wir sagen, dass es Gott eigen ist, der Einzige zu sein? Natürlich nicht dies, dass er allein ist. Auch die von ihm geschaffene Welt *ist* ja. Aber Gott allein ist Gott. Gott ist einzig in seiner Art. Es ist kein anderer Gott, weder ein zweiter noch viele. Der prinzipielle Charakter des Satzes, dass Gott Einer ist, ist gerade, wenn wir ihn in diesem ersten Sinn verstehen, nicht zu verkennen. Die Kirche hat das prophetische und apostolische Zeugnis von Anfang an so verstanden, dass sie mit ihrem Bekenntnis, in welchem sie darauf antwortete, vor allem auch das sagen musste: dass der, den dieses Zeugnis Gott nennt, dessen Offenbarung und Werk in diesem Zeugnis gefunden wird, Einer, ein Einziger, dieser Einzige ist. Jeder, der nicht einzig, nicht dieser Einzige wäre, wäre nicht Gott. Jeder vermeintliche oder angebliche Gott, der einen anderen neben sich hat, kann schon aus diesem Grund nur ein falscher, ein Nicht-Gott sein. Und in dem Augenblick, wo man neben Gott einen Zweiten oder ein Zweites von seiner Art, mit auch nur einem einzigen der Merkmale seines Wesens denken würde, würden wir aufhören, jenen als Gott zu denken. Er allein lebt; er allein liebt; er allein ist gnädig, barmherzig und weise; er allein heilig, gerecht und geduldig; er allein ist auch frei mit all dem, was das in sich schließt. Von ihm allein gilt auch dies in dem ihm zukommenden Sinn: dass er Einer, dass er einzig ist. Denn in ihm allein ist das alles, ist auch die Einzigkeit wesentlich, ursprünglich, eigentlich und daraufhin dann auch schöpferisch, sodass es nun, geschöpflich, unselbstständig, abgeleitet, uneigentlich auch anderem Sein zukommen kann. Allen anderen gegenüber ist Gott einzig als der, der er ist, und als das, was er ist, während alles andere nur durch ihn und also nur in Unselbstständigkeit, Abhängigkeit und Uneigentlichkeit und also gerade nicht in Konkurrenz mit ihm ist, was es ist. Was und wie es auch sei, es ist nicht Gott; es kann weder als ein Zweites noch als ein Vielfaches seiner Art neben ihm stehen. Erkenntnis Gottes, nämlich des in seiner Offenbarung von den Propheten und Aposteln bezeugten Gottes schließt also – und so leuchtet die Freiheit, die Majestät, die Souveränität Gottes auf in seiner Einzigkeit – dies in sich, dass alle vermeintlichen und angeblichen Gottheiten und Göttlichkeiten außer ihm ihren Charakter als solche, dass der ihnen zugewandte Glaube und Gottesdienst seinen Ernst verlieren, dass sie zu Götzen, zu Nichtsen verblassen müssen. Erkenntnis dieses Gottes zwingt die, die ihrer teilhaftig sind, was das Göttliche betrifft, unter einen nicht einzuschränkenden Totalitätsanspruch, in eine nicht aufzuhebende Isolierung, in eine durch nichts zu mildernde Exklusivität. Sie nötigt sie, was Gott betrifft, zu einer Abgrenzung, die sie nur fallen lassen könnten, indem sie die Erkenntnis dieses Gottes selber wieder fallen lassen würden. Eben darin erfahren sie Gottes Liebe als Gnade, Barmherzigkeit und Geduld. Sie erfahren sie als Gottes Wahl kraft seiner Freiheit, als eine Wahl, in welcher Gott nicht nur sie für sich, sondern eben damit *sich für sie* wählt, als den einen wirklichen und also einzigen Gott auszeichnet, als eine Wahl, in der darüber, wer und was göttlich ist und nicht ist, auf der ganzen Linie endgültig entschieden ist: dahin entschieden, dass dieser sie erwählende Gott allein Gott ist, dass alle anderen vermeintlichen und angeblichen Gottheiten und Göttlichkeiten nicht sind, was sie zu sein beanspruchen. Allein dieser Gott ist Gott: weil alles, was dieser Gott ist und tut, darin seinen Sinn und seine Kraft hat, damit steht und fällt, dass er es in unvergleichlicher, in einzigartiger Weise ist und tut, dass er daher nicht seinesgleichen hat, dass ihm dabei keine Konkurrenz – keine feindliche, aber auch keine freundliche Konkurrenz gegenübersteht, dass also sein Wort keinen Widerspruch, sein Werk keinen Widerstand zu fürchten hat, dass aber beide auch keiner Nachhilfe, Ergänzung und Bestätigung von anderer Seite her bedürftig oder auch nur fähig sind. […]

Wir wenden uns zunächst zu der anderen Seite oder Bedeutung des Satzes von der Einheit Gottes. Er bedeutet ja auch dies: dass Gott *einfach* ist. Das will sagen: er ist in allem, was er ist und tut, ganz und ungeteilt er selber. Er ist nie und nirgends zusammengesetzt aus Verschiedenem. Er ist also nie und nirgends geteilt oder teilbar. Er ist Einer auch in der Unterschiedenheit der göttlichen Personen des Vaters, des Sohnes und des Heiligen Geistes. Er ist Einer auch in dem realen Reichtum seiner unterschiedlichen Vollkommenheiten. Er existiert in diesem und jenem, was er ist und tut, nie außerhalb des anderen, nie ohne das andere, was er immer auch ist und tut. Sondern in allem anderen ist und tut er auch dieses und jenes. Und indem er dieses und jenes ist und tut, ist und tut er auch alles andere.

Man kann den Satz von der Einheit Gottes auch in dieser zweiten Bedeutung den Fundamentalsatz der Lehre von der *Freiheit* Gottes nennen. Indem Gott in dem beschriebenen Sinn einfach ist, ist er frei, souverän, majestätisch ohnegleichen. Alle seine anderen Majestätseigenschaften: dass er beständig und ewig, aber auch, dass er allgegenwärtig, allmächtig und herrlich ist, wurzeln in dieser ersten, sind darin schon gesetzt und beschlossen, dass er einfach ist. Ihn kann darum nichts anrühren, ihm kann darum nichts ferne sein, ihm kann darum nichts widersprechen und widerstehen, weil es in ihm selbst keine Verschiedenheit, keine Ferne, keinen Widerspruch und Widerstand gibt. Er ist der Herr in jeder Beziehung, weil er als der Vater, der Sohn und der Heilige Geist, weil er in dem ganzen realen Reichtum seines Wesens der Herr seiner selbst, uneingeschränkt Einer ist, weil jede Unterschiedenheit seines Wesens und Wirkens nur eine Wiederholung und Bestätigung des Einen und in dem Einen alles dessen ist, was er von Ewigkeit und so von aller Zeit her war und in Ewigkeit und so für alle Zeit sein wird.

Eben in seiner *Einfachheit* gründet denn auch letztlich seine *Einzigkeit:* als der Einfache könnte Gott offenbar ohne Widerspruch zu sich selbst – und eben solchen Widerspruch gibt es ja nicht – keinen zweiten oder dritten ebenso einfachen und also ebenso ewigen Allmächtigen usw. neben sich haben. Dass es in der Gottheit kein Nebeneinander und Nacheinander und also keinen Gott neben Gott gibt, dass alles, was Gottheit und göttlich ist, immer Gott selber und also immer der Eine ist, das eben macht ja die Einfachheit Gottes aus.

Von der Erkenntnis der Einfachheit Gottes her ergibt sich zum vornherein dies, dass das Verhältnis Gottes zur *Welt* auf alle Fälle nicht als das einer Kombination oder Amalgamierung oder gar Identifizierung Gottes mit der Welt verstanden und gedeutet werden darf. Es gibt aber von dorther gesehen auch keine Ausflüsse, Emanationen, Ergießungen, Durchbrüche des Göttlichen in die Welt hinein, kraft welcher es daselbst, unterschieden von Gott selbst, gewissermaßen Inseln oder ganze Festländer des Göttlichen inmitten des Nicht-Göttlichen geben würde. Die Schöpfung ist nicht so, aber auch die Inkarnation des Sohnes Gottes in Jesus Christus ist auf alle Fälle nicht so zu verstehen und zu deuten: weder als eine Vermischung oder Identifikation Gottes mit der Welt noch als eine Art Ausgang Gottes aus sich selber. Dass Gott die Welt aus dem Nichts geschaffen hat, sagt eben dies, dass er seine Ehre als der Schöpfer keinem anderen lässt und gibt. Und dass Jesus Christus wahrer Gott und wahrer Mensch ist, sagt eben dies, dass Gott in dieser Einheit mit dem

Geschöpf keinen Moment und in keiner Beziehung aufhört, der eine wahre Gott zu sein. Und eben das ist die Kraft, der Segen und der Trost sowohl seines Schöpfungswerkes wie des Werkes der Versöhnung und Offenbarung, dass er auch in diesen seinen Werken nie weniger als ganz sich selber ist. [...]

Karl Barth, KD II/1, Zürich 1940, 495–551.

Jesus Christus, der Erwählende und der Erwählte (KD II/2, 1942)

[…] Zwischen Gott und dem Menschen steht, selber Gott und selber Mensch, und so zwischen beiden vermittelnd, die Person Jesus Christus. In ihm offenbart sich Gott dem Menschen. In ihm erkennt der Mensch Gott. In ihm steht Gott vor dem Menschen und steht der Mensch vor Gott, wie es Gottes ewiger Wille und wie es des Menschen ewige, dem Willen Gottes entsprechende Bestimmung ist. In ihm ist Gottes Plan mit dem Menschen aufgestellt, Gottes Gericht über den Menschen vollzogen, Gottes Errettung des Menschen vollbracht, Gottes Gabe an den Menschen in ihrer Fülle gegenwärtig, Gottes Anspruch und Gottes Verheißung über den Menschen ausgesprochen. In ihm hat Gott sich dem Menschen verbunden. Und so existiert der Mensch um seinetwillen: er ist mit der Welt als dem Schauplatz der Geschichte Gottes mit dem Menschen und des Menschen Geschichte mit Gott von ihm, Jesus Christus, her und auf ihn, Jesus Christus, hin geschaffen. Wie das Wesen Gottes *sein* Wesen ist, so ist das Wesen des Menschen ursprünglich *sein* Wesen. Und es ist nichts, was ist, das nicht von ihm her, durch ihn und zu ihm hin wäre. Er ist Gottes *Wort*, in dessen Wahrheit alles beschlossen ist, dessen Wahrheit durch kein anderes Wort überboten oder begrenzt werden kann. Er ist Gottes *Beschluss*, hinter und über dem es keinen früheren und keinen höheren und neben dem es keinen anderen gibt, sofern alle anderen Beschlüsse nur der Ausführung dieses einen dienen können. Er ist Gottes *Anfang*, vor dem außer dem Anfang, den Gott in sich selber hat, kein anderer ist, sodass außer Gott selbst niemand und nichts von anderswoher kommen, auf einen anderen Anfang zurückblicken kann. Er ist Gottes *Wahl*, vor der, ohne die und neben der Gott keine andere getroffen hat, sodass vor ihm, ohne ihn und neben ihm niemand und nichts von Gott gewählt und gewollt ist. Und eben er ist die Wahl (und also auch der Anfang, der Beschluss, das Wort) der freien *Gnade* Gottes. Denn es ist freie Gnade Gottes, dass Gott dies wählt: in ihm selber Mensch zu sein, in ihm sich selbst dem Menschen zu vermitteln und zu verbinden. Er, Jesus Christus, ist die freie Gnade Gottes, sofern diese nicht nur mit Gottes innerem, ewigem Wesen identisch bleibt, sondern in Gottes Wegen und Werken nach außen kräftig ist. Eben darum gibt es keine Wahl, keinen Anfang und Beschluss, kein Wort Gottes vor und über, neben und außer ihm. Freie Gnade ist der alleinige Grund und Sinn aller Wege und Werke Gottes nach außen. Welches «außen» könnte diese Wege und Werke verdienen, notwendig machen, hervorrufen? Es gibt kein «außen», das nicht zuerst, in der Voraussetzung aller seiner Wege und Werke, durch Gott selbst als solches gewollt und gesetzt wäre. Es gibt kein «außen», das nicht als solches in Gottes Gnadenwahl seinen Grund und Sinn hätte. Eben Jesus Christus ist aber selbst Gottes Gnadenwahl und darum Gottes Wort, Beschluss und Anfang in jener schlechthin alle und alles umfassenden, jede Eigenständigkeit aller anderen Worte, Beschlüsse und Anfänge umschließenden Weise. [...]

Jesus Christus ist der erwählende Gott. Das ist der Satz, mit dem wir beginnen müssen, weil er nach seinem Inhalt den Charakter und die Würde des Grundsatzes hat, weil der andere Satz: dass Jesus Christus der erwählte Mensch ist, nur von diesem ersten her verständlich zu machen ist. [...]

Die Erwählung Jesu Christi ist *die* ewige Wahl und Entscheidung Gottes. Und nun sagt unser erster Satz: Jesus Christus ist *der* erwählende Gott. Wir haben nach keinem anderen als nach ihm zu fragen. Wir werden in keiner Tiefe der Gottheit einem anderen als ihm begegnen. Es gibt keine Gottheit an sich. Sie ist die Gottheit des Vaters, des Sohnes und des Heiligen Geistes. Der Vater ist aber der Vater Jesu Christi und der Heilige Geist ist der Geist dieses Vaters und der Geist Jesu Christi. Es gibt kein *decretum absolutum* [= unbedingter Ratschluss Gottes]. Es gibt keinen vom Willen Jesu Christi verschiedenen Willen Gottes. Jesus Christus ist also nicht nur *manifestatio* [= öffentliche Sichtbarmachung] und *speculum nostrae praedestinationis* [= Spiegel unserer Erwählung]. Er ist es nicht etwa in der Weise, dass uns unsere eigene Erwählung – mit der seinigen und wie die seinige durch einen anderen verborgenen Willen Gottes vollzogen (aber vielleicht auch nicht vollzogen!) – durch die seinige nur bekannt gemacht und veranschaulicht wurde. Sondern er *offenbart* uns unsere Erwählung als die *durch ihn,* durch *seinen* Willen als den Willen *Gottes* vollzogene. Er *sagt* uns, dass eben *er* uns erwählt. Wir sollen und dürfen uns im Vordergrund unserer geschichtlichen Existenz darum ganz und mit ganzer Gewissheit an ihn halten, weil auch im ewigen Hintergrund aller Geschichte, auch im Anfang bei Gott kein anderer Beschluss gefasst, kein anderes Wort gesprochen und gültig ist als die durch ihn vollstreckte Entscheidung. Wir dürfen uns, indem wir an ihn glauben, ihn hören und uns an seine Entscheidung halten, in einer von nirgendwoher infrage zu stellenden Bestimmtheit von Gott erwählt wissen.

Jesus Christus ist der erwählte Mensch. In diesem zweiten Satz treffen wir mit der traditionellen Prädestinationslehre wieder zusammen. Aber ihr christologischer Satz lautet doch nur dahin, dass Jesus Christus nach seiner Menschheit *ein* Erwählter sei: vermöge seiner Gottheit zum Herrn und Haupt aller anderen bestimmt und eingesetzt, das Organ und Instrument alles göttlichen Erwählens, die Offenbarung und der Spiegel der Erwählung für alle anderen Erwählten.

Ohne unseren ersten Satz dürfte auch das nicht haltbar zu behaupten sein. Denn: Woher sollte Jesus Christus die Autorität und die Vollmacht haben, der Herr und das Haupt anderer Erwählter zu sein, wie sollte es möglich sein, dass diese anderen «in ihm» erwählt sind und wie sollte es dann möglich sein, dass diese anderen ihre eigene Erwählung in ihm als dem zuerst Erwählten anschauen, in seiner Erwählung ihrer eigenen sich getrösten dürfen, wenn er *nur* Gegenstand der Erwählung und nicht selber ihr Subjekt, wenn er *nur* ein erwähltes Geschöpf und nicht zuerst und vor allem auch der erwählende Schöpfer selbst wäre? Von einem bloßen Geschöpf könnte man offenbar nicht in einem ernstlichen und strengen Sinn sagen, dass andere Geschöpfe «in ihm» erwählt seien, dass er ihr Herr und Haupt sei, dass sie seiner Erwählung sich trösten sollten und dürften als ihrer eigenen. Wie käme ein bloßes Geschöpf dazu, in dieser Weise über anderen und für andere vor Gott zu stehen? Ist es wahr, dass dieser Mensch über anderen und für andere vor Gott steht, wie es die Heilige Schrift von dem Menschen Jesus Christus bezeugt, dann ist dieser Mensch nicht nur Geschöpf, sondern Schöpfer zugleich, dann muss also seinem Erwähltwerden als Geschöpf sein eigenes Erwählen als Schöpfer vorangegangen sein. Er muss dann der erwählte Mensch und der erwählende Gott in Einem sein. So steht dieser zweite Satz auf jenem ersten, und schon um dieses zweiten willen hätte der erste niemals geleugnet oder verschwiegen werden dürfen.

Eben wegen dieses seines Zusammenhangs muss dieser zweite Satz nun aber auch präziser formuliert werden. Er sagt, dass die ewige göttliche Entscheidung als solche und also vor aller Weltwirklichkeit, vor allem Sein und Geschehen in unserer Zeit, vor dieser unserer Zeit selber, in Gottes vorzeitlicher Ewigkeit die Existenz dieses einen Geschöpfs, den Menschen Jesus von Nazareth, sein Werk in seinem Leben und Sterben, in seiner Erniedrigung und Erhöhung, seinen Gehorsam und sein Verdienst und dass sie *in und mit* der Existenz dieses Geschöpfs den Vollzug des göttlichen Bundes mit den Menschen, das Heil aller Menschen zum Gegenstand und Inhalt hat. Dieser Mensch in dieser Funktion ist *der* Gegenstand der ewigen göttlichen Erwählung und Vorherbestimmung. Jesus Christus ist also nicht nur *ein* Erwählter, sondern *der* Erwählte Gottes. Er steht als Erwählter zum vornherein (von Ewigkeit her!) nicht neben den anderen Erwählten, sondern als der ursprünglich und eigentlich Erwählte vor und über ihnen. Andere Erwählte gibt es zum vornherein (von Ewigkeit her!) nicht neben und außer, sondern nach Eph 1,4 nur «in» ihm. «In ihm» heißt nicht nur: mit ihm, in Gemeinschaft mit ihm, in seiner Gesellschaft. «In ihm» heißt auch nicht nur: durch ihn, mittelst dessen, was er als

Erwählter für sie sein und tun kann. «In ihm» heißt: in seiner Person, in seinem Willen, in seinem eigenen göttlichen Erwählen, in der Grundentscheidung Gottes, die er jedem Menschen gegenüber zur Vollstreckung bringt. Dies hebt ihn heraus aus der Reihe aller anderen Erwählten und eben dies – erst dies! – verbindet ihn auch wieder mit ihnen: dass er als erwählter *Mensch* der in seiner *eigenen* Menschheit sie alle erwählende *Gott selber* ist. Indem er (als Gott) sich selber (als Mensch) will, will er auch sie. So sind sie «in ihm» erwählt: in und mit seinem Erwähltsein. So unterscheidet sich sein Erwähltsein von dem ihrigen: nicht nur als exemplarisch, nicht nur als urbildlich, nicht nur als Offenbarung und Spiegel ihrer Erwählung. Das alles ist von dem Erwähltsein Jesu Christi freilich auch zu sagen, aber darüber hinaus nun eben dies, dass es das ursprüngliche und das komprehensive Erwähltsein ist: das schlechthin einzigartige und gerade in dieser Einzigartigkeit universal bedeutsame und wirksame Erwähltsein dessen, der selbst der Erwählende ist. Das ist ja von keinem anderen Erwählten zu sagen: dass in und mit seinem Erwähltsein auch die anderen erwählt sind. Eben das ist aber von Jesus Christus im Blick auf alle anderen Erwählten zu sagen. Und *so* ist er als Erwählter der Herr und das Haupt aller anderen Erwählten, so die Offenbarung und der Spiegel ihrer Erwählung, so das Organ und Instrument alles göttlichen Erwählens. *So* ist sein Erwähltsein nun allerdings auch exemplarisch für alles Erwähltsein. *So* haben wir in ihm nun in der Tat nicht nur den erwählenden Gott, sondern auch den erwählten Menschen kennen zu lernen. […]

Aber nun ist ja der erwählte Mensch Jesus dazu bestimmt, zu leiden und zu sterben. So wird im Neuen Testament seine Auszeichnung und Sendung, so, wie wir sahen, auch seine Erwählung verstanden. Die «in ihm» dem Geschöpf zugewendete freie Gnade Gottes hat zum vornherein (von Ewigkeit her!) *diese* Gestalt. Es ist der Gehorsam zum Tode, ja zum Tode am Kreuze, zu dem der seiner göttlichen Seinsart sich entäußernde Sohn Gottes sich nach Phil 2,6f. entschließt, und eben *dieser* Entschluss ist der Inhalt des göttlichen Beschlusses im Anfang aller Dinge. «Das Wort ward *Fleisch*» [Joh 1,14]. Diese Formulierung der Weihnachtsbotschaft schließt die vom Karfreitag schon in sich. Denn «alles Fleisch ist wie Gras». Das Erwähltsein des Menschen Jesus bedeutet also: Ein Zorn ist entbrannt, ein Urteil wird gesprochen, eine Strafe wird vollzogen, eine Verwerfung findet statt. Von Ewigkeit her ist es so beschlossen. Von Ewigkeit her ist Gericht vorgesehen: gerade indem Gottes innere Herrlichkeit überströmen, gerade indem er sich seines Geschöpfes in jener unbegreiflichen Herablassung annehmen, ja gerade indem er in völliger Selbsthingabe selber Geschöpf werden will. Denn die Erwählung des Menschen Jesus schließt zwar teleologisch in sich die Erwählung der nach Gottes positivem Willen guten Schöpfung und also des nach seinem Bilde geschaffenen und zu seinem Bilde (seinem Spiegelbild!) bestimmten Menschen. Eben damit ist sie aber auch notwendig die Verwerfung des Satans, des sich gegen Gott erhebenden Engels als des Inbegriffs der von Gott nicht gewählten (und nur kraft dieser Negation existierenden!) Möglichkeit, als des Inbegriffs des seine Schöpfung und seine Bestimmung missverstehenden und missbrauchenden, des Gott gleich zu sein, selber ein Gott zu sein begehrenden Geschöpfs. Er (und, in ihm begründet, das ganze Reich des Bösen, d. h. des Dämonischen) ist der Schatten, den das Licht der Erwählung des Menschen Jesus (und in ihm der guten Schöpfung, in ihm des Menschen nach und zu dem Bilde Gottes!) als Gegenstand der Verwerfung im Ratschluss Gottes selbst notwendig zur Seite hat. Von seiner (allein in der Kraft der göttlichen Negation, aber insofern wirklich im Ratschluss und Willen Gottes begründeten) Existenz, Macht und Wirksamkeit zeugt des Menschen Sündenfall, in welchem sich dieser eben das satanische Begehren zu eigen macht. Der Mensch an sich und als solcher, konfrontiert mit dem Satan und seinem Reich, hat nun einmal in seiner geschöpflichen Freiheit die Macht nicht, seinerseits zu verwerfen, was Gott in seiner göttlichen Freiheit verwirft, und also der Versuchung gegenüber die Güte seiner Schöpfung und seiner Bestimmung zum Bilde Gottes zu behaupten. Der erwählte Mensch Jesus tut es [Mt 4,1–11]. Der Mensch an sich und als solcher aber wird immer tun, was nach Gen 3 Adam tat. Und darum ist der Mensch an sich und als solcher nach Gottes Ratschluss und Willen derselben Verwerfung verfallen, die auf seinem Versuchen und Verführen liegt. Er steht unter dem Zorn, mit dem Gott dem seine Geschöpflichkeit schmähenden und schändenden Geschöpf allein antworten kann. Er ist, der Kraft der göttlichen Negation ausgesetzt, des Todes schuldig. Aber eben diesen Menschen an sich und als solchen hat Gott ja in und mit der Erwählung des Menschen Jesus von Ewigkeit her geliebt und zum Bunde mit sich selber erwählt! Ihn, den der Einflüsterung des Versuchers und Verführers gegenüber Ohnmächtigen, ihn, der als wirklich Versuchter und Verführter zu seinem Feind geworden und also der Verwerfung verfallen, des Todes schuldig geworden ist! In dem einen Menschen Jesus stellt er ja den an die Spitze und zugleich an die Stelle aller anderen, der wie Gott selber mächtig ist, den Satan zu verwerfen und also die Güte der göttlichen Schöpfung und Bestimmung des Menschen nicht preiszugeben, sondern zu verteidigen, und der das nach Matthäus 4 auch wirklich tut, und zwar tut für alle, die Gott «in ihm» erwählt, für den Menschen an sich und als solchen, der das von sich aus nicht tut und nicht tun kann. Die Verwerfung aber, der sie alle verfallen, den Zorn Gottes, der auf sie alle gelegt ist, den Tod, den sie alle sterben müssen, gibt Gott, weil und indem er sie liebt, von Ewigkeit her eben dem zu tragen, in welchem er sie liebt und erwählt, den er an ihrer Spitze und an ihrer Stelle erwählt. Zum Leiden dessen, was die Ungehorsamen alle verdient haben und was um der Gerechtigkeit Gottes willen erlitten werden muss, bestimmt Gott von Ewigkeit her eben den einen Gehorsamen. Ja, es ist eben der von ihm verlangte und geleistete Gehorsam seine Willigkeit, die göttliche Verwerfung der anderen auf sich selbst zu nehmen und eben zu leiden, was die anderen leiden müssten. Nicht um seiner selbst, sondern um ihretwillen, um des Menschen an sich und als solchen willen ist er ja erwählt, nicht für sich, sondern für den Menschen an sich und als solchen verteidigt er ja die Güte der göttlichen Schöpfung und Bestimmung des Menschen. [...] Dass der erwählte Mensch Jesus leiden und sterben muss, bedeutet nun aber nicht mehr und nicht weniger als dies, dass Gott – indem er selbst dieser Mensch wird – sich selbst für den zu seinem Feind gewordenen Menschen verantwortlich und haftbar und dass er die ganze Folge von dessen Tun: seine Verwerfung und seinen Tod zu seiner eigenen Sache macht. Das hat es auf sich mit Gottes Selbsthingabe. So radikal ist seine Gnade. Gott muss und will Gerechtigkeit walten lassen: die Ehre seiner Schöpfung, die Ehre des für ihn geschaffenen und bestimmten Menschen und so seine eigene Ehre verteidigen gegen den Übergriff der von ihm verneinten, nur durch die Kraft seiner Verneinung existierenden Schattenwelt des Satans. Er kann und will es bei dem im Sündenfall des Menschen sich ereignenden Einbruch dieser Schattenwelt in den Bereich seines positiven Willens nicht sein Bewenden haben lassen. Es muss umgekehrt sein Bewenden dabei haben, dass der Satan und alles, was von ihm ausgeht und herkommt, verworfen ist. So muss und will Gott den Menschen an sich und als solchen verwerfen. Und er tut es. Er tut es aber in der Person des erwählten Menschen Jesus. In ihm *liebt* er ja den Menschen an sich und als solchen. Ihn wählt er also an die *Spitze* und *Stelle* aller anderen. Ihn trifft nun sein Zorn, sein Gericht, seine Strafe. Ihn und also seinen eigenen Sohn und also ihn selber! Ihn und also nicht die, die er «in ihm» liebt und erwählt, ihn und nicht die Ungehorsamen! Warum nicht sie? Warum dieses Eintreten des gerechten Gottes für die Ungerechten, durch das der ewige Richter unbegreiflicherweise sich selber zum Gerichteten macht? Darum, weil seine Gerechtigkeit eine barmherzige und gerade so die vollkommene Gerechtigkeit ist. Darum, weil ihn die Sünde dieser Ungehorsamen nicht nur beleidigt, sondern als ihre Not zum Mitleiden bewegt. Darum, weil er den Grund der Existenz, der Macht und Wirksamkeit des Satans, dem sie erlegen und verfallen sind, in der negativen Gewalt seines eigenen Ratschlusses und Willens wohl kennt. Darum, weil er in ihrer Ohnmacht dem Satan gegenüber wohl ihre Schuld, in dieser ihrer Schuld aber auch ihre Ohnmacht sieht. Darum, weil er wohl weiß, dass die, die die Macht nicht haben, den Satan zu verwerfen, noch weniger mächtig sind, die Verwerfung zu tragen und zu erleiden, die mit dem Satan selbst die verdient haben, die ihm Gehör und Gehorsam schenken. Darum, weil er von Ewigkeit her weiß, «was für ein Gemächte wir sind» [Ps 103,14]. Darum tritt er selbst für uns ein in seinem Sohne. Darum tut er nicht weniger als das für uns. Er ist es uns nicht schuldig, das zu tun. Denn nicht er hat uns, sondern wir selbst haben uns in unserer schuldigen Ohnmacht dem Satan und damit Gottes Zorn und der Verwerfung ausgeliefert. Er tut es aber, weil er uns in seinem Sohn von Ewigkeit her geliebt und erwählt, weil wir in seinem Sohn von Ewigkeit her als solche Sünder vor seinen Augen stehen, denen er gnädig ist. So besteht nun das Wesen der freien Gnade für einen Jeden, den Gott in dem Menschen Jesus erwählt, darin, dass er darum, weil in diesem Jesus Gott der Richter selbst seine, des Gerichteten Stelle einnimmt, von seiner Sünde, Schuld und Strafe gänzlich freigesprochen ist. Gottes Zorn und die Verwerfung des Satans und seines ganzen Reiches trifft ihn nicht mehr. Im Gegenteil: Gottes Zorn und die Verwerfung des Satans, eben der freie Lauf der göttlichen Gerechtigkeit, dem Gott selber sich für ihn unterzogen hat, hat ihn in die Freiheit versetzt. «In ihm», in dem er erwählt ist, in seinem Tode nämlich, in welchem der Sohn Gottes für ihn gestorben ist, ist er selbst als Sünder gestorben und also radikal geheiligt, ausgesondert, gereinigt zur Teilnahme an der geschöpflichen Eigenständigkeit, mehr noch: an der Gotteskindschaft des Geschöpfes als der Gnade, für die in der Erwählung des Menschen Jesus von Ewigkeit her auch er erwählt ist. […]

Karl Barth, KD II/2, Zürich 1942, 101–157.

Abfahrt nach Bonn
mit der «Via Mala»,
1946

6 Gottes Schöpfung und Bund

Von Gott dem Schöpfer zu reden, sei nicht einfacher als von der Jungfrauengeburt, formulierte Karl Barth einmal. Damit sagte er: Gott als Schöpfer zu erkennen und zu bekennen, kann nur im Glauben an den geschehen, der sich als Bundespartner gezeigt hat. Deshalb gehören – so betonen die ersten beiden Texte aus der «Kirchlichen Dogmatik» in Band III/1 – Schöpfung und Bund untrennbar zusammen, ja sie sind ohne einander gar nicht denkbar. Die Schöpfung existiert, weil Gott eine Beziehung zum Menschen eingegangen ist. Und die Bundesgeschichte Gottes mit dem Menschen ist nur deshalb möglich, weil Gott die Welt und den Menschen geschaffen hat. Dieser Zusammenhang ist bei Barth im Doppelsatz: «Die Schöpfung ist der äußere Grund des Bundes, der Bund aber ist der innere Grund der Schöpfung» gut erkennbar. Von Natur könne nach Barth jeder Mensch reden, von Schöpfung aber nicht, weil ja nicht jeder weiß, dass die Welt von Gott geschaffen ist. Noch genauer müsste man sagen: Von Schöpfung zu reden, war für Barth nur möglich, weil Gott selbst in Jesus Christus zum Mitmenschen aller geworden ist.

Die «Mitmenschlichkeit» ist darum von Barth auch als Grundform wahrer Menschlichkeit – so der dritte Abschnitt in Band III/2 der «Kirchlichen Dogmatik» – bezeichnet worden. Hier zeigt sich auch wieder der doppelte Aspekt: Es geht bei Barths Verständnis von Gottes Schöpferhandeln nicht nur um den Blick zurück an den Ursprung, sondern auch um die Erkenntnis der Begleitung der Schöpfung. Das, was Gott geschaffen hat, lässt er nicht los. Gott begleitet seine Schöpfung von Anfang an bis zum Ende. Das hat Barth in den Abschnitten «Gottes Vorsehung» und «Gottes Regieren» in Band III/3 ausführlicher behandelt. Der letzte ausgewählte Text dieses Kapitels aus Band III/4 wendet sich dem Feiertag zu. Dieser Band thematisiert die Schöpfungsethik – und am Feiertag wird deutlich, wie sehr die Schöpfung gemäß Barth als Gottes gutes Werk zu verstehen ist. Diese nützt den

Menschen und den Tieren zum Wohl in der Zeit. Sie lädt die Menschen aber auch ein, sich dieses Geschenk Gottes gefallen zu lassen. Schließlich weist die Schöpfung als Gottes gutes Werk auf die immerwährende Gemeinschaft des Menschen mit Gott hin, die nach dem Ende der Zeiten kommen wird.

Die Schöpfung als äußerer Grund des Bundes (KD III/1, 1945)

Das Geschöpf existiert nicht *durch* sich selbst. Es hat sich sein Dasein und Sosein nicht selbst genommen und gegeben. Es wurde nicht durch sich selbst. Es besteht nicht durch sich selbst. Es wird sich nicht selbst erhalten. Dass es wurde, ist und sein wird, das verdankt es seiner Erschaffung und also seinem Schöpfer. Das Geschöpf existiert aber auch nicht *für* sich selbst. Für das Geschöpf existiert, für das Geschöpf denkt, spricht, sorgt sein Schöpfer, aber nicht das Geschöpf selber. Es ist sich selber so wenig Ziel und Zweck, wie es sich selber Grund und Anfang ist. Es gibt keine dem Dasein und Sosein des Geschöpfs immanente Bestimmung, keine mit seiner Erschaffung aufgerichtete und ihm zu eigen gemachte selbstständige Teleologie des Geschöpfs. Seine Bestimmung liegt ganz in dem, was sein Schöpfer als sein Fürsprecher und Fürsorger mit ihm beabsichtigt. Dass Gott als sein Schöpfer sich ihm zugewendet hat mit seiner Absicht, das und das allein ist das Recht, der Sinn, das Ziel, der Zweck, die Würde des Geschöpfs. Mit jeder anderen Absicht als der, sich diese Zuwendung und also diese Fürsprache und Fürsorge Gottes willig gefallen zu lassen, mit jeder eigenmächtigen Intention also, mit jedem Anspruch auf ein seinem Dasein und Sosein immanentes Recht, auf einen Sinn, den es hätte und nicht erst empfangen müsste, auf ein Ziel, das es sich selber stecken könnte, auf einen Zweck, den es in sich und für sich hätte, auf eine Würde, die es unabhängig vom freien Willen seines Schöpfers geltend machen dürfte – mit dem allem müsste und würde es sich ebenso ins Leere stellen wie mit der Illusion, es sei durch sich selbst geworden, es bestehe durch sich selbst, es werde durch sich selbst erhalten. Durch seine Erschaffung und also durch sein Wesen als Geschöpf ist wie diese Illusion so auch jede solche Absicht in der Wurzel unmöglich gemacht und als Lüge erwiesen.

Damit ist nun aber auch darüber entschieden, dass Gottes Schöpfung selbst und als solche nicht um ihrer selbst willen geschah und noch geschieht. Schöpfung ist die von Gott in Freiheit gewollte und vollzogene Setzung einer von ihm verschiedenen Wirklichkeit. Die Frage drängt sich auf: Was wollte und was will Gott mit dieser Setzung? Er will nicht allein sein in seiner eigenen Herrlichkeit; er will ein anderes neben sich haben. Diese Antwort kann aber bestimmt nicht meinen, dass Gott das entweder umsonst gewollt und getan, oder dass er damit einem Bedürfnis genügt hätte, dass er darum nicht allein sein und bleiben wollte, weil er das nicht konnte. Und ein anderes neben ihm, das nun als solches unabhängig von ihm wäre, was es ist, wäre eine Vorstellung, die mit seiner Freiheit unverträglich wäre: eine Grenze seiner Herrlichkeit, seines Willens und seiner Macht kann er sich mit dieser Setzung bestimmt nicht gesetzt, einen ihm fremden und entzogenen, einen sich selbst oder seiner eigenen Teleologie überlassenen Bereich kann er als göttlicher Schöpfer nicht geschaffen haben. Ist nun diese Setzung kein Zufall, entspricht sie keinem göttlichen Bedürfnis und bedeutet sie sicher keine Setzung einer Grenze seiner eigenen Herrlichkeit, dann bleibt uns nur die Erinnerung: Gott ist der in seiner Liebe Freie. Dann können wir auch diese sonst unbegreifliche Setzung nur als Werk seiner Liebe verstehen. Er will und setzt das Geschöpf weder aus Laune noch aus Bedürfnis, sondern weil er es von Ewigkeit her geliebt hat und weil er seine Liebe an ihm erweisen und also seine Herrlichkeit durch seine Existenz und sein Wesen nicht begrenzen, sondern in seinem eigenen Zusammensein mit diesem anderen offenbaren und erweisen will. Er will als Schöpfer wirklich für sein Geschöpf existieren. Dazu gibt er diesem eigene Existenz und eigenes Wesen. Darum kann aus der eigenen Existenz und dem eigenen Wesen des Geschöpfs nun doch keine diesem immanente Ziel- und Zweckbestimmung folgen, kein Anspruch auf Recht, Sinn und Würde seines Daseins und Soseins, die ihm anders als so zukämen, dass sie ihm gegeben werden. Darum ist eben schon die eigene Existenz und das eigene Wesen des Geschöpfs das Werk der Gnade Gottes. Was wäre das für eine Liebe, die sich mit dem Dasein und Sosein des anderen begnügte, um ihm im Übrigen unbeteiligt gegenüberzustehen, um es im Übrigen sich selbst zu überlassen? Liebe will lieben. Liebe will etwas mit dem Geliebten, für das Geliebte. Weil Gott das Geschöpf liebt, darum weist seine Erschaffung, aber auch sein Bestand und seine Erhaltung über sich selbst hinaus auf eine *Betätigung* und *Erfüllung* seines Liebens, die damit, dass das Geschöpf als solches gesetzt ist, eigene Existenz und eigenes Wesen empfängt neben und außer dem Wesen und der Existenz Gottes, *noch nicht* geschehen ist, der die Schöpfung in ihrer ganzen Herrlichkeit vielmehr erst entgegenblickt und entgegengeht, für die die Schöpfung erst die Voraussetzung bildet.

Und das ist nun der eine, der erste Aspekt, unter dem wir die Schöpfung nach Anweisung der Schrift zu betrachten haben: sie ist die Voraussetzung der Realisierung der göttlichen Liebesabsicht seinem Geschöpf gegenüber. Weil es sich um die Realisierung der *göttlichen* Liebesabsicht handelt, darum ist die Schöpfung hier unentbehrliche Voraussetzung. Sie ist es nicht, wo es sich um die Liebe des einen zum anderen im geschöpflichen Raume handelt. Da hat ja das Geliebte seine Existenz und sein Wesen unabhängig von dem Liebenden. Da findet der Liebende das Geliebte vor, um es aufgrund seines Daseins und Soseins zu lieben. Die göttliche Liebe ist schon darin die vollkommene Liebe, das unerreichbare Urbild und der reale Grund aller geschöpflichen

Liebe, dass sie nicht von einer solchen Voraussetzung herkommt, sondern eben diese Voraussetzung selber schafft. Gott liebt das Wesen, das ohne ihn gar nicht wäre, das nur durch ihn ist. Gott liebt sein eigenes *Geschöpf.* Das ist das schlechthin Einzigartige des *Bundes,* in welchem es zur Betätigung und Erfüllung seines Liebens kommt. Sein äußerer Grund: die *Existenz* und das *Wesen* des Geschöpfs, mit dem er sich verbündet, ist das Werk seines *eigenen* Willens und Vollbringens. Seine *Schöpfung* ist der äußere Grund dieses Bundes. So fest ist dieser Bund gegründet, so zuverlässig ist seine Voraussetzung nicht nur auf Seiten Gottes, sondern gerade auch auf Seiten des Geschöpfs, so groß ist die Treue und Beständigkeit, die dieses als solches in diesem Bunde von Gott erwarten darf, so überlegen ist freilich auch die Autorität des Stifters dieses Bundes! Es gibt schlechterdings keinen äußeren Grund, den dieser Bund hätte, der nicht selbst schon von eben dem Gott gelegt wäre, der sich hier dem Menschen verbündet. Es gibt keine Existenz des Geschöpfs, in der dieses ursprünglich anderswohin gehörte als in dieses Bündnis. Es hat keine Eigenschaften, keine Lebensbedingungen, keine substanziellen oder akzidentiellen Prädikate irgendwelcher Art, kraft welcher es dem Stifter dieses Bündnisses fremd sein könnte, dürfte oder müsste. Es gibt freilich auch keine von ihm selbst mitgebrachten und vorzubringenden Ansprüche auf ein Recht und eine Würde, die es im Unterschied und Gegensatz zum Willen des Stifters dieses Bündnisses geltend machen, es hat keinen Standort, von dem her es auf gleichem Fuß mit ihm verhandeln könnte. Gott gibt ihm in diesem Bunde, was er, indem er ihm allererst sein Dasein und Sosein gab, ihm zu geben sich vorgenommen hatte. Und Gott will von ihm als dem Partner dieses Bundes nur das, wozu er es, indem er ihm allererst sein Dasein und Sosein gab, vorbereitet, verbunden und verpflichtet hat. Das Geschöpf, dem er sich verbündet, *gehört* ihm. Es ist allein Gottes freie Liebe, dass er sich ihm verbündet. Er erfüllt also seinerseits keine Schuldigkeit ihm gegenüber, indem er das tut. Wie könnte er durch etwas anderes als durch sich selbst, wie könnte er anders als in voller Freiheit dazu getrieben sein, sein Geschöpf, das allein ihm verdankt, dass es ist und was es ist, nun wirklich zu lieben und also in jene Beziehung zu ihm zu treten, seiner Schöpfung nun wirklich diese Folge zu geben? Aber indem er das tut, indem seine Liebe so unbegreiflich hoch und tief ist, dass er es nicht verschmäht, eben das zu wollen und zu tun, hat dieses sein Tun seinen soliden äußeren Grund darin, dass das von ihm Geliebte ihm *gehört,* dass er es in dem Partner seines Bundes weder mit dem Untertanen eines Fremden, noch mit einem Herrn eigenen Rechtes zu tun hat, sondern mit seinem Eigentum, ja mit dem Werk seines Wollens und Vollbringens. Das ist die äußere Kraft dieses Bundes: dass er auf der *Schöpfung* beruht, dass das Geschöpf kraft seines Daseins und Soseins dazu bestimmt, zubereitet und ausgerüstet ist, Partner dieses Bundes zu sein. Dieser Bund kann von keiner Natur des Geschöpfs oder seiner Umgebung, durch keine Eigentümlichkeit des Menschen oder der Welt ernstlich und real bedroht und angefochten werden. Gerade durch seine ganze *Natur* ist das Geschöpf vielmehr für diesen *Bund* bestimmt und disponiert. Es gibt keine Eigentümlichkeit des Menschen und der Welt, die nicht als solche eben auf diesen Bund hinzielte. Das Geschöpf wird es als Partner dieses Bundes auf Seiten Gottes immer und ganz mit seinem Schöpfer und auf seiner eigenen Seite immer und ganz gerade mit seiner eigenen, durch den Schöpfer bestimmten Natur zu tun haben. […]

Karl Barth, KD III/1, Zürich 1945, 103–258.

Der Bund als innerer Grund der Schöpfung (KD III/1, 1948)

Die Bibel nötigt uns, das Verhältnis von Schöpfung und Bund sofort noch von einer ganz anderen, der entgegengesetzten Seite her durchzudenken. Ein sachlicher Widerspruch kommt nicht infrage. Wir werden von der bisher gewonnenen Erkenntnis nichts abzustreichen, wir werden ihr nichts hinzuzufügen, wir werden sie nicht zu korrigieren haben. Es ist derselbe Gegenstand, mit dem wir uns nochmals zu beschäftigen haben. Wir benennen ihn nochmals so, wie wir ihn bis jetzt benannt haben: Gottes Schöpfung als Voraussetzung der äußerlich auf ihr beruhenden, weil technisch durch sie ermöglichten und äußerlich, zeitlich, auf sie folgenden, ihre Geschichte innerlich fortsetzenden Geschichte des Verkehrs zwischen Gott und Mensch – die Schöpfung als Weg und Mittel zum Bunde. Es wird bei allem, was von dem so benannten, weil von dieser Seite gesehenen Gegenstand gesagt wurde – sofern wir ihn von dieser Seite richtig gesehen haben – sein Bewenden haben müssen. Es ist aber so, dass derselbe Gegenstand auch noch eine andere Seite hat, dass er auch von dieser Seite und also noch einmal ganz anders zu sehen ist und gesehen sein will, dass man ihn von dieser Seite her auch anders benennen und dass von dieser Seite her auch seine Erkenntnis noch einmal eine andere Gestalt gewinnen, in einer anderen Dimension verlaufen muss. [...]

Das Geschöpf existiert nicht von ungefähr. Es ist nicht nur da, sondern es ist sinnvoll da. Es verwirklicht, schon indem es da ist, eine Absicht, einen Plan, eine Ordnung. Es ist nicht durch Zufall da, sondern notwendig und also auch nicht als Zufall, sondern als Zeichen und Zeugnis dieser Notwendigkeit. Das ist schon damit gegeben, dass es eben Geschöpf und also des Schöpfers, Gottes Werk ist. Wie Gott selbst nicht von ungefähr ist, sondern in der Kraft seines eigenen göttlichen Sinnes und seiner eigenen göttlichen Notwendigkeit, so durch ihn, so als Offenbarung seiner Herrlichkeit das Geschöpf. Der Akt der Schöpfung ist als solcher die Offenbarung der Herrlichkeit Gottes, durch die er dem Geschöpf Sinn und Notwendigkeit gibt. Das Geschöpf könnte sich diese nicht nehmen, es könnte sie auch nicht haben, nicht besitzen und behalten, und wenn es sie verloren hätte, nicht wieder verschaffen. Es hat das aber auch nicht nötig. Gott gibt ihm Sinn und Notwendigkeit, indem er es schafft. Gott macht es, indem er ihm Wesen und Existenz gibt, zum Exponenten seiner Absicht, seines Planes, seiner Ordnung. Es wäre nicht, wenn es nicht kraft seines Seins dieser Exponent, aufgrund göttlicher Gabe das Zeichen und Zeugnis des göttlichen Sinnes und der göttlichen Notwendigkeit wäre. In und mit dieser Schöpfung gibt ihm Gott dies: dieser Exponent zu sein. Das ist Gottes

Herrlichkeitsoffenbarung im Akt der Schöpfung. Der göttliche Sinn und die göttliche Notwendigkeit, die das Geschöpf sichtbar macht, die es als solches bezeichnet und bezeugt, ist aber die freie Liebe Gottes: die *Liebe* Gottes, in der er einen anderen will und setzt durch sich selbst, um selber für ihn zu sein – die *freie* Liebe Gottes, in der er dieses Wollen und Setzen aus eigener Vollmacht in selbstständigem Entschluss von sich aus vollzieht. Es ist dieselbe freie Liebe, in der er selber Gott ist: der Vater im Sohne, der Sohn im Vater durch den Heiligen Geist. Und es ist wieder dieselbe freie Liebe, in der er bei sich selbst seine Gemeinschaft mit den Menschen in der Person seines eigenen Sohnes von Ewigkeit her beschlossen hat. Indem diese seine freie Liebe offenbar, d. h. außerhalb des Seins Gottes selber wirklich und sichtbar wird, wird Gottes verborgene Herrlichkeit offenbar, und eben dies ist die Schöpfung, sofern sie das Geschöpf zum Exponenten, zum Zeichen und Zeugnis des göttlichen Sinns, der göttlichen Notwendigkeit macht. Von dort, von der freien Liebe Gottes her, hat also das Geschöpf Sinn und Notwendigkeit, empfängt es die Gabe, der Träger von Gottes Absicht, Plan und Ordnung zu sein. Von dorther ist zu sagen, dass es anders denn als Empfänger dieser Gabe gar nicht geschaffen wurde und also anders denn als dieser Empfänger gar nicht existiert. Von dorther ist zu sagen, dass es, indem es existiert, nur dankbar sein kann, dass es seine Existenz vergessen und verleugnen müsste, wenn es nicht dankbar sein wollte. Seine Schöpfung als solche ist seine Erschaffung als dankbares Wesen und zu dankbarer Existenz. Es ist und existiert ja allein aufgrund und im Vollzuge des Aktes der Herrlichkeitsoffenbarung der freien Liebe Gottes: der Liebe, die Gott ihm zugewendet, ohne dass er sie ihm schuldig war, der Liebe des Vaters und des Sohnes im Heiligen Geist, der Liebe, die schon in dem ewigen Ratschluss der Dahingabe seines Sohnes zugunsten des Menschen nicht ohne einen konkreten außergöttlichen Gegenstand sein wollte. Indem diese Liebe anhob, Tat und Ereignis und also offenbar zu werden, geschah die Schöpfung, bekam das Geschöpf sein Wesen und seine Existenz. Dass es ist und was es ist, das verdankt es der Offenbarung, die diesen Inhalt hat.

Das ist die andere Seite dieser Sache. Wir sahen vorher, was die erste Seite war, von der wir sie zu betrachten hatten: Die Schöpfung ist die formale Voraussetzung des Bundes, in welchem Gott den Willen seiner freien Liebe zu seinem Ziele führt. Gott liebt sein Geschöpf und also ein Wesen, das ihm, dem Liebenden, ursprünglich gehört und zu eigen ist, dem also das, was ihm von Gott als dem Herrn des Bundes widerfährt, nichts Fremdes sein und das in dieser Sache keinen eigenen, abweichenden Anspruch geltend machen und vertreten kann. Die Schöpfung ist eine einzige Bereitstellung und also das Wesen und die Existenz des Geschöpfs eine einzige Bereitschaft für das, was Gott in der Geschichte des Bundes mit ihm wollen und tun wird. Seine Natur ist nichts anderes als seine Zurüstung für die Gnade. Seine Geschöpflichkeit ist lauter Verheißung, Erwartung und Weissagung dessen, was Gott in seiner Gnade, in der Vollstreckung des Willens seiner ewigen Liebe (endlich und zuletzt im Vollzug der Dahingabe seines Sohnes) mit dem Menschen vorhat und zu seinen Gunsten auszuführen nicht säumen wird. So ist die Schöpfung der Weg zum Bunde, seine äußere Kraft, sein äußerer Grund, weil zu dessen Verwirklichung alles davon abhängt, dass das Geschöpf als Partner Gottes nicht durch sich selbst und also auch nicht für sich selbst einzutreten in der Lage, dass es auf Gottes Fürsorge und Fürsprache gänzlich angewiesen ist, dass es aber eben dieser göttlichen Fürsorge und Fürsprache tatsächlich teilhaftig ist. Wir sehen jetzt: dieselbe Sache hat noch eine andere Seite. *Der Bund ist der innere Grund der Schöpfung.* Er ist gewiss nicht ihr äußerer Grund. Ihr äußerer Grund ist die Weisheit und Allmacht Gottes, der seiner Sache als Schöpfer darum sicher ist, weil er Gott ist, der also bei der Erschaffung der Welt und des Menschen, bei der Bestellung der Voraussetzung des Bundes, bei der Zurüstung des Geschöpfs für seine Gnade um die rechten Mittel und Wege nicht verlegen sein muss, dessen Wort dazu genügte, dem Geschöpf als dem Gegenstand seiner Liebe und als dem Partner seines Bundes Wesen und Existenz zu geben. Die Schöpfung hat aber – und darauf ist jetzt zu achten – auch einen inneren Grund. Er besteht darin, dass schon die Weisheit und Allmacht Gottes des Schöpfers nicht irgendeine Weisheit und Allmacht, sondern die seiner freien Liebe war. Und so war das, was Gott schuf, nicht irgendeine – vielleicht an sich höchst vollkommene und bewundernswerte – Wirklichkeit, sondern die, die in sich selbst bestimmt war zum Exponenten seiner Herrlichkeit und zu dem entsprechenden Dienste. Nicht irgendein, sondern der zur Begründung und Geschichte des Bundes bestimmte Raum und nicht irgendein Subjekt, sondern das, das in dieser Geschichte Gottes Partner werden sollte: die Natur, deren Gott sich in seiner Gnade zuwenden und annehmen wollte, den zu seinem Dienst bestimmten Menschen hat Gott geschaffen, indem er die Welt und den Menschen geschaffen hat. Dass der Bund das Ziel der Schöpfung ist, das kommt zu der in ihr gesetzten Wirklichkeit des Geschöpfs nicht erst später hinzu – es hätte auf die Schöpfungsgeschichte nicht ebenso gut irgendeine andere Geschichte folgen können – das charakterisiert vielmehr schon die Schöpfung selbst und als solche und also auch das Wesen und die Existenz des Geschöpfs. Es war der noch nicht begründete Bund, der Bund, dessen Geschichte noch nicht begonnen hatte, sondern erst beginnen sollte, der als das der Schöpfung und dem Geschöpf gesetzte Ziel im Voraus auch die Schöpfung nötig machte und bedingte, auch das Geschöpf bestimmte und begrenzte. War die Schöpfung der äußere Grund des Bundes, so war er ihr innerer Grund. War sie seine formale, so war er ihre materiale Voraussetzung. Hatte sie den geschichtlichen, so hatte er den sachlichen Vorrang. Ist die Proklamation und Stiftung des Bundes der Beginn der nach der Schöpfung anhebenden Geschichte, so enthält doch schon die Schöpfungsgeschichte als Geschichte des anhebenden Seins der Kreatur alle Elemente, die sich nachher in diesem Ereignis und in der ganzen Reihe der darauffolgenden Ereignisse: in der Geschichte Israels und endlich und zuletzt in der Geschichte der Erscheinung des Sohnes Gottes im Fleisch begegnen und vereinigen werden. […]

Karl Barth, KD III/1, Zürich 1945, 258–377.

Die Grundform der Menschlichkeit (KD III/2, 1948)

Wir wenden uns jetzt vom Menschen Jesus zum *anderen* Menschen: zum Menschen überhaupt und im Allgemeinen. Christologie ist nicht Anthropologie. Wir dürfen also nicht erwarten, die Menschlichkeit Jesu und also seine Mitmenschlichkeit, sein Sein für den Menschen, und also auch jene letzte und höchste Bestimmung: das Bild Gottes in diesem anderen Menschen direkt wiederzufinden. Jesus ist in einem Sinn der Mensch für den Mitmenschen und also das Bild Gottes, wie es der andere Mensch in keiner Annäherung sein kann, wie ja auch kein anderer Mensch so, im gleichen Sinn wie er, für Gott ist. Er allein ist Gottes Sohn, und so kann auch nur *seine* Humanität beschrieben werden als das Sein eines Ich, das ganz vom mitmenschlichen Du her, ganz zu ihm hin ist und gerade so echteste Ichhaftigkeit besitzt. Wir brauchen hier nicht einmal in Rechnung zu ziehen, dass faktisch alle anderen Menschen Sünder, von Gott abgewichen sind. Das bedeutet ja, dass ihre Humanität faktisch (in einem mehr oder weniger vollständigen Gegensatz zu jener Beschreibung) aus ihrem Widerspruch gegen das Du heraus in immer neuem Gegensatz zum Du sich entfaltet und gerade darum auch nie echte Ichhaftigkeit besitzen kann. Nehmen wir an, es gäbe hier in jedem Menschen mindestens auch so etwas wie ein ernsthaftes, wenn auch vielleicht aussichtsloses Streben in der entgegengesetzten Richtung. Der Unterschied zwischen Jesus und uns bliebe doch unaufhebbar. Er ist grundsätzlich. Denn das ist sicher, dass kein anderer Mensch von Haus aus und kraft seiner Existenz für den Mitmenschen ist. Kein anderer ist Gottes Wort an den Menschen, und darum ist auch kein anderer von dessen Dasein direkt und unmittelbar, in seinem Innersten, betroffen, keiner dazu gesandt, beauftragt und befähigt, an Stelle, in Vertretung eines jeden anderen zu sein und zu handeln, sich selbst für alle anderen einzusetzen und dahinzugeben, in und mit seinem Leben ihr Leben möglich und wirklich zu machen und also in diesem radikalen und universalen Sinne für sie, ihr Bürge zu sein. Das alles kann in der Anthropologie keine Wiederholung finden. Man hat sich noch immer in idealistischen Illusionen bewegt, wenn man die Humanität des Menschen überhaupt und im Allgemeinen mit Zügen ausgestattet hat, die der Humanität des Menschen Jesus nun einmal ausschließlich eigentümlich sind. Der Mensch überhaupt und im Allgemeinen ist – mag er seinem Mitmenschen auch viel, sehr viel bedeuten und geben – weder sein eigener Erretter und Heiland noch auch der auch nur eines einzigen Wesens seinesgleichen. Er ist vielmehr das Wesen, *für* das der eine Mensch Jesus das alles ist, was *ihm* eigentümlich ist. [...]

Besteht die Menschlichkeit Jesu darin, dass er für den anderen Menschen ist, dann schließt das bei aller Ungleichheit zwischen ihm und jenem auch dies in sich: er bejaht diesen anderen Menschen als ein Wesen, das ihm in seiner geschöpflichen Existenz und also eben in seiner Humanität nicht nur ungleich, sondern in irgendeiner Grundform auch gleich ist. Wo ein Wesen für ein anderes ist, da muss es irgendeinen ihnen gemeinsamen Raum, eine ihnen gemeinsame Existenzform geben, in welcher dieses «für» möglich und wirksam werden kann. Wäre der andere Mensch ein solches Wesen, dessen Menschlichkeit unter einer schlechthin anderen, wohl gar entgegengesetzten Bestimmung stünde als die Menschlichkeit Jesu, dann wäre es müßig und verwirrend, sowohl von Jesus als von diesem anderen als von «Menschen» zu reden. «Mensch» hier und «Mensch» dort wäre dann ein ganz verschiedenes Wesen, das man dann hier und dort besser auch mit ganz verschiedenen Begriffen bezeichnen würde. Und es wäre dann unerfindlich, inwiefern gerade der «Mensch» Jesus für den anderen «Menschen», von ihm her und zu ihm hin, in seinem menschlichen Innersten von dessen Dasein betroffen, gerade zu seinem Heiland berufen, gerade zu ihm gesandt, zu seiner Errettung beauftragt und befähigt sein, wie er sich mit seinem Menschenleben für dieses andere Wesen einsetzen, an seiner Stelle und in seiner Vertretung handeln, leiden und siegen könnte. Auch diese ganze Auszeichnung seiner Humanität vor der jedes anderen Menschen müsste und würde dann notwendig dahinfallen, in sich unmöglich sein. […]

Wo das Heilandswerk des Menschen Jesus an den andern Menschen möglich und wirklich wird, wo es zu solcher Gemeinschaft zwischen ihm und anderen Wesen kommt, da muss nach einer *Zusammenordnung* zwischen ihm und diesen anderen Wesen gefragt werden, die als solche nicht erst durch diese Gemeinschaft begründet, sondern die in ihrer Ermöglichung und Verwirklichung schon *vorausgesetzt* ist. Es muss also nach einer solchen Grundform der Menschlichkeit auch des anderen Menschen, des Menschen überhaupt und im Allgemeinen gefragt werden, in welcher die Voraussetzung dessen gegeben und sichtbar ist, dass der Mensch Jesus für ihn sein kann. Ist es *wahr*, dass der Charakter der Menschlichkeit Jesu als Mitmenschlichkeit nicht Zufall, sondern im Willen *Gottes* begründet – noch mehr: dass Jesus gerade in diesem Charakter seiner Menschlichkeit das *Bild* Gottes ist? Wir haben gesehen, dass und warum diese Frage positiv zu beantworten ist. Ist es aber nicht *auch* wahr, dass eben dieser Gott der *Schöpfer* des Menschen *Jesus* nicht nur, sondern eines *jeden* Menschen ist, dass wir also in der Form und vor allem in der Grundform der Menschlichkeit eines jeden sein ihm von *Gott* gegebenes geschöpfliches Wesen zu erkennen haben? Indem die theologische Anthropologie von diesen beiden

Vordersätzen herkommt, wird sie die Frage nach jener Voraussetzung nicht nur als erlaubt, sondern auch als notwendig anerkennen müssen.

Wir werden dann nicht bei der Christologie, nicht bei der Feststellung stehen bleiben können, dass Jesus der Mensch für den Menschen ist; wir werden dann auch im Blick auf diesen anderen Menschen die Frage stellen müssen: *Inwiefern* er als Mensch *das Wesen* ist, *für das* der Mensch Jesus mit seinem Leiden und Siegen einstehen kann? *Was* ihn, weil in diesem Sein Jesu für ihn der Bund offenbar und wirksam wird, den Gott gerade mit ihm geschlossen hat, für diesen Bund *möglich,* was ihn als Gottes Geschöpf für seinen Gott *bündnisfähig* macht?

Wir fragen selbstverständlich nicht nach einer *Würde* oder gar nach einem *Verdienst* des Menschen, aufgrund dessen er einen *Anspruch* darauf hätte, Gottes Bundesgenosse zu sein – einen Anspruch darauf, dass der Mensch Jesus für ihn sein müsse. Es gibt keinen Anspruch dieser Art: keinen Anspruch des Geschöpfs seinem Schöpfer gegenüber. Es ist Gottes unbegreifliche Gnade, dass er sich gerade seiner annimmt, dass in der Mitmenschlichkeit des Menschen Jesus die freie Wahl des göttlichen Willens gerade als Menschenfreundlichkeit wirksam und sichtbar wird. Aber da sie nun einmal als solche wirksam und sichtbar wird, da nun einmal eben dieser unbegreiflicherweise gerade dem Menschen gnädige Gott auch des Menschen – eines jeden Menschen – *Schöpfer* ist, kann dessen Geschöpflichkeit, seine menschliche Natur, seine Humanität, dieser Gnade Gottes (so unbegreiflich es bleibt, dass sie gerade ihm zugewendet ist) nicht einfach fremd, sondern muss ihr, um es so zu sagen, in einer bestimmten Vertraulichkeit gegenüberstehen.

Auch der vorhin gebrauchte Ausdruck «*bündnisfähig*» will also recht verstanden sein. Wir fragen nicht nach einer Fähigkeit des Menschen, die Beziehung zu Gott im Bunde mit ihm seinerseits aufzunehmen, Gottes Partner zu sein. Dass er das kann, das liegt nicht in irgendeiner Potenz seines geschöpflichen Wesens. Er kann das, indem Gott ihn zu seinem Partner *macht,* indem er ihn dazu *aufruft,* jene Beziehung aufzunehmen, indem er als der dazu Aufgerufene *existiert.* Es ist wieder Gottes unbegreifliche Gnade, dass er gerade mit dem Menschen diesen Bund schließt, gerade ihn dazu aufruft, sich vor ihm zu verantworten, gerade ihn dazu faktisch in Stand setzt. Aber da er dies nun einmal tut – er, der doch auch des Menschen Schöpfer ist –, so ist nochmals zu sagen, dass des Menschen geschöpfliches Wesen dieser Gnade Gottes nicht einfach fremd und widerstrebend sein kann, sondern in einer bestimmten Vertraulichkeit gegenüberstehen muss. Hat Gottes Gnade zur Wiederherstellung und Verteidigung seiner Ehre im Kosmos gerade den *Menschen* Jesus in

Anspruch genommen, so beweist dies immerhin so viel, dass er die menschliche Geschöpflichkeit zu solchem Dienst jedenfalls nicht unpassend, sondern passend, nicht unbrauchbar, sondern brauchbar gefunden hat. Wir fragen also nicht nach einer vom Menschen her zu aktualisierenden Bündnisfähigkeit, sondern nach dem, was ihn, der das Werk seines Schöpfers ist, in dessen Augen vor anderen Geschöpfen als seinen Bundesgenossen möglich, brauchbar, angenehm, wohlgefällig und insofern also «bündnisfähig» macht. [...]

Was ist Menschlichkeit, Humanität, menschliche Geschöpflichkeit? Was ist ihre Grundform? fragen wir zunächst. Gemeint ist eben: inwiefern entspricht das menschliche Wesen der Bestimmung des Menschen zu Gottes Bundesgenossen? Unser Kriterium zur Beantwortung dieser Frage ist die Menschlichkeit des Menschen Jesus. Gibt es zwischen seiner und unserer Menschlichkeit bei aller Distanz ein Gemeinsames, bei aller Ungleichheit ein Gleiches, dann muss aber, indem wir uns jetzt uns selbst, dem Menschen überhaupt und im Allgemeinen zuwenden, eine große Unterscheidung und *Ausscheidung* schon hinsichtlich des bei unserer Frage vorausgesetzten menschlichen Wesens Platz greifen. Wir können nicht etwa davon ausgehen, dass es ein bekanntes und anerkanntes Bild vom Menschen und seiner Humanität schon gebe, an das wir uns hier zu halten, aus dessen Konturen wir dann sein Entsprechendes und Ähnliches zur Humanität Jesu und also (in höchster Instanz) seine Teilnahme an dem in der Humanität Jesu verwirklichten Bilde Gottes gewissermaßen heraus zu exegesieren hätten. Es kann sich in der theologischen Anthropologie nicht darum handeln, einen vorgegebenen Text (in diesem Fall: ein als bekannt und anerkannt vorausgesetztes Menschenbild) theologisch zu deuten, wobei dann die Mutmaßung berechtigt bleiben könnte, als sei und bleibe doch dieser Text (das bekannte und anerkannte Bild vom Menschen) das Beständige und Gewisse, die theologische Deutung aber wie jede andere Deutung das Variable und Ungewisse. Sondern was der Mensch ist, das entscheidet sich in der theologischen Anthropologie von ihrem primären Text, nämlich eben von der Menschlichkeit des Menschen Jesus her. Und die Anwendung dieses Kriteriums bedeutet, dass ein ganzer großer Bereich angeblicher Menschlichkeit zum vornherein als unmenschlich ausgeschieden wird und außer Betracht fällt, weil sich das, was da für menschlich gehalten und ausgegeben wird, in jenem Widerspruch zu der Menschlichkeit Jesu befindet, der die wesentliche Gleichheit zwischen ihm und uns verneinen und also die Möglichkeit des menschlichen Geschöpfs als eines Bundesgenossen Gottes ausschließen, die Einheit von Schöpfung und Bund aufheben würde. Was auf diese Verneinung, Ausschließung und Aufhebung hinzielt, das ist die Richtung anthropologischer Nachforschung und Darstellung, vor der wir durch unsere christologische Grundlegung *a limine* [= von vornherein] gewarnt sind, und wenn wir zur Anerkennung eines Menschenbildes, das in dieser Blickwirkung entworfen ist, im Übrigen noch so gute Gründe haben sollten. Wir sind nicht gebunden, das für menschlich, für das gute von Gott geschaffene Wesen des Menschen zu halten, was, gemessen an jenem Kriterium, nun gerade unmenschlich, d. h. noch nicht oder nicht mehr menschlich ist. Wir sind vielmehr in Anwendung jenes Kriteriums frei, an jedem uns allenfalls vorgegebenen Menschenbild einen ganz bestimmten Abstrich zu machen, dem alles das ohne Rücksicht zum Opfer fallen muss, was sich mit jener bei aller Ungleichheit vorausgesetzten Gleichheit zwischen dem Menschen Jesus und uns anderen Menschen nicht vertragen würde. Was mit dieser Gleichheit unverträglich ist, das ist als solches auch nicht menschlich. […]

Karl Barth, KD III/2, Zürich 1948, 264–344.

Der Begriff der göttlichen Vorsehung (KD III/3, 1950)

[...] Das Werk der *Schöpfung,* die Setzung der von Gott verschiedenen Wirklichkeit, ihre Herausrufung aus dem Nichts in das ihr zukommende geschöpfliche Sein ist ein einmaliger, nicht wiederholter und nicht wiederholbarer, in und mit der Zeit anhebender und in der Zeit abgeschlossener Akt. Dass das Geschöpf *ist,* das setzt in allen zeitlichen Entfaltungen, Weiterungen und Zusammenhängen dieses Seins, in allen Individuen der Geschöpfwelt und in allen geschichtlichen Erscheinungen und Modifikationen von deren Existenz diesen geschehenen Akt voraus. Es setzt auch ein weiteres Handeln Gottes des Schöpfers voraus – und das ist eben sein Handeln in der «Vorsehung» –, nicht aber weitere Schöpfungswerke. Die *Vorsehung* ist im Unterschied zur Schöpfung das göttliche Wissen, Wollen und Handeln in seinem Verhältnis zu dem von ihm schon geschaffenen und also nicht wieder zu schaffenden Geschöpf. Die Vorsehung betreut und bestätigt das Werk der Schöpfung. Und kein Geschöpf könnte sein, wenn es Gott nicht gefiele, sich ihm gegenüber fort und fort in dieser Betreuung und Bestätigung zu bewähren. Das heißt aber nicht, dass er es fort und fort neu erschafft. Dass das Werk der Schöpfung geschehen, und zwar vollkommen geschehen und also abgeschlossen ist, das ist dabei vielmehr vorausgesetzt. Was auf jenen einmaligen Akt *folgt,* das ist zuerst und entscheidend die Geschichte des *Bundes,* der der Sinn, der Grund und das Ziel jenes Aktes ist, die Ausführung des ewigen Dekretes von Gottes Gnadenwahl. Das ist das Geschehen, das dann wohl mit Gal 6,15, 2Kor 5,17 als das Geschehen einer «neuen Schöpfung» bezeichnet werden kann. Aber diese «neue» Schöpfung fällt ja unter die Ordnung der Versöhnung einer versöhnungsbedürftigen Welt mit Gott und ist keine Wiederholung jener alten und ersten, sondern deren Überbietung durch eine ganz bestimmte radikale Veränderung, ja Verwandlung des Geschöpfes, in der dessen Existenz als solche vorausgesetzt, nicht aber neu begründet wird. Das *andere* aber, was auf jenen einmaligen Akt *folgt,* ist eben das Walten der göttlichen *Vorsehung,* das die Geschichte des Bundes, den Vollzug der göttlichen Prädestination – man darf und muss es wohl so sagen: als eine zweite, streng auf jene bezogene, streng durch jene bestimmte Geschichte – begleitet, umgibt und trägt. Ihre Notwendigkeit beruht darauf, dass der geschöpfliche Partner des Gnadenbundes ja nicht nur das, sondern als das auch einfach Geschöpf ist, des geschöpflichen Seins und also seines Schöpfers und also dessen bedarf, dass dieser sich ihm gegenüber als solcher, als sein Herr, Erhalter und Regent bewähre. Ist der Bund der innere Grund der Schöpfung [Gen 2], so ist die Schöpfung auch der äußere

Grund des Bundes [Gen 1]. Von dem zweiten dieser Sätze und also von Gen 1 aus wird die Notwendigkeit und der Sinn jener zweiten, die Geschichte des Bundes begleitenden, umgebenden und tragenden Geschichte und also die Notwendigkeit und der Sinn der göttlichen Vorsehung sichtbar. Auch die auf die Schöpfung folgende *Geschichte* des Bundes bedarf eines äußern Grundes. Ihr äußerer Grund ist eben das Walten der göttlichen Vorsehung. Sie ist keine Wiederholung oder Fortsetzung, wohl aber die Entsprechung der Schöpfung in der Dauer und Geschichte des Geschöpfes, der Beweis der Treue, die sein Schöpfer ihm gegenüber eben darum halten will und hält. Warum? Darum, weil das Geschöpf in seiner Spitze, nämlich im Menschen, der Genosse seines Bundes, der in Jesus Christus Erwählte seiner Gnade ist. Darum, weil es ihn als Schöpfer, weil es sein Tun in einer Entsprechung des Schöpfungsaktes als der Bestätigung des äußern Grundes des Bundes dauernd nötig hat und weil er dieser Not zu wehren entschlossen, fähig und bereit ist. [...]

Schöpfung und Vorsehung sind nicht identisch. Es geht in der Schöpfung um die *Begründung*, um den unvergleichlichen *Anfang* des Verhältnisses zwischen Schöpfer und Geschöpf, in der Vorsehung um seine in einer Reihe von immer wieder verschiedenen, aber unter sich immerhin vergleichbaren Momenten verlaufenden *Dauer* und *Geschichte*. Es wird in der Schöpfung vor allem die *Verschiedenheit* des Wesens, der Stellung und Funktion hier des Schöpfers, dort des Geschöpfes sichtbar, während es sich in der Vorsehung vor allem um ihre gegenseitige *Beziehung:* um die Zuwendung des Schöpfers zur Existenz seines Geschöpfes auf der einen, um die Teilnahme des Geschöpfes an der Existenz seines Schöpfers auf der andern Seite handelt. Es geschieht der Akt der Schöpfung in *einer bestimmten,* jener *ersten* Zeit, während die Zeit der Vorsehung die ganze noch *übrige* Zeit bis hin zu deren Ende ist. Es hat die Schöpfung *außer* dem freien Willen und Beschluss Gottes *keinen* äußeren und außer dem Geheimnis der Gnadenwahl im göttlichen Sein selbst auch *keinen* inneren Grund, wogegen die Vorsehung ihre Gründe zwar auch in Gottes unbedingter Freiheit und Entscheidung und auch im Geheimnis seiner Gnadenwahl, aber *darüber hinaus* nun doch auch *äußerlich* in dem vorausgesetzten Sein des Geschöpfes und innerlich in dessen Bedürftigkeit dem Schöpfer gegenüber hat.

Aber man kann doch von der Verschiedenheit dieser beiden Werke Gottes nicht reden, ohne gerade damit auch auf ihre *Zusammengehörigkeit* aufmerksam zu machen. Die sie einander geradezu gleichsetzen wollten, hatten darin schon recht: Es geht in beiden um den gleichen Bereich des göttlichen Tuns und der christlichen Erkenntnis. Es geht in beiden (ganz anders als etwa in der Gotteslehre und wieder ganz anders als etwa in der Lehre von der Versöhnung) um das Verhältnis zwischen *Schöpfer* und *Geschöpf* als solches. Es geht in der Schöpfung wie in der Vorsehung um die unbedingte Herrschaft des Willens und des Wortes des Schöpfers über das Geschöpf, die wiederum hier wie dort in Gottes Gnadenwahl und Bund als ihrem letzten Geheimnis und Grund ihren Sinn hat. So gehören sie zusammen. Kann man sie nicht identifizieren, so kann man sie auch nicht trennen, die eine nicht ohne die andere denken, was seinen Grund offenbar darin hat, dass die eine tatsächlich nicht ohne die andere Ereignis ist. […]

Der einfache Sinn der Lehre von der Vorsehung lässt sich also in den Satz zusammenfassen, dass Gott der Schöpfer als solcher sich seinem Geschöpf als solchem im Akt der Schöpfung als Herr seiner Geschichte *zugesellt* hat und ihm als solcher *treu* bleibt. Gott der Schöpfer *koexistiert* seinem Geschöpf, und so existiert sein Geschöpf unter der Voraussetzung und unter den damit gegebenen Bedingungen der Koexistenz seines Schöpfers. Gott tut das, indem sein bei der Erschaffung des Geschöpfes maßgebender freier Wille und seine ihm gegenüber bewiesene Weisheit, Güte und Macht dieselben bleiben. Er tut es, indem er dem Geschöpf derselbe *ist* und *bleibt*, der er war, da es noch nicht war und da es wurde, indem er in dieser Selbigkeit immer neu an und mit ihm, dem durch ihn ins Leben Gerufenen *handelt*, seine Herrschaft über sein Werk und Eigentum in immer neuen Taten und Offenbarungen seines freien Willens, seiner Weisheit, Güte und Macht souverän ausübt und also die Geschichte des Geschöpfes zugleich eine Geschichte seiner eigenen Herrlichkeit sein lässt. Er tut es, indem er das Geschöpf – weit entfernt davon, es sich selbst, seiner eigenen Gesetzlichkeit und Freiheit, seinem Ungenügen oder auch seinem Selbstgenügen zu überlassen – an seiner Herrlichkeit teilnehmen lässt: damit nämlich, dass es ihm in seiner unmittelbaren Gegenwart, unter seiner unmittelbaren Obhut und unter seiner unmittelbaren Leitung dienen darf, um eben darin auch seinen eigenen Sinn und Zweck zu erfüllen, seine eigene Ehre zu haben, zu seiner eigenen Freude zu existieren. Was also immer in der Geschichte des Geschöpfes sich ereigne und zutrage und wie immer sich das unter den Gesichtspunkten seiner eigenen Gesetzlichkeit und Freiheit darstelle: es kann und wird dabei der Herrschaft seines Schöpfers weder entrinnen noch verloren gehen. Es wird sich, was ihm geschieht, was es tut und was ihm widerfährt, nicht nur im Rahmen und auf dem Boden der Herrschaft Gottes, nicht nur unter einer Art Oberaufsicht und letztinstanzlicher Verfügungsgewalt Gottes und nicht nur im Allgemeinen in seiner unmittelbaren Gegenwart, sondern konkret: kraft seines unmittelbar wirksamen Erhaltungswillens, unter seiner unmittelbaren überlegenen Mitwirkung und entsprechend seiner unmittelbaren Direktion abspielen. Es sind also in dieser Geschichte solche Wendungen und Ereignisse nicht zu erwarten, die mit dem Walten seiner Herrschaft nichts zu tun hätten, die nicht in irgendeinem Sinn unmittelbar auch Akte *seiner* Herrschaft wären. Dieser Herr ist nie und nirgends abwesend, passiv, unverantwortlich, ohnmächtig – er ist immer und überall gegenwärtig, aktiv, verantwortlich, allmächtig dabei: nie und nirgends als ein toter, immer und überall als ein lebendiger Gott, nie schlafend, sondern immer wachend, nirgends uninteressiert, sondern an allem beteiligt, in keiner Hinsicht bloß abwartend, sondern in jeder Hinsicht – auch da, wo er zu warten scheint, auch indem er «zulässt» – in der Initiative begriffen. Darin besteht seine Koexistenz mit seinem Geschöpf. Das ist die Tragweite dessen, dass er sich ihm im Akt seiner Erschaffung zugesellt hat. Er koexistiert ihm handelnd, und zwar in einem nicht aussetzenden und keine Lücken lassenden Handeln. Und so koexistiert ihm das Geschöpf als die von ihm verschiedene Wirklichkeit und in der ihm zukommenden eigenen Gesetzlichkeit und Freiheit, indem Er in seiner Handlungsfreiheit, Er mit seinem Tun ihm auf der ganzen Linie vorangeht: Er sein Schöpfer, der ihm als solcher ebenso notwendig vorangehen muss, wie es ihm als seinem Geschöpf notwendig ist, ihm nachzufolgen, in seiner eigenen Existenz unmittelbar durch ihn erhalten zu sein, unter seiner unmittelbaren überlegenen Mitwirkung zu stehen, unmittelbar von ihm regiert zu werden. Nochmals: gerade die majestätische Freiheit des Schöpfers seinem Geschöpf gegenüber ist als solche auch die Bürgschaft der Treue und Beständigkeit, in der er über und mit ihm ist. [...]

Karl Barth, KD III/3, Zürich 1950, 1–14.

Das göttliche Regieren (KD III/3, 1950)

[...] Der ebenso einfache wie inhaltsreiche und folgenschwere Satz: «Gott regiert» muss vor allem dahin verstanden werden: *Er allein regiert.* Er allein hat als Schöpfer das Recht, die Macht, die Freiheit, die Weisheit, die zu diesem Regieren nötig sind. Es geht ja um die Regierung der von ihm verschiedenen, aber durch ihn gesetzten – durch ihn gesetzten, aber von ihm verschiedenen Wirklichkeit, um die Regierung seines Geschöpfes und also seines Eigentums im höchsten Sinne dieses Begriffes. Diese Regierung kann als solche nur sein Werk sein. Keiner außer ihm hat legitimen Anspruch darauf, sein Geschöpf zu regieren. Keinem als ihm ist es so verbunden, dass es ihm gehorchen müsste. Keiner als er ist ihm so überlegen, dass er ihm in wirklicher Hoheit gebieten könnte. Keiner als er durchschaut, versteht und kennt es so, dass er es sinnvoll zu regieren vermöchte. Die Regierung jedes anderen wäre hier Fremdherrschaft, anmaßend, inkompetent, ohnmächtig, Pfuschwerk. Offene oder heimliche Auflehnung gegen sie wäre jederzeit möglich, naheliegend und wahrscheinlich weithin erfolgreich, sicher im Grunde immer berechtigt und nötig. Und wo immer sie sich durchsetzte, da könnte sie letztlich nur Anarchie und Verderben zur Folge haben. Für Gott selbst kann in diesem Werk kein anderer eintreten: Kein anderer Gott, denn Er ist Einer und keiner ist neben ihm – und wäre einer neben ihm, so könnte er, wer und was er auch sein möchte, da er nicht der Schöpfer wäre, gerade zu diesem Werk nicht berufen, nicht fähig, nicht geschickt sein. Und so auch keine Kreatur, denn in dieses Amt und diese Funktion ihrer Mitkreatur gegenüber einzutreten, könnte die Sache keiner Kreatur sein, und wenn sie die höchste von allen wäre. Und so auch nicht das Universum der geschaffenen Wirklichkeit selbst, denn sie wäre nicht geschaffene Wirklichkeit, wenn sie dessen nicht bedürfte, regiert zu werden, oder wenn sie diesem Bedürfnis selbst Genüge zu tun vermöchte. Gott selbst ist als Subjekt dieser Regierung unersetzlich und unvertauschbar. Es gibt wohl beschränkt und vorläufig regierende, himmlische und irdische Mächte, Faktoren und Ämter innerhalb und unter seiner Regierung. Es gibt aber keine selbstständigen, keine unabhängig von ihm, keine nicht so oder so von ihm eingesetzten oder zugelassenen und durch ihn kontrollierten Mächte dieser Art. Es gibt neben der seinen keine Nebenregierung und gegen die seine keine Gegenregierung. Er, der allein regieren kann, darf und will, tut es auch allein. [...]

Eben dieses «Gott allein», das auf den ersten Blick als eine etwas formale Bestimmung erscheinen könnte, gibt uns nun aber sofort eine erste allgemeine *inhaltliche* Füllung des Begriffes seines Regierens an die Hand. Dass Gott allein regiert, das schließt ja, streng verstanden, in sich, dass er *selbst allein das Ziel* ist, das er seinem Geschöpf gesteckt hat, dem er es entgegenführt. Von ihm herkommend, von ihm begleitet, darf es wieder ihm entgegengehen. Es darf: es hat eben darin seine eigene Größe, Würde und Hoffnung. Diese seine Bewegung zu Gott hin ist der Sinn seiner Geschichte. Wir können von ihrem Ziel und also auch von dem Ziel, der Absicht, dem Zweck und Plan der göttlichen Regierung grundsätzlich nichts Größeres, Reicheres und Schöneres sagen als eben dies: dass Gott selbst dieses Ziel ist. Denn die Ausschließlichkeit, in der Gott alles *seinem* Ziel entgegenführt, hat ihre Rechtfertigung und ihre Herrlichkeit eben darin, dass sein Ziel nicht mehr und nicht weniger als *er selber* ist: er, der an seinem Geschöpf seine Weisheit und Güte bestätigt, entfaltet, darstellt und offenbar macht, aber in allem *er selber.* Denn was immer scheinbar neben und außer ihm selber als dieses Ziel genannt werden könnte, alle Wohltat, die er seinem Geschöpf zugedacht und also zum Ziel seiner Regierung gemacht hat, ist ja nur eine Auswirkung seiner Selbstdarstellung in der Gestalt seines Verhaltens, seiner Zuwendung zu diesem seinem Eigentum. *Er selbst* ist ja die Wohltat aller Wohltaten, die er sich zugunsten seines Geschöpfes vorgenommen und also zum Ziel seiner Regierung der geschöpflichen Geschichte gemacht hat. Es ist also nicht Eifersucht auf irgendwelche Konkurrenten – wie sollte Gott eifersüchtig sein, da er keinen Konkurrenten hat? –, sondern es ist der liebende Eifer um sein Geschöpf selbst, in welchem er die Regierung des Alls wirklich sich selbst vorbehält, mit keinem anderen sie teilen will, noch kann. Kein anderer, dessen Ehre als Weltregent zugleich und als solche auch dies bedeuten würde: dass er eben durch sich selbst auch die wahre, höchste und einzige Wohltat ist, die der Geschichte der Welt Sinn zu geben vermag. *Gottes* Ehre ist auch das Heil und die Herrlichkeit seines *Geschöpfes.* Darum und so ist er der rechte, der große König und ist sein Reich ein unbegrenztes und unbedingtes Reich. […]

Gott *allein* regiert, haben wir bis jetzt festgestellt, und *Gott selbst* ist das Ziel seines Regierens, und Gott regiert in der Höhe in und über den Weltgegensätzen von Freiheit und Notwendigkeit. Es ist der Begriff des göttlichen Regierens selber, dem wir uns nun zuwenden müssen. Wir dürfen dabei unter den nun geklärten Voraussetzungen allgemein von dem Satz ausgehen: Gott regiert das kreatürliche Geschehen, indem er es *ordnet.* Regierung heißt ja Ordnung, wobei dieser Begriff nicht den passiven Sinn einer feststehenden Struktur einer Sache, ihrer Eigenschaften und Zustände, sondern den aktiven Sinn eines fortgehenden Handelns hat, durch welches ein Geschehen in der Zeit nach Maßgabe eines bestimmten Planes fortlaufend, durch immer neue Situationen und Stadien hindurch bestimmt, gestaltet, gelenkt wird. Gottes Regierung ist Gottes Handeln über und mit der zeitlichen Geschichte der ganzen von ihm verschiedenen Wirklichkeit: das Handeln, durch welches er über ihren Verlauf verfügt, seinen Willen in ihr behauptet und durchsetzt, sie dementsprechend durchgehend und vollständig lenkt, in diesem aktiven Sinne also: seine Ordnung, sein ewiges Ordnen des zeitlichen Weltgeschehens. [...]

Aber das Verständnis der göttlichen Regierung als Ordnung des Weltgeschehens muss hier noch tiefer greifen. Indem Gott das kreatürliche Wirken und seine Wirkungen bestimmt, richtet er sie alle auf ein *gemeinsames Ziel*, nämlich auf *sich selbst* hin. Das heißt nun wieder nicht, dass er es den einzelnen Kreaturen, den Individuen und ihren natürlichen und geschichtlichen Gruppen und Zusammenhängen verwehrte, je in ihrer Besonderheit auf ihre *besonderen* Ziele hin zu existieren. Das heißt auch nicht, dass die Besonderheit ihres Wirkens und ihrer Wirkungen und also die unendliche Mannigfaltigkeit der Geschehnisse, aus denen sich die Weltgeschichte als Ganzes zusammensetzt, nachträglich doch wieder *nivelliert* und ausgelöscht würde zugunsten der Ausführung eines sie alle umfassenden Einheitsplanes. Eben der, der die Weltgeschichte regiert, ist ja auch der Schöpfer, der allen Kreaturen und Kreaturzusammenhängen ihre *Besonderheit* gegeben hat. Und indem er sie erhält, gibt er ihnen Raum für ihr je *besonderes* Wirken. Und es ist dieses ihr je *besonderes* Wirken, das er durch seine Erlaubnisse lenkt. Und so sind es auch je ganz *besondere* Wirkungen, die er ihnen als *Ziele* steckt, die er sie erreichen lässt. Und er selbst als ihr Herr ist ja überreich genug, um durch sein Herrschen keinem einzigen Wesen in seiner Besonderheit Gewalt antun zu müssen – viel zu frei, um nicht einem jeden gerade in seiner Besonderheit gerecht werden, es gerade in seiner Besonderheit freudig bejahen zu können – und um nun doch alle Wesen *einem* Ziel entgegenzuführen, alle einzelnen Ziele diesem *Einen* zuzuordnen. Sein Einheitsplan besteht und ist in voller Ausführung, und da ist kein Wesen, das er nicht *auch* umfasste, das ihm an seinem Ort und in seiner Weise nicht *auch* zu dienen hätte. Aber eben: an seinem Ort und in seiner Weise! Sein Einheitsplan hat also mit Gleichschaltung, Uniformierung und Vermassung der Individuen und individuellen Gruppen gerade nichts zu tun. Im Gegenteil: Gottes *propositum* [= Plan] und *proponendum* [= Vorhaben] bezieht sich gerade auf die *Individuen* und ihr *Individuelles* als solches und verwirklicht sich in lauter *individuellen* Zielen. Eben damit bestätigt Gott diese Ziele, gibt er jedem von ihnen seinen eigenen Glanz, seine unverlierbare Würde, seinen bestimmten Wert, dass er sie jenem gemeinsamen Ziel und also sich selber dienen lässt. Er nimmt dem Geschöpf nichts damit. Eben damit gibt er ihm vielmehr alles. Wie er ihm ja auch damit, dass er sein freies Wirken lenkt und seine einzelnen Ziele ihm fort und fort setzt, nichts nimmt, sondern alles gibt. Was wären die Geschöpfe ohne dieses gemeinsame Ziel, ohne die Zuordnung ihrer einzelnen Ziele zu diesem Einen, ohne die Ausrichtung auf Gott selbst hin? Was wären sie alle in der Vereinzelung ihres Wirkens und ihrer Wirkungen? Gott bewahrt sie vor dem Elend eines sinnlosen Fürsichseins, vor dem Widerspruch und Streit untereinander, vor dem sie sich selbst ja durch nichts bewahren könnten, vor dem sie durch die Herrschaft des Schicksals oder des Zufalls offenbar zu allerletzt geschützt wären. Er bewahrt das Ganze des Weltgeschehens und damit doch auch alles einzelne Geschehen und so die einzelnen Kreaturen als deren Subjekte vor dem Absturz in das Chaos, dem sie dann offenbar sofort verfallen wäre, wenn er sie, ihr Wirken und ihre Wirkungen, der Vereinzelung überlassen, wenn er sie mit ihren *vielen* Zielen, die eben er ihnen ja gegeben und gesetzt hat, nicht zugleich auf *ein* Ziel ausrichten würde. Er beantwortet damit die Frage: *Wozu* er nun eigentlich alles kreatürliche Wirken und seine Wirkungen beherrschen will? *Inwiefern* dieses Herrschen tatsächlich ein Ordnen ist? Die Antwort lautet: Gott herrscht *dazu* in allem, weil er *in* allem, *mit* allem, *durch* alles und auch *für* alles *Eines* will und *Eines* faktisch vollbringt: seine Herrlichkeit als Schöpfer und eben in ihr die Rechtfertigung, die Errettung, das Heil – und letztlich wieder: die Herrlichkeit auch seines Geschöpfes. Denn eben das ist die Herrlichkeit des *Geschöpfes,* gerade indem es seine eigenste Existenz verwirklicht, als Mittel der Herrlichkeit seines Schöpfers ihm zu dienen. Er nimmt es in diesen *Dienst,* indem er je sein besonderes Ziel jenem gemeinsamen *zuordnet,* indem er es in der Besonderheit seines Wirkens und seiner Wirkungen in die Ausführung seines Planes *eintreten* lässt. [...]

Karl Barth, KD III/3, Zürich 1950, 175–271.

Der Feiertag (KD III/4, 1951)

[…] Das Gebot des Feiertages *erklärt* alle anderen Gebote oder alle anderen Gestalten des einen Gebotes. Darum gehört es an ihre *Spitze*. Es erklärt nämlich, indem es ein Abstehen und Ruhen des Menschen von seinen eigenen Werken fordert, dass der gebietende Gott, der den Menschen geschaffen und zu eigenem Wirken befähigt und auch beauftragt hat, der ist, der dem Menschen in Jesus Christus *gnädig* ist. Es verweist ihn also von allem, was er selbst wollen und vollbringen kann, zurück auf das, was er, *Gott*, für ihn ist und tun will. Es erinnert ihn an *seine* Absicht mit ihm und daran, dass er sie schon ausgeführt hat und dass er im Begriff steht, beides, seinen Willen mit ihm und sein Werk für und an ihm, seiner Offenbarung entgegenzuführen. Es verweist ihn auf das Ja, das er als Schöpfer zu ihm als seinem Geschöpf gesprochen und zu dem er sich wieder und wieder und schließlich abschließend bekannt, das er in Jesus Christus ein für alle Mal wahr gemacht und als wahr erwiesen hat. Es ruft ihn auf, sich an dieses sein Ja und sonst an gar nichts zu halten. Eben dazu gebietet es ihm, den Feiertag heilig zu halten. Das bedeutet keine Diskriminierung und Diskreditierung des eigenen Wollens und Wirkens des Menschen, keine Negation seiner Fähigkeit dazu, keine Annullierung des Auftrags, von ihr den besten Gebrauch zu machen. Das bedeutet aber allerdings die deutliche Begrenzung und Relativierung dessen, was der Mensch von sich aus wollen und tun kann und soll. Das Gebot des Feiertags gibt diesem Können und Sollen einen Anfang und ein Ziel, indem es den Menschen an das entscheidende und allmächtige Wollen und Tun Gottes erinnert. Es sagt ihm, dass er dem göttlichen als dem allein souveränen, wirksamen und heilsamen Ja entgegengehen, weil eben von ihm immer schon herkommen darf. Es verbietet ihm wahrlich nicht, auch seinerseits zu sich selbst und zur menschlichen Gemeinschaft ein tätiges Ja zu sagen. Es gebietet ihm das sogar. Es ruft ihn ja nur dazu auf, den Feiertag heilig zu halten, um ihn dann und von da aus gerade in den Alltag der Woche zu entlassen und auszusenden. Aber es verbietet ihm allerdings, an *diesem* Tag – damit er es wisse und damit er sich daran halte in *allen* seinen Tagen – aus dem Ja *leben* zu wollen, das er selber zu sich selber oder auch zu anderen oder zum Kosmos sagen kann. Es verbietet ihm, sich an diesem seinem eigenen Ja *genügen* zu lassen. Es verbietet ihm den *Glauben* an sein Planen und Wollen, an eine Rechtfertigung und Errettung, die er sich selber beschaffen könnte, an seine eigene Tüchtigkeit und Leistung. Es verwehrt ihm wirklich nicht die Arbeit, aber den *Glauben* an seine Arbeit. Er soll sie tun, in ganzem Ernst und mit aller verfügbaren Kraft, aber er soll nicht im Geringsten an sie glauben, sein Vertrauen nicht im Geringsten auf das setzen, was er dabei vermag und ausrichten kann, seinen Gehorsam nicht im Geringsten dem Ideal zuwenden, das ihm dabei vorschweben mag. Hier zieht der Feiertag, an dem er ruhen soll, eine unerbittlich scharfe Grenze. Hier stellt das Gebot Gottes freie Gnade mitten auf den menschlichen Plan, zeitausfüllend mitten hinein in die Serie der menschlichen Unternehmungen und Vollbringungen. Hat der Mensch weder den Himmel und die Erde, noch sich selbst geschaffen, verdankt er seine Existenz nicht sich selbst, sondern dem Willen und der Tat dessen, der sie ihm gab ohne das geringste Zutun seinerseits, ist auch dies, dass er arbeiten *kann,* nicht seine Eroberung und also sein Eigentum, sondern freies Geschenk, und dass er arbeiten *soll,* nicht seine Erfindung, sondern Gottes Auftrag, so kann und soll er auch das, was aus ihm werden soll, seine Zukunft und die seiner Mitmenschen, nicht in seiner eigenen Hand zu haben wähnen. Er soll sie vielmehr als Werk und Geschenk der Gnade Gottes, über die er keine Verfügung hat, zu erwarten und entgegenzunehmen sich immer wieder bereitmachen. Er soll sich, wohlverstanden, auch mit dem nicht trösten, helfen, rechtfertigen wollen, was er zu seiner Selbstheiligung, zur Vertiefung seiner Frömmigkeit, zur Verbesserung seiner Moral, im Dienst der Gemeinde, der Menschen und der Menschheit von sich aus planen, wollen, wirken und ausrichten *kann* und tatsächlich auch *soll.* Es zielt das Gebot des Feiertages darauf, dass der Mensch der allmächtigen Gnade Gottes auf der ganzen Linie das erste und das letzte Wort gebe und lasse, ihr gegenüber ganz und gar, im Geringsten wie im Höchsten, kapituliere, sich selbst mit seinem Wissen, Wollen und Tun bedingungslos zu ihrer Verfügung stelle. Es zielt auf diese völlige Kapitulation und Übergabe, indem es einen, diesen, den siebenten Tag und also den siebenten Teil der ganzen Lebenszeit jedes Menschen aus der Reihe seiner Werktage herausnimmt, indem es ihm verbietet, auch diesen Tag zu seinem Werktag zu machen, indem es ihm gebietet, sich an diesem Tag der allmächtigen Gnade Gottes gewissermaßen direkt zu stellen und zur Verfügung zu stellen.

So erklärt das Gebot des Feiertages in seiner Besonderheit alle anderen Gestalten des einen göttlichen Gebotes. Es erklärt im Blick auf den, der da *gebietet,* was da *immer* und auf *alle* Fälle geboten wird. Es erklärt das nicht abstrakt, sondern konkret, indem es den siebenten Tag, die Reihe aller siebenten Tage (und also eben: nicht weniger als den siebenten Teil der dem Menschen gewährten Zeit) als die besondere Zeit des gnädigen Gottes bezeichnet und dem Menschen zumutet, diese Zeit im Besonderen für diesen gnädigen Gott frei zu halten. Eben um das, um was es an diesem *besonderen* Tag im Besonderen geht, wird es dann indirekt auch an allen *anderen* Tagen gehen müssen.

Eben dieses *Besondere* wird der Sinn *aller* göttlichen Gebote sein. Aber eben in dieser Besonderheit ist dieses Gebot auch ein Gebot *neben* den anderen göttlichen Geboten.

Der *Sinn* des besonderen Feiertages und der *Grund,* ihn besonders zu begehen, besteht darin, dass er der Verweis ist auf die in den Verlauf der allgemeinen Naturgeschichte und Weltgeschichte gewissermaßen eingebettete, in ihr verborgene, aber auch offenbare, die ihren Grund und ihr Ziel und heimlich doch auch ihren Gang entscheidend bestimmende besondere *Bundes- und Heilsgeschichte.* Die allmächtige Gnade Gottes regiert als Vorsehung das *ganze* Weltgeschehen. Sie tut es aber von hier aus. Sie ist hier am Werk: in diesem besonderen, zentralen Geschichtsbereich. Sie ist auch als allgemeine Gnade die Gnade des Gottes Abrahams, Isaaks und Jakobs, die Gnade des Gottes, der auf dem Sinai zu Mose spricht und der dem Jesaja im Tempel zu Jerusalem begegnet. Sie ist die Gnade, in der Gott den David erwählt und die Propheten zu Wächtern seines Volkes beruft. Sie ist die Gnade Gottes in Jesus Christus. Sie ist die Gnade, die in seiner Gemeinde gepriesen wird. Sie ist nicht exklusiv. Sie ist vielmehr inklusiv: sie meint und sucht alle Menschen, alle Völker, aber sie meint und sucht sie von hier aus. Ihr Wesen und ihre Werke sind *hier* zu erkennen. Die Besonderheit des Feiertages bezieht sich auf die Besonderheit *dieser* Geschichte. […]

Wir sagen in anderer Wendung dasselbe, wenn wir den Sinn und Grund des Feiertages und des Feiertagsgebotes als *eschatologisch* bezeichnen. Der Feiertag in seiner Besonderheit unter den anderen Tagen verweist nämlich, gerade indem er an die besondere Bundes- und Heilsgeschichte erinnert, zweifellos auch auf deren endzeitliche *Vollendung.* Die allmächtige Gnade Gottes regiert (in jener besonderen Gestalt wie als allgemeine Vorsehung) die *ganze* Zeit, *alle* Zeiten. Sie tut es aber wie von jenem besonderen geschichtlichen Bereich her, so auf eine *besondere* Geschichte und Zeit hin, die gerade in ihrer Besonderheit die *letzte* Geschichte und Zeit, das *Ende* alles dessen sein wird, was wir als Geschichte und Zeit kennen. Sie ist Gottes Gnade auch im abschließenden Weltgericht und in der Heraufführung des in und mit ihm anhebenden neuen Äons, in welchem alles, was gewesen ist, so wie es war, in Ewigkeit, das heißt in der Zeit Gottes und so vor ihm sein wird. Sie ist auch die Gnade der Offenbarung, in deren Licht dann alles, was jetzt dunkel ist – und was ist jetzt nicht dunkel? –, hell sein wird. Sie ist auch das nicht exklusiv: nicht so, dass sie nicht eben in dieser ihrer künftigen Kraft heimlich jetzt schon auf dem Plane wäre. Sie ist auch das vielmehr inklusiv: eben die Besonderheit jenes letzten Tages ist das Geheimnis all der anderen, ihm entgegeneilenden Tage. Aber das hebt seine Besonderheit nicht auf. Und die Besonderheit des Feiertages, der unsere Werktage unterbricht und begrenzt, bezieht sich auch auf die Besonderheit jenes, des «*Jüngsten*» Tages und damit gewiss auch auf dessen Entsprechung in jedem einzelnen Menschenleben: auf jedes einzelnen Menschen *Sterbetag*, über dessen höchste Besonderheit für diesen wohl kein Wort zu verlieren ist. [...]

Der Feiertag ist ja wohl ein besonderer Tag, aber wir sahen: gerade in seiner Besonderheit ein Zeichen dessen, was der Sinn *aller* Tage ist. Sie sind alle von ihm begrenzt und so auch bestimmt: wie eben die Heilsgeschichte und Endgeschichte in ihrer besonderen Zeit das Geheimnis, die Grenze und Bestimmung aller Geschichte aller Zeiten ist. Die Freiheit, die Sorglosigkeit und Programmlosigkeit, die seinen besonderen Charakter ausmacht, müssten von ihm ausstrahlen auch auf den Werktag, an dem sie so nicht zur Geltung kommen können – und so auch seine Freude und so auch die Aufgeschlossenheit für den Mitmenschen, ohne die er eigentlich nicht denkbar ist. Wie eben das Evangelium gerade da überall durchstrahlen muss, wo ein Mensch in der Erfüllung des Gesetzes begriffen ist. Wo nur das Gesetz wäre, nur irgendein Panzer von Tugend und Pflichterfüllung – und wäre er noch so stark und glänzend –, wo bliebe da das Evangelium und wie sollte es da wirklich zur Erfüllung des Gesetzes kommen? Wo der Werktag nur Werktag ist – nur Gefängnistag, Sorgentag, Programmtag, nur Tag des bitteren Ernstes, nur Tag der Selbsthilfe und Selbstrechtfertigung –, was ist da für ein Sonntag vorangegangen und wie kann da auch nur der Werktag ein guter, ordentlicher Werktag sein? «Saure Wochen, frohe Feste?» Nicht doch (trotz Goethe)[19]! Sind die Wochen wirklich sauer, dann können auch die Feste nicht froh gewesen, und umgekehrt: sind die Feste wirklich froh, dann können auch die Wochen nicht einfach sauer werden, dann dürfen und müssen sie mindestens ihrerseits einen festlichen Glanz haben. Aber eben: so sind wir umso dringlicher gefragt, wie es mit unseren *Sonntagen* steht? Wer am Sonntag entsagend glaubt, der wird es auch am Werktag tun. Er darf und wird in der Woche arbeiten, sachlich und fleißig, aber weder als der Herr noch als der Sklave seiner Arbeit (wie er auch am Sonntag weder Herr noch Sklave seiner Ruhe gewesen ist), mit gutem Gewissen, aber wissend, dass er darauf nicht trotzen, dass ihn das nicht retten und erhalten, dass er sich nur Gottes trösten kann. Er wird in der Woche ein Ziel nach dem anderen ins Auge fassen und doch keinem materiellen oder auch geistigen, individuellen oder auch kollektiven Mammon verfallen und sich verpflichten

19 Anspielung auf einen Satz aus der Ballade «Der Schatzgräber» (1797) von Johann Wolfgang von Goethe (1749–1832).

müssen. Er wird auch, indem er alltäglich schafft, ruhen, auch indem er alltäglich streitet, Frieden haben und halten und beten, auch indem er alltäglich arbeitet. Er wird sich zugleich ganz in der Hand haben und ganz aus der Hand geben. Er wird im Grunde auch am Werktag nie Angst haben. Warum nicht? *Nostri non sumus sed Domini* [= Wir gehören nicht uns, sondern dem Herrn][20]. Aber eben das will am Feiertag geübt sein. Wie soll man am Werktag entsagend glauben, wenn man es nicht einmal am Feiertag tun will? So ist der Werktag das Kriterium des Sonntags: das Kriterium auch hinsichtlich jener beiden besonderen Sonntagsprobleme der Arbeitsruhe und des Gottesdienstes. Wir haben in beiden Punkten kein Gesetz geltend gemacht. Aber wenn man in der Woche keine Ruhe hat, keinen Frieden, kein Aufatmen, keine Heiterkeit kennt, dann ist es wohl Zeit, zu fragen, ob man sich nicht täuscht, wenn man meint, auch am Sonntag so oder so arbeiten zu dürfen, sich nicht auch täuscht hinsichtlich dessen, was man für seine erlaubte Sonntagsvergnügung hält. Und wenn man im gewöhnlichen Arbeitsdienst und Menschendienst der Woche versagt, dann wird die Überlegung doch naheliegen, ob man nicht zuvor den sonntäglichen Gottesdienst ganz anders ernst nehmen müsste. Man wird nicht übersehen können, dass die Pfeile der zu stellenden Fragen gerade von dieser Seite – vom Verhältnis von Feiertag und Werktag her – ganz besonders deutlich auf das hinweisen, was Gott – indem sein Gebot auch die Form des Feiertagsgebotes hat – von einem jeden Menschen haben will. Wir haben es nicht anzugeben. Es wird immer Gottes eigene Sache sein, es einem jeden in der gerade für ihn bestimmten und geeigneten Form anzugeben. Wir haben aber doch wohl gesehen, dass wir, indem wir uns auf das, was Gott selbst einem jeden gebietet, besinnen möchten, nicht einfach im Unklaren sein können, einer gewissen – und doch eigentlich sehr dringlichen – Unterrichtung durchaus nicht entbehren müssen.

Karl Barth, KD III/4, Zürich 1951, 51–79.

20 Johannes Calvin, Unterricht in der christlichen Religion (1559), Buch III,7,1.

Am Schreibtisch in der Basler Pilgerstrasse, 1953

7 Jesus Christus und die Versöhnung

Der Ausgangspunkt des christlichen Glaubens ist das Kommen des Gottessohnes Jesus Christus. Die Alte Kirche hat schon sehr früh begonnen, Aussagen über Jesus Christus zu formulieren: Er ist mit dem Vater und dem Heiligen Geist Gott selbst (Trinitätslehre). Und er ist wahrer Gott und wahrer Mensch zugleich (Zwei-Naturen-Lehre). Karl Barth setzte diese theologischen Grundentscheidungen voraus, versuchte aber, sie neu zu verstehen. Das Ergebnis liegt in seiner unvollendet gebliebenen Versöhnungslehre vor, die als Band IV der «Kirchlichen Dogmatik» erschienen ist. In drei einzelnen Perspektiven näherte er sich hier dem Versöhnungsgeschehen an. Dabei suchte er, vor allem in den ersten beiden Teilbänden IV/1 und IV/2, den Weg Gottes in Jesus Christus als Geschichte Gottes mit dem Menschen zu verstehen. Grundlegend geht es in der Christologie um die Versöhnung zwischen Gott und Mensch: Gott versöhnt den Menschen, der sich von Gott entfernt hat, mit sich selbst, indem er an dessen Stelle tritt, so für ihn da ist und ihm treu bleibt.

Speziell geht es in Band IV/1 um den Weg Gottes in die Tiefe: In Jesus Christus erniedrigte Gott sich selbst bis hin zum Tod am Kreuz. In Band IV/2 – Texte daraus finden sich in Kapitel 8 «Der neue Mensch» – betonte Barth die Erhöhung des Menschen: Jesus Christus ist der wahre Mensch, der auferweckt wird. Da der Mensch dieses Wunder nicht von sich aus erkennen kann, bringt Jesus Christus es dem Menschen nahe – so Barth in Band IV/3: Er selbst ist der wahre Zeuge. Denn die Menschen oder auch die Kirche können von der Geschichte Gottes mit den Menschen nicht so erzählen, dass diese das Herz der Menschen erreicht. Das kann nur Jesus Christus im Heiligen Geist vollbringen.

Die vorliegende Textauswahl präsentiert zentrale Passagen aus der Versöhnungslehre der «Kirchlichen Dogmatik». Eingangs werden einige Hinweise auf die beeindruckende Architektur von Barths Ausführungen wiedergegeben. Es folgen ausgewählte Abschnitte aus Band IV/1 und Band IV/3.

Das Werk Gottes des Versöhners (KD IV/1, 1953)

[...] Jesus Christus ist die Versöhnung. Das heißt aber: er ist die von Gott selbst vollzogene Behauptung, Durchsetzung, Erfüllung seines Bundes mit dem Menschen, die endzeitliche Vollstreckung des göttlichen Willens mit Israel und so mit der ganzen Menschheit. Und er ist als solcher auch die *Offenbarung* dieses göttlichen Willens und also des Bundes. Er ist der, um deswillen, auf den hin alle Menschen, ihrem von Jugend an bösen Herzen zum Trotz, durch Gottes Geduld erhalten werden von Anfang an. Und indem er das ist, offenbart er, dass gerade der besondere Bund Gottes mit dem einen Israel *auch für sie* geschlossen ist, in jenem weiten Kreis auch sie umfasst. Er ist der Gottesknecht, der als Stellvertreter aller Völker vor Gott und als Stellvertreter Gottes mitten unter den Völkern steht, Gottes Gerichte erleidet, von Gottes Gnade lebt und zeugt – in seiner Person das zum Bund und zum Mittler des Bundes erwählte und berufene Israel. Und indem er das ist, offenbart er, dass für die ganze Menschheit eben dieser *Israelsbund* geschlossen ist und in Kraft steht. Und er ist in seiner Person der endzeitliche Souveränitätsakt des Gottes, der den Menschen dadurch erneuert und zum Gehorsam führt, dass er ihm seine Sünde vergibt. Und indem er das ist, offenbart er den Israelsbund in seiner Bedeutung und Kraft für alle Menschen als Bund der freien und gerade so wirksamen *Gnade.*

Eben das Werk Gottes in Jesus Christus ist auch das *Wort* Gottes: das Wort, in welchem er denen, die es hören dürfen, seinen Willen, indem er *geschieht,* auch *bekannt* macht. Und der geschehende Wille Gottes hebt an mit der Begründung und Stiftung seines *Bundes* mit dem Menschen. Er geschieht auch in Taten der Gnade und Barmherzigkeit, des Gerichtes und der Strafe, auch in seinem Wort als Evangelium und Gesetz, als Trost, Mahnung und Zurechtweisung. Er geschieht aber zuerst und grundlegend als der Wille Gottes, des Menschen *Gott* zu sein, den Menschen *seinen* Menschen sein zu lassen. Es kommt alles Geschehen des Willens Gottes von daher: aus Gottes «Menschenfreundlichkeit» [Tit 3,4]. Es haben alle Werke und Worte Gottes darin ihre Voraussetzung. Sie haben ihren Plan, ihr Gesetz, ihren Sinn von diesem Ursprung her: dass Gott der Schöpfer sich zu des *Menschen*, den Menschen zu *seinem* Verbündeten machen wollte und gemacht hat. Alles Geschehen des Willens Gottes ist das Geschehen seines *Bundeswillens.* Als sein Bundeswille streitet und siegt er in der in Jesus Christus geschehenen Versöhnung gegen des Menschen Sünde und ihre Folgen. Er ist aber zuerst, er ist schon vor des Menschen Sünde und vor Gottes Streit und Sieg gegen sie und ihre Folgen sein

Bundeswille. Er *bewährt* sich in diesem Gegensatz, Streit und Sieg. Er kommt in ihm zur *Erfüllung.* Und dieser Gegensatz, Streit und Sieg, das Werk der Versöhnung *offenbart* ihn als solchen. Es offenbart aber eben auch seine Ursprünglichkeit: dass er schon *zuvor* sein Bundeswille war.

In *Jesus Christus* wird ja jener Gegensatz ausgefochten und überwunden. Jesus Christus ist es ja, der der menschlichen Sünde und ihren Folgen gegenüber Gottes Willen durchsetzt und erfüllt. Nicht ein Vorletztes, sondern ein Letztes geschieht ja in der durch ihn vollzogenen Versöhnung. *Gott selbst* tritt ja in ihm in die Mitte, wird *Mensch,* ein Mensch unter anderen, um sich selbst in diesem Menschen zum Vollstrecker seines Willens zu machen. Gott selbst lebt, handelt, redet, leidet, triumphiert hier für alle Menschen als ein, als dieser Mensch. Indem *das* geschieht, geschieht die Versöhnung. Was aber *damit* und *so* geschieht – dieses Letzte – kann als solches wie kein Vorletztes sein, so auch kein Zweites und Späteres, sondern nur ein *Erstes* offenbar machen. Was damit und so geschieht, das ist das Geschehen und damit die Offenbarung des Ur- und Grundwillens Gottes, in dessen Konsequenz alle anderen Werke und Worte Gottes Ereignis werden. Was hier aufbricht, das ist die Quelle alles göttlichen Wollens und Tuns.

Indem das Geschehen des Willens Gottes in dieser Sache – in der Überwindung jenes Gegensatzes – dieses ist, indem der Wille Gottes in Jesus Christus und also in *Gottes* eigenem Sein, Tun und Reden als *Mensch* geschieht, ist dieses Geschehen, die Überwindung jenes Gegensatzes, charakterisiert als Akt der Treue, der Beständigkeit, der Selbstbestätigung Gottes, als die Konsequenz einer von ihm zuvor festgelegten *Voraussetzung,* als die Durchführung einer jenem Geschehen zugrunde liegenden und so vorangehenden, einer «älteren» göttlichen Entschließung, als die siegreiche Fortsetzung einer Tat, in der Gott *schon,* in der er von *Anfang* an begriffen war. Er wird und ist in Jesus Christus Mensch, handelt und redet als solcher zur Versöhnung der Welt mit sich selber, weil und indem er sich dem Menschen von der Erschaffung des Himmels und der Erde und aller Dinge her verbunden hat, und weil er eine Unterbrechung dieses Bundes nicht dulden, weil er ihn, seiner Störung zum Trotz, aufrechterhalten und zu seinem Ziel führen will. Das Werk der Versöhnung in Jesus Christus ist die Erfüllung der von Gott ursprünglich gewollten und geschaffenen Vereinigung zwischen sich und dem Menschen, dem Menschen und sich. Er will und kann sie auch angesichts der menschlichen Übertretung nicht dahingefallen sein lassen. Er lässt sich in dem, was er als Schöpfer – nämlich als Sinn und Ziel, als den inneren Grund seines Schöpfungswerkes – wollte, durch des Menschen Übertretung nicht irre machen noch aufhalten. Gerade das bringt er nun vielmehr im Streit gegen sie, in ihrer Überwindung zu Ehren, zum abschließenden Vollzuge. Man kann und muss also wohl die menschliche Übertretung als einen Zwischenfall und ihre Überwindung in Jesus Christus als Gottes kontingente Reaktion gegen diesen *Zwischenfall* verstehen. Es geschieht aber auch diese *Reaktion* als solche im Zug und in der Linie der im Willen Gottes von Anfang an festgelegten und im Gang befindlichen *Aktion.* Sie ist doch nur deren besondere Gestalt angesichts jenes Zwischenfalles. Und gerade in dieser ihrer besonderen Gestalt: indem Gott Mensch wird um unseretwillen, zur Beseitigung unserer Sünde und ihrer Folgen, erweist es sich, dass und wie sie von Anfang festgelegt und schon im Gange ist. Sie ist nicht *nur* eine Reaktion, sie ist das Werk der *Treue* Gottes. Und die Treue Gottes gilt dem Bunde zwischen ihm und den Menschen. Sie ist gerade in dieser ihrer besonderen Gestalt die Vollstreckung seines *Bundeswillens,* mehr noch: die Bewährung und Durchführung der von ihm schon in und mit der Schöpfung tatsächlich vollzogenen *Bundesstiftung* zwischen sich und dem Menschen. Dieser Bundes*wille* ist es, der in Jesus Christus vollstreckt – diese Bundes*stiftung* ist es, die in ihm durchgeführt wird. Er tut es angesichts der menschlichen Sünde, als deren Überwinder, als Versöhner zwischen Gott und Mensch. Er tut es also in der Tat im Vollzug der göttlichen Reaktion auf jenen Zwischenfall. Es ist aber vor allem auch Gottes, durch jenen Zwischenfall gestörte, aber nicht unterbrochene *Aktion,* die er dadurch zu ihrem Ziele führt. Er vollzieht und offenbart gerade damit auch Gottes Ur- und Grundwillen, Gottes erste Tat, seinen ursprünglichen *Bund* mit dem Menschen. […]

Karl Barth, KD IV/1, Zürich 1953, 22–70.

Die drei Gestalten der Versöhnungslehre (KD IV/1, 1953)

Gehen wir nun in diesem Sinn und Verständnis auf das vorhin kurz definierte Sein Jesu Christi zurück, so ergeben sich zunächst *drei* im *engeren* Sinn «christologische» *Aspekte* – Aspekte seiner wirkenden Person oder seines persönlichen Werkes, die sich dann als solche in der Folge zu drei Perspektiven zum Verständnis des Ganzen des Versöhnungsgeschehens erweitern werden.

Dass wir es in Jesus Christus mit dem wahren *Gott* zu tun haben, ist der *erste.* Die Versöhnung des Menschen mit Gott geschieht darin, dass Gott selbst handelnd auf den menschlichen Plan tritt, seine Sache mit dem Menschen, gegen und für ihn, die Sache des Bundes also, selbst in die Hand nimmt – und das so (das unterscheidet das Geschehen der Versöhnung von dem allgemeinen Walten der göttlichen Vorsehung und Weltregierung), dass er selbst Mensch wird. *Gott* ward Mensch: das ist es, was in Jesus Christus *ist,* nämlich *geschehen* ist. Er ist der für uns Menschen handelnde, selbst Mensch gewordene, *wahre* Gott: sein authentischer Offenbarer, indem er *selbst* Gott ist – sein wirksamer Machtbeweis wieder, indem er *selbst* Gott ist – der Erfüller des Bundes noch einmal, indem er *selbst* Gott ist: nichts weniger, nichts anderes als Gott, aber eben Gott, indem er Mensch ist. Wer nun Gott sagt, sagt zweifellos Ehre, Herrlichkeit, Ewigkeit, Allmacht, kurz: majestätische Freiheit, wie sie nur ihm, dem von allem, was sonst wirklich ist, Verschiedenen, allem anderen Überlegenen, eigen ist. Wer Gott sagt, sagt Schöpfer und Herr aller Dinge. Das alles ist ohne Vorbehalt und Abzug auch von Jesus Christus zu sagen. Aber nun eben so, wie es im Blick auf Ihn zu sagen ist, d. h. so, wie es der in *Ihm* wirklichen und offenbaren Gottheit Gottes entspricht. Keine allgemeine, etwa aus jenen Begriffen abstrakt entwickelte Vorstellung von «Gottheit» darf sich hier störend dazwischenschieben. Wie Gottes Freiheit beschaffen, in *welchem* Charakter er der Schöpfer und Herr aller Dinge, von ihnen verschieden und ihnen überlegen, kurz: was unter Gottheit zu verstehen ist, das haben wir – behutsam gegenüber allen mitgebrachten Vorstellungen, bereit, sie korrigieren, vielleicht in der erstaunlichsten Weise umkehren und neu füllen zu lassen – von *Jesus Christus* zu lernen. Er definiert jene Begriffe, nicht sie ihn. Gerade wenn wir davon ausgehen, dass Er wahrer Gott ist, werden wir uns hinsichtlich dessen, was unter «wahrer Gottheit» zu verstehen ist, strikte an Ihn zu halten haben.

Das bedeutet nun aber vor allem: es geht um die Gottheit, die Ehre, Herrlichkeit, Ewigkeit, Allmacht, Freiheit, um das Schöpfer- und Herrsein des Vaters, des Sohnes, des Heiligen Geistes. Jesus Christus ist selbst Gott, indem er selbst der *Sohn* Gottes, des Vaters, und mit Gott, dem Vater der Ursprung des

Heiligen Geistes, durch den Heiligen Geist dem Vater in einem Wesen verbunden ist. So ist er Gott. Er ist es, indem er an diesem Geschehen teilnimmt, das das göttliche Sein ausmacht.

Und nun müssen wir sofort hinzunehmen: als Dieser, an diesem göttlichen Sein und Geschehen teilnehmend, wurde und ist er *Mensch.* Will sagen: wir haben die wahre Gottheit, jenes göttliche Sein und Geschehen und also Ihn, den Sohn, als Teilnehmer an diesem im Lichte dessen zu verstehen, dass es Gott gefiel – und das ist die äußere Entsprechung, die Offenbarung jenes innergöttlichen Seins und Geschehens –, selbst *Mensch* zu werden. So, in dieser *Herablassung,* ist er der ewige Sohn des ewigen Vaters. So sieht der Wille dieses Vaters aus, so auch der Wille dieses Sohnes, so will es der Heilige Geist, der der Geist dieses Vaters und dieses Sohnes ist. So ist Gott *Gott,* so ist seine majestätische Freiheit beschaffen, so seine Unterschiedenheit und Überlegenheit aller anderen Wirklichkeit gegenüber; in dieser Meinung und Absicht ist er der Schöpfer und Herr aller Dinge: als die ewige allmächtige Liebe, als die er in der Aktion dieser Herablassung wirklich und sichtbar wird. Dieser, der so sehr Liebende, ist der wahre Gott. Das heißt aber: er ist der, der gerade als Schöpfer und Herr aller Dinge dessen fähig und dazu willig ist, sich selbst seinem Geschöpf gleichzusetzen, selbst Geschöpf zu werden, dessen Ewigkeit ihn nicht hindert, ihm vielmehr erlaubt und gebietet, auch in der Zeit und selbst zeitlich zu sein, dessen Allmacht so weit geht, dass er auch schwach, ja ohnmächtig sein kann, wie eben ein Mensch schwach und ohnmächtig ist. Er ist der, der sich gerade in seiner Freiheit auch binden kann und tatsächlich bindet: in derselben Weise, wie wir alle gebunden sind. Und wir müssen ja noch weitergehen: Er, der wahre Gott, ist der, dessen Gottheit sich gerade darin *erweist* und offenbar wesentlich gerade darin *besteht,* dass er, weil er der in seiner *Liebe* Freie ist, dieser Herablassung auch im Blick und gerade im Blick darauf fähig und dazu willig ist, dass er es im Menschen im Unterschied zu den übrigen Kreaturen mit dem von ihm *abgefallenen,* ihm ungetreuen, ihm feindseligen und widerstehenden Geschöpf zu tun hat. *So* ist er Gott, dass er selbst sich gerade *dieses* Geschöpfs annimmt, und das in der Weise, dass er selbst sich gerade *diesem* Geschöpf gleichsetzt, seine Verdammnis, seine Verlorenheit, seine Verfallenheit an das Nichtige sich zu eigen macht. So ist er Gott, dass er sich selbst nicht nur in die geschöpfliche *Bindung,* sondern in das *Elend* des menschlichen Geschöpfs begeben kann und wirklich begibt, einer von *diesen* Menschen wird, das Gericht, unter dem sie stehen, über sich selbst ergehen lassen, ihren verdienten Tod sterben will und tatsächlich stirbt. So ist er Gott. Das ist die Natur und das Wesen des wahren Gottes, wie er in dem Menschen Jesus Christus handelnd und offenbar auf den

Plan getreten ist. Er muss gemeint sein, wenn wir von Jesus Christus sagen, dass er wahrer Gott ist: er, der gerade seine *Ehre* als Gott darin sucht, darin unter uns verwirklicht, dessen Ehre offenbar gerade darin besteht, dass er, weil er der in seiner *Liebe* Freie ist, nicht nur hoch, sondern auch *niedrig* sein kann und tatsächlich niedrig wird: er, der *Herr*, für uns ein *Knecht*, der Knecht aller Knechte. Von dieser Tat seiner *Erniedrigung* her wollen unter diesem ersten Aspekt alle Prädikate seiner, der wahren Gottheit, gefüllt und interpretiert sein. Alles, was sie positiv besagen, leuchtet echt und eigentlich erst in dieser Bestimmung und also Begrenzung, erst von da aus, dass er in dieser Tat dieser und eben so wahrer Gott ist: darin von allen falschen Göttern unterschieden, dass sie dieser Tat nicht fähig sind, diese Tat noch nie vollbracht haben, dass ihre angebliche Ehre, Herrlichkeit, Ewigkeit, Allmacht gerade ihre Selbsterniedrigung nicht nur nicht ein-, sondern ausschließt. Sie sind allesamt Spiegelbilder der falschen, der allzu menschlichen Selbsterhöhung. Sie sind allesamt Herren, die keine Knechte sein wollen noch können und die eben darum auch keine wirklichen Herren sind, deren Sein kein wahrhaft göttliches Sein ist.

Dass wir es in Jesus Christus mit einem wahren *Menschen* zu tun haben, ist der *zweite* christologische Aspekt. Die Versöhnung des Menschen mit Gott geschieht in der Person eines Menschen, in welchem, weil und indem er auch wahrer Gott ist, die Umkehrung aller Menschen zu Gott hin Ereignis wird. Sie ist die Person eines *wahren*, also eines allen anderen Menschen in jeder Hinsicht gleichen, eines allen Bedingungen der menschlichen Situation restlos unterworfenen Menschen. Die Bedingungen, in denen alle Menschen existieren, und aller Menschen Elend sind auch seine Bedingungen und sein Elend. Dass er auch wahrer Gott ist, heißt ja nicht, dass er teilweise Gott und nur teilweise Mensch ist. Er ist *ganz* Mensch, wie er auch ganz Gott ist: *ganz* Mensch gerade kraft seiner wahren Gottheit, deren Ehre ja in ihrer Erniedrigung besteht. So ist er der Versöhner zwischen Gott und den Menschen. So vollzieht Gott in Ihm ihrer aller Umkehrung zu Ihm hin. Er ist wahrer, ganzer Mensch, so gewiss es sich in ihm um die Manifestation der Ehre des wahren, ganzen Gottes und so gewiss es sich in Ihm um die Umkehrung des wahren und ganzen Menschen zu Gott hin handelt. Es gibt auch hier keinen Vorbehalt und Abzug. Er würde auch hier sofort die Leugnung des in Ihm vollzogenen Versöhnungsgeschehens bedeuten müssen. Jesus Christus ist *anders* Mensch als wir anderen, und darin, dass er es anders ist, ist er unser Versöhner mit Gott. Er ist es aber in der Gleichheit seines Menschseins mit dem unsrigen. Wer nun Mensch sagt, sagt Geschöpf und Sünde und also Bindung und Elend. Man muss beides auch von dem Menschen Jesus Christus sagen. Aber nun eben auch das nicht nach Maßgabe allgemeiner Begriffe, sondern so, wie es im Blick auf *Ihn* zu sagen ist, so, wie es *seinem* wahren Menschsein entspricht. Wie im Blick auf seine Gottheit, so darf auch im Blick auf seine Menschheit keine Zwangsvorstellung über des Menschen Situation und ihre Not störend dazwischentreten. Was *seine* Menschheit und als solche die *wahre* Menschheit ist, das dürfen wir wieder nicht von irgendwoher an Ihn herantragen, sondern müssen es uns von Ihm selbst sagen lassen. Dann erfahren wir aber: Es geht um die Menschheit des ewigen *Sohnes Gottes;* es geht also um die reale Bindung, um das reale Elend des Menschen, mit dem der hohe Gott Einer zu werden sich selbst bestimmt, erwählt, entschlossen und also erniedrigt hat. Dieser ist, in seiner Bindung und in seinem Elend, der wahre Mensch. Das heißt nun aber sofort: er ist der von Gott *erhöhte,* nämlich *in* und *aus* seiner Not *über* seine Not, *in* und *aus* seiner Bindung *über* sie, *in* und *aus* seinem Elend *über* dieses erhobene, er ist der (kraft dessen, dass Gott mit ihm Einer ist) *freie* Mensch: ganz ein Geschöpf, aber seiner eigenen Geschöpflichkeit ganz überlegen, ganz auch der Sünde verhaftet, aber ihr gegenüber ganz unschuldig, weil gar nicht schuldig, sie selber zu tun, ganz sterblich und so auch wirklich gestorben, wie wir alle sterben müssen, aber indem er starb, auch dem Tode schon überlegen und darum dem Tode sofort und gänzlich entrissen und also (als Mensch wie wir) siegreich und endgültig lebendig. Indem Jesus Christus der wahre, d. h. der sich selbst erniedrigende *Gott* ist, ist er dieser wahre, d. h. dieser in seiner ganzen Menschlichkeit über diese *erhöhte* Mensch. Und eben damit ist er nun *erhöht* auch über uns *andere,* weil anders als wir, der Reihe, der Masse, in der wir Menschen sind, *vorangestellt* – aber eben *uns* vorangestellt, d. h. wie als Gott erniedrigt, um unsere Stelle einzunehmen, so auch als Mensch erhöht an *unserer* Stelle, in eben der Menschlichkeit, die gerade die *unsrige* ist, an die Seite Gottes gestellt: *über* uns, *gegen* uns, aber nun auch das *für* uns. Eben was in Ihm als diesem *einen,* wahren Menschen geschehen ist, ist unser *aller* Umkehrung zu Gott hin, das Wahrwerden alles Menschseins. In Ihm ist sie vorweggenommen, aber faktisch vollbracht und offenbart. Indem Gott in Ihm dem Menschen gleich wurde, ist wieder in Ihm der Mensch *Gott gleich* geworden. Indem Gott sich in Ihm gefangen gab, ist wieder in Ihm der *Mensch frei* geworden. Indem der Herr in Ihm Knecht wurde, ist wieder in Ihm der *Knecht Herr* geworden. Das ist die in Jesus Christus geschehene Versöhnung unter diesem zweiten Aspekt. Menschheit in Ihm ist *erhöhte* Menschheit, wie Gottheit in Ihm *erniedrigte* Gottheit ist, wobei eben dadurch, dass die Gottheit in Ihm erniedrigt ist, die Menschheit in Ihm erhöht ist. Man darf also gerade das Menschsein Jesu Christi nicht anders sehen, man darf alle seine Prädikate, seine Versuchlichkeit, seine Leidensfähigkeit, seine Sterblichkeit, ohne sie zu leugnen oder auch nur abzuschwächen, nicht anders interpretieren als von der ihm in seiner Einheit mit Gott widerfahrenen Befreiung und Erhöhung her. Gerade in seiner Ohnmacht ist es sein allmächtiges, gerade in seiner Zeitlichkeit ist es sein ewiges, gerade in seiner Schande ist es sein herrliches, gerade in seiner Verweslichkeit ist es sein unverwesliches, gerade als sein knechtliches ist es sein herrschaftliches Menschsein. So ist es sein wahres – und sagen wir gleich: so ist es *das* wahre Menschsein.

So haben es ja auch die Evangelien in der Darstellung des Menschseins Jesu Christi gehalten: sie haben daran, dass es ein Menschsein wie das aller anderen Menschen war, keinen Zweifel gelassen, aber daran allerdings noch weniger, dass es als solches das Menschsein des wahren Gottes und also unbeschadet seiner Gleichheit mit dem aller anderen in seiner Freiheit, seiner Bindung und seinem Elend gegenüber, vor dem dieser anderen schlechterdings ausgezeichnet war. Sie beschreiben es von Anfang an im Lichte, unter deutlicher Kenntlichmachung der vielen Voranzeigen des Letzten, was sie dann von Ihm zu berichten haben: seiner Auferstehung von den Toten als dem Ereignis, in welchem eben seine Erhöhung nicht nur bemerkbar, sondern – nach vorwärts und rückwärts erhellend – offenbar wurde. Sie beschreiben also gerade den Menschen Jesus als den, der als König angefochten und versucht wird, leidet und stirbt, als König das alles meistert und so als König durch die Mitte aller anderen hindurchgeht. Eben so will er gesehen sein.

Eben indem er so wahrer Mensch war, ist und sein wird, ist die Umkehrung des Menschen zu Gott hin in Ihm geschehen, ist sie in Ihm vollbracht als die Umkehr und so als die Versöhnung aller Menschen, als die Erfüllung des Bundes. Während der seiner Bindung und seinem Elend gegenüber noch unfreie, der noch nicht erhöhte, der immer noch nur niedrige (der gewissermaßen *in abstracto* [= nur in der Vorstellung] niedrige) Mensch von Jesus Christus her gesehen nur als der falsche Mensch verstanden werden kann. Eben so wie die nur hohen, jene lieblosen, der Herablassung und Selbsterniedrigung unfähigen Götter von Jesus Christus her gesehen nur falsche Götter sein können! […]

Die richtigen Gesamttitel für diese beiden ersten Teile der Versöhnungslehre dürften nach dem Gesagten sein: «*Jesus Christus, der Herr als Knecht*» und «*Jesus Christus, der Knecht als Herr*». Wir befinden uns aber insofern auf traditionellem Weg, als diese Einteilung der Sache nach und im Sinn genau mit dem zusammentrifft, was die alte Dogmatik (im Rahmen ihrer Lehre vom dreifachen Amt Christi, in der sie sein Werk darzustellen pflegte) als Lehre von seinem «*hohepriesterlichen*» und von seinem «*königlichen*» Amt entfaltet hat. Ich möchte den zuerst genannten Titeln als den präziseren und zugleich umfassenderen (die alte Lehre von der «Person» Christi mitumfassenden) den Vorzug geben.

Der *dritte* christologische Aspekt, dem wir uns jetzt noch zuzuwenden haben, ist zugleich der einfachste und der höchste, der Ursprung und die Zusammenfassung der beiden ersten: Jesus Christus selbst, der als der sich selbst erniedrigende und so den Menschen mit sich selbst versöhnende Gott und als der von Gott erhöhte und so mit ihm versöhnte Mensch – der in diesem konkreten Sinn als wahrer *Gott* und wahrer *Mensch Einer* ist – der «Gottmensch», d. h. der Sohn Gottes, der als solcher dieser Mensch, dieser Mensch, der als solcher der Sohn Gottes ist. [...]

Um das Sichten eines *Dritten* kann es bei dem, was wir jetzt den dritten christologischen Aspekt nennen, auch für uns *nicht* gehen. Alles *Materielle*, was von Jesus Christus und von der in Ihm geschehenen Versöhnung zu sagen ist, ist in dem Doppelten – begrifflich nicht weiter zu Reduzierenden, sondern eben nur geschichtlich Zusammenzusehenden – *erschöpfend* gesagt: dass er wahrer Gott und wahrer Mensch ist, d. h. der Herr, der Knecht und der Knecht, der Herr wurde, der versöhnende Gott und der versöhnte Mensch. Der dritte Aspekt kann nur sein: die Anschauung dieser Geschichte in ihrer *Einheit* und *Ganzheit*, die Anschauung Jesu Christi selbst, in welchem jene beiden Linien sich kreuzen – in der Weise nämlich, dass er selber das Subjekt dessen ist, was auf diesen beiden Linien geschieht. Insofern ist die *Versöhnung* des Menschen mit Gott, die Umkehrung des Menschen durch Gott zu Gott hin in *Ihm* geschehen. Insofern ist er selbst, seine Existenz, diese Versöhnung, ist er der Mittler und Bürge des Bundes. Er ist sein *Mittler*, indem er ihn – von Gott zum Menschen und vom Menschen zu Gott hin – vollstreckt. Er ist sein *Bürge*, indem er ihn als authentischer Zeuge – sich selbst bezeugend! – in seiner Existenz *bestätigt, bewährt, offenbart*, indem seine Erfüllung in ihm *gegenwärtig* ist, *leuchtet, gilt, wirksam* ist. Dieses Letzte ist das Neue des dritten christologischen Aspektes. Jesus Christus ist die Wirklichkeit und eben als solche die für sich selbst sprechende *Wahrheit* der Versöhnung. Wer Jesus Christus hört, hört – ob er es weiß oder nicht – diese Wahrheit. Wer Jesus Christus sagt, spricht – ob er es weiß oder nicht – diese Wahrheit nach und aus: die Wahrheit der Gnade, in der Gott sich in Ihm der Welt zugewendet hat und die der Welt in Ihm widerfahren ist, die Wahrheit der lebendigen Klammer, in der der Himmel und die Erde, Gott und alle Menschen in Ihm zusammengefasst und zusammengehalten sind: die Wahrheit, dass Gott sich dem Menschen verbunden hat und dass der Mensch Gott verbunden ist. Er, der diesen Namen trägt, ist *selbst* diese Wahrheit, weil und indem Er selbst diese Wirklichkeit ist. Er bezeugt, was er selbst ist. Sein Zeugnis ist Bürgschaft der Versöhnung, weil er selbst ihr Mittler ist. Er *allein* ist ihr Bürge, weil er allein ihr Mittler ist. Er allein ist ihre Wahrheit. Aber er *ist* sie, und so spricht sie in Ihm wirklich für sich selber. So tritt sie uns, in denen sie nicht ist, die wir sie aus uns selbst nicht hervorbringen, von uns aus weder uns selbst noch anderen bezeugen können, in Ihm majestätisch *entgegen:* die Verheißung der *Wahrheit,* die auch für *uns* gilt, indem die Versöhnung, deren Wahrheit sie ist, ja für *uns,* als die *unsrige* geschehen ist – die Wahrheit, die darum gerade von uns gehört, vernommen, angenommen werden darf und soll, die wir als die uns angehende Wahrheit gelten lassen dürfen und sollen. Sie begegnet uns in Ihm als *die Verheißung unserer eigenen Zukunft.* Er und also die Wirklichkeit unserer Versöhnung steht vor uns. Ihm und also der Offenbarung dieser Wirklichkeit gehen wir entgegen. Er ist das Wort Gottes an den Menschen, das von Gott und vom Menschen redet und also zugleich Gott und uns selbst – Gott in seinem wirklichen Verhältnis zu uns, uns in unserem wirklichen Verhältnis zu Gott – ausspricht, enthüllt, offenbart, durch das er uns in dieses Verhältnis und also zu sich und eben damit auch zu uns selbst ruft. Es war und ist Gottes Wille, uns dieses *Wort* – dieses Wort seiner Tat – zu sagen. Und es ist unsere Bestimmung, dieses Wort zu hören, unter, mit und von diesem Wort zu leben. Das ist der dritte christologische Aspekt. [...]

Karl Barth, KD IV/1, Zürich 1953, 140–170.

Der Richter als der an unserer Stelle Gerichtete (KD IV/1, 1953)

[…] Jesus Christus war und ist für uns, indem er an unserer Stelle das vor Gott und also in Wahrheit *Rechte getan* hat. […] Der Richter, der Gerichtete, das Gericht – der eine Jesus Christus, der das alles ist, in und durch sich selbst vollbringt –, das ist *Gottes Gerechtigkeit,* nach dem biblischen Sinn dieses Begriffs: Gottes Ordnung schaffende Allmacht, die «*jetzt*» […] [Röm 3,21] als Wende von diesem gegenwärtigen bösen Äon [Gal 1,4] zu dem neuen einer mit ihm versöhnten Welt in Ihm, diesem Einen, *offenbar* und *wirksam* geworden ist. Sie kann nicht von der Welt, nicht von uns ausgehen. Sie kann von uns weder vollzogen noch vollendet noch irgendwie ergänzt, verbessert, unterstützt werden. Sie ist *Gottes* Gerechtigkeit. Sie kann nur Gottes eigene Aktion sein: für uns und also wirklich und gänzlich ohne uns unternommen und durchgeführt werden. Und weil dieses «ohne uns» *rebus sic stantibus* [= wenn die Dinge so stehen] sogar bedeuten muss «gegen uns», darum muss diese Aktion jene *negative* Gestalt haben, darum muss Jesus Christus sein: der Richter, der Gerichtete und in seiner Person auch der Vollzug des Gerichts – sein entscheidendes Werk und Wort eben sein Leiden und Sterben. Aber das ist nur eben die negative *Gestalt* der Fülle des Positiven der göttlichen *Gerechtigkeit,* welche ja selber und als solche identisch ist mit der Fülle der wirksam zwischen unsere Feindschaft und ihn hineintretenden freien *Liebe* Gottes, das Werk und Wort seiner *Gnade.* Das Leiden und der Tod Christi sind das *Nein* Gottes, in und mit dem er sein in Ewigkeit beschlossenes und ausgesprochenes *Ja* zum Menschen in dessen eigenem Raum und in dessen eigener Zeit neu aufnimmt und wahrmacht. Weil und indem Jesus Christus dieses inmitten der Weltgeschichte gesprochene, selber weltgeschichtlich gewordene *Ja* Gottes ist, darum und insofern ist Gott in Jesus Christus *für uns, pro nobis. Cur Deus homo?* [= Warum wurde Gott Mensch?][21] Weil Gott in seinem Sohn Mensch geworden, mit diesem seinem Ja *sein,* aber sein *menschliches* und also an uns Menschen wirksames Werk zur Versöhnung der Welt tun wollte.

Wir haben uns jetzt noch klarzumachen, dass und inwiefern in und unter jener negativen Gestalt eben das in Jesus Christus für uns *geschehen* ist, und stellen zunächst zusammenfassend fest, dass Jesus Christus eben in dieser Aktion als der *gerechte Mensch* unter uns gewesen und als solcher für uns gelebt und gehandelt hat: «der Gerechte für die Ungerechten» [1Petr 3,18]. Gottes in der Welt, ohne und gegen sie und gerade so für sie Ordnung schaffende All-

21 Titel einer Schrift von Anselm von Canterbury (1033–1109).

macht ist konkret identisch mit diesem gerechten Menschen, diesem zweiten Adam, der an die Stelle des ersten tritt, gut macht, was dieser verkehrt gemacht hat. Er ist, als der Richter, als der Gerichtete, indem das Gericht in und an seiner Person vollzogen wurde, das Ende des alten, der Anfang des neuen Äons. Er *ist* die in dem neuen Himmel und der neuen Erde wohnende *Gerechtigkeit* [2Petr 3,13]. *Seiner* warten wir, wenn wir, in Ihm und mit Ihm in die Wende der Zeiten versetzt, dieses neuen Himmels und dieser neuen Erde warten. Er sitzt auf dem Stuhl und spricht: «Siehe, Ich mache alles neu!», mehr noch: «Es ist geschehen. Ich bin das Alpha und das Omega, der Anfang und das Ende» [Offb 21,5f.]: Er, dieser gerechte *Mensch*.

Er ist aber der gerechte Mensch, indem Er [...] als der dem Vater gehorsame Sohn Gottes im Vollzug jener Aktion Gottes als der eine Gott *gehorsame* Mensch gelebt und gehandelt hat. Denn das auf Erden, das menschlich Rechte, das Rechte in der Weltgeschichte, gegen sie und für sie, ist eben der *Gehorsam* des Geschöpfs – ebenso wie die Sünde das Unrecht ist [1Joh 3,4], weil und indem sie sein Ungehorsam ist [Röm 5,19]. Im Gehorsam nämlich lebt und handelt der Mensch in *Freiheit*, wird und ist er seinem Wesen als Gottes Geschöpf getreu: als das Geschöpf, das in seinen eigenen Entscheidungen den Entscheidungen *Gottes* – den Entscheidungen Gottes in seinen *eigenen* Entscheidungen zu folgen, zu entsprechen, bestimmt ist. In der Sünde und also im Ungehorsam begibt sich der Mensch dieser Freiheit, wird und ist er also nicht nur Gott, sondern seinem eigenen Wesen als Gottes Geschöpf untreu. Das ist sein Unrecht, das Unrecht des ersten Adam, das Unrecht dieses gegenwärtigen bösen Äons. Jeder Mensch ist in diesem Unrecht und damit vor Gott seinem Schöpfer im Unrecht. Die Versöhnung ist also positiv: die Beseitigung dieses Unrechts durch die Existenz des einen *gehorsamen* und also freien Menschen. Er ist «der neue Mensch». Und eben als dieser neue, gehorsame und also freie Mensch hat Jesus Christus im Vollzug jener Aktion Gottes und also in seiner Passion für uns gehandelt. Er hat als der dem Vater gehorsame Sohn – also eben in der Freiheit, die auch als die Freiheit Gottes selbst den Charakter des Gehorsams hat – den Menschen als Kind dieses Gottes, er hat diesen neuen, gehorsamen, freien Menschen auf den Plan geführt. Er hat als dieser Mensch die Gerechtigkeit Gottes auf Erden offenbar und wirksam gemacht.

Das Rechte, das Jesus von Nazareth als der gehorsame Sohn Gottes für uns tat, bestand aber schlicht in seiner völligen *Bejahung* jener Umkehrung, jenes Vollzugs des *Gerichts* im *Gerichtetwerden* des *Richters*. Es bestand darin, dass er sich selbst eben dazu dahingab. Unser zweiter Punkt ist hier zum Verständnis entscheidend: Jesus Christus war darin gehorsam, dass er an unsere, der *Sünder*

Stelle treten wollte und getreten ist. Man sollte, wenn man von Jesu *Sündlosigkeit* redet, immer konkret daran denken. Sie bestand nicht in irgendeiner abstrakten, absoluten Reinheit, Güte, Tugendhaftigkeit. Sie bestand in seiner faktischen Freiheit von der Sünde selbst, vom Grunde aller Sünde. Von daher war er kein Übertreter, tat er keine Sünden. Von daher konnte er die Sünden aller anderen Menschen auf sich nehmen und dem Tod überliefern. Von daher konnte er Sünden und Übertretungen vergeben. Er betrat und bezog gewissermaßen einen archimedischen Punkt, von dem aus er die Erde bewegen konnte und tatsächlich bewegt hat. Er tat es, indem er an unsere, der Sünder, Stelle treten und so Gott gegen sich selbst Recht geben wollte. Das war doch die Sünde seit Adams Tagen: dass der Mensch selbst Richter werden, sein und bleiben wollte an Gottes Stelle. Das ist des Menschen *Fall* in die Sünde, dass er nicht in den Schranken laufen will, die ihm als menschlichem Geschöpf Gott gegenüber gewiesen sind. Und das ist des Menschen *Sein* in der Sünde, dass er sich selbst als den Rebellen gegen Gott, der er ist, nicht wahrhaben, seine Überhebung als solche nicht einsehen und zugeben, sich nicht zu ihr und also zu seinem Fall bekennen, sich selbst vielmehr verklären, entschuldigen, rechtfertigen, Gott gegenüber im Recht sein will. Unterließe er dies, würde er umgekehrt Gott gegen sich selbst Recht geben, dann würde er eben damit wieder an den Ort zurückkehren, der ihm als Geschöpf Gott gegenüber zukommt: sein Fall, der in seiner Überhebung besteht, wäre dann ungeschehen gemacht. Aber eben das unterlässt er nicht. Es ist seine Unbußfertigkeit, in der sich seine Sünde fort und fort erneuert. Jesu Sündlosigkeit bestand darin, dass er dieses Spiel nicht mitmachte. Er war ein Mensch wie wir, sein Zustand als solcher kein anderer als der unsrige. Er hat ja unser Fleisch angenommen: die Natur des Menschen, der von jenem Fall herkommt, in der auch er jeden Augenblick in der Versuchung der Erneuerung der Sünde stand: in der Versuchung des unbußfertigen Seins, Denkens, Redens und Handelns. Seine Sündlosigkeit war also nicht sein Zustand, sondern sie war die *Tat* seines Daseins, in der er in seinem, in unserem Zustand, im Fleisch die Versuchung zurückgeschlagen hat. Man bemerke: Er, der als Sohn Gottes Gott gleich war, hielt es nicht für einen «Raub», für eine krampfhaft festzuhaltende Beute, Gott gleich, wie Gott zu sein, sondern «entäußerte» sich selbst, indem er wurde wie unsereiner, sich selbst – gerade darin Gottes wahre Gottheit bewährend und bestätigend! – in die *Reihe* der in ihrem Wahn, wie Gott zu sein, gegen Gott *rebellierenden* Menschen stellte: aber nun nicht um das nicht wahrhaben, verhüllen, verleugnen zu wollen, sondern um sich an aller Menschen Stelle – die sich ja eben dem verweigern – dazu zu *bekennen,* diese Schuld alles menschlichen Seins auf sich zu nehmen, um in ihrer aller Namen Gott gegen sich selbst recht zu geben. Eben damit hat er an ihrer aller Stelle und für sie alle das *Rechte* getan, trat er an ihrer aller Stelle und für sie, statt die Sünde wieder zu begehen, zurück an den Ort, von dem sie in Sünde gefallen sind: an den Ort, der dem Geschöpf Gott gegenüber zukommt. Eben damit machte er den Sündenfall in seiner Person an ihrer Stelle und für sie alle ungeschehen. Er tat also damit das Rechte, dass er sich das zu sein nicht weigerte, was sie alle durchaus nicht sein wollen: der eine große Sünder, der mit allen Konsequenzen, die das nach sich zieht, Buße tut, er selber das eine verlorene Schaf, der eine verlorene Groschen unter hundert, der verlorene Sohn [Lk 15,3f.] und also: als der Richter selbst der Gerichtete zu sein. Eben so war er Gott *gehorsam*. Eben um deswillen war er Jesus von Nazareth – unter den Vielen, die am Jordan die Taufe des Johannes auf sich nahmen zur künftigen Vergebung der Sünden – der Eine, an dem Gott als an seinem lieben Sohn sein Wohlgefallen hatte: der Eine, auf den Johannes den Geist vom Himmel herabsteigen sah, selber der, der, von Johannes angekündigt, als Bringer der Sündenvergebung kommen sollte. So und damit – in der am Jordan mit dem Antritt seines Weges als Richter anhebenden und am Kreuz des Gerichteten von Golgatha vollendeten freien *Buße* Jesu von Nazareth – geschah das in seiner Passion als der negativen Gestalt der göttlichen Versöhnungsaktion verborgene *Positive*. In dieser seiner Buße «erfüllte er alle Gerechtigkeit» [Mt 3,15]. Sie machte seinen Lebenstag, den Tag des göttlichen Gerichts, zum großen Versöhnungstag, zum Tag des Anbruchs eines neuen Himmels und einer neuen Erde, zum Geburtstag eines neuen Menschen. […]

Karl Barth, KD IV/1, Zürich 1953, 231–311.

Des Menschen Freispruch (KD IV/1, 1953)

[…] Die Rechtfertigung ist […] nach *rückwärts* gesehen: der göttliche Freispruch des *sündigen* Menschen. Sie ist Gottes Urteil, laut dessen der Mensch jener *Vergangenheit* entrissen wird und also Gottes Urteil über ihn, der eben aus dieser *Vergangenheit* in eine ganz andere Zukunft hinüberschreitet. Noch ist er also in jeder Gegenwart auch der, der er *war:* der Mensch der Sünde, der Mensch des Hochmuts, der als solcher gefallene Mensch. Er ist es nicht, um es zu bleiben, sondern um es nicht mehr zu sein, um ein anderer zu werden. Aber noch *ist* er es. Wie wäre er der Mensch jener Geschichte, in jenem Übergang begriffen, wie könnte Gottes Freispruch als solcher zu ihm gesprochen werden, ihn angehen, wenn er es einfach nicht mehr, wenn er einfach schon frei, eines Freispruchs also gar nicht bedürftig wäre? Der von Gott gerechtfertigte und also freigesprochene Mensch ist der, dem es *widerfährt,* aus jener Vergangenheit herausgerissen zu werden. Das widerfährt ihm in jeder Gegenwart so, dass er von Gott eben dort, in jener Vergangenheit gefunden wird. Gott begegnet ihm als der Arzt, der zu dem Kranken kommt, nicht zu dem Gesunden, als der Hirte, der die 99 Schafe verlässt, um das eine verlorene zu suchen, als der Vater, der seine Arme nach dem in die Fremde gegangenen Sohn ausbreitet, der ihm das gemästete Kalb zurichtet, als der Heiland, der mit den Zöllnern und Sündern zu Tische sitzt. Die Rechtfertigung hebt an als des Menschen Freispruch von seiner *Sünde,* von seinem *Sündersein.* Nur da anhebend, kann und wird sie sich auch vollenden: in der Aufrichtung seines Rechtes, in der Erneuerung seines Lebens. Wäre der Mensch ohne Sünde und also kein Sünder, was sollte sie ihn angehen? Sie geht ihn aber an, sie ist Gottes gerechtes Urteil über ihn, weil und indem er *noch kein* Gerechter, noch ein Ungerechter, *noch* der alte, *noch nicht* der neue Mensch ist. Sie ist *iustificatio impii* [= Rechtfertigung des Gottlosen]. Das ist ihr *Geheimnis,* das macht sie zu jenem Werk, das nur Gottes Schöpferwerk sein kann: zur *creatio ex nihilo* [= Schöpfung aus dem Nichts], vielmehr *ex contrario* [= aus dem Gegenteil]. Das charakterisiert sie ja auch als *Gnaden*werk, als Grundlegung des Werkes der Versöhnung. Ihrer bedarf eben der von Gott *abgefallene,* der sich in seinem Hochmut gegen ihn *auflehnende* Mensch. Gerade ihn meint Gott, gerade ihn liebt er, weil er ja doch der von ihm erwählte und geschaffene Mensch ist. Gerade ihn rechtfertigt Gott, gerade ihm hält und erweist er damit seine Treue: ihm, dem Ungetreuen. Anhebend damit, dass er *gegen* ihn im Rechte ist, sein Recht geltend macht und also, dass er ihm, dem Ungetreuen, zürnt, dass er ihn als solchen verdammt, tötet, vergehen lässt, aber eben seine Rechtfertigung damit anhebend, eben um damit ihn selbst von jenem Ungetreuen gänzlich zu scheiden, ihn selbst also in die Freiheit zu führen! Diese Scheidung muss ihm *widerfahren*. Der sündige Mensch ist der Mensch, dem sie widerfahren soll und wird, aber *noch nicht* widerfahren, dessen Selbstidentifikation mit seinem Unrecht *noch nicht* rückgängig gemacht ist. Eben *ihn* geht Gottes Urteil an. Eben er wird durch sein Urteil frei – von sich selbst frei! – gesprochen.

Seine Rechtfertigung – und was es um des Menschen Rechtfertigung überhaupt ist, und so auch, was sich in jenem göttlichen Freispruch in Wahrheit zuträgt – hat noch keiner erkannt, als den in Gottes Gericht Freigesprochenen hat sich noch keiner erfunden, die überschwängliche Herrlichkeit dieses Geschehens hat noch keiner geschmeckt und von der Freiheit des von Gott Freigesprochenen hat noch keiner Gebrauch zu machen gewusst, der sich nicht, gerade indem ihm solches geschah, als Sünder vor Gott erkennen musste. Es kennt sich gerade, wer um seine, um des Menschen Rechtfertigung in Wahrheit und Klarheit weiß, als den Mann, der jene Vergangenheit hat, von ihr herkommt, der sich noch in der Gegenwart noch in seinem Übergang in die Zukunft als *dieser* Mann bekennen muss. Wurde er jetzt gefunden und weiß er darum, dann muss er sich doch als den ohne dieses Gefundensein Verlorenen erkennen. Widerfährt ihm jetzt Gnade und weiß er darum, dann muss er doch begreifen, dass er sie nicht verdient, sondern verwirkt hatte und ohne sie nur immer wieder verwirken könnte. Ist er jetzt das Werk einer neuen göttlichen Schöpfung und weiß er darum, dann kann er sich doch nicht verhehlen, dass er der Nichtigkeit verfallen war und ohne dieses Werk nur wieder und wieder verfallen müsste. Gilt ihm Gottes Freispruch und hört er Gottes Wort, in welchem dieser ergeht, dann wird er doch einsehen, dass er in Ewigkeit gefangen wäre und jeden Augenblick wieder zum Gefangenen werden müsste, wenn er nicht als Hörer dieses Freispruchs jeden Augenblick Gottes Freigesprochener werden und sein dürfte. Es ist ja eben *Gottes* Freispruch, an ihn gerichtet, für ihn gültig und kräftig, aber in ihm nicht begründet, in ihm vielmehr völlig unbegründet, von ihm nur gehört, empfangen, angenommen, Gottes Geschenk und Gabe. Indem er an ihn *ergeht*, findet er sich auf den Weg gesetzt, hat er seine Vergangenheit als Ungerechter hinter sich, seine Zukunft als Gerechter vor sich. Was aber wäre er auch nur einen Augenblick ohne ihn? Was ist er noch jetzt, sofern er eben der ist, an den er souverän ergeht, der da von Gott in Verwirklichung seines göttlichen Rechtes, aber eben darum in freier Gnade gemeint, angeredet, mächtig auf den Weg gesetzt ist? Er, dem Gott laut dieses Freispruchs so unbegreiflich, so unwidersprechlich und unwiderstehlich gut ist? Er, der jetzt Gott dafür danken darf und nicht genug dafür danken kann, dass er sich ihm so, in diesem Urteil zuwenden wollte? Er, dem jetzt dieser *terminus a quo* [= Zeitpunkt, von dem an etwas beginnt] geschenkt ist, den er doch selber weder schaffen noch sich verschaffen konnte? Wo, im Aufbruch von woher, befindet er sich in diesem *terminus a quo* und also am Anfang jenes Weges? Als wen und als was hat er sich, von Gott daselbst gesucht und gefunden, Gott darzubieten, zur Verfügung zu stellen: als welches Material zu irgendetwas, was Gott mit ihm anfangen und aus ihm machen könnte? Doch nicht etwa als den, der er ja, indem er diesen Weg antritt, erst werden soll! Doch nicht etwa als den Gerechten, der er am Ziel dieses Weges sein wird! Doch nur als den, der ein solcher *noch nicht,* der vielmehr *noch* ein Ungerechter ist! Doch wirklich nur als den, der nun, sich selbst ein Wunder, dorthin aufbrechen und gehen, im Ergreifen der Verheißung dieses Zieles leben darf! Und also doch wirklich nur als den, der – an jenem Ziel noch nicht angekommen – noch der alte, der sündige, der hochmütige Mensch ist und als solcher sich anzuklagen und zu beklagen, der in ernstlichster Buße als solchen sich zu bekennen, Gott gegen sich selbst Recht zu geben allen Grund hat, der vorläufig ganz allein im Ergreifen der Verheißung jenes Zieles, seines Rechtes und also seines berechtigten Lebens leben kann. Dass er *als solcher,* dass er von da aus nach jenem Ziel unterwegs sein, Gottes Verheißung ergreifen, sich an sie halten und, indem er das tut, vorläufig leben darf, das ist das *Anheben* seiner Rechtfertigung.

Es gibt keine Gegenwart, in der des Menschen Rechtfertigung nicht auch noch diese *anhebende* Rechtfertigung wäre und, wo sie erkannt wird, nicht auch noch als solche erkannt werden müsste. Es gibt also keinen von Gott gerechtfertigten Menschen, der sich nicht auch noch als vor ihm Ungerechten, als jenen hochmütigen Rebellen erkennen und bekennen, der Gott nicht jederzeit gegen sich selbst Recht, sich selbst ihm gegenüber also nicht jederzeit Unrecht geben müsste. Wollte er das nicht sein, so müsste das heißen, dass er auch nicht freigesprochen, nicht gerechtfertigt sein wollte. Wollte er sich als solchen verleugnen, so würde das heißen, dass er die Verheißung verleugnet, wohl noch gar nicht kennt, in dem Aufbruch des freigesprochenen Menschen wohl noch gar nicht begriffen ist. Wo dieser Aufbruch stattfindet, wo also des Menschen Rechtfertigung Ereignis ist, da ist sie die Rechtfertigung jenes *Ungerechten,* da wird der, dem sie widerfährt, sich nicht weigern dazu zu stehen, dass er auch noch dieser ist, dass er sich gerade als solcher im Aufbruch befindet und nur als solcher im Aufbruch befinden kann. Er ist es also als Einer, der mitten aus einer bösen Vergangenheit heraus – kein Guter also, sondern ein Böser – in seine gute Zukunft schreiten darf: daraufhin zu schreiten wagt, dass nicht er sich selbst, sondern Gott ihn dazu freigesprochen, autorisiert und ermächtigt hat. Er wird, indem er das wagt, der Wahrheit der Situation entsprechend, Gott die ganze, sich selber aber gar keine Ehre zuschreiben: sich selbst vielmehr nur die entsprechende Unehre, Unwürdigkeit, Unfähigkeit, ja Unwilligkeit. Auch nicht in irgendeine Willigkeit, sondern gerade in des Menschen Unwilligkeit mitten hinein stößt ja der göttliche Freispruch. Er wird sich selbst, indem er jenen Aufbruch vollzieht, wirklich nur ein Wunder, ein Rätsel sein. Er wird in sich selber keinen Grund dazu finden. Er wird nicht der Meinung sein, dazu auch nur den geringsten Beitrag geleistet zu haben. Er wird vielmehr frank und frei bekennen, dass sein Beitrag zu dieser Sache ganz und gar nur seine eigene große Verkehrtheit ist, in der er ohne sein Zutun und Verdienst durch Gottes Freispruch – vollzogen nicht in seinem Selbstgericht, sondern im Gerichte Gottes – gefunden, erreicht, zu Gott hin umgekehrt, auf den Weg in sein Recht und Leben versetzt wurde. Der von Gott Freigesprochene und also Gerechte ist als solcher immer *auch noch* dieser Mensch – gewiss: *auch schon* ein ganz anderer, aber indem er schon dieser ganz andere ist, immer auch noch dieser, *schon* vorwärtsschreitend, auch immer noch der von dorther Kommende. Und sagen wir es ausdrücklich: er ist immer auch noch *ganz,* total, vom Kopf bis zum Fuß dieser, so gewiss er in derselben Gegenwart des göttlichen Freispruchs auch schon *ganz,* total, vom Kopf bis zum Fuß, jener, der schon zum Ziel seiner Gerechtigkeit Schreitende, ja, dort schon Angekommene, dort schon der als Gerechter Lebende ist. Es geht also hier wie dort nicht um ein Quantum – vielleicht wie die Flüssigkeit in zwei kommunizierenden Röhren hier abnehmend, dort zunehmend –, sondern es geht hier wie dort um seine eine und ganze menschliche Existenz. Er selbst, wie er ist, er nach Seele und Leib, er in seiner Person mit allen seinen Gedanken, Worten und Werken ist als von Gott Freigesprochener *schon* am Ziel, aber auch *noch* am Anfang, *schon* der vor ihm Gerechte, aber auch *noch* der Sünder: er selber immer schon zu ganzer, rückhaltloser, unbedingter Gewissheit, Getrostheit und Freude, aber auch immer noch zu ganzer, rückhaltloser, unbedingter Demütigung und Buße aufgerufen, angewiesen aufs Ernstlichste zu beten: Vergib uns unsere Schulden! Gott sei mir Sünder gnädig! Wie sollte es anders sein, da doch seine Rechtfertigung jener *Übergang* – der von Gott gerechtfertigte Mensch der Mensch jener *Geschichte,* da doch des Menschen Freispruch des lebendigen Gottes lebendiges Wort an den lebendigen Menschen ist, da doch die durch ihn geschaffene Tatsache eben der in die *Umkehr* zu ihm versetzte und in dieser Umkehr *begriffene* Mensch ist? [...]

Karl Barth, KD IV/1, Zürich 1953, 634–678.

Die Herrlichkeit des Mittlers (KD IV/3, 1959)

[…] Die doppelte Entfaltung des sachlichen Gehaltes der Lehre von der Versöhnung liegt hinter uns. «Versöhnung» im Sinn des christlichen Bekenntnisses und der Botschaft der christlichen Gemeinde ist Gottes tätiges und überlegenes Ja zum Menschen. Gottes *tätiges Ja zum Menschen,* indem sie die Vollstreckung der ewigen Wahl ist, in der Gott sich selbst für den Menschen, zu seinem Gott, und den Menschen für sich, zu seinem Menschen bestimmt hat, bestimmt und wieder bestimmen wird. Gottes *überlegenes Ja zum Menschen,* indem sie die in Gottes allmächtiger Barmherzigkeit vollzogene Überwindung des Nein, des Widerspruches und Widerstandes ist: der Absonderung, in welcher der Mensch, wäre es ihm überlassen, sie durchzuführen, wie sein Verhältnis zu Gott, so auch das zu seinen Mitmenschen, so auch sich selbst zerstören müsste. Gott erlaubt es ihm nicht, sein Nein, diesen seinen Widerspruch und Widerstand durchzuführen. Gott überlässt ihn nicht der Todesgefahr, der er sich damit aussetzt. Er tritt dem Menschen entgegen und tritt eben damit für ihn ein: um seines Heils und um seiner eigenen Ehre willen. Gott steht zu seinem *Ja.* Er schafft ihm Verwirklichung. Das ist das Werk Gottes des Versöhners. «Versöhnung» im christlichen Sinn dieses Wortes – die Versöhnung, deren Bezeugung wir in der Heiligen Schrift des Alten und Neuen Testamentes vor uns haben und in deren Erkenntnis und Verkündigung die christliche Gemeinde ihre Existenz hat – ist die Geschichte, in der Gott seinen Bund mit dem Menschen schließt, bestätigt, behauptet, über seine Bedrohung hinweg zu seinem Ziele führt. Sie ist die Geschichte, in der Gott sich seines ungehorsamen und in seinem Ungehorsam unseligen Geschöpfs, seines ungetreuen und in seiner Untreue verlorenen Bundespartners in eigener Person und Tat annimmt. Er tut das, indem er zugleich sich selbst herablässt und an die Seite des Menschen stellt, den Menschen aber erhöht und an seine Seite setzt: indem er gerade so zugleich sich selbst dem Menschen und den Menschen selbst sich gegenüber an seinen Platz und in sein Recht setzt. «Versöhnung» meint und bedeutet also: Immanuel! «Gott mit uns!» – nämlich Gott in *seinem* von ihm geschaffenen Frieden mit uns, aber Gott auch in *unserem* von ihm geschaffenen Frieden mit ihm. Und nun das Entscheidende, das Eine, das Umfassende und alles Bestimmende: *Jesus Christus* ist dieser Friede in seiner doppelten Gestalt. Die Geschichte von dessen Herstellung und also die Geschichte der Versöhnung ist *seine* Geschichte: die Geschichte *seiner* Sendung und *seines* Kommens, *seines* Lebens, Redens und Tuns, *seines* Leidens und Sterbens, *seiner* Auferstehung, *seines* Dienstes und *seiner* Herrschaft. In *Ihm* ist Gott der den Menschen gnädig Erwählende, in Ihm ist der Mensch der von Gott gnädig Erwählte. Er ist die Verwirklichung des Bundes zwischen Gott und Mensch: von der Seite Gottes *und* von der Seite des Menschen her. [...] Das eine große Ja Gottes, in Jesus Christus gesprochen, umschließt eben, ohne dass das eine dem anderen gleichzusetzen wäre, *beides:* Gottes eigene Zuwendung zum Menschen und die Zuwendung des Menschen zu ihm hin. Das ist es, was unter *allen* Umständen, zu allen Zeiten, in jeder Theologie zur Geltung kommen muss. Wo nur das eine oder das andere oder wo das eine nur halblaut, unter Verdeckung des anderen gesagt würde, da würde zu wenig, da würde in letzter Konsequenz sogar Verkehrtes gesagt. [...]

Es gibt [...] noch ein *drittes* Problem der Versöhnungslehre. [...] Das dritte Problem der Versöhnungslehre ist uns also schlicht damit vorgegeben und aufgegeben, dass die Versöhnung sich, indem sie geschieht, auch *kundgibt.* Wir blicken einen Augenblick vorwärts auf das Ganze des nun aufzuschlagenden neuen Kapitels: Des Menschen Rechtfertigung und Heiligung schließt in sich des Menschen *Berufung* (wie übrigens des Menschen Hochmut und Trägheit auch seine *Lüge* in sich schließt!). Die Sammlung und der Aufbau der Gemeinde schließen in sich ihre *Sendung.* Des Christen Glaube und Liebe schließen in sich: die christliche *Hoffnung.* Wir werden nun auch am Schluss dieses dritten Teils der Versöhnungslehre – eben wenn es auch da um die christliche Gemeinde und um das Leben des einzelnen christlichen Menschen gehen wird – vom Werk des *Heiligen Geistes* zu reden haben, in welchem das Ereignis der Versöhnung auch in diesem Charakter ihrer Selbstkundgebung (Erkenntnis begründend und zum Bekenntnis aufrufend!) konkret *wirksam* und *sichtbar* wird. Sie *hat* aber diesen Charakter – wir haben bereits darauf hingewiesen – nicht erst, indem sie in ihm wirksam und sichtbar wird – also nicht erst, indem es Menschen gibt, deren Anteil an ihr sich darin bemerkbar macht, dass sie der an sie ergehenden Berufung Folge leisten. Sie ist in sich selber auch da Erkenntnisgrund, wo ihr keines Menschen Erkenntnis entspricht. Sie redet, sie zeigt sich an, sie verherrlicht sich, sie ist transeunt [= in einen anderen Bereich übergehend] und kommunikativ, bevor sie, und insofern auch, ohne dass sie in der Kreaturwelt, in der sie geschieht, zu ihren Zielen kommt. Die Gewalt, in der sie im Werk des Heiligen Geistes zu ihren Zielen kommt, beruht eben darauf, dass sie zuvor, dass sie in sich selbst transeunt, kommunikativ ist, sich selbst ansagt, anzeigt, verherrlicht. Sie ist nicht nur Licht, sondern Licht*quelle,* als Licht des ewigen Lebens *ewiges* Licht inmitten der sie umgebenden und bedrohenden Finsternis der Menschenwelt: sieghaft, siegeskräftig auch, wo sie ihrem Sieg erst entgegengeht. Dass sie *faktisch* siegt, geschieht im Werk des Heiligen Geistes. Aber eben das Werk des Heiligen Geistes an und in der christlichen Gemeinde und ihren Gliedern, in welchem sie als *Selbstkundgebung,* in welchem sie wie als Rechtfertigung und Heiligung, so auch als *Berufung,* wie in der Sammlung und im Aufbau der Gemeinde, so auch in ihrer *Sendung* in die Welt, wie im Glauben und in der Liebe, so auch in der *Hoffnung* der Christen erkennbar und sichtbar wird – eben dieses Werk des Heiligen Geistes schafft nur insofern neue Tatsachen, als der Offenbarungscharakter der Versöhnung sich in ihm bestätigt, als es inmitten der übrigen Weltphänomene auch einige solche (die sie erkennende und bekennende Gemeinde und ihre Glieder, die Christen!) auf den Plan führt: Phänomene, die faktisch im Offenbarungscharakter der Versöhnung und insofern im Geschehen der Versöhnung selbst ihren Grund haben. Diese *Objektivität* auch ihres Offenbarungscharakters muss darum so ausdrücklich hervorgehoben werden, weil sich hier so leicht das Missverständnis einschleicht, als handle es sich bei dem Problem des Erkennens, Verstehens und Erklärens der Versöhnung – allgemein gesagt: beim Problem der Versöhnungs*lehre* als solcher, bei der Frage: wie eine Theologie und Verkündigung der Versöhnung auch nur in primitivster Gestalt möglich werden könne? – um ein Problem der Theorie des menschlichen Erkennens, seiner Bereiche und seiner Grenzen, seiner Kapazitäten und Kompetenzen, seiner möglichen oder unmöglichen Annäherung an diesen Gegenstand. Allzu leicht könnte sonst der Hinweis auf das erleuchtende Werk des Heiligen Geistes als letztes und dann – einem *Deus ex machina* [= Gott aus der Maschine; Hintergrund ist das plötzliche Erscheinen eines Gottes im Drama] vergleichbar! – sicher etwas bedenkliches Wort solcher «Erkenntnistheorie» verstanden werden! Ist dieser Hinweis doch vielmehr das letzte Wort der Versöhnungslehre selber! Nur als solches kann er sinnvoll sein: eben als Hinweis darauf, dass es in der Macht der Versöhnung selbst – ihres Offenbarungscharakters nämlich – kraft der Selbstbezeugung Jesu Christi auch Weltphänomene gibt, die in ihr ihren Grund haben. Eben damit dieser Hinweis nicht in die Luft zu stehen komme, ist es nötig, wie die Objektivität der Versöhnung als solcher, ihres Geschehens in der Welt, so auch die ihres *Offenbarungs*charakters, die *Apriorität* ihres Lichtes allem menschlichen Hellwerden und Erkennen gegenüber festzuhalten. Menschliches Erkennen, Theologie der Versöhnung, gibt es daraufhin, dass die Versöhnung selbst und als solche nicht nur wirklich, sondern auch wahr *ist* – um sich im erleuchtenden Werk des Heiligen Geistes als wahr zu *erweisen,* aber zuerst in sich selber nicht nur wirklich, sondern auch wahr *ist:* Eröffnung, Erschließung, Mitteilung. Eben darauf beruht dann, wo es durch das Werk des Heiligen Geistes zur Erkenntnis Jesu Christi und seines Werkes kommt, deren Klarheit und Gewissheit. […]

Karl Barth, KD IV/3, Zürich 1959, 1–40.

Pausengespräch beim Vortrag «Geschenk der Freiheit» in Bielefeld, 1953

8 Der neue Mensch

Hatte Karl Barth in den ersten Bänden der «Kirchlichen Dogmatik» vor allem betont, dass Gott im Weg Jesu Christi zu erkennen ist, so kam in der Christologie – und damit in der Theologiegeschichte überhaupt – ein anderer, neuer Zug hinzu. Der Weg Jesu Christi ist nicht nur die Offenbarung Gottes, sondern auch die des Menschen. Denn Jesus Christus ist nicht nur wahrer Gott, sondern auch wahrer Mensch. Der Weg Gottes führt ihn in die menschliche Tiefe, in die Sünde, die er anstelle der Menschen trägt. Nun aber wird im Leben Jesu Christi der neue Mensch sichtbar, der in der Auferstehung Jesu Christi jedem Menschen verheißen ist: «Ich lebe, und ihr sollt auch leben!» (Joh 14,19)

Dass der neue Mensch jetzt schon da ist und lebt und dass Menschen schon heute «neue Kreatur» sind, ist häufig nur gegen alle Erfahrung zu behaupten. Deshalb ist es zu glauben und zu hoffen, weil erst am Ende der Zeiten diese Wirklichkeit endgültig offenbar werden wird. Und da die Menschlichkeit Gottes nach Barth jedem Menschen gilt, ist diese Auszeichnung jedem Menschen und jedem Werk der Menschen zu eigen, auch wenn es bei Weitem nicht alle wissen. Sie wird aber diejenigen, die glauben und es also wissen, auch in ihrem Handeln bestimmen. Die geschenkte Freiheit ist nach Barth der Ausgangspunkt der theologischen Ethik.

Barth hat die Menschenfreundlichkeit und Menschlichkeit Gottes vor allem in den Fünfzigerjahren deutlich herausgearbeitet. Neben einem Ausschnitt aus der «Kirchlichen Dogmatik» in Band IV/2 sind hier auszugsweise die wichtigen Vorträge «Die Wirklichkeit des neuen Menschen» (1950), «Das Geschenk der Freiheit» (1953) und «Die Menschlichkeit Gottes» (1956) dokumentiert.

Die Wirklichkeit des neuen Menschen (1950)

1. Die Wirklichkeit des neuen Menschen ist der zentrale *Inhalt des Evangeliums.* Es lohnt sich, sich das klar zu machen. Der neue Mensch ist das *ganze Evangelium.* Alles andere, was neben ihm infrage kommen könnte, ist nur eine Umschreibung des neuen Menschen. Er ist die Fülle der Gnade Gottes. Und das heißt: er ist der erste und letzte Akt seines Gerichtes, der Aufrichtung seines eigenen und des menschlichen Rechtes. Er ist das ganze Gesetz und zugleich seine Erfüllung, die Wahrheit aller echten geschöpflichen Strukturen. Er ist die Heiligung des Namens, das Kommen des Reiches, das Geschehen des Willens Gottes – wie im Himmel, so auch auf der Erde. Mehr noch: er ist selbst der offenbarte Name, das nahe herbeigekommene Reich, der in der Vollstreckung begriffene Wille Gottes. Angesichts seiner Wirklichkeit beten wir um jene Heiligung, jenes Kommen, jenes Geschehen. Und indem wir darum beten, bejahen wir seine Wirklichkeit, treten wir in Beziehung zu ihr. Er ist der Gegenstand des christlichen Glaubens, Hoffens und Liebens. Um ihn wird gebetet, wo christlich gebetet wird. So ist er wirklich nicht nur der Mittelpunkt, sondern als solcher auch der ganze Inhalt des Evangeliums.

2. Der neue Mensch ist das, was man, wenn man historisch reden will, das *«Wesen des Christentums»* nennen kann. Er ist das Geheimnis seines geschichtlichen Ursprungs, das es in allen seinen Beziehungen zur Welt, in allen seinen geschichtlichen Entwicklungsstufen als das, was es ist, kenntlich macht. Er unterscheidet die wirklich «christlichen» Erscheinungen der Geschichte von der Verzweiflung der nicht-christlichen Welt wie von ihren Hoffnungen, von ihrer Indifferenz wie von ihren Leidenschaften, von ihren Dummheiten wie von ihrem Tiefsinn, von ihren Verbrechen und Schwachheiten wie von ihren religiösen, philosophischen, moralischen, politischen, künstlerischen und wissenschaftlichen Bemühungen und Hervorbringungen. Er ist – immer historisch gesprochen – der Beitrag des Christentums zum Leben der Menschheit. Er ist aber auch das dauernd wirksame Kriterium der Echtheit dessen, was sich Christentum nennt [...] Und er ist als das alles – und gerade als dieses Kriterium alles individuellen und kollektiven Christentums – keine Idee, sondern eine sehr genau umrissene, sehr aktive, gnädig aber auch schrecklich gegenwärtige Wirklichkeit.

3. Der neue Mensch ist der Gegenstand und Inhalt der *Botschaft*, die die *Kirche* in der Welt auszurichten hat. Sie existiert in der Kraft des Auftrages: Gehet hin in alle Welt und verkündigt das Evangelium aller Kreatur! Das Evangelium ist der neue Mensch. Und so ist er der Sinn der Existenz der Kirche.

Kirche ist da, wo der Versuch gemacht wird, seiner Wirklichkeit Gehör, Nachdenken, Respekt, Verständnis zu verschaffen – dem unendlichen Trost und der unendlichen Unruhe, die von dieser Wirklichkeit ausgehen. [...]

Wo ist dieser neue Mensch? Von wem reden wir da? Wer ist er eigentlich? Und hier gibt es in der Tat nur eine Antwort, die freilich in ihrer Einzigkeit zugleich exklusiv und inklusiv ist: Jesus Christus ist der neue Mensch. Das Wort vom Anziehen des neuen Menschen, an das wir gestern anknüpften, empfängt sein Licht von der Wendung, die der ganzen Stelle vorangeht: «Wie es Wahrheit ist in *Jesus* ...» [Eph 4,21]. In Ihm hat Gott die Welt versöhnt mit sich selber [2Kor 5,19].

Nur in Ihm: die Antwort ist also *exklusiv*. Durch die Gegenwart des neuen Menschen in Jesus Christus sind alle anderweitigen Vorstellungen vom Menschen teils relativiert, teils geradezu widerlegt. Die Antwort ist aber auch *inklusiv*. Denn indem der neue Mensch in Jesus Christus gegenwärtig und wirklich ist, ist er es – kraft der Bedeutung, Macht und Aktion dieser Person als des «Hauptes» und «Herrn» – auch für seinen «Leib», die Kirche, und durch den Dienst seiner Kirche für die ganze Welt. Seine Wirklichkeit in ihrer Identität mit der Existenz dieser einen Person ist nicht nur Tatsache, sondern Gewalt, Verheißung, Befehl. Einmalige vollendete Tatsache in diesem Einen, ist die Wirklichkeit des neuen Menschen immer neu wirklich. Gekommen in Ihm ist sie gegenwärtig und wird sie wiederkommen. Denn dieser Eine ist der Herr der Zeit: der da war, ist und sein wird. Mit Christus verborgen in Gott [Kol 3,2] ist die Wirklichkeit des neuen Menschen auch auf Erden Ereignis und wird sie auch auf Erden in ihrer ganzen Universalität offenbar werden. Gerade indem wir sagen, dass der neue Mensch in Jesus Christus und nur in Ihm ist, sagen wir: er ist auch in der Kirche, auch in der Welt – er war damals, ist heute und wird morgen sein – er ist zur Rechten Gottes im Himmel und bei uns auf Erden – er ist ganz verborgen und wird ganz offenbar werden. Wir blicken nicht auf einen einzigen Punkt, sondern wir folgen einer von diesem Punkt ausgehenden umfassenden Bewegung, wenn wir sagen, dass der neue Mensch mit dem einen Jesus Christus identisch ist. [...]

Wir fragen nach dem Grund dieser Gleichung: *Jesus* ist der neue Mensch. Es gibt nur einen Grund, der hier ernstlich ins Gewicht fällt: In Jesus hat sich der große «Austausch» [...] ereignet, die in unseren Übersetzungen von 2Kor 5,19 die «Versöhnung» (der Welt mit Gott durch Gott selber) heißt. Was ist das für ein «Austausch»? In Jesus hat Gott selbst sich an die Stelle der Welt, des Menschen, an unsere eigene Stelle gesetzt. Das ist Gottes entscheidende Intervention zu unseren Gunsten. Aber man muss sofort hinzufügen: Eben in

Jesus hat Gott die Welt, den Menschen, uns selbst, an seine eigene Stelle versetzt. Wir verstehen: Gott bleibt Gott in seiner ganzen Herrlichkeit; er hat es nicht nötig, seinen Ort zu verlassen, um den unseren einzunehmen, uns den seinigen einzuräumen, uns bei ihm Platz zu machen. Er nimmt aber – und das ist die Allmacht seiner Barmherzigkeit – in diesem Austausch auch den unsrigen ein und erlaubt uns, auch den seinigen einzunehmen, an seiner Natur Anteil zu haben [2Petr 1,4]. Das ist das Geheimnis dieses «Austausches», der Versöhnung. In Jesus Christus ist sie Ereignis. In Ihm erniedrigt sich Gott, um uns zu erhöhen. In Ihm belastet sich Gott mit dem Ganzen unserer Natur: mit der ganzen menschlichen Schwachheit, Schande, Ungerechtigkeit und Vulgarität, macht er sich selbst haftbar für das, was wir ihm und unserem Nächsten gegenüber schuldig geworden sind und immer schuldig bleiben müssten. Unsere Sache wird die seinige: auch und gerade die ganze Verdammnis, unter der wir, und die ganze Verlorenheit, in der wir existieren. Wird aber unsere Sache zu der seinigen, so kann es nicht anders sein: sie wird zur triumphierenden Sache. Tritt Gott dahin, wo wir stehen, hinein in unsere Verdammnis und Verlorenheit, in unsere Nichtigkeit, in das Chaos unserer Existenz, dann bedeutet das: die Aufhebung und Zerstörung dieses Chaos, die Vergebung unserer Sünde und Schuld, die Besiegung des Todes, der unser Besieger ist, die Negation der Negation, der wir unterworfen sind. Und wieder in Ihm, in dem einen Menschen Jesus bekleidet uns Gott mit der ganzen Herrlichkeit seines eigenen göttlichen Wesens, mit seiner Macht, Ehre, Gerechtigkeit und Heiligkeit, erhebt er uns als seine Kinder in die Umgebung und Nähe seines Thrones. Ruft und stellt er den Menschen an seinen eigenen Ort, dann kann es nicht anders sein: dem Menschen wird nicht nur abgenommen, was sein ist – seine Verkehrtheit und Bosheit, sein Jammer und Elend –, sondern darüber hinaus gegeben, was Gottes ist: die Reinheit, in der er ihm dienen, das ewige Leben, das er mit ihm und vor ihm leben darf.

In *Ihm*, in dem Menschen Jesus, hat sich diese Geschichte, dieser Austausch, zugetragen, ist er Ereignis: als die Erfüllung des Bundes zwischen Gott und Mensch, der die Wurzel und Krone aller Werke Gottes ist. Eben darum heißt es, dass die Wahrheit, die Gerechtigkeit und Heiligkeit des neuen Menschen in Ihm, «in Jesus» ist. Fragen wir, wo und wie dieser «neue Mensch» wirklich ist, so verweist uns das Neue Testament einmütig auf diese Person: auf ihr Kommen ins Fleisch, auf ihren Weg in den Tod und durch den Tod ins Leben mit Gott. Hier, in seiner Auferstehung, wird die Gleichung offenbar: *dieser* Mensch ist der *neue* Mensch – der Mensch, in welchem Gott, indem er sich aufs Tiefste demütigte, alle seine und unsere Feinde überwand, und in welchem der Mensch, aufs Höchste erhoben, Gottes Gefährte und seines ganzen Reichtums teilhaftig war. Die Entdeckung dieses neuen Menschen in Jesus ist das besondere Ereignis der vierzig Tage nach Ostern. Indem er Gottes *Sohn* und als solcher wahrer *Gott* ist, ist er Gott *für den Menschen:* Gott in der vollendenden Tat der Erfüllung des Bundes und eben so [...] der «nach Gott» geschaffene Mensch, die in Konformität mit ihrem Schöpfer existierende Kreatur. So ist er die Wirklichkeit des neuen Menschen, von dem wir hier reden. [...]

Wir versuchen es, uns über die Natur dieses gegen uns – für uns! – geführten überlegenen und siegreichen Angriffes Rechenschaft abzulegen. Er hat im Neuen Testament eine sehr einfache Gestalt. Besteht er doch schlicht in der Bezeugung der Offenbarung Jesu Christi, die in seiner *Auferstehung von den Toten* geschehen ist. Dieses Ereignis als solches ist seine Offenbarung als der neue Mensch, den das Neue Testament allen Menschen aller Zeiten und Zonen und so auch uns bezeugt. Denn alles, was es uns von seinem Leben und Sterben, vom Leben der Kirche und der Christen sagt, zielt auf dieses Ereignis hin, weist auf dieses Ereignis zurück, bedeutet für den, der sein Zeugnis vernimmt, Beteiligung an diesem Ereignis. Der Atem, die Macht, die erleuchtende und überzeugende Gewalt dieses Ereignisses ist der Geist, der im Neuen Testament der *Heilige Geist* genannt wird. Er hat schon seine *ersten Zeugen* an jenem Ereignis beteiligt. Er hat ihnen das Zeugnis von Ihm auf die Lippen gelegt. Er hat ihrem Zeugnis die Kraft gegeben. Er hat durch ihr Zeugnis die Gemeinde begründet. Er schafft und baut sie immer wieder durch dieses ihr Zeugnis. Er beteiligt auch uns an jenem Ereignis. Das ist die einfachste und ursprünglichste Gestalt jenes Angriffs, in welchem Jesus Christus, der neue Mensch, für uns wirksam wird: seine schon geschehene Offenbarung, in Jesu Christi Auferstehung – durch den Heiligen Geist – im apostolischen Zeugnis.

Aber nun ist weiter zu bedenken: Die Osteroffenbarung steht im Neuen Testament in klarer Beziehung zu Jesu Christi noch ausstehender direkter und allgemeiner Offenbarung in seiner *Wiederkunft* am Ende aller Zeit. Seine Auferstehung ist die Vorwegnahme (Antizipation) dieser seiner Wiederkunft. Im Verhältnis jener wie zu dieser ist unsere Erkenntnis der Wirklichkeit des neuen Menschen eine *indirekte* (durch das apostolische Zeugnis bedingte) und *partikulare* (auf die durch den Heiligen Geist geschaffene, regierte und erhaltene Gemeinde beschränkte) Erkenntnis. Sie ist Erkenntnis im *Glauben: nicht mehr* (wie die der ersten Jünger in den 40 Tagen nach Ostern) und *noch nicht* (wie die der ganzen Kreatur am Jüngsten Tage) im Schauen. Wir existieren – und die Welt existiert – jetzt in der Zeit *zwischen* jenen beiden Offenbarungen, in der auch der Heilige Geist nur in vorläufiger, relativer, begrenzter Gestalt, als «Unterpfand» und «Angeld» und nicht mehr so oder noch nicht wieder in seiner Fülle [Röm 8,23; 2Kor 5,5] gegenwärtig und wirksam ist, in der auch um ihn und seine Gaben immer wieder gebetet werden muss. Das bedeutet notwendig eine Begrenzung auch unserer Erkenntnis und Erfahrung der Wirklichkeit Jesu Christi als des neuen Menschen. Wohlverstanden: nicht seine Wirklichkeit ist beschränkt! Das «Es ist vollbracht» gilt objektiv in seiner ganzen Wahrheit und Tragweite. Aber unsere Erkenntnis und Erfahrung dieser Wirklichkeit, ihrer Wahrheit und Tragweite, im hic et nunc [= im Hier und Jetzt] unseres christlichen Glaubens ist dadurch beschränkt, dass wir weder mit den ersten Jüngern den auferstandenen Jesus in unserer Mitte haben, noch auch mit der ganzen Kreatur in der direkten und endgültigen Anschauung seiner Herrlichkeit stehen. Der Sieg ist gewonnen, aber noch nicht proklamiert. Das Matt des Gegners ist nicht mehr aufzuhalten, aber er darf die Partie noch zu Ende spielen, um jedermann zu überzeugen, dass er geschlagen ist. Die Uhr ist abgelaufen, aber der Pendel muss noch ausschwingen. Das ist die Situation der «Endzeit», die Zeit des Überganges, die unsere Zeit ist. Und eben dieser Zeit entsprechen die Formen, in denen der neue Mensch für uns, für unser jetzt und hier noch beschränktes Aufnahmevermögen, Wirklichkeit ist.

1. Man unterschätze nicht die einfache, fast kindliche Form, in der er für Jedermann da gegenwärtig sein kann, wo jemand – sei es denn in der Herzenseinfalt des russischen Christen – das Bekenntnis wagt: «Christus ist auferstanden. Er ist wahrhaftig auferstanden!» Nicht als ob dieses Wort als solches eine magische Kraft hätte. Es hat aber, im Glauben anspruchslos ausgesprochen, als einfachste Gestalt des apostolischen Zeugnisses, insofern die Kraft, Tatsachen zu schaffen, als es dieses Zeugnis und damit auch seinen Gegenstand auf den Platz führt, in Erinnerung ruft, zur Diskussion stellt, als Ausgangspunkt alles christlichen Denkens sichtbar macht. Um Menschen zum Glauben aufzurufen, wird es wohl in der Regel mehr bedürfen als dieses Wortes. Um dem Glauben auch inmitten des Unglaubens, Irrglaubens und Aberglaubens Respekt zu verschaffen, um den Angriff der neutestamentlichen Botschaft fühlbar zu machen, kann schon dieses Wort genügen. Es ist, wenn es wirklich das impliziert, was das Neue Testament damit meint, unmissverständlich. Es umfasst das Ganze. Es ist nicht einzusehen, wieso der, von dem es redet, wenn es aufrichtig geredet ist, sich nicht – ob der, der es redet, es bemerkt oder nicht – selbst zu ihm bekennen sollte. Ich habe jedenfalls einmal die Erfahrung gemacht, dass ein sehr humanistischer und komplizierter Geist, dem ich das «Prinzip» der Theologie mit keiner Kunst erklären konnte, von Stunde an wenigstens aufge-

hört hat, den Kopf zu schütteln, nachdem ich ihm ohne viel Kommentar dieses Wort gesagt hatte.

2. Die Explikation des Bekenntnisses zu Jesu Christi Auferstehung und also eine zweite Form, in der der neue Mensch für uns gegenwärtig ist, ist die Existenz der christlichen Gemeinde. Man beachte die Stelle Eph 2,15, wo der neue Mensch – nicht etwa mit dem individuellen Menschsein der Christen, wohl aber mit ihrem Sein als Gemeinde gleichgesetzt erscheint. Sie heißt ja im Neuen Testament bekanntlich der «Leib» Christi: der sichtbare, hörbare, betastbare Zusammenhang des Lebens seiner Glieder und also seines eigenen Lebens. Gemeint ist natürlich: die Gemeinde, die darin lebendig ist, dass sie sein Wort hört und verkündigt – die unter seiner Herrschaft zur Predigt, zum Sakrament, zum Gebet, zum Lobpreis Gottes versammelte Gemeinde. Und mitgemeint ist dann gewiss auch das Leben ihrer Glieder untereinander und in der menschlichen Gesellschaft, soweit es ein durch das Wort diszipliniertes, erhelltes und geleitetes Leben ist. In der Aktion der Gemeinde bekommen wir es – und bekommt es auch die Welt mit der Wirklichkeit des neuen Menschen zu tun. Die Unvollkommenheiten dieser Aktion können es nicht verhindern und die Verborgenheit ihrer Auswirkung kann nicht widerlegen, dass sie das (starke oder schwache, mächtige oder ohnmächtige, treue oder mehr oder weniger zweifelhafte) Zeugnis von der Existenz Jesu Christi ist.

3. Die Gegenwart des neuen Menschen ist dann freilich gewiss auch das verborgene Leben des Glaubens, der Liebe und der Hoffnung, das Leben im Geiste, in welchem der Christ von Tag zu Tag das Zeugnis des Auferstandenen sucht und von diesem Zeugnis gefunden wird. Der neue Mensch existiert überall da, wo einer die frohe Botschaft hört: *Du bist gestorben* – du alter, noch im Schatten dieser vergehenden, zu Ende laufenden Weltzeit lebender Mensch, du von der Siegesnachricht noch nicht Erreichter, du Törichter, der das schon verlorene Spiel noch weiterspielen möchte! Deine Uhr ist abgelaufen! Nichts, gar nichts mehr, ist an dir zu retten, sofern du dieser bist. *Ziehe* es also *aus*, das alte, schmutzige und löcherige Kleid deines Gehabens, das ja nur noch ein Gehaben sein kann! – und dann sofort und zugleich: Du *lebst* ja, du anderer, du neuer Mensch, der schon über die Schwelle der alten und der neuen Zeit gegangen ist, der zu seinem Herrn gehören, sich an Ihn halten und Ihm folgen darf, du Geretteter, du Gerechter, du Heiliger im Schutze und in der Wahrheit seines Namens! *Zieh an* das neue, das reine und schöne Kleid des Lebens mit ihm, in welchem du dich frei für Gott und für deine Mitmenschen bewegen darfst und wirst! Wer diese *Mitteilung* (Du bist gestorben! Du lebst!) und diesen *Befehl* (Zieh aus! Zieh an! Kol 3,9; Eph 4,22) empfängt, der ist ein «Christ».

Man bemerke, dass man den «Christen» nicht im Blick auf irgendeine ihm inhärente Qualität, sondern nur von der Herrschaft und vom Wort Jesu Christi her beschreiben kann. Der Christ ist der Mensch, der eine gute Botschaft empfängt, der unter jene erstaunliche doppelte Eröffnung und unter jenes nicht weniger erstaunliche doppelte Kommando gestellt ist. Das Leben unter dieser Verheißung und unter diesem Gesetz ist das christliche Leben: das Leben in der *Heiligung.* Die Heiligung ist also immer Gabe und Aufgabe zugleich, wobei doch die Aufgabe eigentlich nur darin bestehen kann, die Gabe immer wieder und immer besser zu empfangen, sodass der Imperativ «Seid heilig!» nur die Realisierung des Indikativs sein kann: «Ich bin heilig» [1Petr 1,16]. Die Wirklichkeit des neuen Menschen ist überall da, wo dieser Indikativ und in und mit ihm dieser Imperativ vernommen wird.

4. Und nun müssen wir unsere Blickrichtung ein wenig ändern und auch das sagen: Es gibt eine Gegenwart des neuen Menschen in Jesus Christus, die man leicht übersieht, obwohl doch im Neuen Testament dringlich genug gerade auf sie hingewiesen wird: die merkwürdige, die sehr säkulare, sehr profane Gegenwart Jesu Christi in der Person des christlichen oder unchristlichen, guten oder bösen aber jedenfalls bedürftigen *Nächsten,* den Jesus um seiner Bedürftigkeit willen seinen Bruder genannt hat [Mt 25,40]. Er könnte aber (nach Lk 10,29–37) umgekehrt auch der Nächste (der barmherzige Samariter) sein, dessen wir selbst gar sehr bedürftig sind! Wer kennte keine anderen, die seiner bedürftig sind, und keine anderen, deren er selbst bedürftig ist? Keine Hungernden, Dürstenden, Nackten, Gefangenen, Kranken auf der einen – und keine Tröster, Berater, Helfer auf der anderen Seite? Wer wäre sich selbst dem Nächsten nicht so oder so – und vielleicht in einer und derselben Person doppelt – schuldig? Wer kann dann aber sagen – auch wenn ihm die christliche Gemeinde fremd sein, auch wenn er das Evangelium nie gehört haben sollte –, dass ihm die Wirklichkeit des neuen Menschen fremd sei: Er geht unbekannt und doch bekannt durch alle Häuser und alle Straßen. Und man bedenke die politische, die soziale Tragweite gerade dieser Gestalt der Wirklichkeit des neuen Menschen!

5. Ein letzter Hinweis: Wir müssen uns darüber im Klaren sein, dass der Natur- und Weltlauf aller Zeiten und so auch die Geschichte unserer Zeit mit allen ihren Verwicklungen, Gegensätzen und Rätseln nach den Voraussetzungen des Neuen Testamentes weder vom Zufall noch von einem ihr immanenten Prinzip und auch nicht von einem unbestimmten «Gott» regiert wird, sondern von dem zur Rechten Gottes des allmächtigen Vaters sitzenden Sohn, unserem Herrn Jesus Christus. Welche Gegenwart, welche Wirksamkeit des neuen

Menschen! An irgendeine verborgene Weisheit und Macht einer «Vorsehung» glaubt wohl jedermann. Wir haben aber zu bedenken: sie ist, wie verborgen sie auch sein mag, eine charakterisierte, eine qualifizierte Vorsehung. Sie ist identisch mit der Herrschaft dessen, der am Kreuz für die Sünde der Welt gestorben ist und der in seiner Auferstehung ihren Tod überwunden hat. Und so ist Er, ob wir dessen gewahr sind oder nicht, das Geheimnis der Geschichte.

So dürfen wir in deren gelegentlichen Lichtpunkten wie in ihren uns so viel sichtbareren Widerwärtigkeiten in dem Vertrauen leben, dass Er, der ja schon gesiegt hat, Er, der neue Mensch, auch in dem allem am Werk ist. «Siehe, hier ist Christus, siehe dort»? Nein, wo man uns das sagen will, da gilt: «Glaubet es nicht» [Mk 13,21]. Wir brauchen uns aber eben darum auch von niemand sagen zu lassen, dass er hier oder dort nicht sei! Wo und wann stünde er nicht vor der Tür und klopfte er nicht an? Wir brauchen weder eine positive noch eine negative Geschichtsphilosophie. Das Wort genügt: «Mir ist gegeben alle Gewalt im Himmel und auf Erden!» [Mt 28,18]. Eben als der Inhaber *aller* Gewalt wird er einmal offenbar werden. Unterdessen lesen wir die Zeitung, finden ihn in keiner Zeile, leben wir in und mit unserer Zeit und meinen, es immer wieder mit anderen und Fremden zu tun zu haben – und dürfen uns doch daran halten, dass Er als souveräner König, barmherziger Richter, allmächtiger Helfer und Tröster unsichtbar, aber gewaltig in der Höhe und in der Tiefe des Ganzen steht und mitten unter uns ist. Keine abstrakte Gottheit, kein übermächtiges Schicksal, keine Idee der Geschichte, sondern er, der neue Mensch!

Karl Barth, Die Wirklichkeit des neuen Menschen (ThSt 27), Zürich 1950.

Das Geschenk der Freiheit (1953)

[...] In Gottes eigener Freiheit ist Gnade, Dankbarkeit und Frieden. Sie ist die Freiheit des in *diesem* Sinn lebendigen Gottes. In *dieser* Freiheit – und nicht anders – ist Gott souverän, der Allmächtige, der Herr über alles.

Und eben in dieser Freiheit ist er, wieder laut seiner Offenbarung, der Gott des *Menschen*. Sagen wir es gleich: Er ist der Gott Abrahams, Isaaks und Jakobs. Er ist es in seiner Freiheit – und also nicht als der vom Menschen ersonnene, gebildete und erhobene, nicht als der von Israel erwählte, wohl aber als der sich selbst für sein Israel und so für den Menschen erwählende, entscheidende, bestimmende Gott. [...]

In der Freiheit seiner Gnade ist Gott *für* den Menschen in *jeder* Hinsicht, umgibt er ihn von *allen* Seiten, ist er sein Herr, der *vor* ihm ist, *über* ihm, *nach* ihm und also auch in seiner Geschichte, die seine Existenz ist, *mit* ihm. Er ist seiner Geringfügigkeit zum Trotz mit ihm als sein Schöpfer, der es mit ihm, seinem Geschöpf, vollkommen gut gemeint und gemacht hat. Er ist seiner Sünde zum Trotz *mit* ihm als der, der damals in Jesus Christus war und versöhnte die Welt (und in und mit der Welt auch ihn) in gnädigem Gericht mit sich selber, sodass auch des Menschen böse Vergangenheit nicht einfach um ihrer Uneigentlichkeit willen der Durchstreichung verfallen, sondern bei ihm wohl aufgehoben ist. Er ist seinem Sein in der Verderbtheit und Vergänglichkeit des Fleisches zum Trotz *mit* ihm, indem er ihm als der Überwinder von damals durch seinen Geist heute und hier gegenwärtig, Kraft, Aufruf und Trost ist. Er ist seinem Tode zum Trotz *mit* ihm, indem er es ist, der ihm an der Grenze seiner Zukunft als Erlöser und Vollender entgegenkommt, um ihm das Ganze seiner Existenz in dem Licht zu zeigen, in welchem es in seinen Augen von jeher und durch alle Peripetien hindurch hell gewesen ist. In diesem seinem Sein und Tun mit dem Menschen inauguriert Gott dessen Heilsgeschichte.

Gott ist sicher in anderer Weise auch vor, über, nach und mit allen seinen *anderen* Geschöpfen. Nur dass wir von dieser anderen Weise, von dem, was seine Freiheit für sie bedeuten und wie er auch ihnen Freiheit schenken mag, von der Geschichte zwischen ihm und ihnen wohl dies und das ahnen, aber genau genommen nichts wissen können. Aus seiner Offenbarung und also klar und gewiss ist er uns bekannt als des *Menschen* Gott, in seiner *Menschenfreundlichkeit*. Er war und ist es dem Menschen nicht schuldig, sich gerade für ihn zu erwählen und zu bestimmen, gerade ihm freundlich zu sein. Die Vermutung, dass irgendwelche unbeträchtlichste Wesen des außermenschlichen Kosmos solches viel besser verdienen möchten als wir, ist schon wegen ihrer tiefen Erbaulichkeit sicher nicht einfach von der Hand zu weisen. Aber wie dem auch sei: Gott sagt uns, indem sein Sohn *unser* Bruder wurde und ist: dass er gerade *uns* lieben wollte, geliebt hat, noch liebt und wieder lieben wird, dass er sich selbst dazu erwählt und bestimmt hat, gerade *unser* Gott zu sein.

Diese Freiheit Gottes in seinem Sein, Wort und Werk ist der Inhalt des *Evangeliums:* ist das, was die christliche *Gemeinde* in der Welt – indem sie es sich durch das Wort seiner Zeugen sagen lässt – in ihrem Glauben wahrnehmen, auf was sie mit ihrer Liebe antworten, auf was sie ihre Hoffnung und also ihre Zuversicht gründen, was sie der Welt – als der Welt, die diesem freien Gott gehört – verkündigen darf. […]

In dieser seiner eigenen Freiheit *schenkt* Gott dem Menschen *seine*, die *menschliche* Freiheit. […] Dass der Mensch frei ist, kann in keinem Sinn anders gesagt werden als in der Meinung, dass es ihm von Gott *gegeben* wird, frei zu sein. Des Menschen Freiheit ist Ereignis in jener Geschichte, der Heilsgeschichte, und hört nie auf, das Ereignis zu sein, in welchem der freie Gott es dem Menschen *gibt* und in welchem es der Mensch von ihm *empfängt*, frei zu sein. Darin ist Gott selbst für den Menschen frei, dass er ihm das *gibt*: seinerseits, nicht in göttlicher, aber in seiner menschlichen Weise recht frei zu sein. Was immer in jener Geschichte sonst geschehe: es geschieht im Verfolg, im Rahmen, nach dem Maß (auch unter dem Gericht!) dieser Gnadentat. Von diesem Geschenk des freien Gottes her gesehen, ist der Begriff eines unfreien Menschen ein Widerspruch in sich selbst. Der unfreie Mensch ist das Geschöpf des Nichtigen, die Missgeburt seines eigenen Hochmuts, seiner eigenen Trägheit, seiner eigenen Lüge. Unmöglich ist von da aus freilich auch der Begriff einer Freiheit, auf die sich der Mensch Gott gegenüber als auf seinen Besitz, als auf sein Recht, berufen könnte. […]

Das Geschenk der Freiheit ist aber in dem Ereignis, in welchem es dem Menschen gemacht wird, mehr als ein bloßes Angebot, neben dem dann auch noch andere infrage kämen. Es ist nicht nur eine ihm gestellte Frage, nicht nur eine ihm gebotene Chance, nicht nur eine ihm eröffnete Möglichkeit. Es wird, indem es gemacht wird, ganz, eindeutig und unwiderruflich gemacht. Es bleibt, was es ist, auch wenn es, in die Hand des Menschen übergehend, verkannt, nicht gebraucht oder missbraucht und also zu seinem Gericht wird. Wir reden ja von des freien *Gottes* Geschenk. Es versetzt den Menschen nicht in die Situation des Herkules am Scheidewege. Eben aus dieser falschen Situation reißt es ihn vielmehr heraus. Es versetzt ihn aus dem Schein in die Wirklichkeit. Die dem Menschen von Gott geschenkte Freiheit ist freilich Wahl, Entscheidung, Entschluss, Tat – aber das alles echt und also in der rechten Richtung. Was wäre das für eine Freiheit, in der der Mensch neutral wäre, in der seine Wahl, seine Entscheidung, sein Entschluss, seine Tat sich ebenso wohl auf das Unrecht wie auf das Recht richten könnte? Was wäre das für ein Können? Frei wird und ist er, indem er sich selbst in *Übereinstimmung* mit der Freiheit *Gottes* wählt, entscheidet und entschließt. Sie, die die Quelle seiner Freiheit ist, ist auch ihr Maß. Entzieht er sich dieser Übereinstimmung, so kann das nur als das Werk der Arglist des Nichtigen und seines eigenen Unvermögens, nicht aber als das Werk seiner Freiheit verstanden werden. Es ist solches, es ist die Alternative der Sünde in der dem Menschen von Gott geschenkten Freiheit *nicht* vorgesehen, *nicht* inbegriffen, aus ihr *nicht* zu erklären, von ihr her auch theoretisch *nicht* zu rechtfertigen, *nicht* zu entschuldigen. Es gibt gerade in der Freiheit kein *de iure* [= von Rechts wegen, gesetzliche Vorgabe] der Sünde. Der Sünder ist kein freier, sondern ein gefangener, ein versklavter Mann. Im Ereignis echter menschlicher Freiheit geht die Türe zur Rechten auf, die Türe zur Linken zu. Eben das ist es, was dieses Gottesgeschenk so herrlich, aber auch so furchtbar macht.

Als *Gottes* Geschenk kann die menschliche Freiheit mit der Freiheit Gottes selbst in keinem Widerspruch stehen. […] Die dem Menschen geschenkte Freiheit ist Freiheit in dem so, in dem durch Gottes eigene Freiheit abgesteckten Raum, nicht anders.

Und so ist sie *Freudigkeit*. Weil sie das große, so gar nicht selbstverständliche, so ganz unverdiente, von jeder Seite gesehen so wunderbare Geschenk ist, in dessen Empfang der Mensch *Mensch* sein und als solcher immer wieder aufleben darf! Weil sie als dieses Geschenk von *Gott* kommt, unmittelbar aus dem Quell und Ursprung alles Guten, und jeden Morgen neu der Erweis seiner allmächtigen Treue und Barmherzigkeit ist! […]

Die einem Menschen geschenkte Freiheit ist die Freudigkeit, in der er diese göttliche Wahl in seiner eigenen Wahl, Entscheidung, Entschließung und Tat anerkennen und bestätigen, in der er gewissermaßen ihr Echo oder Spiegel sein darf. Ein Mensch: inmitten *aller* Menschen auch *er*, sicher nicht als erster, sondern im Gefolge und in den sichtbaren oder unsichtbaren Spuren vieler anderer – sicher nicht als einziger, sondern zusammen mit vielen Bekannten und Unbekannten, vielleicht von manchen oder doch von einigen tröstlich und hilfreich begleitet, vielleicht ein wenig traurig im Nachtrab hinter vielen andern, vielleicht auch vielen anderen voraus und also vorläufig fast allein, ohne Nebenmänner, auf ganz neuen, ungebahnten Wegen. Also sicher nicht nur er, er *auch* für sich, aber nicht *nur* für sich, sondern irgendeiner lebendigen Beziehung zu anderen, er als Glied von Gottes *Volk*, er in Verwirklichung von *dessen* Erwählung, er als der jedem anderen seiner Glieder Verpflichtete – aber als dieses besondere Glied des Volkes Gottes, bei seinem besonderen Namen gerufen, in seinen besonderen Beziehungen verpflichtet *gerade er!* Indem er in seiner Wahl, Entscheidung, Entschließung und Tat Dieser sein darf, ist er ein freier Mensch.

Seine Freiheit besteht in der gerade ihm geschenkten Freudigkeit zum *Gehorsam*. Sie wird in jedem Schritt, in welchem er sie als die ihm geschenkte Freiheit verwirklicht, sein Wagnis sein. Ein Abenteuer auf gut Glück? Nein, das *Wagnis* der Verantwortung vor ihrem Geber *und* vor denen, denen sie auch gegeben wurde, auch gegeben ist, auch gegeben werden soll: das Wagnis des Gehorsams, in welchem es in diesen beiden Dimensionen klar und einfach um jenen *Nachvollzug* geht. Darin besteht also der Gehorsam, für den der Mensch frei werden darf: dass er sich selbst als Glied des Volkes Gottes *so will*, wie *Gott* ihn will.

Karl Barth, Das Geschenk der Freiheit. Grundlegung evangelischer Ethik (ThSt 39), Zürich 1953.

Der königliche Mensch (KD IV/2, 1955)

[...] In seiner Geschichte und also in seinem Leben als seiner *Tat* war Jesus für seine Gemeinde da gewesen, sah sie ihn gegenwärtig, sah sie ihm auch entgegen. Die Totalität seines Seins in seiner Tragweite für sie und für die ganze Welt war ihr identisch mit der Totalität seines *Handelns.* [...]

Wo wir einzusetzen haben, kann keine Frage sein: seine Lebenstat war (1.) – konkret, aber auch *umfassend,* umfassend, aber auch *konkret* verstanden – sein *Wort.* Man sollte nicht sagen: Jesus hat nicht nur geredet, sondern auch gehandelt, auch geheilt und wohlgetan, auch eine Gemeinschaft des Geistes, des Wortes und der Tat ins Leben gerufen und schließlich auch gelitten – als ob er nicht auch in dem allem *geredet* hätte, als ob nicht dieses Ganze das von ihm gesprochene *Wort,* als ob nicht gerade sein konkretes Reden so etwas wie die Spitze oder das Licht dieses Ganzen gewesen wäre! Und vor allem umgekehrt: als ob nicht gerade sein konkretes Reden Handlung, Tat, und zwar entscheidende, wirksame Tat gewesen wäre! Man muss die uns geläufigen Unterscheidungen von Logos und Ethos, Reden und Tun (hinter denen sich dann die von Erkenntnis und Leben, Theorie und Praxis, Wahrheit und Wirklichkeit zu verbergen pflegen), sofern damit Trennungen und Überwertungen des einen dem anderen gegenüber gemeint und vollzogen sein möchten, soll es um das Reden Jesu, wie es die evangelische Überlieferung verstanden hat, gehen, gänzlich fallen lassen, wenn man nicht sein Reden *und* sein Tun gänzlich missverstehen will. Es besteht aber in der Tat ein ganzer konkreter Aspekt seiner Lebenstat darin, dass er konkret *geredet* hat. Und die Evangelien sind sich – es war sich offenbar schon die ihnen zugrunde liegende ältere Überlieferung darin einig, dass eben dies der primäre, der beherrschende Aspekt seiner Lebenstat war: diese nun einmal originell menschlichste Aktionsform, die Mitteilung, seine Selbstmitteilung durch das zu seinen Jüngern, zum Volk, zu den «Zöllnern und Sündern», zu den Pharisäern und Schriftgelehrten als seinen Gegenspielern, zu den Hohepriestern und zu Pilatus als seinen Richtern gesprochene *Wort.*

Es war ein *menschliches* Wort. Die Evangelisten und offenbar schon die älteste Überlieferung haben Jesus *keine besondere Sprache,* sie haben ihn in keiner ihm eigentümlichen Begrifflichkeit reden lassen. Sein in ihren Aufzeichnungen sichtbarer Sprachschatz, aber auch die von ihm gebrauchten Redeformen (etwa das Gleichnis, die Seligpreisung, der Weheruf, die Mahnrede, der Weisheitsspruch, das Streitgespräch) sind ihm als solche nicht originell eigentümlich. Es steht und fällt aber auch die sachliche Originalität seines Redens: dessen, was man allenfalls seine «Theologie» nennen könnte, letztlich allein mit der besonderen Pointierung, Gegenüberstellung und Verknüpfung auch sonst bekannter Gedanken und Gedankengänge, die er damit vollzog, dass sie nun eben als *seine* Worte ausgesprochen wurden. Es fällt weiter auf, mit welcher *Unbekümmertheit* die Gemeinde mit diesen seinen menschlichen Worten umgegangen ist: dass sie offenbar so gar nicht darauf bedacht war, nach seinen *ipsissima verba* [= ureigenste Worte] zu fragen, dass es ihr nichts ausmachte, dieselben ihm zugesprochenen Aussprüche in zwei oder mehr verschiedenen Versionen, und seine Theologie, wenn es schon um eine solche gehen sollte, nebeneinander in Gestalt einer offensichtlich von Matthäus, von Markus, von Lukas, von Johannes, durch deren Person und durch deren zeitliches und räumliches Milieu geformten Lehre zur Kenntnis zu nehmen. Wie seltsam für unsere Begriffe von historischem Ernst auch das, dass offenbar niemand es für der Mühe wert hielt, sich des etwa erreichbaren aramäischen Wortlauts seiner Reden zu versichern, dass man sich gerade in dieser Hinsicht mit ein paar in die griechischen Texte eingestreuten Trümmern [Mk 5,41; 7,34; 15,34] zufrieden gab! Es fällt weiter auf, dass man nichts dabei fand, Jesus in diesen griechischen Texten nicht nur in der Begrifflichkeit des Spätjudentums, sondern gelegentlich doch auch sehr deutlich in der des außerjüdischen Hellenismus reden zu lassen. Ist es nicht eine nachdenkenswerte historische Tatsache für sich, dass die Gemeinde, in deren Mitte das Neue Testament entstand, die für uns von daher so naheliegenden Probleme nicht nur nicht ernst genommen, sondern überhaupt nicht gekannt zu haben scheint? Muss man nicht vielleicht gerade von *dieser* historischen Tatsache ausgehen und feststellen: das menschliche Wort Jesu war offenbar so beschaffen, dass es sich jener Gemeinde als sein höchst besonderes, höchst distinktes, als sein eigenes Wort faktisch auch in seiner formalen und inhaltlichen Ähnlichkeit mit so viel Rabbinismus, auch in seinen Varianten bei den verschiedenen Evangelisten, auch in seiner Übertragung in die hellenistische Sprache, und doch auch in das hellenistische Denken objektiv vollkommen vernehmbar machte? Vielleicht sieht man doch nur dann konkret, welche alle Bedingtheiten sprengende, alle damit gegebenen Hindernisse überwindende Macht sein menschliches Wort – kraft seines Inhalts, d. h. aber als das seine, als das des laut der Überlieferung auferstandenen und also lebendigen Jesus – in der für die Entstehung und Anerkennung der Evangelientexte verantwortlichen Gemeinde des ersten Jahrhunderts hatte. Sein Wort erreichte, traf, erleuchtete, belehrte, überzeugte sie durch alle jene Prismen hindurch als das königliche Wort des königlichen Menschen von der königlichen Herrschaft Gottes – in einer Originalität, die durch keine jüdische oder auch hellenistische Verdeckung zu mindern, vielmehr gerade in dieser Verdeckung und indem es sie sich dienstbar machte, nur erst recht erkennbar war. Eben darum wäre sie denn für sie auch durch keine Annäherung an einen allfällig ausfindig zu machenden Urlaut und Urtext zu erhöhen gewesen. Seine Gemeinde hörte ihn sprechen: das aussprechen, was nur er auszusprechen *hatte* und so aussprechen, wie nur er es konnte. Sie war damit vor den primären, den beherrschenden Aspekt seiner Lebenstat und damit vor ihn selbst gestellt, und so von ihm selbst konstituiert, auferbaut, geleitet und gehalten als seine Gemeinde. Mehr noch: sie sah, indem sie ihn sprechen hörte, die ganze sie umgebende Welt, die Völker, ihre Ordnungen und Unordnungen, den ganzen Kosmos mit ihm konfrontiert, von ihm angeredet. Sie hörte sein Wort als das die Welt meinende und an sie gerichtete Wort der Versöhnung. Und so wusste sie, indem sie ihn dieses Wort sprechen hörte, ohne weiteres, wozu es gesprochen war und was sie selbst, indem sie es hörte, damit anfangen sollte: hinausgehen und eben der Welt verkündigen, was ihr selbst durch ihn verkündigt war! So also stand es mit seinem *Wort* als einem *menschlichen* Wort. […]

Der andere Aspekt der Lebenstat Jesu, in welchem sie sich der evangelischen Überlieferung eingeprägt hat, wird (2.) in all dem sichtbar, was sie, in ständigem Nebeneinander mit ihren Berichten von seinem konkreten Reden als seine ebenso konkreten *Handlungen* beschrieben hat. Es ist wahr, dass wir es, wenn von seinem Ausrichten der frohen Botschaft, von seiner Lehre, von seiner Verkündigung berichtet wird, mit dem Aspekt seiner Lebenstat zu tun haben, der in der Sicht aller vier Evangelien der *erste*, der *beherrschende* war. Es wäre aber unmöglich, diesen zweiten, das Bild seines konkreten Handelns, als nebensächlich, als untergeordnet anzusehen: als einen Zug, der nur beiläufig zu beachten wäre, zur Not auch übersehen werden könnte. Aus unserer Verständigung über die verschiedenen Vokabeln zur Bezeichnung des konkreten Redens Jesu war vielmehr klar zu lernen: gerade indem seine Lebenstat ganz *sein Wort* war, war sie – nicht irgendwo neben dem, dass sie Wort war, sondern gerade als sein Wort – auch ganz *seine Handlung*. So treten auch zu den Berichten über sein konkretes Reden die über sein konkretes Handeln nicht nur faktisch, sondern in innerer grundsätzlicher Notwendigkeit hinzu. Sie könnten unter keinen Umständen fehlen. Sein Handeln war nämlich so etwas wie das leuchtende Licht seines Redens, man könnte sagen: das in die *Wirklichkeit* hineinleuchtende Licht der *Wahrheit* seines Redens. Sein Handeln ist, sachlich gesagt: der Erweis jener Koinzidenz, ja Identität seiner *Verkündigung* des Reiches, der Machtergreifung, der Herrschaft Gottes mit diesem *Geschehen* selbst und als solchem. Nicht umsonst besteht ja sein *Handeln* in der Regel zunächst selbst sehr einfach in einem von ihm gesprochenen *Wort*, das dann aber laut der evangelischen Erzählung als solches den Schein zerreißt, als möchte auch es «nur» ein Wort, ein Ereignis nur in der geistigen Sphäre sein, das vielmehr sofort im materiellen, im leiblichen und also im direkt anschaulichen und greifbaren Dasein seiner Umgebung diejenige Veränderung vollzieht, die seine Entsprechung ist. Sein Wort *macht* nicht nur teilweise, sondern in totalem Sinn kosmische, und zwar irdisch-kosmische *Geschichte:* im Raum und in der Zeit, am See und in den Städten von Galiläa, in Jerusalem und auf dem Weg dahin, im Sosein bestimmter Menschen. Es vollzieht ein Geschehen des Willens Gottes auf Erden wie im Himmel, ein Reichsgeschehen vor den Augen der Glaubenden und der Nicht-Glaubenden, der ganz oder halb oder gar nicht Entschiedenen. Und so ist es als Wort auch Handlung: einzelne, konkrete Handlung als einzelnes, konkretes Anzeichen dessen, dass es als Wort in *Kraft* gesprochen ist. Es ist als Handlung das Symptom dafür, dass es als Wort in der erfüllten Zeit von dem Erfüller gesprochen, dass es also nicht eine weitere Verheißung ist, sondern selbst das Verheißene: *abschließendes* Wort in der unzweideutigen Gestalt von abschließender *Aktion.* […]

Karl Barth, KD IV/2, Zürich 1955, 173–293.

Die Menschlichkeit Gottes (1956)

[…] Gottes recht verstandene Göttlichkeit schließt ein: seine Menschlichkeit. Woher wissen wir das? Von woher ist dieser Satz erlaubt und geboten? Er ist ein *christologischer*, vielmehr: ein von der Christologie her begründeter und zu entfaltender Satz. […] Eben in *Jesus Christus*, wie er uns in der Heiligen Schrift bezeugt ist, haben wir es ja gewiss nicht abstrakt mit dem *Menschen* zu tun: nicht mit dem Menschen, der in seinem bisschen Religion und religiöser Moral ohne Gott sich selber Genüge zu tun und also sich selber Gott zu sein vermöchte – aber nun eben auch *nicht* abstrakt mit *Gott*: nicht mit einem vom Menschen in seiner Göttlichkeit nur geschiedenen, ihm nur eben fernen und fremden und also nicht-menschlichen, wenn nicht gar unmenschlichen Gott. In Jesus Christus ist wie keine Verschlossenheit vom Menschen her nach oben so auch keine von Gott her nach unten. Eben in ihm handelt es sich vielmehr um die Geschichte, um den Dialog, in welchem Gott und der Mensch zusammentreffen und zusammen sind, um die Wirklichkeit des von ihnen *beiderseitig* geschlossenen, gehaltenen und vollendeten *Bundes*. Eben in seiner einen Person ist ja Jesus Christus ebenso als wahrer *Gott* des *Menschen*, wie als wahrer *Mensch Gottes* getreuer Partner, ebenso der zur Gemeinschaft mit dem Menschen erniedrigte Herr wie der in die Gemeinschaft mit Gott erhobene Knecht, ebenso das aus dem höchsten, lichtesten Jenseits gesprochene wie das im tiefsten, dunkelsten Diesseits vernommene Wort: beides unverworren, aber auch unzertrennt, ganz das eine und ganz das andere. So, in dieser *Einheit* ist Jesus Christus der Mittler, der Versöhner zwischen Gott und den Menschen. So tritt er vor den *Menschen*, Glauben, Liebe und Hoffnung heischend und erweckend, für Gott ein – und stellvertretend, genugtuend, fürbittend vor Gott für die Menschen. So bezeugt und verbürgt er dem Menschen Gottes freie *Gnade*, bezeugt und verbürgt er aber auch Gott des Menschen freie *Dankbarkeit*. So richtet er in seiner Person das Recht Gottes gegenüber dem Menschen auf, so aber auch das Recht des Menschen vor Gott. So ist er in seiner Person der Bund in seiner Fülle, das nahe herbeigekommene Himmelreich, in welchem Gott redet und der Mensch hört, Gott gibt und der Mensch empfängt, Gott befiehlt und der Mensch gehorcht, Gottes Ehre in der Höhe – aber auch aus der Höhe in die Tiefe leuchtet und Friede auf Erden Ereignis wird unter den Menschen seines Wohlgefallens. Und eben so, als dieser Mittler und Versöhner zwischen Gott und dem Menschen ist Jesus Christus auch ihrer beider *Offenbarer*. Wer und was Gott und wer und was der Mensch in Wahrheit ist, das haben wir nicht frei schweifend zu erforschen und zu konstruieren, sondern dort abzulesen, wo ihrer beider Wahrheit wohnt: in der in Jesus Christus sich kundgebenden Fülle ihres Zusammenseins, ihres Bundes. [...]

Und nun ist zweifellos Gottes *Göttlichkeit* das Erste und Grundlegende, was uns im Blick auf die uns in der Heiligen Schrift bezeugte Existenz Jesu Christi in die Augen springt. Und darin besteht Gottes Göttlichkeit in Jesus Christus, dass Gott selbst in ihm souverän redendes und handelndes *Subjekt* ist: *Er* ist der Freie, in dem alle Freiheit ihren Grund, ihren Sinn, ihr Urbild hat. *Er* ist der Initiant, Stifter, Erhalter und Erfüller des Bundes, er der souveräne Herr der erstaunlichen Situation, in der er vom Menschen nicht nur unterschieden, sondern mit ihm eins wird und ist: *Er*, der ja auch der Schöpfer dieses seines Partners ist, *Er*, durch dessen Treue ja auch die Gegentreue dieses seines Partners erweckt und Ereignis wird. [...]

Eben im Blick auf Jesus Christus ist nun aber auch darüber entschieden, dass Gottes Göttlichkeit seine *Menschlichkeit* nicht aus-, sondern in sich schließt. [...] Wie sollte Gottes Göttlichkeit seine Menschlichkeit *ausschließen*, da sie ja Gottes Freiheit zur Liebe und also sein Vermögen ist, nicht nur in der Höhe, sondern auch in der Tiefe, nicht nur groß, sondern auch klein nicht nur in und für sich, sondern auch mit einem von ihm verschiedenen anderen zu sein, diesem anderen sich selbst hinzugeben, da in ihr also zur Gemeinschaft mit dem Menschen Raum genug ist? Und eben: Gott hat und behält ja auch in seinem Verhältnis zu diesem anderen – es ist ja sein Werk! – die unbedingte Priorität; *sein* ist und bleibt ja das erste und entscheidende Wort, *seine* die Initiative, *seine* die Führung. Wie könnten wir es gerade im Blick auf Jesus Christus, in welchem wir den Menschen in die Gemeinschaft mit Gott aufgenommen finden, anders sehen und sagen? Nein, Gott bedarf keines Ausschlusses der Menschlichkeit, keiner Nicht-Menschlichkeit oder gar Unmenschlichkeit, um wahrhaft Gott zu sein. Wir dürfen und müssen aber weitersehen und feststellen, dass seine Göttlichkeit Menschlichkeit vielmehr *in sich schließt*. [...] Es wäre eines falschen Gottes falsche Göttlichkeit, in und mit der uns nicht sofort auch seine Menschlichkeit begegnete. Solche falsche Göttlichkeiten sind in Jesus Christus ein für alle Mal zum Spott gemacht. In ihm ist ein für alle Mal darüber entschieden, dass Gott nicht ohne den Menschen ist. Nicht als ob Gott eines anderen und insbesondere des Menschen bedürfte, um als sein Partner wahrhaft Gott zu sein. «Was ist der Mensch, dass du seiner gedenkst, und des Menschen Kind, dass du dich seiner annimmst?» Wie sollte Gott sich nicht auch als die ewige Liebe selber genügen können? Er in seinem Leben als Vater, Sohn und Heiliger Geist wäre auch ohne den Menschen, ja auch ohne den ganzen geschaffenen Kosmos wahrlich kein einsamer, kein egoistischer Gott. Und er *muss* erst recht nicht *für* den Menschen, er *könnte* – man denkt sogar: er *müsste* vielmehr gegen ihn sein. Aber das ist das Geheimnis, in welchem er uns in der Existenz Jesu Christi begegnet: er will in seiner Freiheit tatsächlich nicht ohne den Menschen, sondern *mit* ihm, und in derselben Freiheit nicht gegen, sondern ohne und gegen sein Verdienst *für* ihn – er will faktisch des Menschen Partner und allmächtiger Erbarmer und Heiland sein. Er erwählt es, sein die Höhe und Ferne, aber auch die Tiefe und Nähe umfassendes Vermögen gerade *ihm* zugutekommen zu lassen, in dem durch seine Göttlichkeit gesicherten Raum gerade mit *ihm* Gemeinschaft zu halten. Er entscheidet sich, gerade *ihn* zu lieben, gerade *sein* Gott, *sein* Herr, *sein* Erbarmer, *sein* Erhalter und Erretter zum ewigen Leben zu sein, gerade nach *seinem* Lob und Dienst zu begehren. In diesem göttlich freien Wollen und Wählen, in dieser souveränen Entscheidung (die Alten sagten: in diesem seinem Dekret) ist Gott *menschlich.* Seine freie Bejahung des Menschen, seine freie Teilnahme an ihm, sein freies Eintreten für ihn – das ist Gottes Menschlichkeit.

Wir erkennen sie genau dort, wo wir auch und zuerst seine Göttlichkeit erkennen. Ist es nämlich nicht so, dass in Jesus Christus, wie er uns in der Heiligen Schrift bezeugt ist, gerade echte Göttlichkeit auch echte Menschlichkeit in sich schließt? Da ist ja der Vater, der sich seines verlorenen Sohnes – der König, der sich seines zahlungsunfähigen Schuldners – der Samariter, der sich des unter die Räuber Gefallenen erbarmt, sich seiner in ebenso unerwarteter wie großzügiger und durchgreifender Tat seines Erbarmens annimmt. Und das ist die Tat des Erbarmens, auf die alle diese Gleichnisse als Gleichnisse des Himmelreiches hinweisen: da ist Einer – eben der, der in diesen Gleichnissen redet! –, der sich die Schwachheit und Verkehrtheit, die Ratlosigkeit und das Elend des ihn umgebenden Menschenvolkes zu Herzen gehen lässt, der dieses Menschenvolk, wie es ist, nicht verachtet, sondern unbegreiflicherweise hochachtet, der es in sein Herz hineinnimmt, sich selbst an seine Stelle setzt, den überlegenen Willen Gottes, dem er sich ganz unterordnet, darin erkennt, dass er sich selbst für dieses Menschenvolk dahinzugeben hat und seine Ehre darin sucht, eben dies zu tun. Im Spiegel dieser Menschlichkeit *Jesu Christi* offenbart sich die in seiner Göttlichkeit eingeschlossene Menschlichkeit *Gottes.* So wie er ist *Gott.* So bejaht *er* den Menschen. So nimmt *er* Anteil an ihm. So setzt *er* sich selbst für ihn ein. Der Gott Schleiermachers kann sich nicht erbarmen. Der Gott Abrahams, Isaaks und Jakobs kann und tut es. Ist Jesus Christus das Wort der Wahrheit, der «Spiegel des väterlichen Herzens Gottes», dann ist Nietzsches Satz, der Mensch sei etwas, was überwunden werden muss, eine freche Lüge; dann ist gerade die Wahrheit *Gottes* diese und keine andere – mit Titus 3,4 zu reden: seine *Menschenfreundlichkeit.* [...]

Daraus, dass Gott in dem nun umschriebenen Sinn menschlich ist, folgt zunächst eine ganz bestimmte *Auszeichnung* des *Menschen* als solchen: eines jeden Wesens, das Menschenantlitz trägt – des ganzen Bestandes derjenigen Fähigkeiten und Möglichkeiten, die dem Menschen teils gemeinsam mit andern Geschöpfen, teils im Unterschied zu ihnen eigentümlich sind – und schließlich des menschlichen Werkes und seiner Hervorbringungen. Mit einer optimistischen Beurteilung des Menschen hat die Anerkennung dieser seiner Auszeichnung nichts zu tun. Sie kommt ihm zu, weil er das Wesen ist, das Gott zu seinem Bundespartner erheben wollte, nicht anders. Aber eben *weil* Gott in diesem Sinne menschlich ist, *kommt* sie ihm tatsächlich zu und darf sie ihm durch kein noch so begründetes pessimistisches Urteil abgesprochen werden.

Wir haben *jedes menschliche Wesen*, auch das uns fremdartigste, verruchteste oder elendeste, darauf anzusehen und haben unter der Voraussetzung mit ihm umzugehen, dass aufgrund des ewigen Willensentscheides Gottes Jesus Christus auch *sein* Bruder, Gott selbst auch *sein* Vater ist. Wenn der andere das schon weiß, dann haben wir ihn eben darin zu bestärken. Weiß er es noch nicht oder nicht mehr, so ist es unsere Sache, ihm dieses Wissen zu übermitteln. Es gibt von der Erkenntnis der Menschlichkeit Gottes her keine andere Einstellung zu irgendeinem Mitmenschen als diese. Sie ist identisch mit der praktischen Anerkennung seines Menschenrechtes und seiner Menschenwürde. Verweigerten wir sie ihm, so würden wir eben damit auch unsererseits darauf verzichten, Jesus Christus zum Bruder und Gott zum Vater zu haben. [...]

Wir haben als zweite Konsequenz festzustellen, dass insbesondere der *theologischen* Kultur [...] durch die Menschlichkeit Gottes ein ganz bestimmtes *Thema* vorgegeben ist. Sie hat sich, da Gott in seiner Göttlichkeit menschlich ist, weder mit Gott an sich noch mit dem Menschen an sich, sondern mit dem dem Menschen begegnenden Gott und mit dem Gott begegnenden Menschen zu beschäftigen: mit ihrer Zwiesprache und Geschichte, in der ihre Gemeinschaft Ereignis wird und zu ihrem Ziele kommt. Eben darum kann sie nur im Blick auf Jesus Christus und von ihm her denken und reden. Sie kann ihn nicht auf den Plan führen. Sie kann auch jene Zwiesprache, Geschichte und Gemeinschaft nicht vollziehen. Sie hat keine Verfügung darüber. Sie ist angewiesen auf die Heilige Schrift, laut derer der Bund in vollem *Vollzug* ist und in der er, in der Jesus Christus *sich selbst bezeugt.* Sie hört dieses Zeugnis. Sie vertraut ihm, sie lässt sich an ihm genügen. So empfing sie in allen Jahrhunderten, so empfängt sie auch heute ihren Gegenstand, ihr Thema und mit ihr die Anleitung zu der ihr angemessenen wissenschaftlichen und praktischen Sachlichkeit. Darin besteht die Sachlichkeit, die die Theologie in ihrer Exegese, in ihrer Erforschung, Darstellung und Deutung der christlichen Geschichte und Gegenwart, in ihrer Dogmatik und Ethik, in ihrer Predigt, Unterweisung und Seelsorge zu bewähren hat: dass sie, ohne sich nach rechts oder nach links in die Irre locken zu lassen, jenen *Verkehr* – den Verkehr Gottes mit dem Menschen, in welchem es zum Verkehr des Menschen mit Gott kommt – zu sehen, zu verstehen, zur Sprache zu bringen versucht: das Wort und die Tat der Gnade Gottes und das Wort und die Tat der durch sie herausgeforderten, erweckten und genährten menschlichen Dankbarkeit – das Erste nicht ohne das Zweite und das Zweite nicht ohne das Erste, beide in ihrer eben durch die in der Göttlichkeit und so in der Menschlichkeit Gottes vorgegebenen Folge, Unterschiedenheit und Einheit. Wo sie sich an dieses Thema hält, da ist sie auch in ihrer bescheidensten Gestalt gute, sagen wir für einmal: kultivierte Theologie. [...]

Eine dritte Konsequenz: Gottes Menschlichkeit und ihre Erkenntnis ruft nach einer bestimmten *Haltung* und *Ausrichtung* des christlich-theologischen Denkens und Redens. Es kann sich mit seinem Gegenstand nie im leeren Raum, nie in bloßer Theorie beschäftigen. Theologie kann keine in sich ruhenden oder auch bewegten Wahrheiten feststellen, bedenken und zur Sprache bringen: weder eine abstrakte Wahrheit über Gott noch eine solche über den Menschen noch auch eine solche über den Verkehr zwischen Gott und Mensch. [...] Die Grundform der Theologie ist in Entsprechung zu ihrem Gegenstand das Gebet und die Predigt. Sie kann selber nur dialogisch sein. Ihre äußere Voraussetzung und Veranlassung besteht darin, dass eben jener Verkehr zwischen Gott und Mensch zwar *alle Menschen* angeht, indem in ihm, nämlich in Jesus Christus, ihrer aller eigenste Sache verhandelt, über ihrer aller Leben und Tod entschieden wird, dass sie darum alle um ihn wissen müssten, um selber dazu Stellung und daran Anteil zu nehmen – dass da aber viele, viel zu viele sind, die *noch nicht* oder *nicht mehr* oder *nicht recht* darum wissen – irgendwie gilt das alles sogar von jedem Menschen! –, dass es also nötig und geboten ist, ihnen zu verkündigen, zuzurufen, mitzuteilen: *tua res agitur*! [= Es geht um deine Sache!] Christliches Denken kreist wie um Gottes Wort vom Friedensbunde, so um den Menschen, der dies Wort so oder so *nicht* oder *nicht recht* vernommen, dem es darum durchaus gesagt werden muss. Und christliches Reden ist wie Gebet zu Gott, so Anrede an diesen Menschen. Es ist, wie uns die formgeschichtliche Exegese gezeigt hat, schon im Neuen Testament und dort exemplarisch für die ganze der Auferstehung Jesu Christi folgende, seiner unmittelbaren, universalen, abschließenden Offenbarung vorangehende Zeit –

Kerygma, Heroldsruf, Botschaft, die nicht zu irgendeinem frei schweifenden Spekulieren, sondern zu dem besonderen Nachdenken des Glaubens und des Gehorsams einladet und auffordert, in welchem der Mensch aus dem bloßen «Interesse» des Zuschauers hinübertritt in das echte *Inter-Esse*, in welchem er wie in der Gottheit Jesu Christi seinen eigenen Gott, so auch in seiner Menschheit sich selber erkennt: sich selber unter Gottes Gericht und Gnade, sich selber als Empfänger seiner Verheißung und seines Gebotes, in welchem er also selber, mit seinem eigenen Verstand, Willen und Gemüt in das Geschehen jenes Verkehrs *eintritt*. Dass ihm dies *widerfahre*, das kann ihm das theologische Denken und Reden zwar nicht verschaffen – eben darum kann es nicht nur den Charakter der Anrede, muss es auch den Charakter des Gebetes haben! Dazu kann es ihm aber *dienlich*, und eben auf diese Dienlichkeit muss es darum, der Menschlichkeit Gottes selbst entsprechend, ausgerichtet sein. Fehlt ihm diese praktische Ausrichtung, so bedeutete das, dass es nicht nur aus seiner Rolle, sondern aus seiner Art fiele, sich selber preisgäbe, dass es, wie «christlich» seine Inhalte immer sein möchten, zu einem profanen Denken und Reden würde.

Die Frage der *Sprache*, in der da im besonderen Blick auf die sogenannten «Draußenstehenden» zu sprechen ist, ist so brennend ernst nicht, wie es heute von verschiedenen Seiten behauptet wird. Zunächst darum nicht, weil, wieder von der Menschlichkeit Gottes her gedacht, mit *real* «Draußenstehenden», mit einer «mündig *gewordenen* Welt» seriöser Weise gar nicht gerechnet werden kann, sondern nur mit einer solchen, die sich für mündig *hält* (und tagtäglich beweist, dass sie gerade das nicht ist) – weil es, von dorther gedacht, nur solche geben kann, die sich selber noch nicht als «Drinnenstehende» begriffen und ergriffen haben – und weil in diesem letzteren Sinne auch der überzeugteste Christ sich selber immer aufs Neue als einen «Draußenstehenden» erkennen muss und wird. […]

Eine vierte Konsequenz: Es wird der *Sinn* und *Ton* unseres Wortes grundsätzlich ein *positiver* sein müssen. Verkündigung des Bundes Gottes mit dem Menschen, Anzeige des Ortes, der dem Menschen in diesem Bunde ein für alle Mal eröffnet und angewiesen ist, Immanuelsbotschaft, Christusbotschaft – das ist die Aufgabe. Es geht in jener Zwiesprache und Begegnung, die unser theologisches Thema ist, um Gottes *Gnade* und um des Menschen *Dankbarkeit*. Den in Jesus Christus geschlossenen Abgrund wiederaufzureißen, kann nicht unsere Aufgabe sein. Wohl wahr, und nochmals gesagt: der Mensch ist *nicht* gut. Gott wendet sich ihm nicht zu, ohne zu seiner Übertretung in unerbittlicher Schärfe Nein zu sagen. So kann es nicht anders sein, als dass auch die Theologie im Rahmen ihres Themas dieses Nein zur Sprache bringen muss – nun aber doch nicht anders denn als das Nein, das Jesus Christus für uns Menschen auf sich genommen hat, damit es uns nicht mehr treffe und damit wir uns nicht mehr darunterstellen möchten. Was in Gottes Menschlichkeit geschieht, ist, indem sie jenes Nein in sich schließt, die *Bejahung* des Menschen. Die Orientierung unseres Wortes ist damit gegeben. Der Mensch, mit dem wir es in uns selbst und in den anderen zu tun haben, ist auch als der Rebell, der Faule, der Heuchler, der er ist, das Geschöpf, dem sein Schöpfer treu und nicht untreu ist, mehr noch: das Wesen, das Gott geliebt hat, liebt und lieben wird, für das er in Jesus Christus sich selbst eingesetzt und zum Bürgen gemacht hat. [...]

Und nun zum Abschluss noch eine fünfte Konsequenz: In Erkenntnis der Menschlichkeit Gottes ist die *Christenheit*, ist die *Kirche* ernst zu nehmen und zu bejahen, hat man sich dankbar zu ihr zu bekennen. Wir haben uns, ein jeder an seinem Ort, an ihrem Leben zu beteiligen, ihrem Dienst einzugliedern. [...] Die Menschlichkeit Gottes gilt dem alten und dem neuen *Israel*, dem in *seinem* und nicht in irgendeinem leeren Raum existierenden Einzelmenschen. Jesus Christus ist das Haupt seines *Leibes* und nur so auch das seiner Glieder. Das Bekenntnis zu Gottes in ihm geschehenen Werk lautet dahin, dass es *pro nobis* [= für uns] und nur so auch *pro me* [= für mich] geschehen ist. Das Unser Vater ist ein *Wir*-Gebet und nur so auch ein Ich-Gebet. «Wir» sind die Kirche. Die Kirche ist das besondere Menschenvolk, die Gemeinde, nach Calvins Ausdruck die Kompagnie, die durch ein bisschen armselige, aber unüberwindliche, weil durch den Heiligen Geist begründete Erkenntnis des in Jesus Christus offenbaren gnädigen Gottes konstituiert und zu seinem Zeugen in der Welt bestimmt und berufen ist. Und was ist die Existenz dieses besonderen Menschenvolkes anderes als die gewiss überall verwischte und verdunkelte und in ihrer Kontinuität allzu oft unterbrochene Spiegelung der Menschlichkeit Gottes, dessen Zuwendung zu den Menschen nun einmal so weit geht, einige, viele von ihnen in vorläufiger Vertretung der übrigen und als seine Boten an sie zu seiner Anbetung, zu seinem Lob und Dienst aufzurufen und zu erwecken? Wir wären unmenschlich, wo Gott menschlich ist, wir würden uns Jesu Christi selber schämen, wenn wir uns der Kirche schämen wollten. Denn was Jesus Christus für Gott und für uns auf Erden und in der Zeit ist, das ist er als Herr dieser Gemeinde, als König dieses Volkes, als Haupt dieses Leibes und aller seiner Glieder. Er ist es mit und in dieser unansehnlichen, schmerzlich zerrissenen und auch sonst so fragwürdigen Christenheit, mit, unter und in den Christen, die im Besonderen zu bewundern oder gar zu lieben es so viel ernstliche Erschwerungen gibt. Er ist es als Versöhner und Erlöser der ganzen Welt, er ist es aber in der wunderlichen Gemeinschaft dieser wunderlichen Heiligen. Sie ist ihm nicht zu gering, sondern in ihrer ganzen Art und Unart lieb und wert genug, ihr seine Bezeugung und so seine Sache in der Welt, ja, sich selbst zu anvertrauen. So groß ist Gottes Menschenfreundlichkeit! Eben darum gibt es keine private Christlichkeit. Eben darum geht es nicht anders, als dass wir diese Gemeinschaft in ihrer Besonderheit ernst nehmen, bejahen, lieben, ihre gewiss menschlichen, allzu menschlichen Bemühungen um bessere Erkenntnis und besseres Bekenntnis, um ihre Versammlungen, um ihre innere Ordnung und um ihre Aufgabe nach außen auch in allen Einzelheiten kritisch, aber ernstlich *wichtig* nehmen. Eben darum kann auch Theologie nicht auf den privaten Leuchttürmen irgendwelcher bloß persönlicher Entdeckungen und Ansichten getrieben werden, kann sie nur kirchlich sein, das heißt in allen ihren Elementen nur im Zusammenhang des Fragens und Antwortens jener Gemeinschaft und im strengen Dienst *ihres* Auftrages an alle Menschen ins Werk gesetzt werden. […]

Karl Barth, Die Menschlichkeit Gottes. Vortrag gehalten an der Tagung des Schweiz. Ref. Pfarrvereins in Aarau am 25. September 1956 (ThSt 48), Zürich 1956.

Ethik-Vorlesung, Sommersemester 1961

9 Das christliche Leben

Dass der Mensch von der geschenkten Freiheit lebt und also sein Leben nicht sich selbst, sondern Gottes Weg zu ihm in Jesus Christus verdankt, ist Grundtenor von Karl Barths Theologie. Der Christenmensch «kann es nicht lassen, zu bezeugen, dass Gott in Christus ihn gefunden hat»[22]. Wie aber sieht dieses christliche Leben aus? Es ist ein Leben in dieser Freiheit, in der Christinnen und Christen das Wort hören und befolgen, in der Nachfolge Jesu Christi leben und der Liebe den Vorrang geben. Das christliche Leben ist kein ethisches Programm, das die Welt retten könnte. So etwas wäre menschliche Hybris. Gott allein kann und wird die Welt retten, ja er hat es bereits getan. An dieser Stelle kommt bei Barth zweimal ein «aber» hinein. Das kleine «Aber» besteht im Einspruch des Menschen, der diese Rettung Gottes nicht sehen kann – die Welt ist ja noch nicht erlöst. Gott ist großen Teilen der Welt – und auch den Christinnen und Christen – immer wieder subjektiv unbekannt. In dieser Situation hören die Menschen das große «Aber» Gottes und lassen sich davon bestimmen. Denn um Jesu Christi endgültiges Kommen beten Christinnen und Christen und damit um die endgültige Erlösung. Durch sie werden alle Menschen sehen, was in Jesu Christi Kreuz und Auferstehung schon gültig geschehen ist. Das christliche Handeln richtet sich daran aus, diesem großen Handeln Gottes in aller menschlichen Begrenztheit zu entsprechen.

Es ist nach Barth aber nicht so, dass der Mensch einfach Gott entsprechend handeln könnte und man also genau wüsste, worin das christliche Leben besteht. Vielmehr geht es um eine Ausrichtung des menschlichen Handelns. So bringt die Erkenntnis, dass Gottes endgültiges Kommen die vollkommene Gerechtigkeit aufrichten wird, Christinnen und Christen dazu,

22 Karl Barth, KD I/2, 407.

«in ihren eigenen menschlichen Gedanken, Worten und Werken gegen die Unordnung aufzustehen und in Kampf zu treten»[23].

Der größte Teil der für dieses Kapitel ausgewählten Texte entstammt verschiedenen Bänden der «Kirchlichen Dogmatik» und Barths letzter Vorlesung «Einführung in die evangelische Theologie» (1961/62). Der Schlussabschnitt ist in der diesem Kapitel die Überschrift gebenden Schrift «Das christliche Leben» zu finden. Diesem Fragment liegen Vorlesungen zugrunde, die Barth noch in die «Kirchlichen Dogmatik» hätte einarbeiten wollen. Sie enthalten Ansätze zur Auslegung des Unservaters. Das Gebet ist der entscheidende Teil des christlichen Lebens – an ihm richtet sich alles christliche Handeln aus.

23 Karl Barth, «Das christliche Leben», 361f.

Der Mensch als Täter des Wortes (KD I/2, 1938)

[...] Der christliche Mensch *in concreto* [= tatsächlich], den wir nicht umgehen können, wenn wir von der Gnade des Heiligen Geistes vollständig und recht reden wollen, ist also der freie Mensch, an dem Gott seine Freiheit bewährt und bestätigt. Wenn wir das ins Auge fassen, dass menschliche Selbstbestimmung in Jesus Christus durch den Heiligen Geist unter das Zeichen und in die Klammer göttlicher Vorherbestimmung zu stehen kommt, dann haben wir das Problem vor uns, das man als das Problem der *theologischen Ethik* oder sachlich: des *christlichen Lebens* zu bezeichnen pflegt. [...]

Und nun ist also jenes Erste, das Sein, das Innere, die Einsamkeit des christlichen Menschen negativ so bestimmt: *er kann nicht mehr da sein, ohne Gott in Jesus Christus zu suchen.* Also: ein anderes Sein als das in diesem bestimmten Handeln, im Suchen Gottes, ist ihm abgeschnitten. Aus allem anderen Sein ist er verdrängt, zwangsläufig hinübergedrängt in dieses eine Sein des Gott, und zwar Gott in Christus, Suchenden. Hinter ihm ist nur noch das Unmögliche, seine erledigte Sünde, der Abgrund des Todes. Es ist wahr, dass das alles immer noch hinter ihm und dass er insofern immer noch ein Sünder, ein dem Tod Verfallener ist. Nur in Christus ist er gerettet. Es ist aber das alles nur noch hinter ihm. In Christus *ist* er gerettet. Er ist ein *begnadigter* Sünder, ein *peccator iustus* [= gerechter Sünder]. Er lebt in seinem Handeln als Gott Suchender. Das ist seine Neuschöpfung durch den Heiligen Geist. Im Heiligen Geist hört und glaubt er ja das Wort Gottes, und das Wort Gottes ist das ewige Wort, das Fleisch annahm und in seinem Fleisch das unsrige, das Fleisch aller derer, die dieses Wort hören und glauben, hinaufnahm in die Herrlichkeit des Vaters. Eben damit ist es uns, ist es den Kindern Gottes *genommen,* können sie es nur noch haben, indem sie das *Wort* haben, indem sie also das Wort, Gott in Christus, *suchen,* indem sie «suchen, was droben ist» [Kol 3,1f.]. Darin, dass sie, nachdem sie gehört und geglaubt, in dieses Suchen gezwungen sind, sind sie neue Subjekte, wiedergeboren durch den Heiligen Geist. Und eben dieses Suchen ist das Innere ihres Lebens, die Intention ihres Handelns, das, was sie in aller Gemeinsamkeit nur einsam sein und tun können. Und nun können wir den biblischen Begriff nennen, der eben von diesem Suchen Gottes durch die, die er in seinem Wort gefunden hat, redet. Es ist die *Liebe* Gottes, transitiv verstanden: die Liebe des Menschen zu Gott. Sie ist das Sein, das ihm allein übrigbleibt, nachdem ihm sein sonstiges Sein genommen ist, weil er mit Christus auferstanden ist.

Es ist nun aber jenes Zweite, das Handeln, das Äußere, die Gemeinsamkeit des christlichen Menschen so bestimmt: *er kann es nicht lassen, zu bezeugen, dass Gott in Christus ihn gefunden hat.* Also: ein bestimmtes Handeln ist ihm durch sein Sein unvermeidlich gemacht. Er kann eben das, was er ist, nicht unterdrücken, nicht verheimlichen, nicht für sich behalten. Was ist er? Er ist ein von Gott Gefundener. Nicht er hat gesucht, aber er ist gesucht worden. Nicht er hat gefunden, aber er ist gefunden worden. In seinem ewigen Wort war Gott frei für ihn. Und durch den Heiligen Geist war er, der Mensch, frei für Gott. In der Freiheit Gottes wurde er selbst frei und Gottes Kind. Eben das ist nun das unwiderstehliche Vorwärts! seines Handelns. Eben das muss nun offen sein, sichtbar werden. Eben das muss nun durch seine ganze Existenz bekundet, bezeugt, gesagt werden. Eben in dieser Entscheidung lebt er nun. Die Freiheit, sich anders zu entscheiden, liegt hinter ihm. Es ist wahr, dass sie immer noch hinter ihm liegt. Es ist noch einmal und auch von dieser Seite gesehen wahr, dass er immer noch ein Sünder, ein dem Tod Verfallener ist. Denn was da immer noch hinter ihm liegt, das ist ja, noch einmal: das Unmögliche, seine erledigte Sünde, der Abgrund des Todes. In Christus ist er gerettet, aber nur in *Christus* ist er gerettet. Und eben darum: in der Entscheidung für das Zeugnis von ihm. Er kann angesichts der Sünde und des Todes, von denen er herkommt, als ein rechter *iustus peccator* [= gerechter Sünder] nur noch dies leben und also offenbaren und bezeugen wollen: seine Errettung. In dieses Offenbaren, Bezeugen, Bekennen treibt ihn derselbe Geist, der ihn neu geboren hat. Und eben dieses unvermeidliche Bekennen wird nun das Äußere seines Lebens, sein Handeln als Tun und Werk. Und eben hier findet er sich bei aller Einsamkeit seines inneren Weges plötzlich und gänzlich in der Gemeinsamkeit der Kirche. Wieder können wir jetzt den biblischen Begriff für diese Sache nennen. Es ist dieses Bezeugen und Bekennen unseres Gefunden- und Gerettetseins, das *Lob Gottes.* Das Lob Gottes ist das Handeln, das uns als Müssen auferlegt ist, nachdem unsere Freiheit zu einem anderen Handeln unter das Urteil und Gericht Gottes gestellt ist, nachdem wir mit Christus gestorben sind.

In diesen zwei Begriffen: in der Liebe und im Lob Gottes steht, alles wohl überlegt, das christliche Leben, das Leben der Kinder Gottes. Kinder Gottes sind Menschen, die nach Gott fragen und die von Gott Antwort geben. In dieser scheinbar so widerspruchsvollen Einheit sind sie, was sie sind, und tun sie, was sie tun. Es ist tatsächlich beides wahr: sie fragen, weil sie schon Antwort haben; sie antworten, weil sie nun erst recht gefragt sind. In Jesus Christus ist beides wahr. Und eben diese beiden Begriffe bilden nun miteinander auch recht eigentlich das Prinzip dessen, was man theologische Ethik nennt:

die Liebe Gottes als das einzige uns verbleibende Sein und das Lob Gottes als unser notwendiges Handeln. Und indem die Dogmatik sich schon in ihrer Anschauung und Lehre von der Offenbarung Rechenschaft darüber gibt: was wird aus dem Menschen, dem Gottes Offenbarung widerfährt? was sollen wir tun, wir, die wir damit rechnen, Gottes Wort gehört zu haben und zu glauben?, indem sie das Problem des christlichen Menschen schon in ihren grundlegenden Überlegungen anerkennt und behandelt als ihr eigenes Problem, nimmt sie die Ethik in sich auf, macht sie also eine besondere theologische Ethik überflüssig, weil sie selber, ohne aufzuhören, Dogmatik, Besinnung auf Gottes Wort zu sein, auch Ethik ist.

Karl Barth, KD I/2, Zürich 1938, 397–408.

Das Gebot Gottes und das ethische Problem (KD II/2, 1942)

[…] Wo Gott als des Menschen Herr verstanden ist, da ist eben damit auch das Problem des menschlichen *Gehorsams* gestellt. Das Problem des Gehorsams ist aber das Problem des menschlichen *Handelns.* Insofern trifft hier die Dogmatik zusammen mit dem ethischen Problem, wie es als solches nicht nur die Dogmatik beschäftigt, das als solches nicht nur ein kirchliches, sondern ein allgemein menschliches Problem ist: ein Problem der Philosophie, der Politik, der Pädagogik, bewusst oder unbewusst, oberflächlich oder gründlich gestellt und beantwortet das Problem jedes Menschen, das menschliche *Existenz*problem. Als Mensch existieren heißt ja handeln. Und Handeln heißt wählen, heißt sich entscheiden. Welches ist die rechte Wahl? Was soll ich tun? Was sollen wir tun? Das ist die Frage, vor die objektiv jeder Mensch gestellt ist und auf die objektiv auch jeder Mensch – wie immer es mit seiner Prüfung der Frage als Frage stehen möge – faktisch fortwährend Antwort gibt. Indem wir von der Erkenntnis des den Menschen erwählenden Gottes herkommend, dieses Problem aufnehmen, ist es unvermeidlich, dass ihm schon im Ansatz ein Gestaltwandel widerfährt, durch den es sich von dem, was man sonst und im Allgemeinen für das ethische Problem hält, alsbald so unterscheidet, dass ein Zurückkommen auf das von anderen Ausgangspunkten her stattfindende ethische Fragen und Antworten praktisch ausgeschlossen ist. Es muss das von Gottes Gnadenwahl als von seinem Ausgangspunkt herkommende ethische Fragen und Antworten allem anders orientierten gegenüber im Ganzen wie im Einzelnen ein besonderes sein und immer neu werden. Es ist wohl die Frage nach dem menschlichen *Handeln,* nach der menschlichen *Existenz* als solcher, die wir aufnehmen. Aber eben diese Frage ist ja für uns sofort die Frage nach dem menschlichen *Gehorsam.* Wir können ja, von der Erkenntnis der göttlichen Erwählung des Menschen herkommend, um kein menschliches Handeln wissen, das nicht unter Gottes Gebot stünde, um keine menschliche Existenz, die nicht so oder so auf Gottes Gebot antwortet, die nicht den Charakter des Gehorsams oder des Ungehorsams Gottes Gebot gegenüber hätte. Wir kennen kein freies, d. h. kein von der Entscheidung gegen Gottes Gebot dispensiertes, kein ihm gegenüber neutrales menschliches Handeln. Eben darum nun aber auch kein freies Fragen nach Gut und Böse. In diesem Sinn können wir das ethische Problem nicht aufnehmen. Von einer theologischen Ethik, die das ethische Problem in diesem Sinn, als freie Frage nach Gut und Böse aufnehmen wollte, könnten wir nur sagen, dass sie eben damit ihr eigenes Thema, ihr eigenes Problem schon bei dem ersten Schritt hätte fallen lassen. Es gibt kein ethisches Problem in diesem Sinn oder eben nur *per nefas* [= auf unerlaubte Weise, fälschlich], nur kraft des Missverständnisses des Unglaubens, der nicht weiß oder nicht wissen will um die Herrschaft Gottes über den Menschen. In dieses Missverständnis darf die theologische Ethik nicht zurückfallen. Es bildet die Grenze, vor der sie Halt zu machen hat. Denn die Frage nach Gut und Böse ist im Ratschluss Gottes, sie ist durch das Kreuz und die Auferstehung Jesu Christi entschieden und erledigt ein für alle Mal. Theologische Ethik kann auf diese gefallene Entscheidung nicht zurückkommen. Sie kann sie nur annehmen als tatsächlich und wirksam gefallene Entscheidung. Sie kann sie nur bezeugen, feststellen und nachzeichnen. Sie ist, wie die Theologie überhaupt, nicht damit beschäftigt, den Dingen auf den Grund zu kommen. Sie kann nur den Grund bezeugen, den alle Dinge tatsächlich haben und der sich als solcher tatsächlich offenbart hat. Sie kann nur diesem offenbarten Grund aller Dinge gegenüber möglichst aufgeschlossen, in seiner Bezeugung möglichst treu und vollständig sein. Sie kann aber nicht so tun, als ob er erst aufzufinden und aufzudecken wäre. Sie kann sich mit einer Ethik, die nach diesem Grunde erst fragen, die ihn zum Inhalt ihrer eigenen Antworten machen wollte, nicht in eine Linie stellen, ihre Fragen und Antworten sich nicht zu eigen machen – auch dann nicht, wenn diese nachträglich auf ihre eigene Linie einbiegen, nachträglich mit fast oder ganz denselben Worten wie sie selber, also nachträglich ebenfalls als angeblich christliche Ethik fragen und antworten sollte. Auf dieser Linie bewegt man sich nur dann, wenn man es von Anfang an getan hat. Die theologische Ethik hat sich von Anfang an auf dieser Linie zu bewegen. [...]

Karl Barth, KD II/2, Zürich 1942, 564–603.

Einführung in die evangelische Theologie (1962)

Gebet

Das Gesamt-Thema der vierten und letzten Reihe dieser Vorlesungen soll nun sein: die theologische *Arbeit.* […] Es kann (1.) alle theologische Arbeit nur in einer sie von außen wie von innen, zuhöchst zusammenfassend und entscheidend aber von ihrem Gegenstand her ausgehenden großen *Bedrängnis* unternommen und durchgeführt werden. Ohne Gericht und Tod gibt es auch in der Theologie und gerade in ihr keine Gnade und kein Leben und also ohne Demut keinen Mut, ohne Beugung kein Aufstehen, ohne die Erkenntnis, dass mit unserer Macht hier gar nichts getan ist, keine mutigen Taten. Es ist aber die theologische Arbeit (2.) darum rüstig in Angriff zu nehmen und vorwärts zu treiben, weil in der großen Bedrängnis, in der sie allein geschehen kann, auch ihre noch größere *Hoffnung* und also ihr *Antrieb* verborgen ist. Eben im Gericht wird hier Gnade geübt und geschenkt; eben im Tod wird hier Leben erweckt und gelebt. Eben in Demut darf und soll hier Mut gefasst werden. Eben wer sich hier beugt, darf und muss hier aufstehen. Eben in der Erkenntnis, dass mit unserer Macht hier gar nichts getan ist, darf und muss hier mutig gehandelt werden. Beides *ganz* ernst zu nehmen, kann, wo die Theologie ihrem Gegenstand – aller Einsamkeit und allem Zweifel zum Trotz und indem sie es sich gefallen lässt, gerade von ihm her angefochten zu werden – treu wird und bleibt, *nicht* verweigert werden. Uns interessiert jetzt, indem wir auch das Erste im Auge behalten, das *Zweite:* dass theologische Arbeit, stark gefährdet, aber in noch stärkerer Hoffnung – aufzunehmen *erlaubt* und *geboten* ist.

Der erste und grundlegende Akt theologischer Arbeit […] ist aber das *Gebet.* […] Beten selbst und als solches ist – obwohl und indem man dabei die Hände passenderweise nicht bewegt, sondern faltet – auch eine und zwar eine sehr strenge *Arbeit.* Und so besagt die Regel: *Ora et labora!* [Bete und arbeite!][24] – wenn es um die Theologie geht, gilt das auf jeden Fall – nicht nur, dass man mit dem *orare* [= beten] zu beginnen und dann beiläufig auch im Vollzug des *laborare* [= arbeiten] zu beten habe, sondern dass das *laborare* selbst und als solches in seinem Nerv auch ein *orare,* ein solches Tun sein müsse, das in allen seinen Dimensionen, Beziehungen und Bewegungen die Art und den Sinn eines *Gebetes* hat. Versuchen wir es, das unter einigen der wichtigsten Gesichtspunkte zu verstehen!

24 Glaubens- und Lebensregel des Benediktinerordens.

1. Rechte, brauchbare theologische Arbeit ist dadurch ausgezeichnet, dass sie in einem Raum geschieht, der nicht nur (das ist freilich auch gut und nötig) offene Fenster zu dem sie umgebenden Leben der Kirche und der Welt hin, sondern vor allem und entscheidend *Oberlicht* hat, will sagen: offen ist vom Himmel, von Gottes Werk und Wort her, und offen zum Himmel, zu Gottes Werk und Wort hin. Es versteht sich nicht von selbst, dass sie in *diesem* in der Richtung auf ihren Gegenstand, ihren Ursprung, ihr Ziel und also in der Richtung auf ihre große Gefährdung und ihre noch größere Hoffnung, die in ihm begründet wird, *offenen* Raum geschieht. Es könnte gerade nach dieser Richtung ein verschlossener, verstopfter, verkapselter und also lichtloser Raum sein. Zunächst und an sich ist er ja nur eben ein Raum menschlichen Fragens und Antwortens, Forschens, Denkens und Redens. Und welcher Theologe würde sich nicht immer wieder dabei überraschen, dass er sich bei seinem ganzen, vielleicht sehr ernsthaften Bemühen, in immer besserem Hören auf die Bibel, in immer aufgeschlossenerem Verständnis des Glaubensbekenntnisses, der Stimme der Väter und der Zeitgenossen und auch in der gebotenen Weltoffenheit zu verhältnismäßig richtigen und wichtigen Einsichten und Aussagen vorzustoßen, doch nur in einem menschlichen, allzu menschlichen Kreis herum bewegt wie eine Maus in der Falle? An sicher interessanten Problemen, an sicher nachdenklichen, ja aufregenden Erkenntnissen mag er da, jetzt hier, jetzt dort verweilend, und dann doch auch wieder weitereilend, wohl vorbeikommen – nur dass das Ganze und damit dann auch das Einzelne – auch wenn er noch so sehr bei der Sache und wenn die Fenster nach allen Seiten hin noch so weit offen wären – nirgends eigentlich zum Leuchten kommen, keine Konturen und keine Konstanz annehmen, seine Einheit, seine Notwendigkeit, seine Heilsamkeit, seine Schönheit so gar nicht sichtbar machen will. Wo fehlt es? Es fehlt daran, dass er bei seiner ganzen Arbeit, wie eifrig er sie auch betreibe, wie weit und breit sie auch angelegt sei, im Grunde doch nur bei sich ist, dass sie in einem Raum geschieht, der leider gerade nach oben zugeschlossen ist, von dorther kein Licht empfängt, nach dorthin keinen Ausblick gewährt. Was kann, was muss da geschehen? Eine besondere Maßnahme muss da offenbar entschlossen ergriffen, ein zeitweiliges Stillstellen jenes Kreislaufs muss da ins Werk gesetzt, ein Sabbattag muss da eingeschaltet und gefeiert werden – nicht um die Werktage abzuschaffen, nicht um sich ihren Aufgaben zu entziehen, sondern um gerade den Werktagen das ihnen fehlende Oberlicht zu verschaffen. Wie kann dieses Sabbatwerk geschehen? Es kann und soll damit geschehen, dass der Theologe sich von seinen ganzen Bemühungen um den Vollzug des *intellectus fidei* [= Glaubenseinsicht] für einmal abwendet, sich für einmal

nur eben diesem Gegenstand als solchen zuwendet. Was ist aber solche gerade um des Bestandes und Fortgangs des eigenen Werkes nötige vorübergehende Abwendung von diesem in der Zuwendung zu Gott selber anderes als eben das Anheben des *Gebetes?* Damit beginnt doch jedenfalls jedes Gebet, dass der Mensch sich selbst, sein eigenes Tun, und wäre es das beste und glücklichste, für einmal auf sich beruhen, es hinter sich lässt, um sich aufs Neue – wann sollte er das nicht nötig haben? – darüber klar zu werden, dass er vor Gott steht, der in seinem Werk und Wort sein Herr, Richter und Heiland ist, und dass eben dieser Gott vor ihm steht, nein: in seinem Werk und Wort mächtig, heilig und barmherzig, als die große Gefährdung und als die noch größere Hoffnung seines Werkes auf ihn zukommt. Beten hebt an mit der Bewegung, in der der Mensch darüber neue Klarheit gewinnen möchte und sucht: «Gott ist's, der regiert» – nicht um sein Werk preiszugeben oder auch nur zu vernachlässigen, sondern damit es kein unfruchtbares Werk bleibe oder werde, damit er es in der Helligkeit und damit unter dem Regiment und Segen Gottes tun dürfe. Mit dieser bewussten Bewegung, in der das Gebet anhebt, darf und muss auch die theologische Arbeit anheben. Soll sie verantwortlich und verheißungsvoll geschehen, dann bedarf sie der Klarheit darüber, durch *wen* sie gefährdet, *wer* aber auch ihre Hoffnung ist. Eben das Fragen und Suchen nach ihm wird aber immer Sache einer *besonderen* Bewegung sein, hinter der dann die anderen (wie die Werke der Woche hinter dem Werk des Sabbats) für eine Weile zurücktreten müssen: gerade um dann ihrerseits – durch jene besondere Bewegung eröffnet und in das rechte Licht gestellt – *rechte* Werke zu werden.

2. Der Gegenstand der theologischen Arbeit ist nicht Etwas – auch kein höchstes, auch kein absolutes Etwas (und wäre es der «Grund des Seins» oder dergleichen) –, sondern *Einer*, nicht ein Es, sondern ein *Er* – und Er, dieser Eine nicht in einem müßigen und stummen In-sich-Sein, sondern eben: in seinem *Werk*, das als solches auch sein *Wort* ist. Die Aufgabe der theologischen Arbeit besteht darin, Ihn, diesen Einen, den in seinem Werk Sprechenden zu hören, sich selbst, der Kirche und der Welt, von diesem seinem Wort Rechenschaft abzulegen. Dabei wird sie aber vor allem und entscheidend zu erkennen und herauszustellen haben, dass das Wort dieses Einen keine neutrale Bekanntmachung ist, sondern das kritische Moment der Geschichte, des Verkehrs zwischen Gott und Mensch: Gottes *Anrede* an den Menschen. «*Ich* bin der Herr dein Gott, der *dich* aus dem Diensthaus Ägypten geführt hat – *du* sollst keine andern Götter neben *mir* haben.» Nur als solche Anrede ist es gesprochen und kann es vernommen werden, ist es das Wort der Wahrheit des Werkes Gottes, der Wahrheit Gottes selbst. So kann nun aber auch alles menschliche Denken

und Reden im Verhältnis zu Gott nur den Charakter einer auf sein Wort zu gebenden *Antwort* haben: kein Denken und Reden *über* Gott, sondern nur ein durch das göttliche Denken und Reden zum Menschen hin herausgefordertes, ihm folgendes und entsprechendes menschliches Denken und Reden *zu Gott hin* sein. Wäre es *sicher falsch*, wenn es sich, da Gott doch Einer und nicht Eines ist, auf ein göttliches Es bzw. Etwas bezöge, so *könnte* es doch auch falsch sein, so ist es jedenfalls ein *uneigentliches* Denken und Reden von ihm, sofern es sich auf ihn, dem es wesentlich ist, in der ersten Person zum Menschen und zu ihm in der zweiten Person zu reden, in der *dritten* Person bezieht. Wahr und eigentlich kann von Gott nur antwortend und also offen oder heimlich, explizit oder implizit immer nur in der zweiten Person gedacht und geredet werden. Das heißt aber, dass theologische Arbeit – der Schleier ihres Denkens und Redens in der dritten Person muss immer durchsichtig bleiben – eigentlich und wahrhaftig in Gestalt eines liturgischen Aktes, als Anrufung Gottes, als Gebet zu ihm stattfinden muss. In Entschleierung dieses Sachverhaltes hat Anselm von Canterbury[25] die erste Gestalt seiner Gotteslehre, die «Monologion» [= Selbstgespräch] hieß und war, durch eine zweite überboten, die er *«Proslogion»* [= Anrede] nannte und in der er, was er von Gottes Existenz und Wesen zu sagen hatte, tatsächlich von Anfang bis zu Ende in Form einer direkten Anrede an Gott und also als ein einziges Gebet entfaltet hat. Und offenbar in Erinnerung an denselben Sachverhalt hat noch zu Beginn des 18. Jahrhunderts der Lutheraner David Hollaz[26] die Behandlung jedes einzelnen Artikels seiner Dogmatik mit einem *Suspirium*, einem expliziten Gebetsseufzer wenigstens abgeschlossen. Theologie, die jenen Sachverhalt – die Ich-Du-Beziehung, in der Gott des Menschen Gott, der Mensch der Mensch Gottes ist – nicht jedenfalls bedenken und scharf im Auge haben, das Uneigentliche also für das Eigentliche halten würde, könnte nur falsche Theologie sein. Rechte Theologie wird, indem sie bedenkt, dass Gott nur als handelndes und sprechendes Subjekt ihr Objekt sein kann, implizit und indirekt notwendig Proslogion, Suspirium und also *Gebet* sein. Alle liturgischen Bewegungen in der Kirche kommen zu spät, wenn nicht

25 Anselm von Canterbury (1033–1109) reflektiert in den Schriften «Monologion» (1076) und «Proslogion» (1077/78) die Notwendigkeit der Existenz Gottes. Barth nahm das «Proslogion» zum Anlass, in seiner Schrift «Fides quaerens intellectum» (1931) die Grundlagen seiner Gotteslehre und Denkbewegung zu legen.

26 David Hollaz (1648–1713) entwickelt mit dem «Examen theologicum acroamaticum» (1707) ein umfangreiches System der lutherischen Orthodoxie.

gerade ihre Theologie von ihrem Ansatz her liturgische Bewegung ist, in Proskynese ins Werk gesetzt wird.

3. Theologische Arbeit unterscheidet sich von anderer dadurch – sie könnte aber auch für alle geistige Arbeit darin exemplarisch sein –, dass, wer sie tun will, nie mit freiem Rücken von schon erledigten Fragen, von schon erarbeiteten Resultaten, von schon gesicherten Ergebnissen herkommen, dass er heute keineswegs auf gestern schon von ihm gelegten Fundamenten weiterbauen, heute keineswegs von den Zinsen eines gestern angesammelten Kapitals leben kann, sondern darauf angewiesen ist, jeden Tag, ja zu jeder Stunde neu mit dem *Anfang* anzufangen. Tröstlich und ermutigend kann ihm die Erinnerung an Gestern nur sein, sofern sie die Erinnerung daran sein könnte, dass sie schon gestern mit dem Anfang anzufangen hatte und hoffentlich angefangen hat. Fortfahren heißt in der theologischen Wissenschaft immer: noch einmal mit dem Anfang anfangen. Angesichts ihrer radikalen Gefährdung kann es offenbar nicht anders sein: sie ist mächtig genug, um dem Theologen immer wieder den Grund unter den Füßen wegzuziehen, ihn zu nötigen, sich aufs Neue nach Grund, auf dem er stehen kann, umzusehen, als ob er solchen noch nie gehabt hätte. Und es kann vor allem darum nicht anders sein, weil – auch wenn dabei auf das Zeugnis der Schrift gehört, auch wenn dabei in dem schützenden Zusammenhang der *communio sanctorum* [= Gemeinschaft der Heiligen] aller Zeiten und gewiss auch in dankbarer Erinnerung an früher schon gewonnene eigene Erkenntnis gearbeitet wird – der *lebendige* Gott selbst in seiner freien Gnade ihr Gegenstand ist: der Hüter Israels, der nicht schläft noch schlummert. Ist seine Güte jeden Morgen neu, so ist sie doch auch jeden Morgen neu seine völlig unverdiente, neu zu verdankende und also auch neu zu begehrende Güte. Es muss also jeder Akt theologischer Arbeit in allen ihren Dimensionen (auch wenn es sich um das kleinste Problemlein der Exegese oder der Dogmatik, auch wenn es sich um die Erhellung eines bescheidensten Stückleins der Geschichte der Kirche Jesu Christi gehen sollte, und erst recht in der Vorbereitung jeder Predigt, Unterrichts- oder Bibelstunde) den Charakter einer *Übergabe* haben, in der alles bisher schon betätigte Wollen, alles bisher schon gewonnene Wissen, vor allem auch alle bisher schon praktizierten und vermeintlich bewährten Methoden aus den Händen gegeben, noch einmal in den Schmelztiegel geworfen, dem lebendigen Gott vorgelegt, ausgeliefert, als Ganzopfer dargebracht werden. Auf keiner Stufe und in keiner Richtung kann theologische Arbeit anders getan werden als so, dass dem freien Gott je und je freie Verfügung gegenüber *allem* von Menschen etwa schon Erkannten, Hervorgebrachten, Geleisteten: dem ganzen von ihm mitgebrachten, religiösen,

moralischen und intellektuellen, geistigen und geistlichen Gepäck gegenüber freiwillig Raum gegeben wird – dass mit der heutigen Fortsetzung des gestern Gewonnenen auch die Kontinuität zwischen gestern und heute, heute und morgen seiner Sorge, seinem Gutfinden und Disponieren unterstellt wird. Gerade nur in immer neuem Vollzug dieser freiwilligen Übergabe kann die Theologie wirklich freie und fröhliche Wissenschaft sein. Will sie nicht der Arteriosklerose, der Unfruchtbarkeit, der rechthaberischen Langweiligkeit verfallen, dann darf ihre Arbeit in keinem Schritt Routine sein, in Funktion eines Automatismus getan werden. Das bedeutet nun aber, dass sie auch von dieser Seite gesehen eine Gebetshandlung, ihr Vollzug ein einziges: «Nicht wie ich will, sondern wie du willst!» sein muss. Und das nicht zum Schaden der Rüstigkeit, in der der Mensch da zu suchen, zu forschen, zu denken, in Vollstreckung des *intellectus fidei* [= Glaubenseinsicht] Nüsse zu knacken und Baumstämme zu zersägen bekommt, sondern eben damit der *intellectus fidei* ein rüstiges, frisches, interessantes und hilfreiches menschliches Werk sei, bleibe und immer wieder werde. Es ist schon so: gerade rüstig kann und wird es immer nur da vollzogen werden, wo es nicht etwa in irgendeiner Aufrüstung, sondern in unerschrockener Abrüstung und Kapitulation seinem Gegenstand gegenüber und also in der Arbeit des Gebetes vollzogen wird.

4. Wir kommen zum praktisch greifbarsten und auch sachlich entscheidenden Punkt. Theologische Arbeit verläuft in Form menschlichen Fragens und Antwortens, Suchens und Findens angesichts des Werkes und Wortes Gottes. Unübersehbar erheben sich hier hinsichtlich ihrer Durchführbarkeit zwei Probleme: das eine von der «subjektiven», das andere von der «objektiven» Seite her. Beide sind aufeinander bezogen und miteinander verknüpft. Beide sind Probleme des lebendigen Verkehrs zwischen Gott und Mensch, Mensch und Gott und darum nur in dessen Geschichte, nur praktisch, nicht theoretisch aufzulösen. Da ist nämlich einerseits (subjektiv) das Problem der Eignung und Tauglichkeit des menschlichen Tuns in dieser Sache. Ob sie wohl vom Menschen mit dem reinen Herzen, dem ernsten Willen, dem klaren Kopf, dem guten Gewissen angefasst wird, die ihr angemessen sind und die sein ganzes Unternehmen allein aussichtsreich erscheinen lassen? In welchem Fall welches Theologen dürfte diese Frage anders als in dem Sinn positiv beantwortet werden: dass Gottes *Gnade* mächtig genug ist, auch dem unreinen Herzen, dem zögernden Willen, dem schwachen Kopf, dem schlechten Gewissen eines Menschen das Vermögen, im Blick auf ihn und sein Werk und Wort sinnvoll zu fragen und zu antworten, wohl *geben* kann. Aber wird er ihm diese Gnade *erweisen?* Und da ist andererseits (objektiv) das Problem der Gegenwart Got-

tes in seiner Selbsterschließung, ohne die ja auch das ernstlichste Fragen und Antworten im Blick auf ihn gegenstandslos und also vergeblich sein müsste. Wieder wird hier nur in dem Sinn positiv zu antworten sein: dass Gottes *Gnade* auch zu diesem Tun von seiner Seite her frei und mächtig genug ist. Aber wird sie auch in diesem Sinn *Ereignis* werden? Gnade wäre offenbar hier wie dort nicht Gnade, wenn es erlaubt wäre, ohne Weiteres vorauszusetzen und sich gutzuschreiben: es werde sich wohl finden, dass Gott den Menschen für sich und dass er sich für den Menschen erschließen werde. Indem es *Gnade* ist, wenn das geschieht, kann Gott nur auf sie *angeredet,* um ihren Erweis nur *angerufen,* kann sie nur von ihm *erbeten* werden. Und nur anhebend mit dieser Bitte, getragen von ihr und zu ihr immer wieder zurückkehrend, kann theologische Arbeit im Blick auf jene beiden Probleme gewagt und mit Aussicht auf Durchführbarkeit getan werden. Um das *Wunderbare* wird es in dieser Bitte gehen: dass des Menschen blinde Augen und taube Ohren von Gott selbst für sein Werk und Wort geöffnet werden möchten – und zugleich um das *noch Wunderbarere,* dass Gottes Werk und Wort sich den Augen und Ohren dieses Menschen nicht entziehen, sondern erschließen möchten. […] Im Tun theologischer Arbeit bedarf es auf der ganzen Linie des Geschehens dieser doppelten Tat Gottes und, weil diese nach beiden Seiten nur als seine freie Gnaden- und Wundertat geschehen kann, dieser doppelten Bitte. Recht verstanden ist sie aber doch nur eine einzige […]: *Veni, Creator Spiritus!* [= Komm, Schöpfer Geist!] In seinem Kommen, in seiner Bewegung von unten nach oben und von oben nach unten schafft ja der eine Heilige Geist die Eröffnung Gottes für den Menschen *und* des Menschen Eröffnung für Gott. Und so lebt die theologische Arbeit von und in der Bitte um sein Kommen – so können alle ihre Fragen, Untersuchungen, Überlegungen und Sätze nur eben *Gestalten* dieser *Bitte* sein. Und wo theologische Arbeit in ihrer totalen Gefährdung und in ihrer totalen Angewiesenheit auf Gottes freie Gnade je ein gelingendes, ein brauchbares, ein der Ehre Gottes und dem Heil der Menschen dienendes Werk sein sollte, da ist sie es in *Erhörung* dieser *Bitte.* Dieser *echten* Bitte! Das Kriterium der Echtheit dieser Bitte wird aber darin bestehen, dass sie in der *Gewissheit* ihrer *Erhörung* getan wird. Wie wüsste der, was er tut, der den Vater im Namen seines Sohnes um seinen Heiligen Geist bittet, wenn diese seine Bitte eine skeptische sein sollte? Und eben die Gewissheit der Erhörung dieser Bitte ist dann auch die Gewissheit, in der theologische Arbeit mutig aufgenommen und getan werden darf und soll.

Karl Barth, Einführung in die evangelische Theologie, Zürich 1962, 175–186.

Die Tat der Liebe (KD IV/2, 1955)

[...] Und nun ist zunächst alles einfach: christliche Liebe ist die durch Gottes wählende, reinigende, schöpferische Liebe begründete Gegenliebe. Sie ist also schlicht und klar: *Liebe zu Gott* als zu dem, von dem der Christ zuerst geliebt ist. In der Tat der Liebe, von der wir jetzt, im Abschluss des zweiten Teils der Versöhnungslehre, zu reden haben, geschieht es – und das ist ihr unermesslicher Sinn und Inhalt –, dass das Verhältnis des Bundes, des göttlichen Gnadenbundes, aus einem einseitigen zu einem zweiseitigen wird. Der Raum, der dem Wort und Werk der Gnade Gottes gegenüberliegt, bleibt nicht leer. Vielmehr: das Ungeheuerliche, des Menschen Feindschaft gegen Gott, die diesen Raum einnahm und beherrschte, verschwindet. Das Wort und Werk menschlicher Dankbarkeit begegnet, antwortet, entspricht nun dem Wort und Werk der Gnade Gottes. Nicht mehr und nicht weniger als das geschieht, indem der Mensch, der Christ lieben darf. «Gerechtfertigt aus Glauben, *Frieden* haben mit Gott durch unseren Herrn Jesus Christus» [Röm 5,1], das wird nun – dass Jesus Christus wahrer Gott und wahrer Mensch ist, zieht das unwiderstehlich nach sich! – in der Tat der Liebe auch vom *Menschen* her Ereignis. Indem der Christ Gott lieben darf, bezeugt er das. Das ist der Sinn und Inhalt der Tat seiner Liebe. Alles, was wir über ihren formalen Charakter festgestellt haben, erklärt sich von da aus. Weil sie nicht mehr und nicht weniger als ein integrierendes Moment der von Gott inaugurierten und regierten Reichsgeschichte und Heilsgeschichte ist, darum ist sie so neu und wunderbar, muss und darf sie die freie, in der befreienden Macht des Heiligen Geistes sich ereignende Tat des Menschen sein, ist sie jener Schritt ins Offene der Gemeinschaft, ist sie notwendig die Tat des fröhlichen Menschen. Nicht mehr und nicht weniger als die Versöhnung des Menschen mit *Gott* kommt in ihr zu ihrem vorläufigen Ziel und Abschluss.

Es lohnt sich wohl, einen Augenblick bei der Unbegreiflichkeit des doch so Schlichten und Klaren stehen zu bleiben: dass der ewigen Liebe, die in Gott und die von Gott dem Menschen zugewendet ist, das entspricht, dass der Mensch *Gott lieben* darf. Ist das Geheimnis der Versöhnung von dieser Seite, nun von unten, von uns aus gesehen, nicht fast noch größer als von der anderen, der göttlichen Seite her gesehen? Es ist mindestens gleich groß! Wie soll denn das wahr, möglich, wirklich sein: ein Mensch liebt Gott so wie Gott ihn liebt? Lassen wir jetzt alle Erwägung der Brüchigkeit, der Unvollkommenheit, der Fragwürdigkeit, in der er das sicher (und wäre er der größte Heilige) tut, beiseite. Es bleibt ja doch allem, was gegen sein Lieben mit Recht und notwendig einzuwenden sein mag, zum Trotz, es bleibt auch angesichts des ganzen Haufens von Asche, Schlacken, Geröll und Schmutz, unter dem sein bisschen Lieben verborgen ist, es bleibt auch angesichts der völligen Ruhm- und Verdienstlosigkeit dieses Tuns dabei: es geschieht durch die belebende Macht des Heiligen Geistes dies, dass der kleine, der sündige Mensch den großen, heiligen Gott lieben, auf Gottes Selbsthingabe mit der seinigen antworten darf. Es ist eben dies Gottes Wille, und es geschieht in Vollstreckung seines Willens – wie er im Himmel vollstreckt wird, so auch auf Erden – dies! Gott will also das haben und Gott sorgt auch dafür, dass er das bekommt, was er doch nicht braucht, wovon er doch nichts hat, was ihn nicht reicher macht, was er ebenso gut entbehren könnte – er will gerade das nicht entbehren: des Menschen Hingabe und also den Menschen als seinen Nachahmer und Abbildner, des Menschen Tun als Echo auf das seinige. «Was ist doch der Mensch, dass du seiner gedenkst, und des Menschen Kind, dass du dich seiner annimmst?» [Ps 8,5] – dass du seiner auch so gedenkst, dich seiner auch so annimmst, an dem nun wirklich von ihm selbst, in seiner freien Tat dir darzubringenden Lob seiner Liebe dein Gefallen haben willst und hast? Ist es nicht genug daran, dass Gott dem Menschen gut ist? Will und wirkt er tatsächlich auch das, dass der Mensch *ihm* gut sei? Hat er sein ewiges Wort wirklich nicht nur dazu Fleisch werden lassen, um in eigener Person für uns zu sein und zu handeln, sondern tatsächlich auch dazu, damit wir für ihn sein und handeln möchten? Will und braucht er uns tatsächlich dazu, ihm damit zu dienen? Es kann des Fragens angesichts dessen, was Gott in dieser Hinsicht tatsächlich gewollt und getan hat, noch will und tut, wirklich kein Ende sein. Es kann aber auch nicht übersehen werden, dass alle noch so ernsten, noch so kritischen Fragen an diesem Punkt doch nur von der *Antwort* herkommen können, die damit, dass der Christ Gott lieben darf und, sofern er Christ ist, tatsächlich liebt, schon *gegeben* ist. Es hätte keinen Sinn, sich in diese Fragen als solche zu verbeißen und es unterdessen zu unterlassen kindlich zu *tun*, was der Mensch doch tun darf. So wahr Gott ihn liebt, so wahr darf er Gott wiederlieben – höchst unbegreiflicherweise, aber er darf es. Und so tue er es denn: «*Du sollst den Herrn, deinen Gott, lieben, von ganzem Herzen, von ganzer Seele und mit allen deinen Kräften!*» Die kleinste Bewegung in der uns dazu gegebenen Freiheit ist besser als die umständlichsten Besinnungen darüber, ob sie uns denn auch erlaubt und ausführbar sein möchte. Aber dass uns die Freiheit zu solcher Bewegung gegeben ist, das ist allerdings ein Wunder, das derjenige wohl noch nicht schätzen würde, der nicht begriffen hätte: es ist mindestens ebenso groß wie das der Geburt Jesu Christi aus der Jungfrau oder wie das seiner leiblichen Auferstehung von den Toten. Man messe es an dem

Wunder der Epiphanie, das ja sein Grund und Urbild ist: dann begreift man das Geheimnis, von dem die Tat der Liebe als die Tat der Liebe des *Menschen* zu *Gott* umgeben ist. [...]

Der Begriff der «Tat der Liebe» bedarf nun aber einer *zweiten,* nicht minder unentbehrlichen und entscheidenden *Näherbestimmung.* Von ihrem Grund in der dem Menschen zugewendeten Liebe Gottes selbst her ergibt sich, dass es sich in ihr *nicht nur, nicht ausschließlich* um die Liebe zu *Gott* handelt, sondern dass die auf die Liebe Gottes antwortende menschliche Liebe, gerade indem sie seine Liebe zu Gott ist, außer und neben Gott noch einen ganz *anderen,* von Gott durchaus verschiedenen *Gegenstand* hat. Der andere vom christlich liebenden Menschen Geliebte ist nach der klaren Feststellung und Weisung des ganzen biblischen Zeugnisses der ihm *in einem bestimmten geschichtlichen Zusammenhang zugeordnete Mitmensch.* [...]

Die christliche Liebe *hat* diese zwei Dimensionen und also auch die zum Nächsten hin. Die Heilsgeschichte ist nun einmal eine Geschichte zwischen Gott und dem Menschen und eine Geschichte zwischen Mensch und Mensch: das Zweite, weil und indem sie das Erste ist. Weil und indem sie nämlich eine Geschichte zwischen Gott und einem Menschenvolk – zwischen Jahve und Israel, zwischen Jesus Christus und seiner Gemeinde – erst und nur als solche dann auch eine Geschichte zwischen Gott und der Welt, Gott und allen Menschen – ist, wird auch das Leben dieses *Volkes,* das Zusammenleben seiner *Menschen* zur Teilnahme an ihrem Geschehen, wird es selber Heilsgeschichte. Aus dem *Miteinander* dieser Menschen Gott gegenüber ergibt sich sofort ein bestimmt geprägtes *Untereinander.* Indem die Heilsgeschichte in der *Vertikale* als Tat der Liebe Gottes und in der ihr entsprechenden Tat menschlicher Gottesliebe geschieht, geschieht sie schon auch auf der *Horizontale,* wo diese Menschen miteinander von Gottes Tat erreicht und Gott gegenüber miteinander in der ihr entsprechenden Tat begriffen sind. Eine bestimmte, in und mit ihrer doppelten, passiven und aktiven Beziehung zu Gott gesetzte Beziehung dieser Menschen *untereinander* ist unvermeidlich, ist in und mit jener schon Ereignis. Ihre *Liebe* untereinander, die Liebe eines Jeden zu seinem *Nächsten,* ist diese Beziehung: darum gerade ihre Liebe zueinander, weil sie miteinander von Gott Geliebte und Gott wieder Liebende sind. Wie könnte, da es in der Vertikale um Liebe geht, auf der Horizontalen etwas anderes als wieder Liebe überhaupt infrage kommen? Die beiden Ebenen sind und bleiben verschieden, sind also nicht zu verwechseln; sie sind aber von Anfang an auch nicht zu trennen. Befreiung für Gott ist ja eines, Befreiung für den Mitmenschen ein anderes. Geht es aber in der Befreiung für Gott um die Befreiung eines *Volkes,* so kann die Befreiung der *Menschen* dieses Volkes für einander keinen Augenblick hinter ihrer Befreiung für Gott zurückbleiben, und also ihre Erweckung zur Liebe zu einander keinen Augenblick hinter ihrer Erweckung zur Liebe für Gott. Heilsgeschichte ist von Grund aus diese *doppelte* Geschichte und also neben der durch das erste Gebot angezeigten, von ihrem Geschehen nicht zu trennen, auch die Geschichte, die das zweite anzeigt: «*Du wirst deinen Nächsten lieben wie dich selbst!*» Als Gott Liebender kannst du gar nicht anders, wirst du, indem du Gott liebst, auch deinen Nächsten lieben; den mit dir von Gott Geliebten, mit dir Gott Liebenden. […]

Karl Barth, KD IV/2, Zürich 1955, 888–936.

Die Taufe mit dem Heiligen Geist (KD IV/4, 1967)

[...] Der Anfang des neuen, des christlichen Lebens eines Menschen ist, von allen im Bisherigen bezeichneten Gesichtspunkten her gesehen, der Anfang seines Lebens in einer besonderen *Mitmenschlichkeit.* Indem Jesus Christus selbst sich ihm in seinem Macht- und Tatwort als sein Herr bezeugt, als sein Bruder mitteilt, hört er auf, ein in sich verschlossener Mensch zu sein, wird seine Zugehörigkeit zu allen denen verwirklicht, denen Jesus Christus sich ebenfalls – vielleicht in ähnlicher, vielleicht in sehr unähnlicher Weise – als ihr Herr und Bruder bezeugt und mitgeteilt hat. Indem der Bund der freien, allen Menschen zugewendeten Gnade Gottes sich ihm als auch mit ihm gültig geschlossen, die in ihm begründete menschliche Freiheit als auch ihm eigentümlich gegeben erweist, findet er sich aus aller Einsamkeit, aber auch aus allen bloß zufälligen und vorübergehenden Bindungen an andere erlöst, eingegliedert in die «Gemeinschaft der Heiligen», in das aus vielen Völkern mit ihren verschiedenen Geschichten und Kulturen zusammengerufene «Volk Gottes». Indem von ihm durch Gottes ihm offenbares und klarwerdendes Gebot seine ganz persönliche Dankbarkeit, sein ganz persönlicher Gehorsam gefordert wird, tritt er an seinem Ort und mit seinem Auftrag ein in die Reihe derer, von denen an ihrem Ort und mit ihrem Auftrag dieselbe Dankbarkeit, derselbe Gehorsam, derselbe Dienst verlangt ist, die sich diesem Dienst ebenso wenig entziehen können wie er selbst, indem er von Gott von allen Seiten umgeben ist. Er entdeckt sich selbst unwiderstehlich als den Gefährten, Genossen und Bruder dieser anderen, als auf Gedeih und Verderben mit ihnen verbunden, als Teilnehmer an ihrer Kraft und Schwachheit, an ihren Freuden und Leiden, an ihren kleinen Siegen und an ihren größeren Niederlagen, an ihrem ganzen Sein, Unternehmen und Tun. Er darf ganz und gar der Ihrige sein: in ihrer Mitte ein von ihnen Empfangender und ihnen wiederum dienend. Er darf der freie Mann sein, als der er von neuem, von oben geboren ist, indem er zu diesen anderen gehört. Er ist einer in diesem Volk Gottes, ein Glied des Leibes, dessen Haupt Jesus Christus ist. Er ist in der Gemeinde. Er ruft in ihr und mit ihr Gott an als «*unseren* Vater in den Himmeln». Er bekennt sich wie zu Gott so auch – in der Einheit des Glaubens, der Hoffnung und der Liebe – zu ihr, zu ihrem Reichtum, aber auch zu ihrer Armut, zu ihrem Versagen, aber auch zu ihrer Zuversicht, zu ihrer inneren Auferbauung und zu ihrer Mission in der sie umgebenden Welt. Das ist die besondere, die christliche Mitmenschlichkeit, die das Werk des Heiligen Geistes, der bestimmten Menschen widerfahrenden Geistestaufe ist. Weil sie die Taufe mit dem Heiligen Geist ist, darum ist sie identisch mit seiner Aufnahme in die «Kirche» als die Versammlung derer, die nach der Vulgata-Übersetzung von Mk 3,34: *in circuitu eius sedebant*, die, im Kreis um Jesus verharrend, wahrhaft als die Seinen den Willen Gottes zu tun im Begriffe sind. Weil sie die Taufe mit dem Heiligen Geist ist, darum ist sie aber auch – das ist hier schon vorwegzunehmen – nicht identisch mit ihrer Taufe mit Wasser (und diese nicht mit ihr!), obwohl sie nach diesem Werk der Gemeinde und der mit dem Geist getaufte Mensch nach dieser rufen wird – darum und erst recht nicht mit seinem Eintritt und seiner Aufnahme in die Kirche als die christliche «Religionsgemeinschaft», obwohl sie auch dazu führen, obwohl er sich auch dessen nicht schämen wird. Weil sie die Taufe mit dem Heiligen Geist ist, besteht sie aber auch und vor allem nicht darin, dass ihm eine Uniform übergezogen, ein Helm aufgestülpt und dass er als Glied der Gemeinde – ein Exemplar unter vielen anderen – demselben reglementsmäßigen geistlichen und ethischen Drill unterworfen würde. «Unendlich reichst Du *Gaben* dar, Du Gottes Finger wunderbar.» Der Heilige Geist ist ja, so gewiss er der Geist des einen, aber «ewig reichen» Gottes ist, keine kompakt gleichförmige Masse, sondern existiert, indem er ausgegossen wird, indem Menschen mit ihm getauft werden, in der *Fülle* der «Charismen» der einen Gemeinde. Durch deren Mitteilung empfängt jeder einzelne Christ – unabhängig von der Besonderheit seines natürlichen Charakters und seiner persönlichen Anliegen – seine besondere geistliche Kraft und damit auch seinen besonderen Auftrag im Ganzen des Lebens und des Dienstes der Gemeinde [1Kor 12; Röm 12]. Sie *kann* mit seiner göttlichen Beauftragung zu einem bestimmten kirchlichen Amt und mit seiner göttlichen Einweisung in ein solches zusammenfallen – sie muss es aber *nicht*. Es gibt auch ganz individuelle, es gibt auch vorübergehende und wechselnde Befähigungen dieser Art – auch solche, die sich ganz unmöglich in den Rahmen einer institutionell kirchlichen Amtlichkeit einspannen lassen. Es kann und wird die «Hierarchie» solcher Befähigungen und Einweisungen, die Über- und Unterordnung der einen im Verhältnis zu den anderen nie und nirgends eine starre, sie wird immer und überall beweglich sein und bleiben müssen, sodass je und je die ersten Empfänger und Träger einer bestimmten Gabe praktisch aus Letzten zu Ersten, aber auch aus Ersten zu Letzten werden können. Es wird aber umgekehrt das Kriterium der Echtheit der Praxis aller institutionell-kirchlichen Amtlichkeit immer und überall die Frage sein: ob der in diesem oder jenem «Amt» Dienende ein Empfänger und Träger des zu seinem Tun unentbehrlichen Charismas und zuerst und zuletzt der allen Geistesgaben überlegenen Liebe ist oder nicht ist. Sodass die Bitte: *Veni, Creator Spiritus!* [= Komm, Schöpfer Geist!] an keiner Stelle und zu keiner Zeit des Lebens und Dienstes der Gemeinde und also des Vollzugs der christlichen Mitmenschlichkeit entbehrlich werden kann, nicht immer und überall neu gebetet werden muss. [...]

Karl Barth, KD IV/4, Zürich 1967, 3–44.

Der Vorrang des Wortes Gottes (1961)

Der Befehl, Gott zu bitten, dass er selbst seinen Namen heilige, impliziert das *Gebot,* in dieser Sache auch das *Unsrige* zu tun. Wie könnte diese Bitte gerade in ihrem streng christologisch-eschatologischen Sinn und Gehalt wirklich gebetet werden, ohne dass sich die, die in der Gegenwart so beten, zu dem jener Bitte entsprechenden Gebrauch ihrer Freiheit als Brüder Jesu Christi und als Kinder des von ihnen angerufenen Vaters aufgerufen – zu einem *Sein* und *Tun* auf der Linie jener Bitte emporgerissen finden? Lex orandi lex *agendi!* [= das Gesetz des Betens entspricht dem Gesetz des Handelns][27]. Dass sie Gott mit dieser Bitte anrufen, ist ja selbst Akt ihres *Gehorsams:* Akt ihrer eigenen freien Antwort auf den von ihnen vernommenen Befehl. Ihnen wird verboten, sich mit dem ambivalenten Stand und Lauf der Dinge, mit der Dämmerung und Schwebe des gleichzeitigen Bekanntseins und Unbekanntseins Gottes abzufinden und zufriedenzugeben. Sie werden geheißen, sich an Gott zu wenden mit dem Begehren nach dem Anbruch des großen, letzten – vielmehr: des ersten eigentlichen, weil dauernden, des ewigen Tages: des Sabbattages seines den ganzen Zwiespalt der Gegenwart auslöschenden Lichtes. Akt ihres *Gehorsams* wäre aber ihre Anrufung Gottes mit dieser Bitte offenbar nicht – sie würden ja offenbar beten, ohne zu wissen, um was sie beten, oder ohne an die Erhörung ihrer Bitte zu glauben –, wenn sie sich dem Tage, um dessen Kommen sie bitten, nicht in eigener Bewegung *zuwenden,* wenn ihre Gedanken, Worte und Werke nicht in diese Bewegung *vorwärts,* jenem Tage entgegen, hineingezogen würden, wenn ihr Leben von ihrer Bitte unberührt bliebe, nicht vielmehr auf deren Inhalt und Ziel ausgerichtet und also durch den Blick auf jenen kommenden Tag, auf Jesus Christus in seiner *Zukunft* bestimmt und geprägt würde. Dass wir, indem wir beten: «Geheiligt werde dein Name!», nur die Hände falten, d. h. die Erhörung unserer Bitte nur von Gott erwarten, sie nur ihm anbefehlen können, kann nicht bedeuten, dass wir uns gestatten könnten, uns angesichts des Zwiespaltes der Gegenwart nun doch wieder – tief christlich fromm diesmal – gewissermaßen in einem Wartesaal zur Ruhe zu setzen, die Welt, die Kirche und uns selbst, gespannt auf die große Tat Gottes, um deren Geschehen wir bitten, ihren Stand und Lauf der großen Dämmerung und Schwebe zu überlassen. Wer wirklich Gott mit dieser Bitte in der Gewissheit ihrer Erhörung

27 Barth in ethisch ausgerichteter Abwandlung des alten Prinzips *lex orandi – lex credendi,* nach dem die Liturgie in ihren Gebeten und Handlungen eine gültige Glaubensnorm bildet.

inkommodiert und engagiert, der inkommodiert und engagiert – ein ernstlich und gründlich Beunruhigter und Aufgescheuchter – an seinem Ort und in seiner Art als Mensch – in den Grenzen seiner menschlichen Zuständigkeiten und Möglichkeiten – auch *sich selber*, der erklärt und macht sich selbst innerhalb seiner Grenzen verantwortlich dafür, dass in der Sache, im Blick auf die er zu Gott betet, auch seinerseits ein Entsprechendes geschehe. Als den *Eifer* um die Ehre Gottes haben wir ja die Haltung und Handlungsweise derer, die die erste Bitte des Unser Vaters beten, im Titel unseres Paragrafen bezeichnet und haben ihn eingangs als des Christen große, unüberwindliche, dauernde, aber auch gefährliche *Leidenschaft* beschrieben. Das in dem Befehl, die erste *Bitte* zu beten, implizierte *Gebot* will diesen Eifer um die Ehre Gottes von uns haben: keine beiläufig, lau und lässig auszuführende Bewegung also, in der man dann wohl auch müde werden, Pausen eintreten lassen oder ganz und gar innehalten könnte, sondern eine solche, die derjenigen analog ist, die wir von Gott erwarten und erbitten. Wer ihn anruft – wir erinnern uns: dass er in seiner Macht aufstehe und seiner Feinde Rotte zerstreuen, seine Ehre rächen wolle («Wie in der Luft der Rauch verschwindt, / wie Wachs in heißer Glut zerrinnt, / zerstreue ihre Heere!»)[28] –, wer Gott so anruft, der kann es (ohne es mit seinem Tun dem Gottes gleich tun, es wohl gar ersetzen zu wollen) *unmöglich* unterlassen, seinerseits eifrig, in brennender Leidenschaft aufzustehen und ihm entgegenzugehen – entgegenzuleben. Dazu uns *aufzumachen* ist das, was uns in und mit dem Befehl, die erste Bitte zu tun, *geboten* wird. [...]

Der christologisch-eschatologische Zusammenhang, in welchem wir nun also direkt auf die *ethische* Relevanz der ersten Bitte zu sprechen kommen müssen, macht freilich eine bestimmte *Abgrenzung* und *Abklärung* notwendig. Das «Unsrige» – das, was von uns verlangt ist –, das, was wir selbst in dieser Sache aufzubringen und zu tun haben, kann wirklich nur das *Unsrige* sein. Es kann, wie schon angedeutet, nur an unserem *menschlichen* Ort und in unserer *menschlichen* Art, nur in den Grenzen unserer *menschlichen* Zuständigkeiten und Möglichkeiten getan werden: im Gehorsam gegen Gottes Gebot nur dann, wenn es sich zum vornherein an diese Grenzen hält, um, indem es in der ihm damit verordneten Bescheidenheit und Ehrlichkeit geschieht, ein Gott wohlgefälliges, d. h. seiner göttlichen Tat entsprechendes, ihr analoges «Eifern» zu sein. Dass wir an der Heiligung seines Namens aktiv *«beteiligt»* werden, ist also eine Vorstellung und ein Begriff, der zwar nicht zu verwerfen, sondern aufzu-

28 Zeilen aus dem Lied «Steh auf in deiner Macht, o Gott» aus dem Gesangbuch der Evangelisch-reformierten Kirchen der deutschsprachigen Schweiz, Nr. 18.

nehmen und zur Geltung zu bringen ist, der aber, soll er der Sache angemessen sein, nur nach sorgfältiger Erwägung und Erläuterung seines Sinnes verwendet werden darf. […]

Was von uns Christen verlangt ist, ist nicht mehr, aber auch nicht weniger als eben: *Eifer* um die Ehre Gottes. Indem wir in Erkenntnis des am Lebenstag Jesu Christi Geschehenen um das Anbrechen des Tages seiner letzten Offenbarung beten, kann uns die in der Welt, in der Kirche und vor allem in uns selbst noch herrschende Dämmerung, kann uns das Regime der Schwebe, unter dem wir existieren, nicht erträglich, sondern nur eben *unerträglich* sein. Mit diesem Status quo kann sich, wer auf die erste Offenbarung der in Jesus Christus geschehenen Heiligung des Namens Gottes zurückblickt und ihrer zweiten und letzten entgegensieht, nun einmal *nicht* abfinden, *nicht* zufriedengeben. Es wäre ein sicheres Zeichen drohenden geistlichen Todes, wenn einer es für natürlich zu halten anfinge, dass das Bekanntsein und das Unbekanntsein Gottes, dass Gerechtigkeit und Übertretung, Wahrheit und Lüge, Licht und Finsternis sich in der Welt, in der Kirche, in seinem Leben alternierend folgen und gegenseitig die Waage halten. In der Sicht der lebendigen Gemeinde und ihrer lebendigen Glieder kann gerade das *der* große Skandal sein, nie zu einer zu respektierenden Vorgegebenheit werden – auch nicht in der Weise, dass sie zwar beten: «Geheiligt werde dein Name!», unterdessen aber, während die Erfüllung der Bitte noch aussteht, die Dämmerung und Schwebe als bis auf weiteres selbstverständlich, womöglich als notwendig und normal hinzunehmenden Zustand anerkennen, dulden, nicht anrühren.

Wieder wäre ja auch das eine ungläubige Bestätigung des den Namen Gottes entheiligenden Dualismus, die dadurch nicht besser würde, dass um dessen Überwindung ja eben – gebetet würde, und wenn das vermeintlich noch so aufrichtig und ernstlich geschehen sollte. Wirklich aufrichtig und ernstlich *würde* ja dann auch gar nicht darum gebetet, wenn der Betende nur nach der den Dualismus beseitigenden Tat Gottes ausschauen, ihn aber in der Art, in der er unterdessen seine Schritte setzt und gestaltet, vorläufig akzeptieren und bestätigen würde. Das wäre ein «Interim», das nun wirklich den Schalk nicht nur «hinter ihm» hätte, sondern ein offenkundig schälkisches Interim wäre! Es kann nicht anders sein: den um die künftige Heiligung des Namens Gottes Bittenden kann seine Entheiligung in der Gegenwart nur unannehmbar sein. Und es kann nicht anders sein: ihre *Lebensbewegung* wird ihrer *Bitte* in ihrer ganzen Menschlichkeit entsprechen, sie wird ihr folgen müssen. Wir haben gehört: nicht als der Ikarusflug eines Unternehmens, in welchem es darum ginge, als Menschen an Gottes Stelle und nach Gottes Art zu handeln – wohl aber als ein von ihnen ebenso demütig wie entschlossen auf der Erde und in der Zeit zu vollziehendes *Schreiten* auf einem Wege, der in seiner *Richtung* der in Jesus Christus schon *geschehenen,* in ihrer Offenbarung aber auch noch *bevorstehenden* und insofern von den Christen erbetenen und erhofften *Tat Gottes* entspricht. *Aufbruch* zum Beschreiten dieses Weges ist uns geboten, ist nötig, ist unvermeidlich, wenn wir unsere Bitte nicht Lügen strafen wollen. So wenig wir die unter dem Regime der Schwebe noch und noch stattfindende Beleidigung Gottes durch unser Tun aus der Welt schaffen können, so wenig kann unser Tun ihr gegenüber neutral bleiben: als ob durch die noch und noch andauernde Beleidigung Gottes nicht unmittelbar auch wir selbst herausgefordert wären! *Aufstand* und also *Widerstand* gegen das Regime der Schwebe tut not, ist das Gebot der Stunde – wirklich jeder Stunde! –, das uns Christen in der Zeit «zwischen den Zeiten» gegeben ist und dem wir zu gehorchen haben. «Eifer um die Ehre Gottes» heißt eiliger, entschlossener Aufbruch in jener Richtung und also zu diesem Aufstand. Der Sturz jenes Regimes kann nicht die Sache unseres Tuns sein: dass Gott selbst es stürze, darum beten wir ja. Aufbruch zum Aufstand gegen dieses Regime aber ist (das wird noch besonders zu betonen sein) ein menschenmögliches Tun, kann unser Tun sein. Und eben es ist das uns auf dem uns gewiesenen Weg *gebotene* Tun. […]

Karl Barth, Das christliche Leben. Die KD IV/4, Fragmente aus dem Nachlaß. Vorlesungen 1959–1961, hg. v. Hans-Anton Drewes/Eberhard Jüngel, Karl Barth-GA, Abt. II, Zürich 1976, 282–346.

Der Aufstand gegen die Unordnung (1961)

Die Echtheit menschlichen «Eiferns um die Ehre Gottes» bedarf der Probe. Die Christen beten: «Geheiligt werde dein Name!» Und indem sie Gott als ihren Vater so anrufen, erkennen sie, dass es ihnen ihrerseits geboten ist, um seine Ehre zu eifern. Aber die Christen sind Menschen, und ein menschliches und also fragwürdiges Tun wird auch ihr nach Gottes Gebot sich richtender Eifer um seine Ehre auf alle Fälle sein. Er könnte auch ein der ihnen gebotenen Leidenschaft allzu sehr entbehrender Eifer: der Eifer einer sehr unreinen Leidenschaft sein. Er bedarf der Erprobung. Ob und inwiefern er sich von Fall zu Fall in den Augen und nach dem Urteil Gottes erprobt, darüber haben wir nicht zu befinden. Eine Erprobung seiner Echtheit, d. h. seines Charakters als Gehorsam gegen Gottes Gebot besteht aber im Rahmen ethischer Überlegung darin, dass wir, was die Christen tun, indem sie um die Ehre Gottes eifern, kritisch mit dem zusammenhalten, was ihnen damit, dass sie Gott als ihren Vater anrufen, als gehorsames Tun *ebenfalls* und *zugleich* geboten ist. Das eine, was sie, indem sie ihn anrufen, als ihnen geboten erkennen müssen, ist ja ein in sich Mannigfaltiges. Ob ihr Tun *einem* der Elemente seines Gebotes entspricht und also im Blick auf *dieses* ein gehorsames Tun ist, das ermisst sich daran, ob es das auch in seinem Verhältnis zu den *anderen* Elementen des Gebotes ist. Der «Eifer um die Ehre Gottes» ist ein, aber doch nur *ein* Element des einen, den Christen gegebenen Gebotes wie ja auch die erste Bitte des Unser Vater, der wir, indem wir nach Gottes in ihr impliziertem Gebot fragten, zunächst folgten, zwar die erste, aber nicht die einzige seiner Bitten ist. Wir wenden uns nun, im Blick auf die *zweite* Bitte, einem *anderen* Element des einen Gebotes Gottes zu. Es ist von jenem ersten, es ist aber auch jenes erste von ihm nicht zu trennen, sodass – Weiteres vorbehalten – der Gehorsamscharakter des christlichen Tuns, im Besonderen die Echtheit eines christlichen «Eiferns um die Ehre Gottes» jedenfalls auch daran zu erkennen ist, dass es ein auch in seinem Verhältnis zu diesem *anderen* Element des einen Gebotes Gottes gehorsames Tun ist. Wir nennen dieses andere Element des Gebotes bzw. das ihm entsprechende menschliche Tun der Christen ihren *«Kampf um menschliche Gerechtigkeit»*. Sicher würde er da gar nicht oder schlecht gekämpft, wo das christliche Tun nicht auch und zuerst ein Eifern um die Ehre Gottes wäre. Wir heben jetzt aber hervor: das Eifern um die Ehre Gottes kann nur da eine gute Sache, ein Tun im Gehorsam und so ein verheißungsvolles Tun sein, wo es von dem Kampf um menschliche Gerechtigkeit unmittelbar begleitet ist. […]

Die allgemeine Not, gegen die aufzustehen und zu streiten den Christen geboten ist, ist die alle menschlichen Verhältnisse und Beziehungen innerlich und äußerlich beherrschende und durchdringende, vergiftende und zerrüttende *Unordnung.* Unordnung entsteht und besteht in der Abweichung von einer Ordnung. Die Menschheit existiert in solcher Abweichung. Und die Ordnung, von der sie abweicht, ist die Gestalt eines gehorsamen Zusammenlebens der Menschen mit *Gott,* die als solche eine ihr entsprechende, menschliches Recht, menschliche Freiheit, menschlichen Frieden sichernde Gestalt ihres Zusammenlebens *untereinander* in sich schließt. Jene schließt diese darum in sich, weil Gott kein den Menschen fernes und fremdes, kein selbstsüchtiges und auch kein schicksalhaft über ihnen waltendes höchstes Wesen, sondern der Gott, nämlich der Schöpfer, Herr, Helfer und Richter des *Menschen* ist und weil der Mensch seinerseits weder niemandem noch irgendwelchen Gewalten, noch sich selbst, sondern *Gott* gehört, der Mensch Gottes ist, wie Gott der Gott des Menschen. In der Offenbarung dieser Ordnung, in der Kundgebung seiner *göttlichen* als Grund und Garantie auch *menschlicher* Gerechtigkeit ist Gott, der er ist: der dem Menschen als solchem gnädige und so alle Menschen bejahende und, indem er sie alle bejaht, zu ihrem Besten zusammenfügende Gott. Die *Unordnung,* die die große Not ist, unter deren Druck die Menschen zu leiden haben, entsteht und besteht – und darum ist sie ihre Schuld, wie sie ihre Not ist – im *Übersehen* und *Übertreten* dieser Ordnung. Sie entsteht und besteht in der Ungerechtigkeit ihres Abfalls *von Gott,* der als solcher auch ihren Abfall *voneinander,* die Verwandlung ihres ihrem Sein mit Gott entsprechenden Miteinander in ein allgemeines Ohneeinander und Gegeneinander unvermeidlich nach sich zieht. In der Beleidigung Gottes begriffen, können sie sich auch gegenseitig nur beleidigen, können sie sich auch untereinander nicht gerecht werden, nicht freigeben, nicht im Frieden miteinander leben. In und mit der Sünde Adams, der sein will wie Gott, ist die Sünde Kains, der Mord des Bruders, schon beschlossen [Gen 3,5; 4,8]. Die Bestätigung und Wiederholung dieser doppelten Geschichte ist die Weltgeschichte. Wo alle wider Gott sind, da kann auch eines jeden Hand nur wider die des anderen sein [Sach 14,13], muss der Mensch dem Menschen zum Wolf werden, beginnt der unnütze, der unwürdige, der unheilige, der Unheil bringende Kampf ums Dasein in allen seinen feineren, groben und gröbsten Formen. Dieser *Unordnung* sich zu *widersetzen,* ist den Christen damit geboten, dass sie die Proklamation der Gerechtigkeit *Gottes* und in und mit ihr die Proklamation der dem *Menschen* gegebenen Rechts-, Freiheits- und Friedensordnung gehört und in den Ohren und also die Möglichkeit und Notwendigkeit *auch menschlicher* Gerechtigkeit vor Augen haben. Darum können sie sich mit der herrschenden Unordnung nicht abfinden, ist sie ihnen keine letzte Gegebenheit, an der nichts zu ändern wäre, ist sie ihnen vielmehr ein mächtiger, aber zum Verschwinden bestimmter Spuk. Darum müssen sie, auch wenn sie sie nicht beseitigen können, unter allen Umständen gegen ihren Strom schwimmen. Wollte man die immer neue Entstehung der großen Unordnung eine Revolution nennen, so könnte man sagen: die Christen sind, indem sie selbst auch an ihr beteiligt und also an der aus ihr folgenden Not mitschuldig sind, zugleich die geborenen Gegenrevolutionäre. In ihrem Herzen und Leben und damit auch in ihrem Tun können und werden die Christen inmitten ihrer Umgebung der großen Unordnung gegenüber keine Ruhe geben. Man sieht auch von hier aus, dass und warum es sich bei ihrem Aufstand und Kampf um einen Streit gegen andere Leute auf keinen Fall handeln kann: damit würden sie ja, auch wenn ihre Sache noch so gut wäre, die Unordnung, die eben in dem notbringenden Gegeneinander von Mensch und Mensch besteht, ihrerseits bestätigen und vermehren. Es wird leider dafür gesorgt sein, dass sie das beiläufig faktisch auch immer wieder tun werden. Und es wird, sicher nie ganz ohne Zusammenhang damit, auch dafür gesorgt sein, dass sie mit ihrer Unruhe bei den anderen keinen Dank, sondern Undank ernten werden: dass sie dem Los, ihrerseits bestritten zu werden, nicht entgehen können. In ihrer Funktion als «Friedensstifter» [Mt 5,9] und also als Vertreter der Sache, die die Sache aller Menschen – der verständigen und der unverständigen, der guten und der bösen – ist, werden sie sich weder dadurch, dass die anderen an ihnen schuldig werden, noch dadurch, dass sie sich selbst auch nie für ganz unschuldig halten können, irremachen lassen dürfen.

Die entscheidende und, recht verstanden, alles Weitere in sich schließende Aktion ihres Aufstands gegen die Unordnung ist die *Anrufung Gottes* in der zweiten Bitte des Herrengebetes: *«Es komme dein Reich!»* Das «Reich Gottes» (im Matthäusevangelium das «Reich der Himmel» genannt) ist die von Gott selbst und so von oben, vom Himmel zu erwartende und hereinbrechende universale und definitive Offenbarung *seiner* die Menschheit richtenden und aufrichtenden Gerechtigkeit – die Heraufführung *seiner* vollkommenen Herrschaft in den menschlichen Verhältnissen und Beziehungen und so die Aufrichtung *seiner* heilsamen Ordnung des menschlichen Lebens und Zusammenlebens. Das Reich Gottes ist Gott selbst in der Tat seiner Normalisierung des menschlichen Daseins und also Gott selbst in seiner Tat der siegreichen Überwindung der die Menschheit noch und noch beherrschenden Unordnung. Dass *sein* Reich, dass *Er selbst* in dieser Tat erscheine und komme – zu uns und also vom Himmel auf die Erde komme –, darum zu bitten, haben die Christen die Freiheit. Und eben dass sie von dieser Freiheit Gebrauch machen und also seufzen, rufen, schreien: «Es komme dein Reich!» – eben das ist (umfassend gemeint und gesagt) der ihnen gebotene Aufstand gegen die Unordnung. [...] Das Bitten um das Kommen des Reiches dispensiert sie also nicht davon, vorläufig: in ihren eigenen menschlichen Gedanken, Worten und Werken, gegen die Unordnung aufzustehen und in Kampf zu treten. Im Gegenteil: sie könnten diese Bitte gar nicht recht beten, ohne, indem sie das tun, hin- und emporgerissen zu werden zu solchem ihr entsprechenden eigenen und also vorläufigen, aber in diesem Bereich nicht minder ernsthaften Tun. In dieser Bitte ausgerichtet auf das Kommen des Reiches und insofern zu «Reichsgenossen» gemacht, können es die Christen unmöglich unterlassen, ihrerseits zu «kommen», was dann heißt: zu gehen, dem kommenden Reich Gottes entgegen zu gehen, die vorläufig vorhandenen bzw. sich bietenden Möglichkeiten nun nicht göttlicher, aber doch *menschlicher Gerechtigkeit* und Ordnung zu sehen, zu ergreifen, in den Grenzen ihres gewiss schwachen Könnens und vor allem ihres gewiss immer wieder irrenden und verkehrten Wollens um ihre Verwirklichung besorgt zu sein. Was wäre das für ein «Trachten nach dem Reiche Gottes und seiner Gerechtigkeit» [Mt 6,33], was für ein Hungern und Dürsten nach ihr [Mt 5,6], was für ein «Warten» auf den neuen Himmel und die neue Erde, in denen sie wohnen wird [2Petr 3,13], was für ein Beten jener Bitte also, durch welches der Mensch nicht in Bewegung gesetzt würde, schon jetzt und hier, schon in seinem eigenen Diesseits im Blick und in der Richtung auf Gottes Jenseits, auf das große Dort und Dann *seines* Reiches anspruchslos und illusionslos, aber entschlossen das Seinige zu tun, d. h. aber, ohne Gott und dem, was er allein anfangen konnte und vollenden will, vorzugreifen, zum Kampf für *menschliche* Gerechtigkeit, für *menschliche* Ordnung inmitten und entgegen der Unordnung aufzustehen? Wo ein freies Beten der zweiten Bitte in der großen Hoffnung auf die Zukunft Gottes lebendiges und kräftiges Ereignis ist, da kann es auch an der Lebendigkeit und Kraft kleiner Hoffnungen für die Gegenwart des Menschen und der Menschen nicht fehlen – nicht fehlen an einem in kleinen Schritten zu verwirklichenden freien, verantwortlichen Eintreten für das, was im Blick auf Gottes schon angefangene, noch zu vollendende Tat menschliches Recht, menschliche Freiheit, menschlicher Friede heißen und in aller Vorläufigkeit und Unvollkommenheit sein möchte.

Karl Barth, Das christliche Leben. Die KD IV/4, Fragmente aus dem Nachlaß. Vorlesungen 1959–1961, hg. v. Hans-Anton Drewes/Eberhard Jüngel, Karl Barth-GA, Abt. II, Zürich 1976, 347–363.

Mit Heinrich Vogel und Edmund Schlink in Bossey, 1952

10 Kirche und Ökumene

Karl Barths Dogmatik ist eine *kirchliche* Dogmatik, weil er die Theologie als «Funktion der Kirche» («Kirchliche Dogmatik», Band I/1, 1) verstand – und nicht als freischwebende Religionswissenschaft. Damit postulierte Barth klar: Die Kirche Jesu Christi gibt es auf Erden nur im Plural, und das heißt mit sehr verschiedenen inhaltlichen Ausprägungen und Traditionen. Barth war evangelisch-reformierter Theologe und hat aus dieser partikularen Perspektive seine Theologie betrieben. Gleichzeitig war es für Barth immer wichtig, dass die Konfessionalität – also die Bindung an ein tradiertes Bekenntnis – als Ausgangspunkt einer Dogmatik, nie aber als ihr Zielpunkt anzusehen sei. Auch wenn jede Theologie in bestimmten Traditionen entsteht, ist ihr Ziel doch die *eine* weltweite Kirche Jesu Christi.

Konfessionalität ist damit also kein Selbstzweck. Barths Theologie zielte deshalb auf die rechte Lehre der ganzen Kirche. So hat ein Bekenntnis einer Kirche, das in einer bestimmten Situation und an einem bestimmten Ort entstanden ist, das Ziel, alle anderen Kirchen aufzufordern, das Bekenntnis zu prüfen, ob es rechte Lehre sei. Ökumene ist also nicht einfach nur das Zusammensein verschiedener Kirchen und das Bewusstsein, dass die *eine* Kirche Jesu Christi größer ist als die eigene Konfession. Vielmehr bedeutet Ökumene die – hoffentlich gemeinsame – Arbeit an der Frage, wie das kirchliche Zeugnis von Gott am besten zum Ausdruck kommen kann.

Die ersten drei Texte zeigen grundsätzliche Aussagen zur Lehre von der Kirche auf und entstammen der «Kirchlichen Dogmatik» sowie der Vorlesung «Dogmatik im Grundriß» (1947). Die ökumenische Grundhaltung Barths wird nicht zuletzt erkennbar in seiner Rede «Die Unordnung der Welt und Gottes Heilsplan» auf der Gründungsversammlung des Ökumenischen Rates der Kirchen 1948 in Amsterdam. Auch das Zweite Vatikanische Konzil nimmt Barth geschwisterlich und kritisch zugleich wahr. Das wird im «Gespräch mit Studenten des Ökumenischen Instituts in Bossey» (1967) deutlich.

Die Autorität unter dem Wort (KD I/2, 1938)

[…] Gerade die Kirche unter dem Wort und also unter der Heiligen Schrift hat und übt *echte* Autorität. […] Wir fragen nun weiter: in was *besteht* die so zustande gekommene kirchliche Autorität? Wir müssen diese Frage […] folgendermaßen präzisieren: in was besteht, was ist das *kirchliche Bekenntnis* in dem nun erreichten *engeren* Sinn des Begriffs, das kirchliche Bekenntnis, das ich mit Vertrauen und Ehrfurcht aufzunehmen habe, das kirchliche Bekenntnis der einen, das die anderen zu hören haben, bevor sie selber bekennen? Man könnte darunter zunächst verstehen die Gesamtheit der Stimmen, die miteinander den Chor oder die Chöre der einen: der Väter und Brüder bilden, die als solche den anderen bezeugen, wie das Wort Gottes bisher und sonst in der Kirche gehört und aufgenommen wurde und wird. Es muss aber offenbar ein *Chor* oder es müssen *Chöre* vorhanden, es darf nicht ein Gewirr von so und so viel unabhängigen Einzelstimmen sein, wenn wir nicht ein kakofonisches Chaos, sondern jene Gesamtheit und in ihr das Bekenntnis der Kirche hören sollen. Aber auch in einer Einzelstimme, die uns als solche vielleicht zu erreichen und sich uns verständlich zu machen vermöchte, könnten wir das Bekenntnis der Kirche unmöglich hören. Können wir doch die Kirche nur da hören, wo aus einer Gemeinsamkeit des Hörens und Annehmens des Wortes Gottes heraus und also in Gemeinsamkeit zu uns geredet wird. Zwei oder drei werden es also nach dem Wort Jesu schon sein müssen, damit wir, mit ihnen unter sein Wort gebeugt, kirchliches Bekenntnis aus ihrem Munde hören können. Ein Einzelner als solcher in seiner Vereinzelung kann uns in der Kirche nicht Vater und Bruder sein. Ist es aber ein Chor oder sind es Chöre, die in dem vorgeordneten Bekenntnis der Kirche zu Worte kommen, sodass dieses Wort *hörbar* und in seiner *Kirchlichkeit* hörbar werde, dann wird unsere Frage offenbar noch genauer so zu lauten haben: wie es zur Bildung solcher Chöre, d. h. zu einem solchen gemeinsamen Reden aus der Gemeinsamkeit des Hörens und Annehmens des Wortes Gottes kommt? Wir haben nun das Leben der Kirche unter dem Wort bereits beschrieben unter dem Gesichtspunkt eines *Gesprächs,* das dadurch in Gang kommt, dass die Glieder der Kirche einander gegenseitig Rechenschaft, Verantwortung und Zeugnis von ihrem Glauben schuldig sind und ablegen, aber auch abnehmen. Wenn dieses Gespräch nicht ein müßiges Geschwätz ist, wenn es wirklich auf dem Grunde und auf Veranlassung des gemeinsam gehörten und angenommenen Wortes Gottes Ereignis wird, dann hat es auch ein gemeinsames Ziel. Und welches könnte dieses Ziel sein, wenn nicht die gemeinsame *Verkündigung* des gehörten und angenommenen Wortes

Gottes, die mit dieser Gabe die Aufgabe der Kirche ist? Um dieser Aufgabe willen muss in der Kirche über den Glauben, über das Hören und Annehmen des Wortes Gottes in Frage und Antwort gesprochen, muss immer wieder gemeinsam nach dem rechten Glauben und insofern nach dem recht gehörten und angenommenen Wort Gottes gesucht werden. Es ist diese Aufgabe der zwingende praktische Grund, der dem Glauben des Einzelnen seinen scheinbaren Charakter als Privatsache nimmt, der den Einzelnen mit seinem Glauben verantwortlich macht, der ihn in die kirchliche Öffentlichkeit nötigt, der ihn dazu führt, sich vor den anderen auszubreiten, sich ihrem Urteil zu unterbreiten, um dann auch seinerseits in legitimer Weise aktiv an jenem gemeinsamen Suchen nach dem rechten Glauben teilzunehmen. Der Sinn und die Absicht des in der Kirche geführten Gesprächs ist aber selbstverständlich nicht das Gespräch als solches, die Begegnung und Berührung, der noch so anregende und lehrreiche Austausch über die Aufgabe der kirchlichen Verkündigung. Noch einmal würde es sonst zum Geschwätz oder mindestens auf die Stufe eines bloß vorbereitenden akademischen Gesprächs, wie es etwa in einem schlechten theologischen Seminar geführt wird, heruntersinken. Die Kirche ist aber kein schlechtes theologisches Seminar und sie ist noch weniger ein religiöser Debattierklub. Das in ihr geführte Gespräch steht unter einer verbindlichen Absicht und diese Absicht besteht in der *Einigung* oder doch in Einigungen hinsichtlich des rechten Glaubens. Schon ihr nächstes Ziel kann nicht sein ein Stehenbleiben im Nebeneinander, sondern muss sein ein Zusammentreten und Zusammenstehen im Blick auf das wirkliche Zusammengehen in der *Verkündigung*. Nächstes Ziel und notwendiger Ertrag eines in der Kirche geführten Gesprächs über den rechten Glauben ist das den Gesprächspartnern gemeinsame *Bekenntnis* ihres Glaubens. […]

Wir formulieren damit nicht ein Postulat, sondern wir beschreiben damit eine Wirklichkeit: wo Kirche wirklich lebt, da wird wirkliche kirchliche Konfession in dieser ausgezeichneten Weise gehört. Oder negativ ausgedrückt: die Kirche lebt da nicht wirklich, wo wirkliche kirchliche Konfession nicht in dieser ausgezeichneten Weise gehört wird. Es ist nicht möglich, dass man, wo kirchliche Konfession einmal Ereignis geworden ist, an diesem Ereignis achtlos, nämlich achtlos gegenüber seinem bindenden, verpflichtenden maßgeblichen Charakter vorübergehe. Es wäre denn, dass die Kontinuität zwischen der Kirche einst und jetzt, der Zusammenhang zwischen der Kirche dort und hier verdunkelt und zerbrochen wäre. Das wird nun allerdings in der Wirklichkeit häufig genug der Fall sein. Nicht jede irgendwo irgendeinmal zustande gekommene kirchliche Konfession hat überall und immer jenen Charakter. Was über die örtliche, zeitliche und sachliche Beschränktheit jeder Konfession gesagt wurde, das wirkt sich aus in der tatsächlichen Beschränktheit auch der Autorität jeder Konfession. Aber es gibt neben aller gegenseitigen Fremdheit und neben aller Zerspaltung in der Kirche, wo immer wirkliche Kirche ist, auch ununterbrochene Kontinuität zwischen der Kirche einst und jetzt und ununterbrochenen Zusammenhang zwischen der Kirche dort und hier. Da wäre bestimmt nicht Kirche, wo die Gemeinschaft auch nur in einer von diesen beiden Dimensionen ganz fehlte, wo man in einem kirchlichen Gebilde wirklich gar keine Väter hinter sich oder gar keine Brüder neben sich hätte. Indem man aber beides hat, hört man in beiden Richtungen sicher auch die Stimme einer kirchlichen Konfession, nimmt man in *bestimmten* Schranken und auf einem *bestimmten* Wege teil an der Geschichte der Auslegung und Anwendung der Heiligen Schrift, befindet man sich also *bestimmten* in der Kirche früher und anderswo gefällten Entscheidungen gegenüber in einer *bestimmten* Verantwortung. Diese Verantwortung kann kirchenrechtlich bestätigt und fixiert werden. Sie entsteht aber nicht durch die Aufrichtung einer entsprechenden kirchenrechtlichen Bestimmung und sie kann durch deren Fehlen oder durch deren Beseitigung nicht aufgehoben, ja nicht einmal geschwächt werden. Die Autorität einer kirchlichen Konfession ist eine *geistliche*, d. h. eine in ihrem Charakter als rechte Auslegung der Schrift begründete und als solche sich selbst bezeugende Autorität, zu der kirchenrechtlich nichts hinzugetan, von der kirchenrechtlich aber auch nichts weggenommen werden kann. [...]

Wo Kirche ist, da steht sie faktisch in solcher Verantwortung, da ist sie insofern konfessionelle, d. h. durch ihre Verantwortung gegenüber kirchlicher Konfession bestimmte Kirche. «Konfessionslos» wäre sie nur dann, wenn sie jede solche Verantwortung abzulehnen und auch faktisch zu verleugnen vermöchte. Wo dies nicht der Fall ist, da wird man nur zwischen so oder so und zwischen mehr oder weniger konfessionellen Kirchen unterscheiden können. Und nun dürfte es so sein, dass mit dem Begriff der *Verantwortung* bereits auch das umschrieben und bezeichnet ist, was wir den bindenden, verpflichtenden und maßgeblichen Charakter der kirchlichen Konfession genannt haben. Wir sahen: das Bekenntnis kann in keinem Sinn neben die Heilige Schrift treten und also deren göttliche Autorität, deren Charakter als Quelle und Norm der kirchlichen Verkündigung für sich in Anspruch nehmen. Keine ausdrückliche oder stillschweigende Verpflichtung auf das Bekenntnis kann sachlich etwas anderes bedeuten als eine Verpflichtung auf die Heilige Schrift. Eben diese Verpflichtung auf die Heilige Schrift wird aber überall, wo wirklich Kirche ist, eine durch die besondere Führung und Geschichte dieser Kirche (durch ihre

Kontinuität zu *früherer*, durch ihren Zusammenhang mit *anderweitiger* Kirche) bestimmte Form haben. In der Verantwortung gegenüber den Vätern und Brüdern geschieht die Verantwortung vor Gott. Um die Verantwortung vor Gott und nur um sie geht es: aber wie sollte es gerade um sie gehen können, wo man sich der Verantwortung vor den Vätern und Brüdern entziehen wollte? Kann man sie hören, wie man Gott selbst hört in den Zeugnissen seiner Offenbarung: also in allen ihren Worten und Sätzen mit der Bereitschaft zu unbedingter Unterwerfung? Sicher nicht. Man kann sie aber offenbar auch nicht in der Unvoreingenommenheit und Neutralität hören, in der man irgendwelche anderen menschlichen Stimmen hört. *Tertium datur* [= es gibt ein Drittes]. Dieses Dritte – nicht als ein Mittleres zwischen Gotteswort und Menschenwort, wohl aber als ein anderen Menschenworten gleichnishaft vorgeordnetes Menschenwort – ist die Konfession oder das Dogma der Kirche.

Kirchliche Konfession ist in dem Bereich, in welchem sie Geltung hat, eine Instanz, die man unter allen Umständen und vor allem *kennen* muss. Ihre Autorität besteht zunächst (und im Grunde entscheidend) darin, dass sie für die verantwortlichen Träger des kirchlichen Lebens nicht zu den vielen alten und neuen Texten gehören will, die man gelesen oder auch nicht gelesen, gründlich oder auch flüchtig, öfters oder auch nur einmal und dann nicht wieder gelesen haben kann, sondern die gelesen, und zwar ernstlich und immer wieder gelesen sein will. […]

Aber wozu diese besondere Kenntnisnahme? Die kirchliche Konfession will – und das ist die zweite Form, in welcher ihre Autorität zu respektieren ist – als *erster Kommentar* zur Heiligen Schrift gelesen sein. Wir sagen hier nochmals: als Kommentar. Sie kann also nicht an die Stelle der Heiligen Schrift selber, sie kann aber auch nicht an die Stelle unserer eigenen Auslegung und Anwendung der Heiligen Schrift treten; sie kann auch unmöglich der einzige Kommentar sein, den wir – weil wir sie in der Kirche zu lesen haben – zwischen uns und die Heilige Schrift hineintreten lassen müssen. Wohl aber will und kann sie als die Stimme unserer Väter und Brüder unter allen Kommentaren zuerst gehört werden, will und kann sie in deren Reihe sozusagen Chorführer oder Kronzeuge sein.

Man wird auch dagegen kaum als gegen eine Vergewaltigung der Heiligen Schrift oder des eigenen Gewissens Einspruch erheben können. Nur mit seinen eigenen Augen hat noch niemand die Bibel gelesen und soll sie auch niemand lesen. Die Frage kann nur die sein, welche Mittelglieder und in welcher Rangordnung wir diese zu Worte kommen lassen. Dass etwa die Systematik einer sogenannten historisch-kritischen Theologie als solche eine größere Affinität zur Heiligen Schrift selbst habe und also gewissenhafter Weise vor dem Apostolikum oder vor dem Heidelberger Katechismus mit dem Vorurteil größerer Glaubwürdigkeit hinsichtlich ihrer Darstellung des biblischen Zeugnisses zu hören sei, ist reiner Aberglaube. Um den Kommentar irgendeiner Theologie, wenn nicht gar Mythologie geht es auch dort. Nur dass diesem Kommentar die kirchliche Beglaubigung fehlt, nur dass diese Theologie oder Mythologie wohlweislich bis jetzt noch nicht den Anspruch auf den Charakter einer wirklichen Entscheidung zu erheben gewagt hat. Die Wahl zwischen dem biblischen Text und der kirchlichen Konfession steht uns zwar nicht offen: selbstverständlich sind wir entscheidend an den Text und nicht an den Kommentar gewiesen und gebunden. Nicht offen steht uns ferner die Wahl zwischen der Möglichkeit, zum Verständnis des Textes alle uns erreichbaren Kommentare und also bestimmt auch den der historisch-kritischen Theologie – oder aber nach Bequemlichkeit nur einige und darunter dann wohl auch die kirchliche Konfession heranzuziehen. Wohl aber steht uns weit offen die Möglichkeit, unter den zu hörenden Stimmen der Stimme der kirchlichen Konfession *die erste Stelle* zu geben, d. h. sie zunächst mit dem Vorurteil anzuhören, dass sie uns als der solenn gesammelte Ertrag wichtiger bisheriger Erfahrung der Kirche mit der Heiligen Schrift Besonderes zu sagen habe. Für Berichtigungen ihres Votums durch andere Stimmen oder durch unsere eigene Einsicht werden wir uns dann immer noch bereithalten müssen. Es ist aber nicht abzusehen, warum ihr Votum nicht mit der gerade ihr gebührenden Aufmerksamkeit gehört werden dürfte, ohne dass durch die Objektivität unser Verhältnis zur Heiligen Schrift als solches gestört oder gar zerstört werden müsste.

Nach dieser sozusagen privilegierten Anhörung der kirchlichen Konfession werden wir unseren Weg im Verständnis, in der Auslegung und Anwendung der Heiligen Schrift nun freilich als unseren eigenen Weg antreten und gehen müssen. Die Konfession kann und will uns die eigene Verantwortlichkeit gegenüber der Schrift nicht abnehmen. Wir werden jenen Weg nun «konfessionell bestimmt» antreten. Aber das kann grundsätzlich nur dies bedeuten: dass wir uns mit der Konfession als mit einer Instanz ersten Ranges auseinandergesetzt und dass wir die uns durch sie gewiesene Richtung eingeschlagen haben.

Wenn das Letztere für uns gar nicht infrage käme, wenn wir die uns von der Konfession gewiesene Richtung als schriftwidrig ablehnen müssten, dann würden wir eben vor dem schweren Problem eines Konfessionswechsels, d. h. einer Veränderung unseres ganzen kirchlichen Ortes stehen. So kann die Auseinandersetzung mit der Konfession allerdings endigen. Nur angesichts der Heiligen Schrift kann sie legitim so endigen. Sie kann aber auch damit endigen, dass wir uns in aller Freiheit tatsächlich in der von ihr gewiesenen Richtung weiter bewegen dürfen und müssen.

Das bedeutet keineswegs, dass wir sie uns in allen ihren Bestandteilen, dass wir uns ihre besondere Theologie und die Einzelheit ihrer Bibelauslegung zu eigen zu machen hätten. Man kann ihrer Richtung treu sein und dabei doch denken, dass man sie im Einzelnen und sogar im Ganzen, damit sie auch unser Bekenntnis sei, gerne recht anders gestellt sähe. Man kann auch von einzelnen und vielleicht gar nicht von ganz unwichtigen jener Sätze sehr bestimmt Abstand nehmen zu müssen glauben. Auch die positive Stellung zur Konfession kann also sehr wohl eine recht kritische sein. Und das Weitergehen in ihrer Richtung und also die positive Stellung zu ihr bedeutet noch weniger, dass wir uns etwa den Inhalt der Konfession zum Inhalt unserer eigenen Verkündigung zu machen hätten. Nochmals: die Konfession darf das uns in der Schrift bezeugte Wort Gottes, das als solches allein Inhalt unserer Verkündigung sein will und kann, in keiner Weise verdrängen. […]

Karl Barth, KD I/2, Zürich 1938, 652–740.

Die Freiheit des Wortes (KD I/2, 1938)

Wir können nicht nur an die Autorität, wir müssen auch an die Freiheit der Kirche denken, wenn wir verstehen wollen, was das bedeutet, dass es ein Wort Gottes für die Kirche gibt. Die durch das Wort Gottes berufene und begründete Kirche ist *communio sanctorum* [= Gemeinschaft der Heiligen] nicht nur in dem Sinn, dass hier Menschen zur *communio* versammelt, als solche regiert und bestimmt werden durch die *sancta*, d. h. durch das in ihrer Mitte aufgerichtete Heiligtum des Evangeliums und des Glaubens, sondern – weil in diesem Sinn! – darum auch in dem anderen Sinn: dass hier Menschen an diesem Heiligtum Anteil bekommen, dass es also in ihre Hände gelegt, ihnen anvertraut wird, dass sie selbst jetzt kraft der in dieser *communio* stattfindenden *communicatio* [= Mitteilung] der *sancta* zur *communio* der *sancti* werden, aufgerufen nicht nur Hörer, sondern auch Täter des Wortes zu sein. Autorität und Respektierung von Autorität ist nur die *objektive* Bestimmung des von Gottes Wort in der Kirche geforderten, geschaffenen und eingepflanzten Gehorsams. Nur von Autorität redend, hätten wir noch zweideutig geredet von der Herrschaft des Gottes Abrahams, Isaaks und Jakobs, der kein Gott der Toten, sondern der Lebendigen ist. Seine Autorität ist gerade darin göttlich majestätische Autorität, dass sie nichts gemein hat mit Tyrannei, dass ihr Bild nicht die Gewalt einer die menschliche Gegenseite vernichtenden Naturkatastrophe, sondern vielmehr die Gewalt eines die menschliche Gegenseite nicht nur anerkennenden, sondern als solche konstituierenden Zurufs, Befehls und Segens ist. Ihr gehorchen heißt nicht: von ihr überrannt, in seiner Eigenständigkeit als Mensch unterdrückt und aufgehoben werden. Gehorsam gegen Gott ist gerade darin echter Gehorsam, dass er ebenso spontan wie rezeptiv, dass er nicht nur *unbedingter* Gehorsam, sondern eben als solcher Gehorsam *von Herzen* ist. Gottes Autorität wird nur respektiert in der Sphäre der Freiheit: nur da, wo es ein Gewissen gibt, ein Mitwissen um ihre Hoheit und Rechtmäßigkeit und eine Zustimmung zu ihrer Stimme – nur da, wo jemand sich durch ihre Stimme beugen und aufrichten, trösten und mahnen lassen will. Ganz dasselbe gilt aber auch von den verschiedenen Gestalten kirchlicher Autorität und ihrer Respektierung. Will man die ebenso notwendige *subjektive* Bestimmung des Gehorsams als Freiheit nicht sehen, oder nur beiläufig sehen, entzieht man sich der Aufgabe, dieser Seite des Problems ebenso gerecht zu werden wie der anderen, dann sehe man wohl zu, ob man sich nicht bereits im Bereich einer weltanschaulich-politischen Versteifung einer an sich richtigen theologischen Teilerkenntnis befindet, die doch als Teilerkenntnis nicht für sich bleiben und gerade nicht, als wäre sie das Ganze, systematisiert werden dürfte. Sie verliert sonst nicht nur ihren Charakter und ihre Kraft als theologische Wahrheit, sie stört und hindert dann, wird sie nun wirklich als das Ganze christlicher Erkenntnis vertreten und vorgetragen, die Anerkennung und den Sieg der Wahrheit durch ihre nicht im Geheimnis Gottes, sondern nur im Geheimnis menschlicher Willkür begründete Einseitigkeit. Sie ruft dann Reaktionen hervor, von denen sie in ihrer weltanschaulich-politischen Versteifung ganz mit Recht betroffen wird, die dann aber gleichzeitig auch die in ihr verkürzte und missbrauchte Wahrheit selbst zu treffen pflegen. Der bloß beherrschte und bezwungene Mensch wäre gar nicht der durch Gottes Wort erreichte und wiedergeborene Mensch; er wäre nicht so beherrscht und gezwungen, wie das Wort Gottes beherrscht und bezwingt. *Bloß* beherrscht und bezwungen wird er auch von ganz anderen Mächten bis und mit der des Todes, ohne dass es unter allen diesen Mächten auch nur eine einzige gäbe, die ihn so in ihre Gewalt brächte, dass ihm die Rebellion des vom Fatum überwältigten Stoikers: *si fractus illabatur orbis, impavidum ferient ruinae* [= Wenn die Welt krachend einstürzt, werden die Trümmer einen Furchtlosen treffen][29] nun wirklich abgeschnitten, dass er ihnen also wirklich gehorsam würde. In der Kirche unter dem Worte Gottes geht es anders zu als so. Die über ihr stehende göttliche Autorität sowohl wie die in ihr geltende kirchliche Autorität ist keine von jenen *bloß* beherrschenden und bezwingenden Mächten. Immer nur im menschlichen Missverständnis und Missbrauch könnten sie das werden. Eben darum sind in der Kirche dann auch jene Reaktionen überflüssig, weil gegenstandslos. Der hier beherrschte und bezwungene Mensch ist ja gerade der von Gott geliebte und also auf seine eigenen Füße gestellte, der verantwortlich gemachte Mensch. Autorität anerkennen und respektieren als ein Glied der Kirche, das bedeutet: Gott wieder lieben und also willig und bereit sein, Verantwortung – Mitverantwortung, aber eben so wirkliche Verantwortung übernehmen. Der Christ ist kein geschobener Stein und keine ins Rollen gebrachte Kugel. Der Christ ist der durch das Wort und die Liebe Gottes lebendig gemachte wirkliche, Gott wieder liebende Mensch, sich aufrichtend gerade indem er gebeugt wurde, sich beugend gerade indem er aufgerichtet wurde. Eben darum, weil es in der Kirche kein *bloßes* Beherrschen und Bezwingen gibt, gibt es in ihr ein *wirkliches* Beherrschen und Bezwingen, und gerade weil es in der Kirche Autorität gibt, gibt es in ihr auch Freiheit. Diese Seite des Problems will auch gesehen und sie will nicht nur beiläufig, sondern ernstlich gesehen sein. […]

29 Horaz, Oden III,3.

Wenn wir von Freiheit in der Kirche reden, so sagen wir damit zunächst allgemein, dass es in der Kirche – unbeschadet dessen, dass es da Autorität, d. h. Vorordnung, Maßgeblichkeit, Leitung und Führung gibt – jedenfalls auch gibt: eigene *Wahl* und *Entscheidung*, eigenes *Beschließen* und *Bestimmen.* Indem die Kirche aus Menschen besteht, gibt es Freiheit in der Kirche. Wo nicht Wahl und Entscheidung, wo kein Beschließen und Bestimmen stattfände, da wären auch keine Menschen. Auch indem wir sofort voraussetzen, dass diese Freiheit primär und eigentlich nur die Freiheit des Wortes *Gottes* sein kann, müssen wir doch auch bei diesem primären und eigentlichen Sinn des Begriffs zunächst allgemein an die *Menschen* in der Kirche denken. In ihnen und für sie hat das Wort Gottes seine Freiheit, obwohl ihre menschliche Freiheit von dieser Freiheit des Wortes Gottes selbst dann noch einmal bestimmt zu unterscheiden sein wird. Nicht von dem ewigen Logos als solchem, sondern konkret von dem fleischgewordenen und von Menschen geglaubten und bezeugten Wort Gottes reden wir ja. Wo das Wort Gottes von Menschen geglaubt und bezeugt wird, da sind diese ihm nicht nur unterworfen und gehorsam, da nehmen sie, indem sie ihm unterworfen und gehorsam sind, auch teil an seiner Freiheit. […]

Es kann sich, wenn wir nicht nur von der Autorität, sondern auch von der Freiheit in der Kirche reden müssen, nicht etwa darum handeln, nun doch ein zweites Prinzip neben die Heilige Schrift zu stellen, für eine zweite Stimme neben der ihrigen auch noch Gehör zu verlangen. Sondern darum geht es, die eine Heilige Schrift, die in der Kirche allein zu hören ist, als das Prinzip und die Stimme wie der Autorität so auch der Freiheit zu hören, weil sie tatsächlich ungetrennt und untrennbar beides hat: Autorität als Gottes Wort, Freiheit als menschliches Zeugnis von Gottes Wort, wobei doch auch die Freiheit nicht etwa von unten, aus der Menschlichkeit der biblischen Zeugen herstammt, sondern wie die Autorität von oben, aus Gottes Wort, durch das diese Menschen zum Glauben und zum Zeugnis erweckt wurden. Weil sie Gottes Wort bezeugen sollten, darum wurden sie mit *Autorität,* weil sie das als Menschen tun sollten, darum wurden sie mit *Freiheit* beschenkt und ausgerüstet. Und so begegnet uns ihr Zeugnis in der Heiligen Schrift wohl – weil es Zeugnis von Gottes Wort ist – mit dem Anspruch, als authentisch gehört und aufgenommen zu werden; es ist aber diese Authentie nicht etwa die einer starren, sozusagen in einer steinernen Tafel eingeschriebenen Vorschrift, die die Kirche und die Menschen in der Kirche mechanisch abzulesen und in ihr eigenes Denken und Sprechen zu übertragen hätten, sondern sie ist eine lebendige Authentie; es ist die Schrift selbst tatsächlich ein lebendiges, ein handelndes Wesen, ein redendes Subjekt, das von der Kirche und in der Kirche nur als solches wirklich gehört und aufgenommen werden kann. Dass uns in der Schrift die Bewegung sichtbar werde, in der die Propheten und Apostel geglaubt und ihr Zeugnis abgelegt haben, dass wir diese Bewegung verstehen als das Leben und Handeln des Wortes Gottes selber, dass wir dieser in der Schrift stattfindenden Bewegung des Wortes Gottes nachgeben und folgen, dass wir mithin selber bewegt werden und uns bewegen in eigenem Glauben und eigenem Zeugnis – das ist das Problem, das neben dem der Autorität der Schrift – nicht als ein zweites, sondern als das Problem des konkreten Verständnisses ihrer Autorität gesehen sein will. Es geht also wirklich um die Freiheit des *Wortes* und dann erst und von da aus und allein um des Wortes willen um die ihr entsprechende, durch sie geforderte ja geschaffene und geschenkte menschliche Freiheit in der Kirche, die Freiheit *unter* dem Wort. Die Freiheit des Wortes kann keine Einschränkung der Autorität des Wortes bedeuten, ganz im Gegenteil: wir hätten offenbar seine Autorität und also seine Hoheit, seine Würde, seine Geltung, seine Vollmacht nicht verstanden, wir würden sie nicht ehren, wie sie geehrt sein will, wenn wir sie nicht als eine von der Schrift als dem nach jener wahren und erfüllten Verheißung lebendig gegenwärtigen Wort Gottes ausgeübte *Aktion*, d. h. als ein in der Kirche in der Tat stattfindendes Beschließen, Wollen, Führen, Regieren, Bestimmen, dessen konkretes Subjekt eben die Schrift ist, verstehen und ehren würden. Es ist also die Überlegenheit der Heiligen Schrift gegenüber der Kirche nicht die götzenhafte Ruhe eines oberhalb eines blühenden Tales unbeweglich thronenden Eisgebirges. Es kann das Argument des Lebens gerade nicht gegen die Autorität der Schrift ausgespielt werden; es kann diese gerade nicht unter den Titel des Kampfes für den Geist gegen den Buchstaben bezweifelt und angefochten werden. Das alles eben darum nicht, weil sie selber Geist und Leben ist – nun auch in dem umfassenden und tieferen Sinn dieser Begriffe: Geist und Leben des wirkenden Gottes selber, der uns in ihrem Glauben und in ihren Zeugnissen nahe ist, der nicht etwa darauf zu warten braucht, dass dem Dokument seiner Offenbarung nachträglich Geist und Leben eingehaucht werde kraft der Aufnahme, die ihm in der Kirche bereitet wird, kraft des Verständnisses, der Nachfühlung, der Kongenialität, die ihm von den Bibellesern entgegengebracht wird, sondern der in diesen Dokumenten dem Eigenen aller Bibelleser allezeit vorangeht mit *seinem* Geist und Leben, der in diesem Dokument faktisch und praktisch das Kirchenregiment ausübt, dem alles menschliche Kirchenregiment nur folgen kann als Auslegung und Anwendung seines Wortes, als Anerkennung der von ihm geschaffenen Tatsachen, als Verkündigung der von ihm proklamierten Wahrheit, als Dienst gegenüber seinem offenbarten Willen. In dieser Nachfolge gegenüber dem in der Heiligen Schrift allen allezeit vorangehenden Gott, in dem Anschluss an seine durch die Schrift ausgeübte Aktion besteht dann die echte menschliche Freiheit in der Kirche, die Freiheit unter dem Wort. […]

Karl Barth, KD I/2, Zürich 1938, 741–779.

Dogmatik im Grundriß (1947)

Die Gemeinde, ihre Einheit, Heiligkeit und Allgemeinheit

[…] Gemeinde ist die Zusammenkunft derer, die durch den Heiligen Geist mit Jesus Christus zusammengehören. Wir hörten: es gibt eine *besondere Zugehörigkeit* besonderer Menschen mit Jesus Christus. Sie wird da Ereignis, wo Menschen durch den Heiligen Geist aufgerufen sind zur Teilnahme an Christi Wort und Werk. Diese besondere Zugehörigkeit hat ihre Entsprechung auf der horizontalen Ebene in einer *Zusammengehörigkeit dieser Menschen* untereinander. Die Ausgießung des Heiligen Geistes bewirkt unmittelbar die Zusammenkunft dieser Menschen. Man kann vom Heiligen Geist nicht sprechen – und darum erscheint hier unmittelbar die Gemeinde –, ohne fortzufahren: *credo ecclesiam*, ich glaube die Existenz der Kirche. Und umgekehrt: Wehe, wo man von Kirche meint reden zu können, ohne sie ganz und gar auf das Werk des Heiligen Geistes zu begründen. *Credo in Spiritum Sanctum*, aber nicht *credo in ecclesiam*: Ich glaube an den Heiligen Geist, aber nicht an die Kirche! Vielmehr glaube ich daraufhin, dass ich an den Heiligen Geist glaube, auch die Existenz der Kirche, der Gemeinde. Man muss also alle Vorstellungen über sonstige menschliche Versammlungen und Gesellschaften ausschalten, die teils von Natur, teils durch die Geschichte aufgrund von Verträgen und Übereinkünften geworden sind. Die christliche Gemeinde entsteht und besteht weder von Natur noch durch geschichtliche Entscheidung von Menschen, sondern als göttliche *convocatio* [= Einberufung, Aufgebot]. Die durch das Werk des Heiligen Geistes Zusammengerufenen versammeln sich als Aufgebot ihres Königs. Wo Kirche zusammenfällt mit der natürlichen Lebensgemeinschaft, also z. B. der des Volkes, da droht immer die Gefahr eines Missverständnisses. Sie kann nicht von Menschenhänden gemacht werden, darum ist das eifrige, schnelle Kirchengründen, wie es in Amerika und zeitweise auch in Holland vorgekommen ist, eine bedenkliche Sache. Calvin hat für die Kirche gern einen militärischen Begriff verwendet: *la compagnie des fidèles*. Eine Kompagnie pflegt aufgrund eines Kommandos und nicht aufgrund freier Vereinbarung zusammenzutreten.

Indem Menschen da und dort im Heiligen Geist sich sammeln, entsteht da und dort *sichtbare christliche Gemeinde*. Man wendet den Begriff des Unsichtbaren am besten nicht auf die Kirche an; wir haben alle Neigung, damit abzugleiten in der Richtung einer *civitas platonica* oder irgendeines Wolkenkuckucksheims, in dem die Christen innerlich und unsichtbar vereinigt sind, während die sichtbare Kirche abgeschätzt wird. Im apostolischen Glaubensbekenntnis ist nicht ein unsichtbares Gebilde gemeint, sondern eine sehr sichtbare Zusammenkunft, die ihren Anfang nimmt bei den zwölf Aposteln. Die erste Gemeinde war eine sichtbare Schar, die einen sichtbaren, öffentlichen Aufruhr erregte. Wenn die Kirche nicht diese Sichtbarkeit hat, dann ist sie keine Kirche. Wenn ich Gemeinde sage, so denke ich zunächst an die konkrete Gestalt der Gemeinde an einem bestimmten Ort. Selbstverständlich hat jede dieser Gemeinden ihre Probleme, so die Gemeinde von Rom, von Jerusalem usw. Das Neue Testament stellt die Kirche nie ohne diese Probleme dar. Sofort taucht das Problem der Verschiedenheiten der einzelnen Gemeinden auf, die bis zu Trennungen führen können. Das alles gehört zur Sichtbarkeit der Kirche, von der im dritten Glaubensartikel die Rede ist. Wir glauben die Existenz der Kirche – das bedeutet: wir glauben *je diese* Gemeinde als Gemeinde Christi. Merken Sie sich wohl: Ein Pfarrer, der nicht glauben würde, dass in *dieser* seiner Gemeinde mit diesen Männern und Frauen, alten Weiblein und Kindern die Gemeinde Christi existiert, der glaubt überhaupt nicht an die Existenz der Kirche. *Credo ecclesiam* heißt: ich glaube, dass hier, an diesem Ort, in dieser sichtbaren Zusammenkunft das Werk des Heiligen Geistes geschieht. Damit ist nicht eine Kreaturvergottung gemeint, die Kirche ist nicht der Gegenstand des Glaubens, man glaubt nicht *an* die Kirche, aber man glaubt, dass in dieser Gemeinde das Werk des Heiligen Geistes Ereignis wird. Das ist das Mysterium der Kirche, dass es dem Heiligen Geist nicht zu gering ist, solche *Gestalten* zu haben. Es gibt in Wahrheit darum nicht viele Kirchen, sondern *eine* Kirche, je diese *konkrete*, die sich als die eine dann auch in allen anderen wiedererkennen sollte.

Credo unam ecclesiam: ich glaube eine Gestalt des einen Volkes Gottes, das die Stimme des Herrn gehört hat. Es gibt auch gefährliche Verschiedenheiten wie etwa die zwischen unserer und der römisch-katholischen Kirche, in der die eine wiederzuerkennen nicht einfach ist. Aber mehr oder weniger ist auch da noch Kirche zu erkennen. Zunächst aber sind die Christen schlicht dazu aufgerufen, an Gott zu glauben als an den gemeinsamen Ursprung, das gemeinsame Ziel der Kirche, zu der sie nun eben berufen sind. Wir sind nicht auf einen Turm gestellt, von dem aus wir alle verschiedenen Kirchen überblicken könnten, sondern wir stehen schlicht auf der Erde an einem bestimmten Ort: *Da* ist die Kirche, die eine Kirche. Man glaubt die Einheit der Kirche, die Einheit der Gemeinden, wenn man je an die Existenz seiner konkreten Kirche glaubt. Glaubt man an den Heiligen Geist in *dieser* Kirche, dann ist man von den anderen Gemeinden auch im schlimmsten Fall nicht ganz getrennt. Nicht das sind die wahrhaft ökumenischen Christen, die die Verschiedenheiten verharmlosen und über ihnen flattern, sondern die sind es, die je in ihrer Kirche ganz konkret

Kirche sind. «Wo zwei oder drei versammelt sind in meinem Namen, da bin Ich mitten unter ihnen»: da ist Kirche. In ihm werden wir trotz aller Verschiedenheiten der einzelnen Gemeinden irgendwie miteinander verbunden sein.

«Ich glaube eine *heilige* Kirche.» Was heißt *sancta ecclesia?* Nach biblischem Gebrauch des Wortes heißt es «abgesondert». Und wir denken an die Entstehung der Kirche, an die Herausgerufenen. Kirche wird immer eine Absonderung bedeuten. Wir hörten: es gibt auch natürliche und geschichtliche Gesellschaften, *ecclesia sancta* aber ist nur die christliche Gemeinde. Sie unterscheidet sich von allen solchen Gesellschaften aufgrund ihres Auftrags, ihrer Begründung und ihres Zieles.

«Ich glaube eine heilige, *allgemeine* Kirche»: *ecclesiam catholicam.* Der Begriff der Katholizität ist für uns belastet, weil wir dabei an die römischen Katholiken denken. Die Reformatoren aber haben diesen Begriff durchaus noch für sich in Anspruch genommen. Es geht um das eine, heilige und allgemeine Volk Gottes. Die drei Begriffe sagen im Grunde dasselbe: *ecclesia catholica* meint: die christliche Kirche bleibt durch die ganze Geschichte hindurch mit *sich selber identisch.* Sie kann sich in ihrem Wesen nicht ändern. Es gibt wohl verschiedene Formen in den vielen Kirchen. Es gibt auch Schwachheiten, Verkehrtheiten, Irrtümer aller Kirchen. Es gibt aber nicht substanziell verschiedene Kirchen. Ihr Gegensatz könnte nur der von wahren und falschen Kirchen sein. Man wird guttun, diesen Gegensatz nicht zu schnell und nicht zu oft in die Diskussion zu werfen.

Die Kirche ist die Gemeinschaft der Heiligen, *communio sanctorum.* Es besteht hier ein Auslegungsproblem: heißt der Nominativ *sancti* oder *sancta?* Ich möchte den Streit nicht entscheiden, sondern geradezu fragen, ob hier nicht eine in tieferem Sinn beachtliche Zweideutigkeit gemeint ist? Denn erst, wenn man beide Verständnisse nebeneinanderhält, erhält die Sache ihren vollen guten Sinn. *Sancti* meint nicht besonders feine Leute, sondern z. B. Leute wie die «Heiligen von Korinth», die sehr wunderliche Heilige waren. Aber diese wunderlichen Leute, zu denen wir auch gehören dürfen, sind *sancti,* d. h. Abgesonderte: zu den heiligen Gaben und Werken, zu den *sancta.* Die Gemeinde ist der Ort, wo Gottes Wort verkündiget wird und die Sakramente gefeiert werden und die Gemeinschaft des Gebetes sich ereignet, um die inneren Gaben und Werke, die der Sinn dieser äußeren sind, nicht zu erwähnen. So gehören die *sancti* zu den *sancta* und umgekehrt.

Lassen Sie mich zusammenfassen: *Credo ecclesiam* heißt: ich glaube, dass die Gemeinde, der ich angehöre, in der ich zum Glauben berufen und für meinen Glauben verantwortlich bin, in der ich meinen Dienst habe, *die* eine heilige allgemeine Kirche ist. Wenn ich es hier nicht glaube, so glaube ich gar nicht. Keine Unschönheit, keine «Runzeln und Flecken» dieser Gemeinde dürfen mich daran irre machen. Es geht hier um einen *Glaubensartikel.* Es hat keinen Sinn, auf der Suche nach der «wahren» Gemeinde seine konkrete Gemeinde zu verlassen. Es «menschelt» überall und immer wieder. Gewiss kann ein Schisma nicht ausgeschlossen, sondern sachlich notwendig werden, aber kein Schisma wird dazu führen, dass es in der neu abgesonderten Gemeinde des Heiligen Geistes etwa nicht mehr «menschelt». Als die Reformatoren kamen und die römische Kirche hinter der reformatorischen Kirche zurückblieb und sich von ihr trennte, da war in der evangelischen Kirche auch keine makellose Kirche auf dem Plan, sondern auch sie war und ist voll «Runzeln und Flecken» bis auf den heutigen Tag. Im Glauben bezeuge ich, dass die konkrete Gemeinde, der ich angehöre und für deren Leben ich verantwortlich bin, dazu bestimmt ist, an diesem Ort, in dieser Gestalt die eine heilige allgemeine Kirche sichtbar zu machen. Indem ich zu ihr Ja sage als zu einer, die mit den anderen Gemeinden durch den Heiligen Geist zusammengehört, hoffe und erwarte ich, dass der eine Heilige Geist Jesu Christi sich nun eben in ihr und durch sie auch andern bezeugen und bewähren, dass in ihr das eine allgemeine, heilige Wesen der Kirche sichtbar werden wird.

Im nizänischen Glaubensbekenntnis wird diesen drei Prädikaten der Kirche noch ein viertes hinzugefügt: «Ich glaube eine heilige allgemeine *apostolische* Kirche.» Diese vierte steht aber nicht einfach in einer Reihe mit den drei anderen Aussagen, sondern erklärt sie. Was heißt Einheit, Allgemeinheit, Heiligkeit? Was unterscheidet die Gemeinde von allen anderen Gemeinschaften natürlicher oder auch geschichtlicher Art? Man wird wohl sagen dürfen: dies, dass sie *ecclesia apostolica* ist, d. h. Kirche, die auf das Zeugnis der Apostel begründet ist, die dieses Zeugnis weitergibt, und die dadurch konstituiert wurde und immer neu konstituiert wird, dass sie dieses Zeugnis der Apostel hört. [...]

Karl Barth, Dogmatik im Grundriß, Zürich [9]2006, 165–173.

Die Unordnung der Welt und Gottes Heilsplan (1948)

Was wir in diesen Tagen leisten können und sollen, ist schlicht dies: wir dürfen unsern Kirchen und der Welt in einem Beweis, der hoffentlich ein Beweis des Geistes und der Kraft sein wird, zeigen, wie das ist, wenn tausend Christen aus allen Ländern und Völkern, Sprachen und Konfessionen miteinander, in der heutigen Zeit und Lage zu einer einzigen Gemeinde versammelt, zu dem stehen, was sie alle an ihrem Ort und in ihrer Weise so oft gehört und selber gepredigt haben: «Befiehl dem Herrn deine Wege und hoffe auf ihn, er wird's wohl machen!» Dürfen wir dazu nicht stehen? Sind wir nicht Kinder Gottes, und warum wollten wir dann nicht dazu stehen und also den Beweis der Freiheit führen, der uns jetzt als einer Gemeinde Jesu Christi aufgetragen ist?

Darf ich an einigen Beispielen deutlich machen, an was für eine geistliche Haltung ich denke, wenn ich von dieser Freiheit rede? Uns beschäftigt in unserer ersten Sektion die konfessionelle *Getrenntheit* unserer Kirchen und unsere Hoffnung auf irgendeine Gestalt ihres *Zusammenschlusses.* Die Haltung geistlicher Freiheit, auf die es jetzt ankäme, bestünde darin, dass wir in unsern sämtlichen Interessen, Anliegen und Wünschen – den konfessionellen ebenso wie den ökumenischen – ein wenig locker ließen und uns fragen ließen, was der von uns denkt und will, dessen Name den Mittelpunkt aller unserer Konfessionen bildet, der aber auch allein das Recht und die Macht hat, uns zu seiner heiligen allgemeinen Kirche zusammenzurufen und zusammenzuschließen.

Machen wir uns klar: Wenn wir nicht auf ihn hören, dann sind sowohl das konfessionelle wie das ökumenische Prinzip leere, geistlose, säkulare Formen, über die zu streiten und über die sich zu vertragen gleich unfruchtbar ist. Wir dürfen aber auf ihn hören. Wir dürfen die einfache Tatsache gelten lassen, dass er in seinem Werk und Wort *unser* Herr ist und nicht wir mit unsern christlichen Ideen *seine* Herren sind. Wir wissen nicht, was daraus werden wird, wenn wir auf ihn hören. Wir wissen nicht, wie sich unsere konfessionellen und unsere ökumenischen Vorstellungen im Feuer der Prüfung durch sein Wort bewähren werden. Wir sollen das auch nicht im Voraus wissen wollen. Wir dürfen aber wissen, dass es allen unsern Anliegen und uns selbst und unsern Kirchen nur heilsam sein kann, sie und uns in das Feuer dieser Prüfung zu stellen. [...]

Und nun beschäftigt uns in unserer zweiten Sektion die Frage des *Auftrags* der Kirche in der *Verkündigung des Evangeliums.* Eine gute, eine nötige Frage! Wie könnte sie uns in Ruhe lassen? Es gibt ja so viele Menschen, die die Kunde von Gottes in Jesus Christus geschehenem Gnadenwerk noch nie gehört oder wieder vergessen und vielleicht darum wieder vergessen haben, weil unsere

Kirchen sie ihnen noch nie richtig ausgerichtet haben. Es braucht ja so viel Gebet und so viel Arbeit dazu, damit unser Zeugnis nicht irgendein frommes und moralisches Gerede, sondern wirklich das Evangelium von Jesus Christus sei. Und es ist ja eine so hohe Kunst, in der Ausrichtung dieses Zeugnisses so schlechterdings einfach und direkt zu werden, wie es durch diese Botschaft gefordert ist. Aber was uns auch in dieser Sache allein helfen kann, das ist eine Haltung geistlicher Freiheit und Freude, die darauf beruht, dass es uns um die schon siegreiche Sache unseres Herrn und nicht um unsere irgendeinem Sieg entgegenzuführende Sache geht.

Ich sehe merkwürdigerweise gerade über dem uns hier vorgelegten Material so etwas wie einen tiefen Trauerschatten, der davon herzurühren scheint, dass wohl noch allzu viele der Meinung sind, als müssten wir Christenmenschen und Kirchenleute das ausrichten, was doch nur Gott selbst vollbringen kann und was er ganz allein vollbringen will: dies nämlich, dass Menschen wirklich durch das Evangelium wirklich zum Glauben kommen. Lasst uns aus diesem Trauerschatten heraustreten! Wir dürfen Gottes Zeugen sein. Seine Advokaten, Ingenieure, Manager, Statistiker und Verwaltungsdirektoren zu sein, hat er uns nicht berufen. Mit den Sorgen solcher Tätigkeit in seinem Dienst sind wir also nicht beladen. Wie kommen wir eigentlich zu der phantastischen Meinung, der Säkularismus und die Gottlosigkeit seien Erfindungen *unserer* Zeit, es habe einmal ein herrliches christliches Mittelalter mit einem allgemeinen christlichen Glauben *gegeben* und diesen wunderbaren Zustand in neuer Form wiederherzustellen, sei nun unsere Aufgabe? Wie kommen wir auf den grämlichen Gedanken, unsere evangelistische Beziehung zu den modernen Menschen darauf zu begründen, dass wir uns in Tabellenform über ihre verruchten Axiome verständigen: als ob es uns erlaubt wäre, diese Weltleute von heute anders zu betrachten als unter dem Gesichtspunkt, dass Jesus Christus auch für sie gestorben und auferstanden, auch ihr göttlicher Bruder und Erlöser geworden ist? Wie kommen wir nur dazu, uns die zuerst von einem deutschen Nationalsozialisten vorgetragene Phrase, dass wir heute in einer «unchristlichen», ja «nach-christlichen» Ära lebten, mit einer Selbstverständlichkeit zu eigen zu machen, als ob wir von der Begrenzung unserer Zeit durch Jesu Christi Auferstehung und Wiederkunft noch nie etwas gehört hätten, um dann ausgerechnet von dieser Voraussetzung aus darüber meditieren zu wollen, wie man in unsern Tagen am besten Evangelisation und Mission treiben könnte? «Nach-christliche Ära»? Unsinn! Etwas anderes aber könnte sehr wohl infrage kommen: was könnten wir eigentlich dagegen einzuwenden haben, wenn es Gott nun eben gefallen sollte, sein Werk nicht in einer weiteren zahlenmäßigen Vermehrung, sondern umgekehrt in einer energischen zahlenmäßigen Verminderung der sogenannten Christenheit weiter und seinem Ziele entgegenzuführen?

Mir scheint: es gibt für uns in diesem Bereich keine andere Frage als die, wie wir uns selbst von allem Quantitätsdenken, von aller Statistik, von allem Rechnen mit sichtbaren Erfolgen, von allem Streben nach einem christlichen Weltreich freimachen und wie wir dann unser Zeugnis zum Zeugnis von der Souveränität der *Barmherzigkeit Gottes* gestalten könnten, von der wir doch alle allein leben können – und so zu einem Zeugnis, dem der Heilige Geist seine Bestätigung sicher nicht verweigern wird?

Es werden uns schließlich in unserer dritten und vierten Sektion die Probleme der sozialen und internationalen Unordnung und die der christlichen Stellungnahme ihr gegenüber beschäftigen. Wie sollten sie uns nicht brennen? Wie sollten wir uns ihnen entziehen dürfen? Ich bitte aber, mich auch hier dafür einsetzen zu dürfen, dass wir ihnen in keiner andern als in der Haltung geistlicher Freiheit entgegentreten: in der Haltung, in der wir uns auf Gott allein und gar nicht auf Menschen und am letzten auf uns selbst, auf die Kraft irgendwelcher christlicher Unternehmungen verlassen. Die Unordnung der Welt ist heute auch in dieser Hinsicht nicht kleiner, aber auch nicht größer als sie es immer war. Inmitten dieser Unordnung *Gottes Reich* als das der Gerechtigkeit und des Friedens *anzuzeigen*, das ist der prophetische Auftrag der Kirche: der Auftrag ihres politischen Wächteramtes und ihres sozialen Samariterdienstes. Wir können uns nicht zufrieden geben mit der Art, wie die Kirche früherer Zeiten diesen Auftrag ausführte. Sehen wir zu, dass wir ihn nach den uns gegebenen Erkenntnissen in unserer Zeit besser ausführen! Auf zweierlei wird hier aber alles ankommen:

Es wird (1.) das Reich, das wir der Welt anzeigen, das Reich *Gottes* und nicht das Reich irgendwelcher von uns für gut gehaltenen Ideen und Prinzipien sein müssen. Unser Ja und unser Nein zum Tun der Gesellschaft und der Staaten sei das Ja oder Nein des Evangeliums und nicht das Ja oder Nein irgendeines Gesetzes! Wir werden uns auf nichts als auf den Gehorsam gegen die konkreten Gebote des lebendigen gegenwärtigen Herrn Jesus Christus festlegen können. Wir haben also nicht auf irgendwelche christliche Marschrouten zu sinnen, sondern wir haben uns im konkreten Gehorsam gegen diesen lebendigen Herrn zu üben. Es könnte sonst nicht ausbleiben, dass das, was wir der Welt unter der Autorität des Wortes Gottes meinen anzeigen zu sollen, ein Programm wie ein anderes und – wer weiß? – dem Programm bestimmter Parteien, Klassen und Nationen nur zu verwandt sein könnte. Darf man sich nicht wundern, dass der ganze Problemkreis des Eigentums, des Grundbesitzes und der Grundrente, des Kapitals, des Zinses und des Geldes überhaupt im dritten und vierten Band unseres Vorbereitungsmaterials, als wäre dieser Bereich tabu, nicht einmal angerührt, geschweige denn diskutiert und bearbeitet wird? Gerade dieser Bereich, der nun doch im Neuen Testament ausdrücklich unter die Alternative: «Gott *oder* der Mammon» gestellt wird! So etwas meinen vielleicht die ehrwürdigen Väter der Moskauer Synode oder ihre politischen Ratgeber, die uns nun so lieblos in Bausch und Bogen eines «anti-demokratischen» Wesens bezichtigt haben. Ist die Sache ganz ohne ein Partikelchen Wahrheit? Ich fürchte, dass wir dem Kommunismus von da aus zwar nicht schlechter, aber auch nicht besser begegnen können werden als die Mehrzahl unserer sonstigen westlichen Zeitgenossenschaft. Aber ich erwähne diesen Punkt nur, um darauf aufmerksam zu machen: wir müssen dessen sehr sicher sein, dass wir in Ausführung unseres prophetischen Auftrages wirklich *Gottes* und nicht in besten Treuen doch irgendein anderes Reich anzeigen. Wir dürften uns sonst nicht wundern, wenn unsere noch so gut gemeinten Ratschläge die Beachtung nicht finden würden, derer wir sie für würdig halten.

Und wir werden (2.) zu bedenken haben, dass wir Gottes Reich doch nur *anzeigen* können. Wir warten, indem wir unser politisches Wächteramt und unsern sozialen Samariterdienst wahrnehmen, auf die unbewegliche Stadt, die Gott bauen wird, und also nicht auf einen mit christlicher Assistenz zu errichtenden Zukunftsstaat liberalen oder autoritären Charakters. Diese Welt vergeht. Wir haben ihr eine revolutionäre Hoffnung sondergleichen zu verkündigen; wir haben ihr aber kein System von gesellschaftlichen oder politischen Prinzipien anzubieten, das als solches den Inhalt dieser Hoffnung darstellen wollte. Es gibt kein solches System; es gibt nur christliche Entscheidungen als Demonstrationen und Zeichen dieser Hoffnung. Denn Gott selbst und er ganz allein ist diese Hoffnung. Dass wir zu solchen christlichen Entscheidungen inmitten einer bösen Welt wach, willig und bereit seien, das ist es, was von uns verlangt ist. Wir werden es nicht sein, die diese böse Welt in eine gute verwandeln. Gott hat seine Herrschaft über sie nicht an uns abgetreten. Ihre Errettung, die schon geschehen ist, war nicht unser Werk. Und so wird auch das, was noch aussteht: die Offenbarung ihrer Errettung, der neue Himmel und die neue Erde, nicht unser, sondern sein Werk sein. Dass wir inmitten der politischen und sozialen Unordnung der Welt seine Zeugen, Jesu Jünger und Knechte seien, ist alles, was von uns verlangt ist. Wir werden eben damit, das zu sein, alle Hände voll zu tun haben. «Es ist dem Jünger *genug*, dass er sei wie sein Meister und der Knecht wie sein Herr.»

Karl Barth, Die Unordnung der Welt und Gottes Heilsplan, Zürich 1948.

Gespräch mit Studenten des ökumenischen Instituts in Bossey (1967)

[…] *Frage 1:* Inwieweit war das 2. Vaticanum eine Hilfe für die Erneuerung der römisch-katholischen Kirche und für eine zukünftige Union mit anderen Kirchen, und was sind die offenbar unvereinbaren Unterschiede, die weiterhin zwischen der römischen Kirche und den anderen Kirchen bestehen? […]

Barth: Nun, was die von Ihnen sogenannte «Erneuerung» betrifft: Ich glaube, wir müssen begreifen, dass das, was auf dem Zweiten Vatikanischen Konzil passierte, nur Resultat einer langen Entwicklung innerhalb verschiedener Richtungen der katholischen Kirche war. Und diese «Erneuerung» während des Konzils war nur sozusagen die Formulierung oder Veröffentlichung von Gedanken, die schon lange Zeit vorher gedacht worden waren.

Und […] für mich ist das wichtigste Moment dieser Erneuerung, in all den Dokumenten des Konzils, eine klar ausgedrückte Tendenz in Richtung *Heilige Schrift* Alten und Neuen Testaments. Sie wissen, was während des Ersten Vatikanischen Konzils geschah: da gab es einen Dualismus von Schrift und Tradition. Schön, dieser Dualismus ist auch im Zweiten Vaticanum sichtbar; denn die katholische Kirche kann nicht gegen das streiten, was im vorangegangenen Konzil entschieden worden ist. Und so werden Sie in den Dokumenten auch Passagen [finden], in denen von Bibel, Heiliger Schrift *und* heiliger Tradition gesprochen wird – und dazu die Verbindung mit dem «magisterium ecclesiae» [= kirchliches Lehramt]: dem Papst und den Bischöfen. Da sind drei [Größen]. Aber faktisch im Ganzen gibt es eine klare Tendenz, die Schrift zu dem wirklich bestimmenden Element in der Kirche zu machen, wenn ich recht sehe. Überall wird die Bibel konsultiert, wird daraus zitiert und wird sie sozusagen unterstrichen. Und das ist eine «Erneuerung». Ich denke, was über die Bibel gesagt wird, übers Bibellesen, dass nicht nur die Priester und Mönche und Nonnen, sondern alle Leute die Schrift studieren sollen ... [das ist wahrhaftig ein Novum]. Vor 10 oder 20 Jahren war es sozusagen verboten, das zu tun. Und nun befiehlt es das Konzil: Macht das! Das ist der erste Punkt: die Heilige Schrift.

Und dann ein zweiter Punkt. Ich würde sagen: charakteristisch für dieses Konzil ist eine Tendenz in Richtung *Christologie*. Jesus Christus spielt in all den Dokumenten eine höchst wichtige Rolle, und die Dokumente weisen ständig auf ihn als den wesentlichen Faktor des christlichen Lebens hin. Wir haben im Zweiten Vaticanum nicht eine Kirche, die auf ihre eigene Wichtigkeit pocht. Sicher, sie tut das auch. Aber der wesentliche Punkt ist Jesus Christus, der Inhalt der Offenbarung und der Regent des Handelns der Kirchen und der Kirche, des Volkes Gottes, das durch Jesus Christus versammelt ist. Stimmen Sie zu, dass das natürlich aus dem Pochen auf die Schrift folgt? Wenn die Schrift wichtig ist, dann wird Jesus Christus wichtig. Und das ist in Rom geschehen während dieser vier Jahre des Konzils.

Drittens: Was in dem gegenwärtigen Geschehen in der römischen Kirche meines Erachtens neu ist und was vom Konzil verkündigt wurde, [ist] die Wichtigkeit dessen, was man die «Laien» nennt. Natürlich, da ist ständig die Unterscheidung zwischen der sogenannten Hierarchie und den Laien. Aber haben Sie das Dokument «De apostolatu laicorum» [= Über das Apostolat der Laien] studiert? Dann sehen Sie: da ist – man sage nicht: kein [Unterschied] mehr; aber der Unterschied zwischen beiden Teilen ist geringer geworden. Und da ist ein fließender Übergang zwischen diesen beiden Teilen oder Elementen des Volkes Gottes: Hierarchie (Papst, Bischöfe, Priester und Diakone) auf der einen Seite – Laien auf der anderen Seite. Sie gehören zusammen. Und in einem gewissen Sinn kann man von einer Tendenz in der römischen Kirche sprechen, die sogar in Richtung auf eine Art Vorrang der Laien geht. Da ist nicht mehr das Bild einer Pyramide so [mit der Spitze oben], sondern so [mit der Spitze unten], verstehen Sie? So nennt sich der Papst z. B. in allen Dokumenten: «Servus servorum Dei», der Knecht der Knechte Gottes: er ist nicht der Erste, sondern der Letzte, [dazu da,] um zu dienen. Und da gibt es ein beachtliches Insistieren darauf. Auch wenn über die Rolle und Funktion der Priester gesprochen wird usw.: sie haben nicht zu regieren, sondern zu dienen, und sie haben auch auf die Laien zu hören. Überall sollen die Bischöfe und in den Gemeinden die Priester nun mit dem Rat der Laien zusammen sein. Das ist ein Fortschritt.

Viertens: Was ist neu? Oder wo hat sich gezeigt, dass es da etwas Neues in diesem Konzil gibt? Da würde ich sagen: einen kräftigen Versuch, die Kirche zu *öffnen* – in ihrer Beziehung zu anderen Kirchen und in ihrer Beziehung zur Welt, sogar zu den fremden Religionen. Die Kirche ist nicht mehr ein Gebäude ohne Fenster, sondern da sind [jetzt] viele Fenster an allen Seiten, und die Kirche spricht mit der Welt und mit uns, den armen Leuten außerhalb der römischen Kirche, den armen «getrennten Brüdern». Aber man hat mit uns zu sprechen begonnen, und wir können mit ihnen sprechen. [...] Man kann nicht sagen, dass eine Vereinigung oder Wiedervereinigung in Sicht ist, aber was sich gewandelt hat, ist die Atmosphäre zwischen den Kirchen – infolge jener neuen Öffnung auf allen Seiten. Das ist mein Punkt vier. [...]

Jetzt «die wesentlichen Unterschiede»! Nun sprechen Sie von Unterschieden zwischen der römischen Kirche und *den* anderen Kirchen ... Welchen Kirchen genau? Sicher gibt es Unterschiede. Ich denke, dass «die verbleibenden Unterschiede» – tatsächliche, mehr oder weniger tatsächliche [Unterschiede]! – diejenigen zu den sogenannten «Protestanten» sein können. (Ich habe das Wort «Protestanten» nicht gern – ach, sagen wir lieber: Reformierte oder Lutheraner, Presbyterianer, Baptisten usw.!) Aber es gibt auch [noch andere] Kirchen: da sind die orthodoxen Kirchen. Und vielleicht werden die Unterschiede zwischen uns und der römischen Kirche von heute nicht die gleichen sein wie [die zwischen römischer und orthodoxer Kirche]. [...]

Für mich war immer die *Mariologie* der schwierigste Punkt. Diese Gestalt: die «Mutter Gottes» und diese «Himmelskönigin» usw. – als eine Art «mediatrix» [= Mittlerin] zwischen [Gott und] uns – steht neben Jesus Christus. Ich kann und kann diese Gestalt nicht verstehen, es tut mir leid. Was über Maria im Evangelium gesagt ist, ist wunderbar. Aber ich sehe nicht, dass es eine wirkliche und klare und einleuchtende Verbindung gibt zwischen dem, was im Neuen Testament über Maria gesagt wird, und dem, was in diesen Dogmen über Maria aus ihr gemacht worden ist. In einer der Kirchen in Rom – es war in Santa Maria Maggiore – habe ich zwei Mosaiken gesehen: eines aus dem 5. Jahrhundert, nach dem Konzil von Ephesus, wo [...] entschieden wurde, dass Maria die «Mutter Gottes» ist – und dann ein anderes vor diesem, aus dem 12. Jahrhundert. Gut, auf dem Bild aus dem 5. Jahrhundert ist die Sache klar: Der Logos, der vom Himmel kommt, und hier auf der Erde die Jungfrau Maria, Joseph usw., und die ganze Weihnachtsgeschichte ist ausgebreitet, aber Maria als eine einfache, glaubende Kreatur. Und dann im 12. Jahrhundert – es sind wichtige Dinge zwischen dem 5. und 12. Jahrhundert geschehen – wird dieselbe bescheidene Jungfrau, die die «Magd» genannt wird, die gehorchen will [Lk 1,38], eine Gekrönte. Haben Sie jemals eine Magd mit einer Krone gesehen? Jetzt wird sie eine Königin, und da beginnt die Verwirrung.

Aber sehen Sie, wenn ich auf das höre, was die katholischen Theologen uns in ihren Predigten erzählen (ich höre sonntags öfters katholische Predigten im Radio), da höre ich [höchstens] nur eine ganz kleine Anspielung auf Maria, und oft fehlt sie vollständig. Sie können ganze Dissertationen und Bücher und Predigten von Katholiken lesen – und Maria scheint [da] nicht mehr so wichtig, wie sie es nach dem Dogma sein sollte. Und deshalb schätze ich dieses Dogma [zwar] nicht. Aber ich vermeide es, dagegen zu streiten in Diskussionen mit Katholiken. Ich habe oft die Erfahrung gemacht, dass meine katholischen Freunde, wenn ich die Mariologie erwähnte, ein bisschen verwirrt, ein bisschen verlegen wurden. Sie hatten das nicht gern. Mit einem berühmten deutschen katholischen Theologen und seinen Studenten hatte ich hier in Basel eine Diskussion, und dann kam ich auch auf die Mariologie zu reden, und da hörte ich ihn sagen: «Ach, jetzt kommt er auf die Mariologie!» Das hatte er nicht gern – trotz der Tatsache, dass von den letzten drei Dogmen zwei mariologisch sind: von Pius IX. und Pius XII. Mariologische Dogmen spielen im Kopf der katholischen Theologen von heute nicht solch eine Rolle, wie es uns Protestanten scheint, weil wir [dort] überall diese Gestalt sehen. Aber vielleicht könnten wir auf diese Sache mit ein bisschen frommem Humor blicken. Sie ist nicht so gefährlich, wie sie scheint. Und vielleicht wird der Tag kommen, sogar vor der Wiederkunft [Christi], [wo] diese Gestalt – nicht die biblische, aber die kirchliche Gestalt der Maria – wenn nicht verschwinden, so doch wie ein Schatten oder weniger sein wird. Wenn ich in das neue Gesangbuch der katholischen Kirche der Schweiz blicke, nun, da gibt es auch einige Lieder usw. über Maria, aber im Großen und Ganzen ist das nicht so gefährlich [...] Das ist der eine Punkt: Mariologie.

Ein anderer Punkt, der mir lange Kummer machte, war die Theorie von Thomas von Aquino über die *analogia entis* [= Analogie des Seins]. Aber da haben Diskussionen über diesen philosophischen Begriff stattgefunden, und jetzt ist es nicht mehr wichtig, diese Theorie zu diskutieren. Wir sind darüber einig, was damit gemeint sein kann.

Und dann, natürlich, die Rolle der *Hierarchie:* der Papst, der Bischof, der Priester. Nun, das ist für uns relativ – nicht für Sie, aber für uns –, eine Art Überbau in der Kirche, mit dem Zölibat. Und dann, natürlich, die Autorität des «magisterium ecclesiae», des Konzils, des Papstes. Aber auch hierüber habe ich so oft diskutiert mit katholischen Kirchenmännern, die offen selbst Dinge kritisierten, die der Papst gesagt hatte. Und nun das Konzil – das ist das «magisterium ecclesiae». Aber über das Konzil wird [selbst auch] diskutiert, und das sogar mit großer Freiheit und Offenheit, innerhalb der katholischen Kirche. Und darum ist vielleicht dieser Begriff von «Autorität», der uns [so] fremd ist, nicht so gefährlich, nicht tödlich gefährlich für uns andere, weil sie praktisch alle Dinge so diskutieren wie wir auch. An gewissen Punkten in der Diskussion kommen sie [mit einem] «Ah, unsere Tradition ist so und so», und dann kann die Diskussion nicht weitergehen, weil da ein Dogma ist. Aber ich habe entdeckt, dass die katholischen Theologen und auch Laien ihre interessanten Wege haben, um Schwierigkeiten mit dem Dogma zu vermeiden. Sie dürfen ihm nicht widersprechen [und] direkt sagen: «Nein!» Nein, was der Papst gesagt hat, ist richtig. Gut, vielleicht. Aber nun fährt der katholische Theologe fort und – *interpretiert:* «Hier [in dieser Deutung allererst] haben wir die wahre Bedeutung des Dogmas; so und so [ist es eigentlich gemeint]» – und dann ist er frei, es zu «erklären». Und es gibt noch andere Wege. Er kann das aufgreifen, was ein Dogma, was ein Konzil oder Papst gesagt hat ..., gut, er kann es *erwähnen*. Und diese andere Form [findet sich sogar] in den Dokumenten des Zweiten Vaticanum: man erwähnt Trient und Vaticanum I, aber es wird *nur* erwähnt; so als eine respektvolle Kommemoration wird gesagt: «Ja, ja, wir wissen [schon] ...», aber es ist nur am Rand bemerkt und spielt keine wirklich wichtige Rolle im Denken der Katholiken. Und die letzte Möglichkeit für Katholiken gegenüber [der] Autorität von Papst, Konzil usw. ist: *zu schweigen*. Man redet nicht darüber. Da gibt es Bücher, die [vielleicht sogar noch] voller Dokumente vom alten Dogma sind. Aber oft sieht das aus wie ein Museum mit alten Reliquien: «Wir haben Reliquien, ja, ja; sicher, es ist [so] gesagt worden» usw. Aber man spricht nicht darüber.

Und so haben die Katholiken, die Laien und die Theologen, praktisch mehr Freiheit, als wir anderen denken. Er kann das eine [, das zweite, das dritte] machen. Was verboten ist, ist nur, Nein zu sagen. Aber es ist nicht verboten, es zu «interpretieren»; es ist nicht verboten, es wegzulegen, indem man es bloß erwähnt oder mit Schweigen übergeht. Ein weiterer Punkt, der schwierig ist im Verhältnis zur katholischen Kirche: die *Messe*, die Theorie vom Opfer und von der Transsubstantiation. Was ist auch nur mit «Transsubstantiation» gemeint? Mir ist das dunkel. Aber ich höre auch von den Katholiken so viele verschiedene Deutungen dessen, was mit Transsubstantiation gemeint sein könnte, dass ich froh bin, dass ich das Dogma nicht annehmen muss. Auch die Katholiken sind sich über diesen Punkt unklar und sind gegensätzlicher Meinung, was sie davon denken sollen – obwohl der Papst dieses Dogma zu glauben geboten hat. Ich würde gern einen unserer katholischen Freunde hören, der sich gewiss ist über die Bedeutung der Transsubstantiation. Der Papst hat [das Dogma] während des Konzils wiederholt. [...]

Gut, es gibt da Unterschiede. Ich bin froh, nicht in der Lage eines Katholiken zu sein und so komplizierte Erklärungen dessen geben zu müssen, was ich denke. Aber das hindert mich nicht, mit Katholiken zu diskutieren, weil ich nicht überall [nur Unterschiede] sehe ..., sondern, allgemein gesprochen, man kann die Dinge diskutieren, und man kann einander verstehen. Und insofern gibt es da für mich keine «unvereinbaren Unterschiede», aber Schwierigkeiten, ja, Schwierigkeiten, die ihre Rolle spielen werden – für lange Zeit, vielleicht [noch] für Jahrhunderte, doch keine Unterschiede, die so stark sind, dass wir einander verdammen müssten. Ich war in Rom, und niemand hat versucht, mich zu verbrennen. [...]

Karl Barth, Gespräche 1964–1968, hg. v. Eberhard Busch, Karl Barth-GA, Abt. IV, Zürich 1997, 326–350.

Schweizer Hilfslieferung für Bonn, 1946

11 Kirche und Staat

Karl Barth hat sich von seinen durch den religiösen Sozialismus geprägten Anfängen an über seine Gegnerschaft des Nationalsozialismus bis zu seinen Äußerungen im Ost-West-Konflikt nach 1945 als politischer Mensch verstanden. Sowohl in aktuellen Stellungnahmen als auch in dogmatischen Texten findet sich eine engagierte theologische Ethik des Politischen. Konsequent versuchte Barth vom Evangelium und dem in den Geboten offenbarten Gotteswillen her zu ermitteln, was das von Christinnen und Christen und der Kirche im Raum des Politischen zu Wählende und zu Wünschende sei. Seine nicht zuletzt auch aus dem jeweiligen gesellschaftlichen und politischen Kontext zu verstehenden Positionen bewegten sich zwischen einem vorsichtigen Tasten nach Lösungen, dem Zuspruch für durch die Zeitereignisse aufgewühlte Menschen und bisweilen zugespitzten Zeitansagen.

Nach seinem Fortgang aus Deutschland 1935 hielt Barth zu seinen deutschen Freunden und Schülern weiter Kontakt. Im Vortrag «Rechtfertigung und Recht» (1938) nahm er zum Verhältnis von Theologie und Politik grundsätzlich Stellung: Aus Gottes Rechtfertigung des Menschen lassen sich Kriterien für das menschliche Recht, Frieden und Freiheit ableiten. Seine politische Ethik begründete er im göttlichen Evangelium und damit in der Botschaft Jesu Christi, dem alle Herrschaft unterstellt ist. Weiter plädierte er dafür, dass der moderne demokratische Staat die dem Evangelium am ehesten entsprechende Staatsform sei.

In die Zeit des Zweiten Weltkriegs fällt ein im November 1942 abgefasster «Brief nach Holland», in dem Barth niederländische Christen zu trösten versuchte. Der Vortrag «Verheißung und Verantwortung der christlichen Gemeinde im heutigen Zeitgeschehen» (1944) war ein grundsätzliches Wort zum Umgang mit politischer Verantwortung und Schuld aus christlicher Sicht. Im November 1945 richtete Barth in Stuttgart «Ein Wort an die Deutschen», in dem er sich ausdrücklich als Freund und Berater der Deutschen zu erkennen gab und auf einen wirklichen Neuanfang drängte. Sein eigener Beitrag zum Wiederaufbau in Deutschland bestand einerseits darin, dass er Hilfstransporte organisierte, und andererseits darin, an der Gründung der Evangelischen Kirche in Deutschland beratend mitzuwirken und an der Bonner Universität 1946 und 1947 Vorlesungen zu halten.

Als Auslegung der 5. These der Barmer Theologischen Erklärung verstand Barth seinen Vortrag «Christengemeinde und Bürgergemeinde» (1946), in dem er beide Gemeinwesen von ihrem Zentrum, der Christusoffenbarung, her beschrieb und aufeinander bezog. Fragen der aktuellen theologischen Ethik des Politischen und deren Urteilsbildung thematisierte er 1949 im Vortrag «Die Kirche zwischen Ost und West». Inmitten des Ost-West-Konflikts legte Barth der Kirche einen «Dritten Weg» zwischen Kommunismus und Antikommunismus nahe und löste damit heftigen Widerspruch aus. Gleiches gilt von der 1952 anlässlich der Remilitarisierung Deutschlands erstellten Studie «Politische Entscheidung in der Einheit des Glaubens».

Brief nach Holland (November 1942)

Liebe Brüder und Schwestern!

Ihr steht mitten in einer schweren Prüfung eures Glaubens, eurer Treue, eurer Geduld. Der Weg, den ihr zu gehen habt, liegt ohne jeden Schatten eines Zweifels klar vor euch. Es gibt für euch nur *eine* Wahl, nur *eine* Entscheidung, nur *eine* Pflicht. [...] Aber der Weg, den ihr in dieser Klarheit zu gehen habt, ist ein furchtbar harter Weg. Ihr wisst nicht und niemand weiß, ob er nicht noch viel härter werden wird und wann und wie ihr an seinem Ende anlangen werdet. Ihr seid – je sicherer ihr eurer Sache seid, umso mehr – täglich und stündlich von Angst und Sorge, von Drohung und Tod umgeben. Es fällt euch schwer, fest zu bleiben und immer aufs Neue fest zu werden. Wir zittern und leiden mit euch: wir, die Christen in der ganzen Welt, die euch kennen und liebhaben, die um eure Aufgabe und eure Lage wissen. Wir verstehen es wahrhaftig, dass ihr nach Trost verlangt.

Der Trost, mit dem wir euch grüßen, kann kein anderer sein als der, mit dem die heilige Kirche Jesu Christi sich zu allen Zeiten und in den schlimmsten Zeiten am freudigsten getröstet hat: Der Herr ist nahe! [Phil 4,5] Ihr versteht wohl, es heißt nicht: der Engländer oder der Amerikaner ist nahe! Es heißt nicht: die erhoffte Wendung, der Sieg, die Befreiung ist nahe! Das könnte auch wahr sein. Aber das ist es nicht, was wir euch zurufen möchten. Das wäre kein Trost, das wäre nur eine Beschwichtigung. Eure Befreiung kann plötzlich kommen; sie kann aber auch noch lange verziehen. Nur mit der Aussicht darauf könnt ihr euren schweren Weg nicht gehen, wie er gegangen sein will. Vielleicht gibt es darum auch Gedankenlose, auch Unentschlossene, auch unbewusste Verräter unter euch, weil man mit bloßen Zukunftshoffnungen allerdings nicht tapfer leben kann. Was ihr braucht, ist wohl Hoffnung, aber eine gegenwärtige Hoffnung: die Hoffnung, mit der ihr jetzt, heute, mitten in der Finsternis, und morgen und übermorgen, da vielleicht immer noch Finsternis sein wird, tapfer leben könnt – die Hoffnung, die auch die wirklich und völlig tröstet, die den Tag der Befreiung vielleicht nicht mehr sehen werden. Diese rechte Hoffnung und also der rechte Trost ist die Adventsbotschaft: der Herr ist nahe!

Wisset und bedenket mit der ganzen Christenheit, dass die Zeit, auch die gegenwärtige Zeit, auch unsere Lebenszeit in ihrer ganzen Länge und in allen ihren kleinsten Teilen, nicht uns gehört und noch weniger einem finsteren Schicksal, das wir aus eigener Kraft meistern müssen, und noch weniger dem Teufel oder sonst einem heimtückischen und gewaltigen Feind des Menschen. Wir haben ein leuchtendes und funkelndes Wort, das widerspricht allen solchen Gedanken: Jesus Christus ist geboren; Er ist für uns gestorben; Er ist wahrhaftig auferstanden. Ihm gehört die Zeit: auch die Zeit unseres Leides, unserer Anfechtung, unserer Versuchung, auch die Zeit Hitlers, auch die dunkle Zeit der Unterdrückung und des Schreckens, der Schande und des Verrates, auch die Zeit unserer mühseligen, fast verzweifelten Anstrengung, gegen den Strom zu schwimmen, der uns mitreißen will. Es gibt keine Zeit, die nicht sein wäre. Er kam am Anfang aller Zeit – auch aller solcher Zeit –, und von ihrem Ende her kommt wieder Er uns entgegen: Er als Gottes Barmherzigkeit und Heiligkeit in Person, Er als der Helfer der Müden und Elenden, Er als der König aller Könige und Herr aller Herren. Dieser Herr ist nahe! Das ist die Adventsbotschaft.

Niemand versteht, dass der Herr nahe ist, der nicht mit tiefstem Entsetzen hineingesehen hat in die Abgründe der menschlichen Torheit und Bosheit, der nicht schon darüber erschrocken wäre, wie gut es doch die Torheit versteht, sich als Weisheit – und die Bosheit, sich als Gerechtigkeit zu gebärden. Niemand versteht, dass der Herr nahe ist, der nicht von Herzen verzagt ist: nicht nur über die Beschränktheit seiner eigenen Fähigkeiten und Hilfsmittel, sondern noch viel mehr darüber, dass auch er selbst, dass auch alle Guten und Besseren in die Torheit, die klug, und in die Bosheit, die tüchtig sein möchte, so tief verstrickt sind. Und wieder versteht niemand, dass der Herr nahe ist, der die Hände in den Schoß legt, der sich mit bloßem Zuschauen und Abwarten begnügt; kein Unentschlossener, kein Neutraler. Keiner, der nicht an seinem Ort und in seiner Weise ehrlich trägt, was uns in unserer Zeit zu tragen aufgegeben ist, Keiner, der nicht ehrlich streitet mit jenem ganzen Einsatz. Wem es zu gut geht und wer zu wenig zu tun hat, wie sollte der den Herrn verstehen, der gekommen ist und wiederkommt? Wir haben alle lange Zeiten hinter uns, in denen es uns viel zu gut ging und in denen wir uns viel zu wenig anzustrengen hatten: Zeiten, in denen wir darum die Adventsbotschaft kaum recht verstehen konnten. Für euch, liebe Mitchristen in Holland, sind diese Zeiten bestimmt vorbei. Ihr lebt unter Bedingungen, die es euch erlauben und gebieten, es sofort und tief in euch aufzunehmen, dass der Herr nahe ist. Wir sind sicher, dass ihr darin eine freundliche Gabe und Fügung Gottes seht.

Aber auch die besten Bedingungen zur Aufnahme der Adventsbotschaft sind nicht so gut, wie diese Botschaft selber, weil deren Wahrheit und Kraft ganz von Gott und, hoch über allen guten und weniger guten menschlichen Voraussetzungen, voll klarer göttlicher Herrlichkeit ist. Wir bitten euch, ihr möchtet euch mit uns vor Augen halten, dass wir in dieser Botschaft eine Zusage haben, die nicht trügen, die sich nur erfüllen kann, die schon jetzt an uns allen und so auch an einem jeden Einzelnen in Erfüllung gehen will und wird: in viel Stärke mitten in der Schwachheit, in viel Freude mitten im Leid, in viel ernster Bruderliebe und auch in einer von aller Sentimentalität freien, würdigen und strengen Feindesliebe mitten im Streit, in viel Erkenntnis mitten in der Verworrenheit, in viel Ruhe mitten in der Unruhe, in viel Konsequenz und Unerbittlichkeit mitten in aller Angst und Menschenfurcht. Wir bitten euch: Glaubet es mit uns und erfahret es mit uns, dass es euch und uns an dem allem schon jetzt und gerade jetzt unmöglich fehlen kann, weil es wahr ist, dass der Herr nahe ist: Er, der treue Heiland Israels, Er, das Haupt seiner Kirche, der auch das Haupt aller Mächte ist – Er, in welchem Gott selber mit uns und mitten unter uns und auch Herrscher inmitten aller seiner Feinde ist. Wir bitten euch, eure Ohren mit uns offen zu behalten für sein freies und wahres Wort. Es wird uns und euch gerade heute nicht gereuen, ihm unter allen Umständen getrost und fröhlich entgegenzueilen. Die das tun, leben von selber das tapfere Leben, das heute von uns allen gefordert ist. Das ist der Trost, mit dem ich euch im Sinn und im Namen von vielen anderen, die an euch denken, grüßen möchte.

Karl Barth, Offene Briefe 1935–1942, hg. v. Diether Koch, Karl Barth-GA, Abt. V, Zürich 2001, 399–404.

Verheißung und Verantwortung der christlichen Gemeinde im heutigen Zeitgeschehen (1944)

[…] Auch die christliche Gemeinde hat zu allen Zeiten Anteil am *Zeitgeschehen*. Wir hörten, dass sie von Jesus als ihrem Herrn gehalten, getröstet, ermutigt wird. Aber eben diese Worte erinnern uns daran, dass sie Halt, Trost und Ermutigung *nötig* hat. Indem sie Jesus gehört, lebt sie in der *Zeit* und ist sie von allem, was in der Zeit *geschieht*, mitbetroffen, angefochten und in Anspruch genommen.

Dass der Mensch Zeit hat, das bedeutet, dass Gott ihm einen freien Bereich gibt für seine eigenen Entscheidungen, Unternehmungen und Handlungen. Und was der Mensch in diesem Bereich vollbringt, das nennen wir eben das Zeitgeschehen, die Geschichte. Gott dankt nicht ab, indem er dem Menschen Zeit und also dem Zeitgeschehen seinen Bereich gibt. «Gott ist's, der regiert und das Szepter führt.»[30] Aber wie er das tut, das ist uns nicht offenbar, auch der christlichen Gemeinde nicht. In Jesu Christi Tod und Auferstehung ist es uns freilich offenbar. Und von da her hat die christliche Gemeinde eine bestimmte Verheißung und Verantwortung auch im Zeitgeschehen. Im Zeitgeschehen als solchem aber ist uns der Wille und die Regierung Gottes nicht offenbar, sondern verborgen. Wir sehen sie jetzt «in einem Spiegel in Rätselgestalt» [1Kor 13,12]. Gerade dieses Wort erinnert uns freilich daran, dass sie uns nicht etwa einfach unsichtbar ist. «Wir sehen» heißt es ja. Und in der Tat: das Zeitgeschehen, das gewaltige Wirken und Erleiden der Menschen in ihren Entscheidungen, Unternehmungen und Handlungen sehen wir wohl. Und so sehen wir wohl auch mit offenen Augen den Willen und die Regierung Gottes, die darin zur Vollstreckung kommen. Aber wir sehen ja auch sonst so Vieles und sehen es doch nicht, wenn uns die Augen für das, was es ist, obwohl es vor unseren Augen ist, nicht noch einmal ganz besonders geöffnet werden. So ist es mit dem Willen und der Regierung Gottes im Zeitgeschehen. […]

Was wir sehen, ist ein gewaltig bewegtes Meer von menschlicher Größe und menschlichem Elend, von menschlichen Plänen und Vollbringungen, von menschlichen Erfolgen und Katastrophen: alles menschlich, allzu menschlich! Dieses Menschliche *enthält* freilich das Göttliche: Gottes Gnade und Gericht, Gottes Absichten, Führungen und Bewahrungen. Eben dieses Menschliche *verbirgt* es aber auch. Und da drohen nun verschiedene *Versuchungen*. Das

30 Lied Nr. 22 aus dem Gesangbuch der Evangelisch-reformierten Kirchen der deutschsprachigen Schweiz (1952).

Menschliche im Zeitgeschehen ist immer dazu angetan, einem Lust zu machen, ihm den Rücken zu kehren, die Zeitung wegzulegen, das Radio abzustellen, von allem nichts mehr oder doch möglichst wenig wissen, vom weltlichen Getümmel fern mit Gott allein sein zu wollen. Aber das ist eine Versuchung. Gott hat uns die Zeit nicht dazu gegeben, hat uns am Zeitgeschehen nicht dazu beteiligt, damit wir täten, als ob uns alles nichts anginge. Es geht uns ja doch an, ob wir es wahr haben wollen oder nicht. Und wer hier das Menschliche nicht sehen will – als ob er selber nicht auch menschlich wäre! –, der würde allerdings bestimmt auch das Göttliche nicht zu sehen bekommen, der würde dann auch in seiner gleichsam gestohlenen Stille und Einsamkeit Gott schwerlich zum Gefährten haben. Die andere, schwerere Versuchung besteht in dem Gedanken, es möchte darum, weil wir überall nur das Menschliche und dieses fast immer in so schlimmer und trauriger Gestalt zu sehen bekommen, ein regierender Gott gar nicht sein. Aber die Anklage des Gottesleugners ist ein Pfeil, der nicht sein Ziel, sondern seinen eigenen Schützen trifft. Was wäre das für ein doppelt Blinder, der die Sonne, von deren Licht doch auch er lebt, darum leugnete, weil gerade er sie nicht zu sehen vermag! Eine dritte, noch schwerere Versuchung besteht darin, das Menschliche oder irgendetwas Menschliches im Zeitgeschehen mit dem Göttlichen zu verwechseln: sich, weil man Gott nicht sieht, wie die Israeliten in der Wüste, irgendeinen Gott zu erfinden und zu machen, zu erwählen und einzusetzen. Aber das ist törichter Götzendienst, auch wenn dabei nicht wie damals gerade ein Kalb, sondern vielleicht das Schweizertum oder Deutschtum, vielleicht die Vorstellung einer allgemeinen Aufklärung und Bildung, vielleicht die materielle Wohlfahrt des eigenen Standes die angebetete Gottheit ist – töricht darum, weil schließlich doch keine von diesen Gottheiten die Welt wirklich regiert, noch regieren kann. Wie ist man zum Narren gehalten, wenn man Gott gegen irgendeinen von diesen Göttern vertauscht! Die Versuchung besteht also immer darin, vor den wunderlichen Formen des Menschlichen im Zeitgeschehen Halt zu machen und sie als solche zu betrachten, als ob da keine Buchstaben, als ob da in deren Zusammenhang kein Wort zu suchen und zu enträtseln, keine Sprache zu verstehen wäre. Und außerhalb der christlichen Gemeinde gibt es wohl keinen Widerstand gegen diese Versuchung. […]

Die christliche Gemeinde hat im heutigen Zeitgeschehen eine bestimmte *Verheißung*. Eine Zusage, ein Versprechen, eine Garantie, kann man auch sagen. Indem sie in der Zeit lebt, ist sie doch des Herrn Jesus Eigentum. Indem sie zur Zeitgenossenschaft gehört, ist sie auch die Bürgerschaft seines Reiches. «Siehe, ich bin bei euch bis an der Welt Ende.» [Mt 28,20] Eben von daher hat sie eine bestimmte Verheißung, die man außerhalb der christlichen Gemeinde so nicht hat. Ob sie sie erkennt und ergreift und von ihr Gebrauch macht? Wenn sie das gar nicht täte, so wäre sie nicht die christliche Gemeinde. Aber ob sie sie recht erkennt, tapfer ergreift, tüchtig Gebrauch von ihr macht und also rechte, tapfere, tüchtige christliche Gemeinde ist, das ist eine andere Frage.

Die Verheißung besteht vor allem darin, dass sie jener dreifachen Versuchung: der Versuchung der Gleichgültigkeit, der Versuchung der Gottesleugnung, der Versuchung, falsche Götter anzubeten, nicht erliegen muss, sondern widerstehen kann. Und das bedeutet, wie wir sahen: sie braucht nicht bloß zu glotzen auf das, was heute in der Nähe und Ferne geschieht, als wären da keine Buchstaben, aus denen sich ein Wort zusammensetzt, das man lesen kann. Sie sieht also in dem, was heute geschieht, nicht nur die Ereignisse und Gestalten, nicht nur die menschlichen Wagnisse und das menschliche Misslingen, den menschlichen Schlag und Gegenschlag, den menschlichen Aufstieg und Niedergang. Sie kann lesen. Sie hat die Verheißung, dass sie das kann, und wenn sie diese Verheißung richtig erkennt, ergreift und in Gebrauch nimmt, dann *kann* sie nicht nur lesen, dann *liest* sie, dann versteht sie also etwas von dem, was heute geschieht: nicht alles, aber auch nicht nichts, nur weniges, aber gerade die Hauptsache, gerade genug, um in dem, was geschieht, den regierenden Gott zu erkennen.

Sie müsste ja blind sein, wenn sie übersehen könnte, wie der deutsche Nationalsozialismus von Anfang an und, je mehr er sich seinem Ende nähert umso heftiger, gerade die *Judenfrage* in den Mittelpunkt seiner merkwürdigen Bemühungen gestellt hat. Sie müsste ja blind sein, wenn sie sich irgendeine von den phantastischen Erklärungen, die für diese Tatsache vorgebracht wurden, zu eigen machen könnte. Sie müsste ja blind sein, wenn ihr erster und einziger Gedanke in dieser Sache nicht der wäre, dass eben ihr eigener Herr Jesus Christus selber ein Jude war, ihre eigene Wurzel das von Gott erwählte und berufene Volk Israel, das Evangelium, von dem sie selbst lebt, die Botschaft, die zuerst an die zwölf Stämme dieses Volkes ergangen und zuerst von den zwölf Aposteln aus diesem Volk verkündigt worden ist. Die Judenfrage ist die Christusfrage. [...]

Ist es nicht jener um aller anderen willen gestrafte und gepeinigte Knecht Gottes aus dem Jesaja-Buch, ist es «in einem Spiegel in Rätselgestalt» [1Kor 13,12] nicht unser Herr Jesus Christus selber, der im Schicksal jener unzähligen erschossenen oder lebendig begrabenen, im überfüllten Viehwagen erstickten oder schließlich durch Giftgas getöteten Juden aus Deutschland und Frankreich, Polen und Ungarn sichtbar wird? Was für ein Offenbarungszeichen, was für ein Buchstabe, was für ein Wort, was für ein Gottesbeweis sondergleichen! Ist es möglich, dass eine christliche Gemeinde nicht sieht, um was, um wen es da geht? dass ein Christ nicht in die Knie sinkt: All Sünd' hast du getragen! Herr, erbarme dich unser! Nicht der Jude, sondern im Schattenbild des verfolgten und getöteten Juden *du* bist es ja, dessen Verwerfung hier noch einmal in ihrer ganzen Unbegreiflichkeit sichtbar wird, an dessen einsamen Tod wir hier noch einmal erinnert werden. Wie Gott seinen Sohn für uns dahingegeben hat, *das* ist es ja, was uns hier im Schicksal seiner leiblichen Brüder und Schwestern noch einmal vorgeführt wird. [...] Hat man das einmal gesehen, wo bleibt dann auch nur die geringste Neigung, uns den Nationalsozialisten gerade in dieser Sache zur Seite zu stellen? Wie kann man dann unwillig sein, heute gerade für die Juden einzutreten? Die christliche Gemeinde hat dafür einen ernsteren Grund als die allgemeine Menschenliebe, die wir auch dem Juden schuldig sind. [...]

Eben von da aus kann sie dann auch das andere sehen: warum sich das deutsche Unternehmen vor allem auch gegen die *christliche Kirche* richten, warum es schon in den ersten Jahren seines Bestehens gerade die Gestalt eines Kirchenkampfes annehmen musste. Das war kein Missverständnis. Wer es auf die Wurzel, auf Israel abgesehen hat, der musste und muss auch dem Stamm, der Kirche, ans Leben gehen, der musste und muss im Bekenntnis zu Christus seinen ersten Feind sehen. Wer ihn in den Juden hasst, der muss ihn in den Christen erst recht hassen. [...] Und hier hat man nicht getötet, hier hat man das Schlimmere getan: hier hat man die Kirche von innen angegriffen und erledigt, indem man nicht ruhte, bis nur noch ein abgeschwächtes und verfälschtes Evangelium öffentlich laut werden durfte: ein Evangelium, wie es in den Kriegerstaat passte, ein Evangelium, das diesem nicht zu nahetrat und das er schließlich für seine Zwecke nur zu gut zu gebrauchen wusste. Das sind Dinge, die die christliche Gemeinde heute sehen kann. [...]

Man streitet nicht umsonst gegen den Juden Jesus. Man erhebt sich damit gegen das Geheimnis der göttlichen Erwählung. Man greift damit an das einzige, was den Menschen mit Gott verbindet. Man will damit die zwischen Beiden vollbrachte Versöhnung rückgängig machen. Man wird damit bodenlos. [...] Da kann es dann wohl längste Zeit so scheinen, als ob man den sogenannten «Allmächtigen» und die sogenannte «Vorsehung» wirklich ganz auf seiner Seite habe. Es muss alles *so* sein. Das Widergöttliche hat zweifellos die Kraft des Übermenschlichen. Aber das Übermenschliche hat ebenso notwendig die Art des Unmenschlichen. [...] Das deutsche Unternehmen bestand in seinem Kern und Wesen – und das ist eben die deutsche Lösung der Judenfrage – darin, dass es in das Regiment Gottes eingreifen wollte. Eben darum war es schon von Anfang an gerichtet. […]

Die christliche Gemeinde sieht diese Buchstaben und liest diesen mannigfaltigen Gottesbeweis. Sie vernimmt im heutigen Zeitgeschehen das klare Echo von dem, was von Jesus Christus, von Israel und von der Kirche, von den Menschen Sünde und Elend und von Gottes Gnade und Gerechtigkeit auf jedem Blatt der Bibel schon lange bezeugt ist. Sie findet im heutigen Zeitgeschehen das wiederholte und bestätigte Gotteswort. Sie hat ja Augen, zu sehen. Sie hat jedenfalls die Verheißung, dass sie sehen *kann*. Und wenn sie diese Verheißung richtig erkennt und ergreift und in Gebrauch nimmt, dann *sieht* sie wirklich. Und wenn sie mit sehenden Augen sieht, dann ist sie eben damit aufs Neue die christliche Gemeinde, erfährt sie es eben damit aufs Neue, dass Jesus bei ihr ist auch in diesen Tagen, auch im heutigen *Zeitgeschehen* und dass die Pforten der Hölle sie nicht überwältigen können. Indem sie sieht, empfängt und übt sie neue Treue, als christliche Gemeinde auszuharren, entfaltet sie neue Kraft, als solche zu leben, erfährt sie neuen Antrieb, als solche zu glauben, zu lieben, zu hoffen. […]

Aber eben in der Verheißung steckt nun auch das andere, nämlich unsere, der christlichen Gemeinde klare *Verantwortung* im heutigen Zeitgeschehen. Wir könnten auch sagen: ihr Beruf, ihre Aufgabe, ihre Sendung. Die christliche Gemeinde ist von Jesus dazu gehalten, getröstet und ermutigt, damit sie sein *Zeuge* sei. Und eben dazu hat sie auch die Verheißung, dass sie sehen darf und kann. Ihr Sehen kann kein müßiges Gaffen sein. Was sie sieht, geht sie selbst an. Indem sie sieht, ist etwas Bestimmtes von ihr gewollt und verlangt. Sie darf nämlich sehen, weil sie etwas *sagen* soll: etwas, was außerhalb der christlichen Gemeinde so nicht gesagt werden kann. Eine schweigende, eine dem Zeitgeschehen bloß zuschauende Gemeinde wäre nicht die christliche Gemeinde. […]

Es kann also dabei nicht sein Bewenden haben, dass sie selbst jener dreifachen Versuchung, der Versuchung der Gleichgültigkeit, der Versuchung der Gottesleugnung und der *Versuchung* falsche Götter anzubeten, widerstehen kann. Sie muss vor aller Welt laut werden lassen und bekennen, dass dieser Versuchung die Macht genommen ist, dass niemand ihr erliegen muss. Wie könnte sie den Namen Jesu verkündigen, wenn sie das nicht bekennen würde? Jesus ist der Herr. Jesus ist Sieger. Jesus hat der Versuchung allen Menschen zugut gänzlich und endgültig widerstanden. Und wo Jesus geglaubt wird, da kommt den Menschen sein Widerstand zugute, da kann sie es auch über sie letztlich und endlich nicht gewinnen. Das ist's, was die christliche Gemeinde zu bezeugen hat, so gewiss sie von Jesus her lebt, so gewiss sie das nicht schweigend tun kann. Wenn ich recht sehe, so sind es drei Dinge, für deren Bezeugung die christliche Gemeinde im heutigen Zeitgeschehen besonders verantwortlich ist.

Das Erste ist schlicht und groß das *Reich Gottes*. Das ist es ja, was die Welt nicht weiß: dass Gott, nämlich der Gott Abrahams, Isaaks und Jakobs, der Vater Jesu Christi, *regiert*. Woher sollte sie es auch wissen? Wir sahen und sagten ja, dass das zwar in Jesus offenbar, im Zeitgeschehen aber immer verborgen ist. Aber wenn es nun, wie wir weiter sahen, auch im Zeitgeschehen doch nicht einfach unsichtbar, sondern als mächtiger Gottesbeweis für die, die Augen haben, zu lesen steht? Wie sollte dann die christliche Gemeinde, die Gemeinde der Sehenden und Lebendigen, die ja dasselbe schon zuvor und aus direkter Quelle weiß, davon schweigen können, dass wirklich und wahrhaftig *Gott* regiert? Sie hat den Auftrag, das zu sagen. [...] Sie hat aber den Auftrag, zu bekennen und zu verkündigen, dass Gott auch diese arge Welt regiert, auch des bösen Menschen Herr, Richter, Erretter und Fürsorger ist, dass auch die arge Welt und der böse Mensch von ihm nicht fallen gelassen, sondern bei ihm geborgen sind. [...]

Das Zweite ist ein Geringeres, aber darum doch nicht Geringfügiges. Die christliche Gemeinde ist es heute ihrem Herrn und der Welt schuldig, die göttliche Wohltat und die göttliche Notwendigkeit des rechten und freien irdischen *Staates* zu bezeugen. Wir sehen am Anfang des heutigen Zeitgeschehens den gottähnlichen Kriegerstaat, der den König Christus und sein Volk nur als Feind ansehen und behandeln konnte, der in dieser Feindschaft groß und schrecklich, zum reinen Gewaltstaat wurde und der nun im Begriff steht, an dieser Feindschaft jämmerlich zugrunde zu gehen. Wir sehen aber zum Glück auch die andern Staaten, wahrhaftig auch sie keine vollkommenen Gebilde, aber in aller Unvollkommenheit immerhin rechte und darum freie Staaten, die nun das Mittel wurden, der Überschwemmung für diesmal einen Damm entgegenzusetzen. Wir haben Anlass, dafür dankbar zu sein, dass sich im Geschehen unserer Zeit immerhin auch ein Stück irdisch-menschlicher Ordnungsmacht behauptet und als widerstandsfähig erwiesen hat. Die christliche Gemeinde weiß, wem alle Gewalt gegeben ist im Himmel und auf Erden. Eben darum weiß sie zwischen echter und lügnerischer, zwischen rechter und unrechter irdischer Gewalt, zwischen der von Gott eingesetzten und der von Menschen willkürlich erfundenen und auf den Thron erhobenen Obrigkeit zu unterscheiden. Darum ist sie dankbar für alle echte, rechte, von Gott eingesetzte Gewalt und Obrigkeit, die der Unmenschlichkeit eine Grenze setzt und für die Menschlichkeit Raum schafft. [...]

Die christliche Gemeinde kann und soll gewiss nicht selber Politik machen und regieren wollen. Sie kann und muss aber den Völkern und den Regierungen bezeugen, dass Politik Gottesdienst, Recht und Freiheit Gottesgaben sind. [...] Die christliche Gemeinde ist als solche verantwortlich für das, was im Staat und durch den Staat geschieht und nicht geschieht. Sie ist ihm ihr offenes Wort schuldig. [...] Lieber soll sie dreimal zu viel für die Schwachen eintreten, als einmal zu wenig, lieber unangenehm laut ihre Stimme erheben, wo Recht und Freiheit gefährdet sind, als etwa angenehm leise! Wo es umgekehrt steht, da steht es nicht gut um die christliche Gemeinde. Sie hat es wohl gerade in dieser Hinsicht heute besonders nötig, zu erwachen und sich auf ihre Verantwortung zu besinnen.

Das Dritte, das hier zu nennen ist, führt uns noch einmal zurück in die Mitte von all dem, was uns heute beschäftigt hat. Die christliche Gemeinde ist gerade im heutigen Zeitgeschehen dafür verantwortlich, dass das Wort, in welchem das tiefste Geheimnis des Gottesreiches und unseres Herrn Jesus Christus ausgesprochen wird, nicht verschwiegen, sondern laut werde: das Wort von der *Vergebung der Sünden*. Die christliche Gemeinde lebt davon, dass sie von Jesus getröstet, gehalten und ermutigt wird. Nicht weil die Christen das verdient hätten, sondern obwohl und indem sie das nicht verdient haben. Sie leben von der *Gnade* Gottes, der gerade den sündigen Menschen nicht fallen lässt, der gerade nicht den Tod des Sünders will, sondern dass er sich bekehre und lebe, dessen Gericht nur in der Absicht geschieht, gerade die Ungerechten zurecht zu bringen. Die christliche Gemeinde weiß, dass dieser *gnädige* Gott im Regimente sitzt. [...]

Karl Barth, Eine Schweizer Stimme 1938–1945, Zürich ^{3}1985, 307–333.

Ein Wort an die Deutschen (1945)

[…] Zu Deutschlands Umwelt gehören nicht nur die feindlichen und neutralen Völker und Staaten als solche, sondern gehört auch die christliche Kirche, die in diesen Völkern und Staaten mehr oder weniger lebendig ist. Ich will auch hier nichts verschweigen. Wo immer die Kirche lebendig ist, da hat sie in den vergangenen Jahren, wie in Frankreich, in Holland, in Norwegen und anderswo, unter den Elementen des damals gebotenen Widerstandes in vorderster Linie gestanden. Es war auch in der Schweiz nicht anders. Es musste so sein. […]

Die Augen und Herzen werden da vielmehr offen, das Gewissen wird da wach, die Christen werden da willig sein, zusammen mit den Christen, mit den Menschen in Deutschland überhaupt, das Alte vergangen sein zu lassen, ein neues Wegstück anzutreten. Denn wo die Kirche lebendig ist, da lebt sie nicht vom Gesetz, das den Menschen verhaftet und verurteilt, sondern vom Evangelium, das ihn freispricht und freimacht; da bekennt sie sich zum Glauben an die Vergebung der Sünden, die wir alle nötig haben, die für uns alle schon erworben und bereit ist. Wie könnte sie da stecken bleiben im Anklagen und Verdammen des deutschen Menschen? Wie müsste sie da nicht auch in ihm den Bruder sehen? Wie müsste sie da nicht glauben und sagen, dass es auch für ihn einen Freispruch und also eine Zukunft gibt? Es hat mit schmusigem Mitleid nichts zu tun, es beruht auf nüchterner, christlicher Erkenntnis, es ist ein Akt einfachster christlicher Freiheit und christlicher Notwendigkeit, dies festzustellen: Es gibt im Himmel nicht nur, sondern auch auf Erden, es gibt als Botschaft der lebendigen christlichen Kirche der ganzen Welt auch heute ein bestimmtes, ein unzweideutiges Ja zum deutschen Volk, zum deutschen Menschen, ein Ja, das dieser deutsche Mensch hören und das er sich so aufrichtig, wie es gemeint ist, zu Herzen nehmen darf.

Und eben das ist der Wunsch, mit dem ich hierhergekommen bin: er möchte sich dieses Ja zu Herzen nehmen. Er möchte es also doch ja nicht unterlassen, auch zu sich selbst nun wirklich wieder Ja, ein ganz neues Ja zu sagen. Das deutsche Volk ist nicht fallen gelassen: von Gott nicht und auch nicht von den Menschen. So möge es nun auch sich selbst nicht fallen lassen!

Vielleicht war dies schon bisher das Unglück des deutschen Volkes, dass es so oft allzu bereit war, sein Heil darin zu suchen, dass es sich fallen ließ. Was heißt das: sich fallen lassen? Man meint dann nicht mehr stehen und gehen zu können. Man meint dann zum Stehen und Gehen auch nicht mehr verpflichtet zu sein. Man sagt dann Ja zu irgendeiner höheren, hinunterdrückenden, oder tieferen, herunterziehenden Gewalt. Man mag dann nicht mehr prüfen, ob diese Gewalt Recht hat und ob man ihr nicht dennoch widerstehen müsste. Man hat dann ausgezweifelt, fertig gezweifelt. Man ist dann verzweifelt. Man denkt dann nicht mehr. Man will dann nicht mehr. Auch das Gewissen schweigt dann. [...]

Wenn ich mich recht erinnere, so war es eigentlich das, was 1933 am Anfang des traurigen Weges, an dessen Ende wir jetzt stehen, geschehen ist. [...] Die Einladung ertönte: Deutschland, lass dich fallen! Deutschland, schlaf ein! Deutschland, träume! Deutschland, versuche es nun mit dem Schlafwandel und seiner Sicherheit! Weichen vor der Gewalt soll nun deine Stärke sein. Blindes Vertrauen ist dir nun erlaubt und geboten. Führenlassen sollst du dich nun, um eben damit frei zu werden. Der Opfertod der Vernunft und des Gewissens ist nun von dir verlangt, damit du ebenso lebest. Und es geschah, dass die heilige Ungeduld siegte, dass diese Einladung befolgt, dass eben dieses Sichfallenlassen des deutschen Volkes hinein in diesen Abgrund – mit und ohne und gegen seinen Willen, aber tatsächlich – Ereignis wurde. [...]

Es geht darum, dass der deutsche Mensch heute, heute, sich nicht wieder fallen lasse, nicht wieder Nein statt Ja zu sich selber sage. Da hat ja das deutsche Volk nicht Ja, sondern Nein zu sich selber gesagt, als es sich in die Hände von Adolf Hitler begab. So konnte es sich irren – aber eben nur irren! – über sich selbst, dass es dessen fähig war. Der Nationalsozialismus war der böse Traum, der bisher böseste Traum des deutschen Volkes. [...] Was jetzt geschehen muss, ist dies, dass das deutsche Volk gänzlich zu sich selbst komme und dann auch gänzlich bei sich selbst bleibe. [...] Keine weiteren Träume nun, kein weiteres Sichfallenlassen. Es darf und muss nun geschehen, dass das deutsche Volk wach wird, stehen und gehen lernt. [...] Deutsche Nüchternheit würde jetzt wohl vor allem bedeuten, dass man es unterlässt, sich in brausenden Klagen und Anklagen gegen die anderen zu ergehen. Auch dann nicht, wenn dazu viel und berechtigter Anlass vorliegen sollte. Es ist eine von jenen kleinen Illusionen, wenn man heute vergisst oder vergessen will, dass das Unheil, das jetzt über Deutschland geht, diesmal unzweideutig in Deutschland selbst seinen Ursprung und Anfang gehabt hat. [...] Das hülfe keinen Schritt weiter, das brächte nun vielmehr gerade um den entscheidenden Schritt zurück, wenn man sich heute daran stärken wollte, dass die anderen offenbar auch keine Engel, sondern gar sehr Menschen sind. Man verlasse sich darauf: Gott ist auch der anderen Richter und er wird auch sie zu finden wissen; für die Deutschen aber kann heute nur eines interessant sein: dass und wie Gott sich in diesen Jahren als ihr eigener Richter erwiesen hat. [...] Deutsche Nüchternheit würde darin bestehen, dass es jetzt ohne Umschweife eingesehen und ohne Vorbehalte ausgesprochen würde:

Was gehen uns die anderen an? Wir, in dem bösen Traum, in dem wir befangen waren, wir haben das angefangen, was, nachdem es unzählige andere Opfer gekostet hat, nun zuletzt gerade auf uns zurückgefallen ist! [...]

Restauration ist nicht das, was das deutsche Volk nötig hat. Und Restauration allein, sei es in der Verwaltung, sei es in der Wirtschaft, sei es in der Kirche, sei es in der Schule, sei es im Lebensstil – Restauration allein heißt Reaktion, Wiederherstellung der alten Gefahrenquellen. Nüchternheit besteht heute in der Einsicht: es gibt verbrauchte Verhältnisse, verbrauchte Gedankengänge, verbrauchte Gewohnheiten, verbrauchte Menschen in Deutschland – verbraucht nicht darum, weil sie alt sind, aber darum, weil sie sich als Keimzellen und Förderer des nun hereingebrochenen Unheils erwiesen haben. [...]

Deutsche Nüchternheit müsste jetzt darin bestehen, dass alle, aber auch alle Überlieferung auf die Waage gelegt wird mit der Frage, ob sie angesichts des auf Herzen und Nieren gehenden Gerichtes, das nun über Deutschland ergangen ist, darum bestehen kann, weil sie sich in dieser Krisis bewährt hat. Wäre es nicht einfach gerecht, zu sagen: Was in dieser Zeit dem Widerstand gegen den Nationalsozialismus *nicht* gedient hat, was in dieser Zeit *kein* Element der Hoffnung, *keine* Bürgschaft einer besseren Zukunft gewesen ist, das ist faul, das darf nicht wiederkommen, das ist wert, dass es spätestens jetzt, wo es um Neuaufbau gehen soll, verschwindet und zugrunde geht? Wäre es nicht mutig und notwendig zugleich, sich jetzt wenigstens darüber einmal zu einigen: was jetzt kommen muss, das müssen auf alle Fälle solche deutschen Zustände und ein solcher deutscher Geist sein, in denen Möglichkeiten wie die, die wir nun wirklich werden sahen, als solche und in ihrer Wurzel beseitigt sind? [...] Und deutsche Nüchternheit würde jetzt schließlich und vor allem darin bestehen, dass man in allen Teilen des deutschen Volkes und auf allen deutschen Lebensgebieten resolut aufhörte, nach besonderen Führern, Autoritäten, anregenden und leitenden Instanzen, nach irgendwelchen Worten, Weisungen und Befehlen von oben, nach irgendwelchen gewaltigen Stimmen aus der Wolke zu fragen. [...] Deutsche Nüchternheit bestünde heute in der Einsicht: es gibt eine höhere, eine weitere Pflicht als die des Gehorsams, und das ist die Pflicht der Freiheit. Freiheit heißt eben Verantwortlichkeit, nicht abzuschiebende, sondern selber zu tragende Verantwortlichkeit, Verantwortlichkeit gerade des Geistes, gerade des Herzens, gerade des Denkens, gerade des Gewissens, jedes Einzelnen und also des ganzen Volkes. [...]

Karl Barth, Der Götze wackelt. Zeitkritische Aufsätze, Reden und Briefe von 1930–1960, hg. v. Karl Kupisch, Berlin 1961 (Nachdruck Waltrop 1993), 87–97.

Christengemeinde und Bürgergemeinde (1946)

1. Wir verstehen unter «Christengemeinde» das, was man sonst als *«Kirche»*, unter «Bürgergemeinde» das, was man sonst als *«Staat»* bezeichnet. Die Verwendung des einen Begriffs «Gemeinde» zur Bezeichnung beider Größen mag zunächst gleich zum vornherein auf die zwischen den beiden bezeichneten Größen bestehende positive Beziehung und Verbindung hinweisen. […]

2. […] Die Bürgergemeinde als solche ist geistlich blind und unwissend. Sie hat weder Glauben noch Liebe noch Hoffnung. Sie hat kein Bekenntnis und keine Botschaft. […]

5. Und nun weiß gerade die Christengemeinde um die *Notwendigkeit* der besonderen Existenz der Bürgergemeinde. […]

6. […] Wo Bürgergemeinde, wo Staat ist, da haben wir es […] mit einer der Konstanten der göttlichen Vorsehung und Weltregierung in ihrer zugunsten des Menschen stattfindenden Gegenwirkung gegen die menschliche Sünde und also mit einem Instrument der göttlichen Gnade zu tun. Die Bürgergemeinde hat mit der Christengemeinde sowohl den Ursprung als auch das Zentrum gemeinsam. […] Sie hat also keine vom Reich Jesu Christi abstrahierte, eigengesetzlich begründete und sich auswirkende Existenz, sondern sie ist – außerhalb der Kirche, aber nicht außerhalb des Herrschaftskreises Jesu Christi – ein Exponent dieses seines Reiches. […]

7. Kirche muss *Kirche bleiben*. Es muss bei ihrer Existenz als *innerer* Kreis des Reiches Christi sein Bewenden haben. […] Sie verkündigt die Herrschaft Jesu Christi und die Hoffnung auf das kommende Reich Gottes. Die Bürgergemeinde als solche tut das nicht; sie hat keine solche Botschaft auszurichten; sie ist darauf angewiesen, dass sie ihr ausgerichtet werde. […]

8. Die Christengemeinde *beteiligt* sich aber gerade in Erfüllung ihrer *eigenen* Aufgabe auch an der Aufgabe der Bürgergemeinde. Indem sie an Jesus Christus glaubt und Jesus Christus verkündigt, glaubt und verkündigt sie ja den, der wie der Herr der Kirche so auch der Herr der Welt ist. […] Im Raum der Bürgergemeinde ist die Christengemeinde mit der Welt solidarisch und hat sie die Solidarität resolut ins Werk zu setzen. Die Christengemeinde betet für die Bürgergemeinde. […]

10. […] Die Christengemeinde «unterordnet» sich der Bürgergemeinde, indem sie – messend an dem Maßstab ihrer Erkenntnis des Herrn, der der Herr über alles ist – *unterscheidet* […] zwischen dem rechten und dem unrechten Staat […]

11. Und nun gibt es zwar keine Idee, kein System, kein Programm, wohl aber eine unter allen Umständen zu erkennende und innezuhaltende *Richtung* und *Linie* der im politischen Raum zu vollziehenden christlichen Entscheidungen. [...]

12. [...] Der tiefste, der letzte, der göttliche Sinn der Bürgergemeinde besteht darin, Raum zu schaffen für die Verkündigung und für das Hören des Wortes und insofern allerdings für die Existenz der Christengemeinde. [...]

13. [...] Die Kirche *erinnert* an Gottes Reich. Das bedeutet aber nicht, dass sie es dem Staate zumutet, allmählich zum Reich Gottes zu werden. [...]

14. Die Richtung und Linie des christlich politischen Unterscheidens, Urteilens, Wählens, Wollens und Sicheinsetzens bezieht sich auf die *Gleichnis*fähigkeit und *Gleichnis*bedürftigkeit des politischen Wesens. Das politische Wesen kann weder eine Wiederholung der Kirche noch eine Vorwegnahme des Reiches Gottes darstellen. Es ist in seinem Verhältnis zur Kirche ein *eigenes,* in seinem Verhältnis zum Reich Gottes (wie die Kirche selbst!) ein *menschliches,* ein die Art dieser vergänglichen Welt an sich tragendes Wesen. Eine *Gleichung* zwischen ihm und der Kirche auf der einen, dem Reich Gottes auf der anderen Seite kann darum nicht infrage kommen. Wiederum hat es, indem es auf besonderer göttlicher Anordnung beruht, indem es zum Reiche Jesu Christi gehört, keine Eigengesetzlichkeit, keine der Kirche und dem Reich Gottes gegenüber selbstständige Natur. Eine einfache und absolute *Ungleichung* zwischen ihm und der Kirche einerseits, dem Reich Gottes andererseits kann darum auch nicht infrage kommen. Es bleibt somit übrig und es drängt sich als zwingend auf: die Gerechtigkeit des Staates in christlicher Sicht ist seine Existenz als ein *Gleichnis,* eine Entsprechung, ein Analogon zu dem in der Kirche geglaubten und von der Kirche verkündigten Reich Gottes. Indem die Bürgergemeinde den äußeren Kreis bildet, innerhalb dessen die Christengemeinde mit dem Geheimnis ihres Bekenntnisses und ihrer Botschaft der innere ist, indem sie also mit dieser das Zentrum gemeinsam hat, kann es nicht anders sein, als dass sie, obwohl und indem ihre Voraussetzung und Aufgabe eine eigene und andere ist, im Verhältnis zu der die Christengemeinde konstituierenden Wahrheit und Wirklichkeit gleichnis*fähig* ist: fähig dazu, sie indirekt, im Spiegelbild zu reflektieren. Da es aber bei der Eigenheit und Andersheit ihrer Voraussetzung und Aufgabe, bei ihrer Existenz als besonderer äußerer Kreis sein Bewenden haben muss, kann ihre Gerechtigkeit und also ihre Existenz als Spiegelbild der christlichen Wahrheit und Wirklichkeit nun doch nicht selbstverständlich und ein für alle Mal vorausgegeben sein, ist diese vielmehr aufs höchste gefährdet, ist es immer und überall fraglich, ob und in welchem Maß sie ihre Gerechtigkeit

erfüllt, muss sie also, um vor Entartung und Zerfall bewahrt zu bleiben, an sie erinnert werden; sie ist gleichnis*bedürftig*, ebenso wie sie gleichnisfähig ist. [...] Sie bedarf eben dazu der heilsam beunruhigenden Gegenwart, der unmittelbar und direkt um jenes Zentrum rotierenden Tätigkeit und also eben: der politischen Mitverantwortung der Christengemeinde. [...]

Tritt sie in ihre politische Mitverantwortung ein, dann muss das bedeuten: sie ergreift jetzt die menschliche Initiative, die die Bürgergemeinde nicht ergreifen, sie gibt ihr jetzt den Anstoß, den diese sich selbst nicht geben, sie vollzieht jetzt eben die Erinnerung, deren diese von sich aus nicht fähig sein kann. Sie unterscheidet, urteilt und wählt dann im politischen Bereich immer zugunsten der Erleuchtung seines Zusammenhangs mit Gottes Heils- und Gnadenordnung und also zu Ungunsten aller Verdunkelungen dieses Zusammenhangs. Sie unterscheidet und wählt unter den sich jeweils bietenden politischen Möglichkeiten unter Zurückstellung und Ablehnung der anderen immer diejenigen, in deren Realisierung ein Gleichnis, eine Entsprechung, eine Analogie, das Spiegelbild dessen sichtbar wird, was den Inhalt ihres Bekenntnisses und ihrer Botschaft bildet. Sie tritt in den Entscheidungen der Bürgergemeinde immer auf die Seite, wo die Herrschaft Jesu Christi über das Ganze und also auch über diesen ihr fremden Bereich nicht verundeutlicht, sondern verdeutlicht wird. Sie will, dass die Gestalt und die Wirklichkeit des Staates inmitten der Vergänglichkeit dieser Welt auf das Reich Gottes hin und nicht von ihm wegweise. Sie will, dass die menschliche Politik die göttliche nicht kreuze, sondern dass sie ihr in ihrer ganzen Entfernung von jener parallel gehe. Sie will, dass die vom Himmel her offenbar gewordene und tätige Gnade Gottes in dem auf Erden allein möglichen Material äußerlicher, relativer und vorläufiger Handlungen und Handlungsweisen der politischen Gemeinde abgebildet werde. Sie verantwortet sich also erstlich und letztlich auch damit vor *Gott* – vor dem einen Gott, der den Menschen in Jesus Christus gnädig und offenbar ist –, dass sie sich für die Sache der Bürgergemeinde verantwortlich macht. Und so legt sie auch mit ihrem politischen Unterscheiden, Urteilen, Wählen und Wollen ein implizites, ein indirektes, aber doch reales *Zeugnis* ab. So ist auch ihr politisches Handeln Bekenntnis. Sie ruft mit ihm auch die Bürgergemeinde aus der Neutralität, aus der Unwissenheit, aus dem Heidentum heraus in die Mitverantwortung vor Gott, in der sie ihre eigene politische Mitverantwortung betätigt. So handelt sie gerade in Treue gegen ihren eigensten Auftrag, indem sie auch politisch handelt. So also wird durch sie die Geschichte in Gang gebracht, die die Gestaltung der Bürgergemeinde zum Gleichnis des Reiches Gottes und also die Erfüllung ihrer Gerechtigkeit zum Ziel und Inhalt hat. [...]

29. […] Es ist darum doch nicht zu übersehen und zu leugnen, dass das christlich-politische Unterscheiden, Urteilen, Wählen, Wollen, Sicheinsetzen auf der ganzen Linie eine Tendenz auf die Gestalt des Staates hat, die in den sogenannten «Demokratien» wenn nicht verwirklicht, so doch mehr oder weniger ehrlich und deutlich gemeint und angestrebt ist. […] Es gibt schon eine *Affinität* zwischen der Christengemeinde und der Bürgergemeinde der *freien* Völker! […]

33. Vielleicht der entscheidende Beitrag der Christengemeinde im Aufbau der Bürgergemeinde besteht darin, dass sie ihre eigene Existenz, ihre Verfassung und Ordnung theoretisch und praktisch dem gemäß gestaltet, dass sie, die direkt und bewusst um jenes gemeinsame Zentrum versammelt ist, den inneren Kreis innerhalb des äußeren darzustellen hat. Der rechte Staat muss in der rechten Kirche sein Urbild und Vorbild haben. Die Kirche *existiere* also *exemplarisch*, d. h. so, dass sie durch ihr einfaches Dasein und Sosein auch die Quelle der Erneuerung und die Kraft der Erhaltung des Staates ist. […]

Karl Barth, Christengemeinde und Bürgergemeinde (ThSt 104), Zürich [3]1984, 49–82.

Die Kirche zwischen Ost und West (1949)

[…] Es wäre für die ganze Verhandlung der heutigen Ost-Westfrage schon viel gewonnen, wenn wir uns als Christen klarmachen würden, dass jedenfalls *Angst* in dieser Sache unsere Beraterin nicht sein darf. Das ist das eine, was wir uns selbst und unseren Mitmenschen heute zu sagen haben.

Das andere ist dies: *Nicht mittun* bei diesem Gegensatz! Er geht uns als Christen gar nichts an. Er ist kein echter, kein notwendiger, kein interessanter Gegensatz. Er ist ein bloßer Machtkonflikt. Wir können nur warnen vor dem noch größeren Frevel, diesen Konflikt in einem dritten Weltkrieg austragen zu wollen. Wir können nur jeder Lockerung dieser Spannung, wir können gerade in dem Zwischenbereich, in welchem wir uns auch geografisch befinden, nur dem Rest von Vernunft das Wort reden, der der notorisch so unvernünftigen Menschheit noch geblieben sein möchte. Mit dem Evangelium im Herzen und auf den Lippen können wir zwischen jenen beiden streitenden Riesen nur mitten hindurch gehen mit der Bitte: Erlöse uns von dem Bösen! […]

Das dritte ist das, was ich die christliche *Ernüchterung* genannt habe, die wir gerade bei diesem Aspekt der Sache gewinnen können. […] Wir werden uns die angeblich höheren Gegensätze, mit denen wir es zu tun bekommen werden, sehr genau darauf ansehen müssen, ob sie mit dem sehr unheiligen Streit jener beiden Riesen nicht zu viel Zusammenhang haben: zu viel, als dass es sich lohnen würde, auf der einen Seite das Gute, auf der anderen das Böse, hier einen Engel des Lichts, dort den leibhaftigen Satan zu sehen. Was immer jetzt noch zu bedenken sein mag: wir sind durch diesen ersten Aspekt der Sache jedenfalls warnend gefragt: Wird es, da der Gegensatz zwischen Ost und West zunächst einfach in diesem Gigantenstreit besteht, unter *irgend*einem Gesichtspunkt christlich sein können, zwischen Ost und West *Partei* zu ergreifen, wird der Weg der Gemeinde Jesu Christi in der Gegenwart nicht schon von daher gesehen ein anderer, ein *dritter*, ihr *eigener* Weg sein müssen? […]

Eben das ist zunächst auch unsere, die christliche *politische* Stellungnahme: dass wir uns weigern, in diesem Gegensatz Kämpfer zu sein. Wir sagen das nicht nur als eine erbauliche Wahrheit im stillen Kämmerlein, wir sagen es auch zu euch, wir sagen es auch auf die westliche Straße hinaus: Die Sache des Westens mag von Natur und Haus aus unsere eigene Sache sein. Die Sache Gottes ist sie darum *doch* nicht. Wie die Sache des Ostens sicher *auch* nicht die Sache Gottes ist! […] Der Weg kann auf alle Fälle nur ein dritter Weg sein! Möge die Kirche im Osten zusehen, dass sie dort dasselbe sage! Wir aber, die Kirche im *Westen*, haben in diesem Konflikt nur das zu sagen. […]

Nach unserem eigenen Glauben sind wir gefragt: *Wo* ist denn das christliche Abendland, das dem allerdings sehr handgreiflich unchristlichen Osten auch nur mit einigermaßen gutem Gewissen in die Augen blicken könnte? *Woher* hat denn der Osten sein Gottlosentum bezogen, wenn nicht aus dem Westen, aus unserer Philosophie? Ist sein kaltschnäuziges Achristentum etwas so ganz anderes als die Weisheit, die sich auch bei uns auf allen Gassen und in allen Zeitungen und, wohlverstanden, in gedämpfter Form doch weithin auch in unseren Kirchen selbst breitmachen darf? *Wovon* lebt denn dieses Achristentum, wenn nicht von dem Ärgernis, das ihm durch die Brüchigkeit des orthodoxen, des römischen *und* unseres protestantischen Christentums gegeben worden ist? Und das sollten wir Christen im Westen nicht bemerken oder tun, als ob wir es nicht bemerkten? Wo ist denn unsere Legitimation, von einem «christlichen Abendland» zu reden und diesem auf einmal mit dem Aufruf zum geistigen, politischen und eines Tages auch militärischen Kreuzzug zu Hilfe kommen zu wollen? Was für Narren oder Heuchler müssten wir in der Tat sein, wenn wir uns dazu herbeiließen! Gegen den falschen Glauben des Ostens kann nur der wahre, klare, christliche Glaube standfest sein. [...] Nicht der Kreuzzug, sondern das Wort vom Kreuz ist das, was die Kirche des Westens dem gottlosen Osten – aber vor allem auch dem Westen selbst schuldig ist, durch das sie sich selbst ganz neu muss aufbauen lassen. [...] Aber heute geht es nicht um Kampf, sondern um *Aufbau*. Das ist der Grundgedanke, für den wir Christen in der heutigen politischen Welt einzustehen haben. [...]

Die christliche Kirche ist für den Aufbau. Sie kann darum nicht den einen recht und den anderen unrecht geben. Sie kann nur beide, alle beim Wort nehmen. Sie glaubt und verkündigt die Gerechtigkeit *Gottes*, die die *menschliche Freiheit* nicht aufhebt, sondern in ihrer unverletzlichen Würde und Heiligkeit begründet. Sie glaubt und verkündigt aber auch die *Freiheit* Gottes, nämlich die majestätische Freiheit seiner Gnade, durch die menschliche Gerechtigkeit nicht überflüssig gemacht, sondern geradezu mit Ungestüm gefordert ist. Sie glaubt und verkündigt den Frieden *Gottes*, der *höher* ist als alle Vernunft und der eben darum die menschliche Vernunft umfasst und beieinander hält, der dafür sorgt, dass wir nicht aufgrund unvernünftiger Vernünfteleien übereinander herfallen, der also auch für den *menschlichen Frieden* sorgt. Die christliche Kirche kann von daher nicht gegen den Westen, nicht gegen den Osten sein. Sie kann von daher nur zwischen beide hineintreten. [...] Damit ruft sie zur Menschlichkeit, und eben damit dient sie dem Aufbau. Die Kirche kann gerade heute nur dann Kirche sein, wenn sie dazu *frei* bleibt. Sie kann nur für *Europa* sein. Nicht für ein östlich, nicht für ein westlich bestimmtes und orientiertes, sondern für ein *freies*, einen dritten, seinen eigenen Weg gehendes Europa. Eine freie Kirche ist vielleicht heute die letzte Chance für ein solches freies Europa. [...]

Karl Barth, Der Götze wackelt. Zeitkritische Aufsätze, Reden und Briefe von 1930–1960, hg. v. Karl Kupisch, Berlin 1961 (Nachdruck Waltrop 1993), 124–143.

Politische Entscheidung in der Einheit des Glaubens (1952)

[...] Nicht zu der Frage der deutschen Remilitarisierung als solcher, aber zu dem innerkirchlichen Gespräch darüber möchte ich hier ein Wort sagen dürfen, weil es ein auch für die evangelischen Christen außerhalb Deutschlands wichtiges Gespräch ist. Wie kann es denn dazu kommen und wie kann denn das zugehen, dass die Kirchen ihrem politischen Auftrag gerecht wird? [...] Soll der politische Auftrag der Kirche überhaupt und rechtzeitig wahrgenommen werden, dann wird das faktisch-praktisch nur in Gestalt von Stellungnahmen und Äußerungen einzelner ihrer Glieder geschehen können: vollzogen in der Freiheit und Gebundenheit ihrer persönlichen christlichen Verantwortung. [...]

In einer solchen Stellungnahme, zu einem politischen *Pro* oder *Contra*, kommt es bei einem Christen offenbar in der Weise, dass er sich – darin mit allen seinen sonstigen Mitbürgern in der gleichen Lage – die in der zur Diskussion stehenden Sache zu bedenkenden Gründe und Gegengründe gewissenhaft, möglichst vollständig und nüchtern vor Augen hält, sie in ihrem Gehalt und Gewicht gegeneinander stellt, für und gegeneinander reden lässt – genau so, wie er das auch bei irgendeiner anderen, auch bei einer «privaten» Lebensentscheidung tun wird. Er wird ihren Gehalt und ihr Gewicht zu «ermessen» suchen. Er wird das aber nicht – darin unterscheidet er sich von seinen Mitbürgern – in einem von seinem Glauben getrennten Raum, sondern vor *Gott* – nicht vor irgendeinem, sondern vor dem im Evangelium von *Jesus Christus* zur Welt, zur Gemeinde und so auch zu ihm redenden Gott tun. Er wird nach der Entscheidung – nicht der Willkür und auch nicht der menschlichen Klugheit, sondern der Freiheit im Gehorsam gegen dieses Gottes *Gebot* fragen. Er wird also z. B. in der heutigen Lage für und gegen sich reden lassen: die Argumente *für* die deutsche Remilitarisierung [...] Demgegenüber die Argumente *gegen* dieses Unternehmen. [...] Der seiner politischen Verantwortlichkeit bewusste Christ wird sich nicht darin von seinen sonstigen Mitbürgern unterscheiden, dass nicht auch er die einzelnen politischen Argumente als solche [...] ganz ernst nimmt, dass nicht auch er sich klar ist darüber, dass er auf Ermessensfragen zu antworten hat und also – mit Kant zu reden – den Mut haben muss, sich seines eigenen Verstandes zu bedienen. Er wird sich aber darin von anderen unterscheiden, dass er auf die in diesen beiden Argumentenreihen redenden Geister, auf die in ihnen wahrnehmbaren Gedankengänge, Richtungen und Gesichter achtet. Das steht nun allerdings in der Bibel: dass der Christ im kleinen wie im großen Zeitgeschehen mit dem Walten von Geistern, und zwar von verschiedenen, guten und bösen Geistern zu rechnen, dass er sie, geleitet durch den *Heiligen* Geist des Wortes Gottes und an dessen Maß sie messend, zu *unterscheiden*, und dass er sich in seiner eigenen Haltung, dieser Unterscheidung entsprechend, einzurichten habe: nicht so *oder* auch anders also, sondern so und *nicht* anders! Hier, angesichts der beiderseitigen Hintergründe solcher Argumentenreihe, steht er vor dem Geheimnis der Geschichte und seines eigenen Lebens, hier nämlich vor dem Widerstreit des die Welt regierenden Gottes und des ihm widerstehenden Chaos. Hier hat das «Vielleicht – vielleicht auch nicht!» seine Grenze. Hier hat er auf Gottes Gebot zu hören, hier recht und nicht falsch zu wählen: zwischen einem Besseren und einem Schlechteren nicht nur, sondern seinem christlichen Glauben gemäß […] und also im Sinn des Deuteronomiums zwischen Leben und Tod, zwischen Gott und den Abgöttern. Hier steht er mitten im Feld der Verstandes- und Ermessensfragen vor der Gehorsamsfrage. Indem er ihr (es geht um seiner Seele Seligkeit!) nur in einer ganz *bestimmten* Richtung genügen, sie so, wie sie ihm heute und hier gestellt ist, nur so und *nicht* anders beantworten kann, findet er sich zu einer konkreten politischen Entscheidung, zu einem Ja oder Nein genötigt und berufen: damit aber auch dazu, sich zu seiner Entscheidung zu bekennen, sie öffentlich zu vertreten, andere Christen (und Nicht-Christen!) im Blick auf dieselbe auch für sie gültige Voraussetzung (weil Gott, ob erkannt oder unerkannt, ihrer aller Gott ist) rücksichtslos zu derselben Entscheidung aufzurufen. […]

Die Folge wird also sein, dass die Christen in dieser und dieser politischen Situation nicht beieinander, sondern vorläufig gegeneinander stehen: hier die, für die die Stunde der Glaubens- und Gehorsamsentscheidung noch gar nicht geschlagen zu haben scheint – dort die, die sie im Glauben *so*, dort die, die sie, scheinbar in demselben Glauben, ganz *anders* vollziehen zu müssen glauben. […]

Leuchtet es doch ein, dass im Bereich des christlichen Gedankens und Wortes gerade die *eine* Wahrheit nie nur Gabe, immer auch Aufgabe ist, und also nie nur gemeinsam wiederholt werden kann, immer auch aufs Neue zu suchen und zu finden ist, was anders als zunächst im Wagnis Einzelner auch in diesem Bereich nicht getan werden kann. Eine gewisse u. U. sehr akute Bedrohung der christlichen Gemeinschaft kann dieses Wagnis immer nach sich ziehen. […]

Entscheidungen einzelner Christen – auch die politischen Stellungnahmen, um die es heute geht – können, dürfen und müssen mit allen ihren Auswirkungen darum in der *Einheit* des Glaubens stattfinden, weil diese selbst nur, wenn sie *dynamischen* Charakter hat, die Einheit des *christlichen*, des *evangelischen* Glaubens sein kann.

Warum soll eine solche politische Entscheidung einzelner Christen nun eigentlich nicht, statt Seufzen und Schelten zu erregen, als ein *in* der Gemeinde *an* die Gemeinde ergehender *Anruf* und *Aufruf* verstanden werden? Als eine Aufforderung an alle anderen, im Blick auf die infrage stehende Sache – vielleicht: erst zu sehen, dass Neutralität unmöglich sei, dass es um Gehorsam oder Ungehorsam gehe – vielleicht (wenn es an diesem Sehen nicht fehlen sollte): noch und noch einmal «zu prüfen, welches da sei der gute, wohlgefällige und vollkommene Gotteswille» [Röm 12,2], ob er nicht doch in der Linie der von jenen Einzelnen vollzogenen Entscheidung liegen möchte? […]

Die Kirche hat praktisch keine andere Wahl als die, *entweder* ihre politische Verantwortlichkeit wahrzunehmen und sich damit dem Risiko solcher Krise auszusetzen, *oder* sich solche Krise zu ersparen, um dann ihrer politischen Verantwortlichkeit sicher nicht gerecht zu werden. Billiger als so ist die Realisierung einer positiven Beziehung zwischen der Kirche und dem Staat und seinen Problemen gerade für die Kirche nicht zu haben. Wer den politischen Auftrag der Kirche grundsätzlich kennt und anerkennt, der muss bereit sein, um Gottes Willen etwas Tapferes zu tun oder es sich mindestens gefallen zu lassen, wenn es an seiner Stelle nun eben vorläufig von anderen getan wird. […]

Die politische Entscheidung in der Einheit des Glaubens stellt, soll sie echt und fruchtbar stattfinden, an alle, die es angeht, eine Reihe von höchsten *Anforderungen*. Sie fordert von denen, die sie vollziehen und den anderen gegenüber vertreten, ein Höchstmaß von politischer Nüchternheit und theologischer Einsicht: *Nüchternheit* in der Sicht der in Rechnung zu stellenden sachlichen Faktoren – und *Einsicht* bei deren Zusammenschau und Beurteilung, geistliches Gespür für die verschiedenen Worte, die hier und dort durch die verschiedenen Buchstaben gebildet werden, scharfe Erkenntnis des Sinns oder Unsinns, des Heils oder Unheils, die sich hinter den verschiedenen Bewertungen jener Faktoren verbergen. Ohne ein gutes Teil einfachen, gesunden Menschenverstandes und ohne einen Funken von Prophetie – oder sagen wir besser: von der sehenden und drängenden Liebe Christi kann und darf es dabei nicht abgehen. […]

Echt und fruchtbar vollzogene politische Entscheidung in der Einheit des Glaubens fordert von ihren Vertretern weiter ein Höchstmaß von Mut und Demut: *Mut* zu dem bedrohlichen, aber notwendigen Unternehmen, eine irdische Hoffnung ganz im Lichte der himmlischen zu sehen, ein menschliches Ja oder Nein nun doch im Gehorsam gegen Gott zu finden und auszusprechen, einen beschränkten Schritt nun dennoch in ganzer Zuversicht und Bestimmtheit zu tun – und *Demut* im Wissen um die tiefe Fragwürdigkeit und Gebrechlichkeit, Vorläufigkeit und Relativität auch des Besten, was der Mensch mit seinem Wollen und Vollbringen, seinem Ja oder Nein, konkret anstreben kann und konkret erreichen wird. [...] Verzagte, zweifelnde, halbe Herzen, Worte und Taten sind zur Bezeugung des Willens Gottes sicher unbrauchbar und so auch die aufgeblasenen, selbstgewissen und hochmütigen! [...]

Und rechte politische Entscheidung in der Einheit des Glaubens fordert von denen, die sie wagen, endlich ein Höchstmaß von neutestamentlicher Freudigkeit und alttestamentlicher Strenge: *Freudigkeit* von innen und nach außen, weil die politische Entscheidung als Zeugnis von Christen an Christen (und Nicht-Christen!) nur dann lichtvoll und gewichtig sein kann, wenn sie ihren Grund im Evangelium, im befreiten und befreienden Glauben an die in Jesus Christus schon geschehene, vollkommen vollbrachte Versöhnung der Welt mit Gott hat – und *Strenge* gegen sich selbst und andere, weil es in solcher Entscheidung für sie wie für die anderen um die praktische Bestätigung des Bundes Gottes mit seinem Volk, um die Erkenntnis und das Tun seines Gebotes geht. [...] Die Krisis, in die die Einheit des Glaubens durch die in ihr stattfindende politische Entscheidung geraten muss, ist auf keinen Fall als ausweglos zu bezeichnen. [...]

Karl Barth, Politische Entscheidung in der Einheit des Glaubens (TEH NF 34), München 1952.

Gottesdienst von Karl Barth im Basler Gefängnis, 1961

12 Predigt als Rede von Gott

Zum theologischen Gesamtwerk Karl Barths gehören nicht nur Vorträge, kleine Abhandlungen und umfangreiche Werke wie die «Kirchliche Dogmatik», sondern auch Predigten. In seinem Safenwiler Pfarramt (1911–1921) stand er fast jeden Sonntag auf der Kanzel und teilte gerade in diesen Jahren mit anderen Pfarrern die sogenannte Predigtnot: in den Widerspruch des menschlichen Lebens hinein von der unerhörten biblischen Botschaft reden zu sollen und zwischen der Skylla des Lebens und der Charybdis der Bibel den richtigen theologischen Weg zu finden. Die Herausforderung, als Mensch gar nicht von Gott angemessen reden zu können, aber die Aufgabe zu haben, von ihm reden zu sollen, begleitete ihn sein Leben lang.

Abschnitte aus seinen Predigten über alt- und neutestamentliche Texte zwischen 1916 und 1963 zeigen Barths Bemühung auf, Gott und sein Wirken den Menschen so zu erschließen, dass diese sich in ihrer eigenen Existenz angesprochen wissen. Nachdem er seit seinem Übergang ins akademische Lehramt 1921 keinen amtlichen und regelmäßigen Predigtauftrag mehr hatte, wählte er 1954–1964 mit dem Basler Gefängnis einen besonderen Predigtort. Von den dort gehaltenen 28 Predigten sind hier Auszüge aus zwei dieser Predigten abgedruckt. Da er davon abgesehen kaum noch predigte, hat er einmal geäußert: «Es dürfte wohl nur wenige Theologieprofessoren geben, deren Predigthörer man nur werden kann, wenn man sich zuvor einer gröblichen Übertretung der bürgerlichen Rechtsordnung schuldig gemacht hat» (How my mind has changed 1948–1958, 209). In diesen Predigten redete Barth seine Zuhörer im Gefängnis direkt an und vermittelte ihnen den Trost, dass Gott gerade ihnen nahe sei.

Der abschließende Text «Zusammenfassung einer theologischen Lehre von der Predigt» (1932), der auf Aufzeichnungen aus einem Bonner Seminar zur Predigtlehre (1932/33) beruht, gibt einen Einblick in Barths Verständnis vom Wesen und von der Aufgabe der Predigt. Darin spiegelt sich seine Überzeugung wider, dass es gleichzeitig unmöglich, aber trotzdem die Aufgabe ist, von Gott und seinem Wort predigend zu sprechen. In diesem Wagnis ist Predigt zum einen die Auslegung eines biblischen Textes im Gottesdienst. Zum anderen ist sie Rede von Jesus Christus. Entsprechend heißt es in der «Kirchlichen Dogmatik»: Predigt ist formal «direkte Mitteilung» und material «Predigt von *Jesus Christus*, von der in ihm geschehenen radikalen Veränderung der Lage zwischen Gott und Mensch, Himmel und Erde». Ihr Thema ist: «Gottes Ja zum Menschen und zur Welt, in welchem Gottes Nein eingeschlossen, aber eben wirklich eingeschlossen ist, dem gegenüber es also nicht zu einem selbstständigen Thema werden kann – die in Jesus Christus geschehene Versöhnung in allen ihren Dimensionen.»[31]

31 Karl Barth, KD IV/3, 995–997.

Predigt über Hesekiel 13,1–16, Safenwil 1916
«Der Pfarrer, der es den Leuten recht macht»

Liebe Gemeinde! Ich muss euch heute Antwort geben auf einen *Wunsch* an mich, den ihr auf dem Herzen und fast auf den Lippen habt. Ich spüre ihn euch an, ohne dass ihr es mir offen und wörtlich sagt. Neun Zehntel der Gemeinde ohne Unterschied der Familie, des Standes, der Partei oder der Religion haben diesen Wunsch. Ihr habt den Wunsch, ich möchte *ein falscher Prophet* sein. Und nun fragt ihr mich im Stillen, die einen freundlich und wohlmeinend, die anderen zornig und erbittert, warum ich euch diesen Wunsch nicht erfülle. Das ist eine Angelegenheit zwischen euch und mir, aber auch zwischen uns zusammen und Gott, die einmal zur Erledigung kommen muss. Ich weiß zwar zum Voraus, dass wir sie nicht in dieser Stunde erledigen werden. Denn ich habe es nun zu oft erfahren, wie federleicht ihr alles nehmt, was hier gesagt wird. Ich muss es auch heute euch überlassen, was ihr mit dem machen wollt, was ich sage. Ich aber muss nun mein Gewissen befreien und euch die Antwort geben, die ich euch schuldig bin. Die Antwort lautet: ich kann kein falscher Prophet sein. Ich möchte es manchmal wohl. Aber Gott stellt sich mir in den Weg, und es geht nicht. Ich kann euren Wunsch nicht erfüllen. Ihr müsst etwas anderes von mir wünschen und erwarten.

Ihr habt vorhin gehört, wie ein falscher Prophet aussieht: Er folgt seinem eigenen Geist und hat keine Gesichte. Er tritt nicht vor die Lücken und macht sich nicht zur Hürde um das Haus Israel und steht nicht im Streit am Tage des Herrn. Er spricht: der Herr hat's gesagt, wo ihn doch der Herr nicht gesandt hat. Er weissagt Lügen und predigt das, da nichts daraus wird. Er sagt: Friede!, wo doch kein Friede ist. Er tüncht die Wand, die das Volk sich gebaut hat, mit losem Kalk. Und so verführt er das Volk Gottes.

Ich will euch das alles in unsere Sprache übersetzen: Der falsche Prophet ist *der Pfarrer, der es den Leuten recht macht.* Er ist dafür da, um von Gott zu zeugen, aber er sieht Gott nicht und will ihn nicht sehen, weil er zu viel anderes sieht. Er folgt seinen eigenen menschlichen Gedanken, bleibt innerlich ein ruhiger, bequemer und sicherer Mann, vermeidet gewandt allen Anstoß, hofft und erwartet wenig oder nichts von Gott. Er kann schweigen und sich stille halten, auch wenn er noch so deutlich sieht, wie die Menschen sich selber im Lichte stehen mit verkehrtem Denken, Meinen, Rechnen und Träumen, weil sie es ohne Gott machen wollen. Er zieht sich immer gerade dann zurück, wenn es darauf ankäme, hervorzutreten. Er lässt sich nennen: einen Prediger des Evangeliums, einen Seelsorger, einen Diener Gottes, aber er ist ja doch nur ein

Angestellter der Menschen. Er träumt davon, er rede im Namen Gottes, aber er redet ja doch nur im Namen der Kirche, im Namen der öffentlichen Meinung, im Namen der «anständigen Leute», im Namen seiner eigenen kleinen Person. Er *weiß*, dass jetzt und in alle Zukunft alle Wege, die nicht mit Gott anfangen, keine Wege sind. Aber er will sich und die anderen nicht zu stark stören und denkt und sagt: wir wollen recht vorsichtig und immer «zufrieden» unsere jetzigen Wege weitergehen, es wird dann schon einmal irgendwie gut kommen. Er *weiß*, dass Gott den Menschen helfen will aus ihrer Gottlosigkeit und dass der Kampf der Geister, den das bedeutet, einmal durchgekämpft sein muss. Aber er predigt den «Frieden», ja den Frieden zwischen Gott und der unerlösten Welt, die in uns und um uns ist, als ob daraus etwas werden, als ob es einen solchen Frieden geben könnte. Er *weiß*, dass es seine Pflicht ist, den neuen Willen, das neue Leben, die Gott schaffen will, auszurufen, dass man es hört. Aber er lässt das Furchtwesen, das Lügenwesen, das Eitelkeitswesen, das Mammonswesen, das Gewaltswesen ruhig stehen – das ist die Mauer, die das Volk sich gebaut hat, die lottrige, brüchige, schiefe Mauer – und tüncht sie vielmehr noch mit dem losen, sanften, tröstenden Kalk der Religion zu seiner eigenen und jedermanns Erbauung und Befriedigung. *So* sieht ein *falscher Prophet* aus, und ich weiß, dass ich eure Gedanken ausspreche, wenn ich euch sage: ihr habt den *Wunsch* an mich, ein solcher falscher Prophet möchte ich sein.

Ich will euch diesen euren Wunsch noch genauer zu *erklären* suchen. Das *Christentum*, die Religion ist den meisten von euch lieb und wichtig, nämlich als ein schöner Schmuck des Lebens, den ihr nicht vermissen möchtet. Ihr habt Freude an eurem *Kirchlein* da auf dem Berg, das euch schon von Weitem an die Heimat und an viel Liebes und auch ein klein wenig an den lieben Gott erinnert; aber ihr möchtet, dass dieses Kirchenhaus schön ruhig und harmonisch neben den anderen großen und wichtigen Häusern stehe, die sonst in der Gemeinde sind, z. B. neben dem Schulhaus, neben den Wirtshäusern, vor allem neben den Fabriken; ihr möchtet mit schönem inneren Gleichgewicht von einem dieser Häuser ins andere hinübergehen und mit ruhigstem Gewissen hier und da und dort dabei sein können; es ist euer dringendster Wunsch an die Kirche, auch wenn ihr sonst *gar nichts* von ihr wünscht, dass durch sie dieses Gleichgewicht, das ihr «Frieden» nennt, nicht gestört [werde], dass trotz der Kirche alle «zufrieden» sein können. Ihr wollt auch recht gerne einen *Pfarrer* im Dorfe haben [...] Aber nun soll der Pfarrer der Mann sein, der es euch recht macht, mit dem man leben kann, gerade so wie man *ist*, dessen Predigten zuletzt immer auf das herauskommen, was man bei gesundem Menschenverstand ohnehin auch sonst denkt und sagt, etwa wie die Zeitung. Ihr respektiert die *Bibel*, aber ihr denkt: wenn die Bibel aufgeht, dann sollen da schöne Geschichten und Sprüche zum Vorschein kommen: vom Lande Kanaan und vom König David und vom Heiland. So behaglich und mit Genuss kann man sie anhören, so ruhig dabei innerlich weiter schlummern, weil das alles ja vor unendlich langer Zeit unendlich weit weg von hier gesagt und passiert ist und uns im Grunde – nichts angeht. Ihr hört gerne etwas *anderes* neben dem, was ihr gewöhnlich hört, und darum kommt ihr ja trotz allem von Zeit zu Zeit immer wieder hierher. Aber das andere soll nun so fein und hoch schweben über dem Gewöhnlichen wie ein rosenrotes Abendwölklein und beileibe ihm nicht zu nahekommen, weil es sonst Unruhe geben könnte. Ihr seid ganz einverstanden damit, dass es einen *Himmel* und eine *Hölle* gibt, und lasst euch gerne den Himmel golden und die Hölle schwarz malen unter der Bedingung, dass beide weit weg und nicht im wirklichen Leben sind. Denn dass der Himmel und die Hölle, beide! etwas Gegenwärtiges sind, dass der Himmel und die Hölle, beide! in Safenwil sind, auf der Straße, in den Häusern und oft unter dem gleichen Dach, in den Fabriken, in der Kirche, auch hier beide! in euren Herzen, dass es jetzt und hier zu wählen gilt zwischen beiden, *das* wollt ihr nicht hören, *das* soll nicht gesagt werden dürfen. Und an alle diese Gebote und Verbote soll sich nun euer Pfarrer halten, um es euch recht zu machen. Das wünscht ihr von mir. Und seht, das eben meine ich, wenn ich eurem Wunsch einen Namen gebe und sage: ihr wünscht euch einen falschen Propheten. Denn gerade so und nicht anders werden in der Bibel die falschen Propheten beschrieben.

Und nun erfüllt es euch mit Unruhe, dass ihr immer deutlicher sehen müsst, *wie es anders geht*, als ihr es euch denkt. Ihr fangt an, zu merken, dass das *Christentum* sich weigert, unser Leben zu schmücken, dass es unserem Leben gegenübertritt und uns vor die Frage stellt: Entweder – Oder? Du oder ich? Ihr fangt an, zu merken, dass die *Kirche* kein Haus ist still *neben* den anderen Häusern. Man kann nicht so ganz ruhig hin- und hergehen von da nach dort. Durch das, was hier geschieht und zum Vorschein kommt, wird das sonstige Dasein und Treiben bedenklich aus dem Gleichgewicht gebracht, unser ruhiges Gewissen in fataler Weise gestört. Der Geist, der sich hier regen möchte, will sich in keiner Weise mehr verwechseln lassen mit dem Geist in den anderen Häusern. Ihr fangt an, zu merken: einen *Pfarrer* im Dorf haben, das heißt ja eine ewige Unruhe im Dorfe haben, einen Menschen, der in der unangenehmsten Weise immer wieder alles infrage stellen und auf alle Fragen unvermutete Antworten geben muss, einen Menschen, von dem man eigentlich nie weiß, wie man mit ihm dran ist, etwa wie mit einer Sternschnuppe, von der man auch nicht weiß: woher? und wohin? Ihr fangt an zu merken, dass es eine große und gefährliche Sache ist, wenn die *Bibel* wirklich aufgeht, und nun wollen nicht nur Genuss und Erbauung sich einstellen, nun wollen die lebendigen Gotteskräfte, die darin schlummern, sich nicht in die Vergangenheit und nicht ins Land Kanaan verbannen lassen, fragen nicht lange, treten wie ein Strom über ihre Ufer, tragen überall hin Zerstörung, aber auch Fruchtbarkeit, stürzen überall ein Altes und wollen überall ein Neues schaffen, wie es von den Tagen Abrahams an immer gewesen ist. Ihr fangt an zu merken, dass «*das Andere*» neben dem Gewöhnlichen, Alltäglichen – ihr sehnt euch ja danach! – nicht nur so ein bisschen da sein und schweben und leuchten will, dass es eben über dem Gewöhnlichen das Eigentliche, Wahre ist, dass es zu uns sagt: Alles oder nichts! Im Ernst oder gar nicht!, dass *es* gerade das Gewöhnliche, Alltägliche werden will. Und ihr fangt an, zu merken, dass der *Himmel* und die *Hölle* nicht über den Wolken und unter der Erde zu suchen sind am Ende der Zeiten, sondern dass der große Trost, mit dem wir getröstet werden können, *und* der große Fluch, der auf uns liegen kann, herrlich und unheimlich nahe, gegenwärtige Mächte sind, dass ein jedes von uns in seinem Herzen und mit seinem Leben jetzt schon im Himmel oder in der Hölle ist.

Seht, das alles fangt ihr nun an zu merken, und es versetzt euch in *Unruhe*. Und ihr vergleicht damit *das* Bild von Pfarrer, Kirche, Bibel und Religion, das *ihr* euch gemacht habt, und so kommt ihr auf den Wunsch, ich möchte doch anders sein, ich möchte doch eurem Bilde entsprechen. […] Die Sache verhält sich anders: ein Pfarrer kann es überhaupt *niemand* recht machen. Er kann und darf es nicht: ein Pfarrer, der es irgendjemandem recht machen, ein Pfarrer, der irgendjemand beruhigen und zufrieden stellen würde, ein solcher Pfarrer wäre ein falscher Prophet. Erst dann, wenn auch meine besten Freunde sagen: er macht es mir *nicht* recht, erst dann ist Wahrheit da zwischen uns. […] Es geht nicht anders, weil *Gott* sich mir in den Weg stellt, sobald ich versuchen wollte, es anders zu machen. Ich kann euch keinen anderen Grund sagen als diesen und muss es nun darauf ankommen lassen, ob ihr ihn versteht oder nicht. Das ist meine *Last*, dass Religion, Kirche, Bibel, Pfarramt mich bedrängt als eine Gottessache und dass ich sie weder mir selbst noch euch zuliebe als eine Menschensache behandeln kann. *Darum* kann ich es euch allen nicht recht machen. […]

Wenn ihr mich fragt, woher ich denn wisse, was Gott will, so antworte ich euch: aus den gleichen Quellen, aus denen *ihr* es sofort auch wissen könnt: aus meinem Gewissen und aus der Bibel. Es wird mir ganz klar und immer klarer, je besser ich Achtung gebe auf diese Quellen, dass der Wille Gottes ein *neues Leben* ist, nicht ein verschönertes und verbessertes altes Leben, sondern ein

Leben auf neuen Grundlagen. Diese Grundlagen sind uns allen wohlbekannt, sie heißen: Recht, Treue, Gemeinschaft, Wahrheit. [...]

Karl Barth, Predigten 1916, hg. v. Hermann Schmidt, Karl Barth-GA, Abt. I, Zürich 1998, 44–63.

Predigt über Kolosser 3,1–2, Göttingen 1923

«Suchet, was droben ist»

[…] Das ist das Feuer Gottes, das auf die Erde geworfen [Lk 12,49], Gottes Geist, der ausgegossen ist über alles Fleisch [Apg 2,17], dass wir *suchen* müssen, was *droben* ist. Das ist keine Kirchen- und Winkelwahrheit, keine sogenannte religiöse oder sittliche oder ästhetische Wahrheit, das ist die Wahrheit, an die wir gebunden sind, weil es die Wahrheit Gottes ist, von dem und durch den und zu dem alle Dinge sind [Röm 11,36], wie groß, wie vollständig auch die Ferne und Finsternis sein mag, in der wir uns bewegen. Denn auch Finsternis ist nicht finster bei ihm, und die Nacht leuchtet wie der Tag [Ps 139,12]. Wir können sie wohl vergessen, mit Füßen treten in kindischer Enttäuschung und Verbitterung oder auch in eitler Selbstüberhebung. Sie ist und bleibt darum doch die Wahrheit. Wir haben uns vielleicht auch schon gewünscht, leben und uns ausleben, leiden und sterben zu dürfen wie die Tiere, ohne etwas zu wissen von dem beunruhigenden Unterschied zwischen droben und drunten, ohne es hören zu müssen, dieses unheimliche: «Suchet, suchet, was droben ist!», und unser Leben hat dann auch wohl diesem Wunsch entsprechend ausgesehen. Aber in Erfüllung gehen kann er *nicht*. Wir tragen nun einmal, unverwischbar uns aufgedrückt, das Bild Gottes [Gen 1,27], auch wenn wir von Gott gar nichts mehr, sondern nur noch von Göttern und Götzen wüssten. Das Bild Gottes im Menschen ist die Erinnerung an das, was droben ist, die ihn nicht loslässt, die sein ganzes Leben zu einem großen unruhigen Suchen, Finden, neuen Entbehren, neuen Suchen macht. Wir haben diese Erinnerung an das, was droben ist, durch unser verkehrtes Denken und Tun oft genug verleugnet, verraten, geschändet. Wir wussten es nicht mehr in unserer Verblendung, Not und Verzweiflung, was droben ist, und wir verstanden auch uns selbst nicht mehr. Aber verlöscht und geschändet, vergessen und unbekannt (es ist ja wohl bei keinem Menschen anders!), ist es doch *Gottes* Bild, das wir tragen und *nicht* loswerden können. Das Zeugnis von Christus lautet, dass wir an diese Erinnerung aller Erfahrung zum Trotz, *gegen* alles, was wir von uns selbst wissen, gebunden sind von Ewigkeit her, dass gerade das, wogegen unser ganzes Leben Nein schreit bis in die tiefste Tiefe unseres Herzens hinein, das Wirkliche, Notwendige, Dauernde, das *Leben* in unserem Leben ist. Und weil wir dieses Erste, was uns zu wissen nottut, immer wieder *nicht* wissen, so sei es uns jetzt in dieser Stunde wieder gesagt, nicht als menschliche Erfahrung und Erkenntnis, sondern als Zeugnis von Christus: *Suchet, was droben ist!* Das ist die Wahrheit. Das andere ist nicht die Wahrheit. Das andere ist die Lüge. Wir können und werden immer irren. Aber die Wahrheit ist nicht umzustoßen, auch mitten in unserem Irrtum nicht. Gott lässt seiner nicht spotten [Gal 6,7]. Und Gott hört auch nicht auf, treu zu sein.

Aber was ist «*droben*, da Christus ist, sitzend zu der Rechten Gottes»? Ist das nicht schon die Antwort: dass da *Christus* ist? Wo Christus ist, da ist ja Gott Mensch geworden, d. h. aber: da ist zu uns gekommen in unseren Jammer das Erbarmen, das alles Denken übersteigt, da sind wir, die Ausgestoßenen, angenommen, wir, die Untröstlichen, getröstet, unsere Menschennatur, die in Sünde und Tod verlorene, gerettet, erneuert, eins mit ihrem Schöpfer. Droben, da Christus ist, ist das Wunder Gottes, nicht ein Wunder, das Gott für sich hat, sondern das Wunder, das er an uns tut (und kein Wunder, das er für sich hat, kann größer sein als dieses!). Droben, da Christus ist, ist das große göttliche Trotzdem!, das wir nicht aussprechen können von uns aus, das aber zu uns gesprochen ist und gesprochen wird und das wir darum vielleicht stammelnd nachsprechen können, das uns richtet, aber auch aufrichtet: aus unserem Kleinmut, aus unserer Torheit, aus unserem Übermut oder was es immer sei, was sich in uns dagegen erheben will. [...]

Droben, da Christus ist, ist auch nicht der *Tod*. Des Todes Herrschaft reicht, soweit das Auge reicht. Er ist der Anfang und das Ende aller unserer Wege. Töten und schließlich getötet werden ist unsere *Weisheit* und schließlich unser *Schicksal* im Kampf ums *Dasein*. Wir sollten es nicht vergessen, dass dem so ist. [...] Aber auch die Herrschaft des Todes ist *drunten*. Sie erstreckt sich über unser *Leben*, auch über unser geistiges und religiöses Leben. Auch die menschliche Geistesgeschichte, Religionsgeschichte, Kirchengeschichte weiß von keinen ewigen Werten. Sie ist drunten. Und was drunten ist, das ist Entbehren, Gleichnis, Hoffnung und Wanderschaft im besten Fall. Aber droben ist der Tod *nicht*. Als letzten Feind legt Christus auch den Tod Gott zu Füßen, sagt die Schrift [1Kor 15,26], und unserem Denken geht der Atem aus, wenn wir versuchen, dem, was sie sagt, zu folgen: Unsterblichkeit haben wir nicht zu erwarten, wohl aber Auferstehung, Auferstehung und Leben auf dem Schlachtfeld und Friedhof unseres Daseins, Füllung unserer Leere, Wahrheit unserer Gleichnisse, Ziel unserer Wanderschaft. Gottes Werk da, wo unsere Werke zu Ende sind.

Wir können zusammenfassend sagen: Droben, da Christus ist, ist nicht der Gott, der im undurchdringlichen *Geheimnis* wohnt, nicht der unbegreifliche, unerforschliche Gott, vor dem wir Menschen nur in den Staub gebeugt anbeten können von ferne wie der Zöllner im Tempel [Lk 18,13]. So steht es freilich jetzt und hier zwischen uns und Gott. Ich möchte ausdrücklich hinzufügen: so steht es da drunten, auch wenn wir an Gott *glauben*, ja gerade dann. Wehe uns, wenn wir Gott je anders gegenüberstünden als der Zöllner im Tempel. Aber das Geheimnis Gottes ist nicht droben, nicht, da Christus ist; Christus ist ja vielmehr gerade die Offenbarung des Geheimnisses. Droben ist Schauen Gottes von Angesicht zu Angesicht [1Kor 13,12]. Aus seiner verborgenen Herrlichkeit ist Gott in Christus herausgetreten und hat Menschheit angenommen. Das ist ja das Wunder Gottes, das Wunder dieses «droben», dass dort unser Leben, wie es ist, mitten zwischen Teufel, Gericht und Tod, aufgenommen und eingetaucht ist in das Licht der göttlichen Herrlichkeit. […]

Aber nicht wahr: so wahr das alles ist «droben, da Christus ist» – wie sollen wir dazu kommen, *danach* zu *suchen?* Können wir etwa von uns sagen, dass wir dazu Lust und Fähigkeit haben, dass wir die Geschöpfe sind, die danach suchen *können?* Müssen wir uns nicht im Voraus sagen, dass all *unser* Suchen immer ein Suchen dessen, das auf Erden ist, sein wird? […] [Paulus] sagt ja nicht nur: Suchet!, sondern: «*Seid ihr nun mit Christo auferstanden*, so suchet, was droben ist!» Ihr – wir «mit Christo auferstanden»! Wisst ihr, was das heißt? Das heißt: es ist gar nicht so, dass ihr nach dem, was droben ist, erst suchen müsstet, wie man nach irgendetwas anderem sucht, das man eben nicht hat, sondern hier fängt das Suchen an mit dem Gefundenhaben. Nicht darum geht es hier, eine große Kunst zu betätigen, einen kühnen Geistesflug zu unternehmen, ein himmelstürmendes Werk zu errichten. So sucht man nach dem, das auf Erden ist. Suchen nach dem, was droben ist, heißt: gerade so sein, wie man eben sein muss, wenn das da droben: Gottes Erbarmen, Gottes Sieg, Gottes Vergebung, wenn die Auferstehung der Toten wahr ist. Das Leben, das irdische Leben da drunten ernst nehmen im Lichte dessen, dass herzliche Barmherzigkeit uns besucht hat [Lk 1,78] hienieden. […]

Das Suchen selbst aber fängt immer nur in der Armut an, oder vielmehr im Reichtum *Gottes:* Darin, dass wir, wir Sünder, wir Gefangene, wir Sterbende, uns gesagt und geschenkt sein lassen, was uns in Christus gesagt und geschenkt ist, im «Auferstandensein mit Christo». Sich's gesagt und geschenkt sein lassen nicht als etwas, was *auch* wahr ist, neben dem es auch noch *andere* Wahrheiten gibt, sondern als das, was allein wahr ist, als das große, entscheidende Übergewicht, das in die Waagschale des menschlichen Lebens gefallen ist. Als das, was uns eben nicht von irgendjemandem, sondern von *Gott* gesagt und geschenkt ist, und das heißt *gültig*, und zwar *end*gültig. […] Suchen nach dem, was droben ist, heißt, der gegebenen göttlichen Tatsache nicht widerstreben, sondern sie im Großen und Kleinen die *göttliche* Tatsache sein lassen, so wie sie nun einmal *hineingestellt* ist in unsere Schwachheit und Lüge, in unser Versuchtwerden und Fallen, auf unseren Friedhof und auf unser Schlachtfeld [...]

Und was dann?, fragst du. Muss dann nicht *noch* etwas geschehen? O ja, sehr vieles *wird* dann geschehen. Aber alles von selbst, nein, von Gott, in dessen Hand wir uns damit gelegt haben, uns zu gebrauchen so oder so, uns zu bauen oder zu zerbrechen [Jer 1,10]. [...]

Und so steht die Wahrheit: «Suchet, was droben ist!» jetzt schon in Kraft und fordert Anerkennung. Aber es liegt nicht an mir, sie euch dringlich zu machen, und es liegt nicht an euch, sie als so dringlich zu empfinden, wie sie ist. Die Wahrheit redet selber und hört auch selber. Sie ist Mund *und* Ohr, Licht *und* Auge, eben weil sie ja in Christus, dem Auferstandenen, Gott *und* Mensch ist. [...]

Karl Barth, Predigten 1921–1935, hg. v. Holger Finze, Karl Barth-GA, Abt. I, Zürich 1998, 55–64.

Predigt über Römer 15,5–13, Bonn 1933

Liebe Freunde! Die Kirche Jesu Christi ist ein Haufe, eine Schar, eine Versammlung – eine «Gemeinde», wie das alte schöne Wort lautet, das wir nur wieder ganz neu verstehen lernen müssen –, die nicht durch gemeinsame Interessen zusammengehalten ist, auch nicht durch das gemeinsame Blut und nicht einmal durch gemeinsame Meinungen und Überzeugungen, wohl aber dadurch, dass in ihr immer wieder, nicht zum Schweigen zu bringen und nicht zu verfälschen und mit keinem anderen Ton zu verwechseln, diese Stimme ertönt, die wir am Anfang und am Ende unseres Textes hören: *«Der Gott aber der Geduld und des Trostes gebe euch …!»* «Der Gott aber der Hoffnung erfülle euch …!» Die Stimme, die so mit uns redet, so bittend und zugleich so schenkend, so ernst und auch so freundlich, ist in den Worten des Apostels Paulus die Stimme des göttlichen Wortes selber, aus dem die Kirche Jesu Christi geboren ist und aus dem sie sich auch immer wieder nähren muss und allein nähren kann. *Gott* weiß, wer Gott ist; und in seinem Wort *sagt* er es uns: Er ist der Gott, der Geduld gibt, Trost und Hoffnung. *Gott* weiß, dass wir ihn nötig haben wie nichts anderes und seiner doch so gar nicht mächtig sind; und in seinem Wort *sagt* er es uns, reißt er unser Denken und Wollen zusammen und zu sich hin, dass wir flehen müssen: *Er* gebe uns! *Er* erfülle uns! Und *Gott* weiß, wie nahe er uns, wie bereit er für uns ist; und in seinem Wort *sagt* er es uns, indem er es uns als einen Seufzer aus größter Nähe und in tiefstem, gewissestem Vertrauen zu ihm auf unsere eigenen Lippen legt: Er, er *gebe* uns! Er *erfülle* uns! Mag diese Stimme, mit der uns Gott sagt, was er von sich selber und von uns weiß, von weit her ertönen […], wenn sie nur eben noch ertönt mit *ihrem* Klang, *ihrer* Botschaft, *ihrem* Anspruch und Zuspruch, dann ist die Kirche Jesu Christi da […]

Aber wir haben in dieser Adventszeit Anlass zu bedenken: dass es ein Wort Gottes für uns und also eine Kirche Jesu Christi gibt als Stätte des Trostes, der Geduld und der Hoffnung, die von Gott kommen, das versteht sich nicht von selbst. Das ist nicht wie die Luft immer und überall wirklich. Das ist uns weder durch die Natur noch durch die Geschichte in die Hand gegeben, sodass wir damit umgehen könnten wie mit etwas, das uns gehört. Dass es Wort Gottes in der Kirche gibt, das ist weder im menschlichen Seelenleben begründet, noch ist es eine Kulturerrungenschaft, noch gehört es zum Wesen und zur Art irgendeines Volkes oder einer Rasse, noch ist es begründet im notwendigen Lauf der Weltgeschichte. Es ist vielmehr ein Geheimnis, mit dem unsere Existenz – nicht etwa von innen her ausgestattet, sondern von außen her umkleidet ist, das in keinem Sinn in uns, sondern ganz und gar in einer fremden Kraft und Gewalt über uns begründet ist. Dass es Kirche gibt und Wort Gottes, das ist darum und nur darum wahr, weil, wie unser Text sagt, *«Christus uns aufgenommen hat»*, aufgenommen wie einen Bettler von der Straße, aufgenommen als Leute, die gar nicht daran dachten noch denken konnten, ihn aufzunehmen, sondern die wirklich nur aufgenommen werden konnten. [...]

Das ist die Botschaft der Weihnacht, die wir jetzt bald wieder feiern dürfen: Christus hat uns aufgenommen! Und zwar aufgenommen *«zum Lobe Gottes»*: nicht als ob es so hätte sein müssen, nicht nach irgendeinem Naturgesetz oder weil Gott unser bedurft hätte, und auch nicht um unserer Bedürfnisse und Wünsche willen, sondern weil es ihm in seiner Freiheit recht war, darin groß und herrlich zu sein, dass wir von seinem Sohn aufgenommen, angenommen, mitgenommen und hineingenommen würden. [...]

Es ist nicht selbstverständlich, dass wir zu Jesus Christus gehören und er zu uns. *«Christus ist gewesen ein Diener der Beschneidung um der Wahrheit Gottes willen, zu bestätigen die Verheißungen, den Vätern geschehen.»* Das will sagen: Christus gehörte zum Volk Israel. *Dieses* Volkes Blut war in seinen Adern das Blut des Sohnes Gottes. *Dieses* Volkes Art hat er angenommen, indem er das Menschsein annahm, nicht um dieses Volkes, nicht um des Vorzugs seines Blutes und seiner Rasse willen, sondern um der Wahrheit, d. h. um des Erweises der Wahrhaftigkeit, der Treue Gottes willen. Um deswillen, weil Gott mit diesem und nur diesem Volk, einem halsstarrigen und bösen Volk [Ex 32,9], aber ausgerechnet mit *diesem* Volk, einen Bund geschlossen, seine Gegenwart ihm geschenkt, die Verheißung einer Erlösung sondergleichen ihm gegeben hatte – nicht um die Juden zu belohnen und auszuzeichnen, sondern um diese freie, gnädige Verheißung Gottes, «den Vätern gegeben», zu bestätigen, zu erfüllen, ist Jesus Christus ein *Jude* gewesen. Er hat einmal selber von sich gesagt: Zu den verlorenen Schafen aus dem Hause Israels und nur zu ihnen sei er gesandt [Mt 15,24; vgl. 10,5f.]. Das bedeutet für uns, die wir nicht Israel sind, eine verschlossene Türe. Wenn sie nun dennoch offen ist, wenn Christus nun dennoch auch zu uns gehört wie wir zu ihm, dann muss es wohl noch einmal in besonderem Sinne heißen: «Christus hat uns aufgenommen zum Lobe Gottes.» Dass dem so ist, daran erinnert uns die Existenz des jüdischen Volkes bis auf diesen Tag. [...]

Der Jude erinnert uns daran, dass es etwas Besonderes, Neues und Wunderbares ist, wenn wir nun dennoch «nicht mehr Gäste und Fremdlinge, sondern Mitbürger der Heiligen und Gottes Hausgenossen» sind [Eph 2,19]. Wir sind das nicht von Hause aus. Der Jude ist in seiner so rätselhaft fremdartigen und ebenso rätselhaft unzerstörbaren Existenz mitten unter allen anderen Völkern der lebendige Beweis dafür, dass Gott frei ist zu erwählen, wen er will, dass er es uns keineswegs schuldig ist, uns auch zu erwählen, dass es Gnade ist, wenn er uns auch erwählt. Es könnte wohl sein, dass man sich gegen diesen allerdings strengen Gottesbeweis, gegen den Gott der freien Gnade wehrt, wenn man sich allzu leidenschaftlich gegen die Juden wehrt. [...]

Indem Israel sich den anderen Völkern gleichstellte, stellte es auch die anderen Völker sich selber gleich. Die verschlossene Türe ging auf. Israel selbst musste sie öffnen. Gottes Bund und Wahrheit wurden nicht gebrochen, sondern gingen in Erfüllung an denen in Israel – aber nun auch an denen unter den Heiden, die jetzt Gottes Barmherzigkeit als das Werk seines Bundes und seiner Wahrheit erkannten und annahmen. Denn das war die Erfüllung des Bundes, die Treue Gottes gerade im Kreuzestode Christi: «Gott verschloss *alle* unter den Unglauben, auf dass er sich *aller* erbarme» [Röm 11,32].

Darum kann es jetzt weiter heißen: «*Die Heiden loben Gott um der Barmherzigkeit willen.*» Vernehmt es wohl: nicht, weil sie besser, reiner, aufrichtiger wären als die Juden! Gäbe es einen Vorzug, so hätten ihn noch heute die Juden, nicht wegen irgendwelcher guter Eigenschaften, aber weil es Gott gefallen hat, *sie* zu erwählen, mit *ihnen* den Bund zu schließen, den er in Christus erfüllte, um ihn auch mit uns zu halten. Darum also loben die Heiden Gott, weil Gott an ihnen, die nicht Israel waren, in dem in der Mitte Israels gekreuzigten Christus seine *Barmherzigkeit auch an ihnen* erwiesen und bestätigt hat. Weil der Bund mit Israel für Israel und für die Heiden offenbar wurde als Bund der *Gnade* für *Sünder*, die sich keiner gehaltenen Treue rühmen können, die nur von Barmherzigkeit leben können, die aber wirklich auch von Barmherzigkeit leben dürfen. [...]

Wir können nun das andere verstehen, was unser Text von der Kirche Jesu Christi uns zu sagen hat: Wie Christus uns aufgenommen hat zum Lobe Gottes, so «*nehmet euch untereinander auf*». Das ist ein Gesetz, vor dem es kein Ausweichen gibt. Das ist ein Befehl, und zwar ein strenger, unerbittlicher Befehl. Aber die Heiden und die Juden, alle die von Christus Aufgenommenen, die Gott loben um der Barmherzigkeit willen, erfüllen diesen Befehl. Sie nehmen sich untereinander auf. «Sich aufnehmen», das heißt: sich gegenseitig so sehen, wie Christus uns sieht. Er sieht uns alle als Bundbrüchige, aber auch als solche, an denen Gott seinen Bund dennoch halten will. Er sieht uns in unserer frommen und weltlichen Gottlosigkeit, aber auch als solche, zu denen das Reich Gottes nahe herbeigekommen ist. Er sieht uns als solche, die schlechterdings auf Barmherzigkeit angewiesen sind, aber auch als solche, denen Barmherzigkeit schon widerfahren ist. Er sieht uns als Juden im Streit mit dem wahren Gott und als Heiden im Frieden mit den falschen Göttern, aber er sieht uns auch beide vereint als «Kinder des lebendigen Gottes» [Hos 2,1]. So können wir uns freilich von uns aus gegenseitig nicht sehen. Wenn wir einander von uns aus sehen, dann geht es regelmäßig so, dass uns sowohl das Erste: dass wir bundbrüchig sind, wie das Zweite: dass Gott seinen Bund dennoch hält, entgeht. Wir nehmen dann sowohl die Vortrefflichkeiten wie die Fehler, die wir aneinander wahrnehmen, viel zu wichtig; wir loben uns dann viel zu laut, und wir tadeln uns dann viel zu heftig. Wir nehmen uns dann so oder so nicht auf. [...]

Denn das ist die Kirche Jesu Christi: die Gemeinde derer, die sich, hörend auf das Wort des Gottes der Geduld, des Trostes und der Hoffnung, untereinander aufnehmen, wie Jesus Christus uns aufgenommen hat. Das ist «die Gemeinschaft der Heiligen». Das Lob Gottes um der Barmherzigkeit willen hat sie zusammengeführt und wird sie durch alles hindurch zusammenhalten. So zusammenhalten, wie keine Freundschaft, keine Gesinnungsgemeinschaft, keine Volksgemeinschaft, kein Staat Menschen zusammenhalten kann. So zusammenhalten, wie auf der ganzen Welt nur die Glieder am Leibe Christi durch ihn selbst, das Haupt, zusammengehalten sind [Kol 2,19]. [...]

Karl Barth, Predigten 1921–1935, hg. v. Holger Finze, Karl Barth-GA, Abt. I, Zürich 1998, 296–305.

Predigt über Psalm 46,2–4.8, Madiswil 1940

Liebe Gemeinde! […] Wir hören von den großen Nöten, die uns getroffen haben, und von noch Größerem, das ihnen folgen könnte und folgen wird, von Bergen, die ins Meer sinken, vom Meer, das über die Berge geht, von der Welt, dass sie untergeht, d. h. sich verwandelt, sich so gänzlich verändert, dass es das Ende aller Dinge, alles dessen, woran wir uns halten, wovon wir leben, sein wird, sodass wir gegen seine Übermacht nichts mehr werden sagen noch tun können, dass wir nicht mehr aus noch ein wissen werden.

Die großen Nöte kennen wir, der eine mehr, der andere weniger. Sie steigen auf aus der Natur des einzelnen Menschen. Sie erwachsen aus den wilden Verhältnissen der Völker und Stände. Sie ergeben sich aus der Bedrängnis, die ein Mensch dem anderen bereitet. Sie quellen auf aus dem eigenen Herzen in böser Absicht und auch oft mit dem besten Willen. Die großen Nöte haben uns betroffen, und nun sind wir die Betroffenen, die sie erleiden müssen. Wir möchten sie los sein und können es nicht. […] Es gibt Nöte, die so groß sind, dass sie fast nicht zu verkennen sind: sie sind Schatten der künftigen Not, die das Ende sein wird. Bedenken wir: sie sind *nur* dessen Schatten. Bedenken wir aber auch, dass ihnen das Größere folgen wird, dass es auch uns betreffen wird.

Wir hören aber, dass wir uns in den großen Nöten *und* angesichts des Größeren, also mitten in der Angst der Welt und auch in der künftigen schweren Angst, nicht fürchten. So steht es da! Wohlgemerkt, es heißt nicht, dass wir uns nicht zu fürchten brauchen, dass wir uns nicht fürchten sollen, auch nicht, dass wir uns nicht fürchten können. Sondern es heißt ganz schlicht: Darum fürchten wir uns nicht! Das heißt also: Wir sind wohl betroffen und darum betrübt, angefochten, erschüttert, besorgt und bekümmert. Es ist aber nicht so, dass wir in dem allem untergehen und vergehen, verloren gehen könnten: weder das eine noch das andere. Es führt ein schmaler, aber klarer Weg durch das alles hindurch wie der Weg Israels durch das Schilfmeer. Wir haben in dem allem eine Zukunft. Wir werden durch das alles hindurch gerettet und bewahrt und sogar verherrlicht werden. Wir werden gerettet sein, wir können nicht verloren sein. Wir können darum in dem allem nicht leben, als ob das nicht wahr wäre. Wir dürfen weinen und doch tapfer sein, erschrecken und doch festbleiben, zusammenbrechen und doch weitergehen, sterben und doch leben. Es gibt keine noch so große Not und keinen Weltuntergang, der uns daran hindern könnte. Nein, wir fürchten uns nicht! […]

Wir leben in einer Zeit, in der alles darauf ankommt, dass wir uns wirklich nicht fürchten. Wenn sich in Deutschland vor sieben, vor fünf Jahren nicht so viele gefürchtet hätten, hätte die Not schon dort nicht so groß werden können. Wenn in Frankreich, in England nicht wieder so viele gefürchtet hätten, hätte die Not nicht so ausbrechen und alles überschwemmen können. Wenn auch wir in der Schweiz anfangen wollten, uns zu fürchten, dann würde es auch mit unserem Schweizerland und unserer Schweizerfreiheit und Unabhängigkeit schnell, ja sofort zu Ende sein. Die Furcht als die Preisgabe des Doch! und der Hoffnung ist die große Versuchung des heutigen Tages. Wir sagen aber, dass uns diese Furcht nichts angeht. Wir sagen, dass wir uns nicht fürchten. [...] Wollten wir uns heute fürchten, welches müsste dann unsere Furcht sein, wenn die Berge versinken und das Meer überschäumt? Aber wir fürchten uns heute nicht, und wir werden uns auch dann nicht fürchten!

Ihr fragt mich: Wie kann man das so sagen, dass wir uns nicht fürchten in den großen Nöten, die uns getroffen haben, nicht fürchten vor dem noch Größeren, das ihnen folgen könnte? Ob da nicht zu viel gesagt und zu kühn geredet werde? Ich antworte, dass man das so sagen muss, weil es wahr ist. Und es ist nicht nur darum wahr, weil es buchstäblich so dasteht in diesem Psalm, sondern es steht so da, weil der Grund gilt, der in diesem Psalm dafür angegeben wird, dass man das sagen muss.

Dass wir uns nicht fürchten, das ist nicht etwa darin begründet, dass wir so stark sind, dass wir den Nöten der Gegenwart und der ewigen Zukunft wohl begegnen und das Feld behaupten und alles wohl ausrichten könnten. Auch nicht in dem Mut, den uns andere oder den wir uns selbst zugesprochen haben. Sehe jeder in sein eigenes Herz, so wird er entdecken, wie viel Furcht da trotz aller unserer Stärke und guten Sprüche lauert, losbrechen und die größten Verheerungen anrichten möchte! Alles in uns ist bereit zur Furcht. Es ist nicht an dem, dass wir uns irgendeines Grundes zur Furchtlosigkeit rühmen könnten, den wir vor anderen voraushätten.

Es ist aber an dem, dass es für uns und alle anderen Leute *einen* Grund gibt, von dem aus das in gerader und kürzester Linie tatsächlich folgt, dass man sich nicht fürchtet! Der Psalm gibt diesen Grund an, und er heißt: «Gott ist unsere Zuversicht und Stärke, eine Hilfe in den großen Nöten, die uns getroffen haben. *Darum* fürchten wir uns nicht.» Beachten wir zunächst, dass dieser Grund nicht etwa andere Gründe neben sich hat, sondern *alle anderen Gründe ausschließt*. Wir können also unsere Zuversicht, Stärke und Hilfe nicht bei Gott und auch noch anderswo haben, zu allerletzt bei uns selbst. Zuversicht bedeutet genau übersetzt: Zuflucht. [...]

Weil er der größten Not, auch dem Weltuntergang überlegen gegenübersteht, weil alles, was uns in Angst und Traurigkeit versetzt, in seiner Hand ist, weil er der Herr über Leben und Tod ist, weil er seine ganze Freiheit und Allmacht uns zuwendet, für uns einsetzt, sodass sie uns zu Gute kommt und wir wie auf Adlersflügeln von ihm getragen sind. Er macht sich selbst zu unserer Zuversicht, zu dem großen Doch!, das unserer ganzen zeitlichen und ewigen Bedrängnis gegenübersteht als Zukunft und Hoffnung, als Errettung und Seligkeit. Daraus folgt das Kühne, dass wir uns nicht fürchten, da doch Gott in seiner Freiheit und Allmacht sich nicht fürchten kann – und da dieser Gott unser Gott ist. An uns alle richtet sich die Frage: nicht ob wir in uns selbst einen Grund finden, uns nicht zu fürchten (es gibt keinen solchen Grund!), wohl aber: ob wir den einen unbeweglichen Grund Gottes gefunden haben, ihn gelten lassen, so wie er tatsächlich gilt, den Grund, der die Furcht austreibt und nur das Bekenntnis übriglässt, dass wir uns nicht fürchten? Sind wir in aller Angst und Traurigkeit solche Leute? […]

Fürchtet euch nicht! Liebe Gemeinde, das ist das Wort des von den Toten auferstandenen Heilands, mit dem er eben das wahrmacht, dass Gott uns in ihm zu sich selber erhöht hat, nachdem er sich zuvor in demselben in unbegreiflichem Erbarmen zu uns erniedrigt hat. Fürchtet euch nicht! Das sagt er uns so, dass wir uns wirklich nicht fürchten und ihm damit den Lobpreis der Dankbarkeit darbringen mitten in den großen Nöten, die uns betroffen haben, und dereinst, wenn das Ende aller Dinge zugleich den Anfang eines neuen Himmels und einer neuen Erde anzeigen wird. Und er wird am Ende aller Dinge noch einmal sagen: Ich bin die Auferstehung und das Leben [Joh 11,25]. Dann wird es erst recht geschehen, dass wir uns nicht fürchten, sondern uns vor ihm ewig freuen werden. Amen.

Karl Barth, Predigten 1935–1952, hg. v. Hartmut Spieker/Hinrich Stoevesandt, Karl Barth-GA, Abt. I, Zürich 1996, 202–209.

Predigt über Lukas 2,10–11, Basler Gefängnis 1954

«Euch ist heute der Heiland geboren»

[…] Und nun wollen wir versuchen, etwas von dem zu hören und zu verstehen, was der Engel des Herrn den Hirten gesagt hat und jetzt zu uns sagt. «Euch ist heute der Heiland geboren.» In diesen drei Worten: euch – heute – der Heiland ist die ganze Weihnachtsbotschaft enthalten. Wir wollen eines nach dem anderen hören!

Euch ist heute der Heiland geboren, sagt der Engel des Herrn. Da ist gleich ganz Wichtiges zu vernehmen. […] Der Engel des Herrn […] zeigt nach Bethlehem und sagt: *euch* ist heute der Heiland geboren. *Für euch* wollte Gott nicht nur Gott sein, sondern ein Mensch werden, *für euch* wurde er gering, damit ihr herrlich würdet. *Für euch* hat er sich selbst dahingegeben, um euch aufzurichten und zu sich zu ziehen. Er hatte nichts davon, er hatte das nicht nötig, er tat dies Wunderbare für euch, für *uns*. Also ist die Weihnachtsgeschichte eine Geschichte, die an *uns* und mit *uns* und für *uns* geschieht. […] Der Engel des Herrn […] zeigt auf die Hirten, und er zeigt auf *uns*. Seine Nachricht ist eine Anrede: Euch ist heute der Heiland geboren! Euch: ungefragt, wer wir sind, ob wir die Nachricht verstehen oder nicht, ob wir gute und fromme Menschen sind oder nicht. *Ihr seid* gemeint! Ihr seid die, für die das geschehen ist! Seht, die Weihnachtsgeschichte geschieht nicht ohne uns; wir sind in dieser Geschichte drin. […] Das Ereignis von Bethlehem ist keine private Angelegenheit: *Euch* ist heute der Heiland geboren. Der Engel des Herrn zeigt wohl auf dich und mich, sagt aber: *euch!* Seine Nachricht geht uns gemeinsam an wie Geschwister, die alle miteinander ein schönes Geschenk vom Vater bekommen haben. Da ist keiner der erste und keiner der letzte, da ist keiner der Bevorzugte und keiner der Benachteiligte und vor allem keiner, der einfach zu kurz käme. Der da geboren ist, der ist unser aller *gemeinsamer* ältester Bruder. Darum beten wir in Seinem Namen: *Unser* Vater. […] Und darum gehen wir zum Abendmahl als dem Tisch des Herrn und essen von *einem* Brot und trinken aus *einem* Kelch: «Nehmet und esset! Trinket alle daraus!» Darum ist das ganze Leben der Christen eine einzige große Kommunion, d. h. eine Gemeinschaft mit dem Heiland, und darum auch eine Gemeinschaft untereinander. Wo es nicht Gemeinschaft mit dem Heiland ist, da ist es auch nicht Gemeinschaft untereinander, und wo es nicht Gemeinschaft untereinander ist, da ist es auch nicht Gemeinschaft mit dem Heiland. Eines nicht ohne das andere. Das alles ist in dem «Euch!» des Engels des Herrn enthalten und ist darum daraus zu lernen.

Euch – *heute!* sagt der Engel des Herrn. Als der Heiland geboren wurde, da hieß es *heute!* Da brach mitten in der Nacht ein neuer Tag an. Er selber war und ist die Sonne dieses Tages und die Sonne aller Tage. Der neue Tag, das ist nicht nur der Weihnachtstag, der ist unser Lebenstag. Heute, das bedeutet *nicht nur: damals*, nicht «Lasst hören aus alter Zeit …!» Nein, der Engel des Herrn sagt uns *heute* dasselbe wie damals den Hirten. Wir leben in dem neuen Tag, den Gott gemacht hat. Wir dürfen es hören, dass es in unseren menschlichen Verhältnissen und Beziehungen, in unseren Lebensgeschichten und sogar in der Weltgeschichte einen neuen Anfang gegeben hat und dass das Traurige, die Schuld und die Angst von gestern wohl noch da ist, aber gnädig zugedeckt, weil uns der Heiland geboren ist, sodass uns das alles nicht mehr schaden kann. Wir dürfen es hören, dass wir neuen Mut fassen und uns zusammennehmen und einen neuen Anlauf wagen und Zuversicht haben dürfen. Das verstehen wir nicht aus uns heraus, wohl aber sagt es uns der Engel des Herrn. Weil der Heiland geboren ist, darum ist ein neues Heute angebrochen! *Heute*: das heißt nun freilich auch: *nicht erst morgen!* Sicher *auch morgen!* Der damals geboren wurde, der stirbt nicht mehr, der lebt und regiert in Ewigkeit. Trotzdem: wir wollen nicht spekulieren auf morgen. […] Ob wir morgen auch noch da sind? Der Heiland gewiss, aber wir? Und ob wir auch morgen das Wort noch gesagt bekommen und hören und noch frei sind, es aufzunehmen? Das haben wir nicht in der Hand. […]

Und nun heißt es: Euch heute der *Heiland!* Das ist der Kern der Weihnachtsgeschichte: Euch ist heute der Heiland geboren! […] Wovon redet dieser Name: Heiland? Der Heiland, das ist der, der uns Heil bringt und also das, was uns hilft und heilsam ist. Er ist der Helfer, der Befreier, der Erretter, wie kein Mensch, sondern wie nur Gott es für uns sein kann und ist: der Befreier, der Helfer, der Erretter aus aller Not, in der wir verloren wären ohne ihn. Nun aber sind wir nicht verloren, denn Er ist da als der Heiland. Und der Heiland, das ist der, der uns das Heil umsonst bringt, gratis, ohne unser Verdienst und ohne unser Zutun und ohne dass uns nachher eine Rechnung gestellt wird. Sondern so, dass wir nur die Hand auszustrecken und es anzunehmen brauchen und als die Beschenkten dankbar zu sein. Der Heiland, das ist der, der das Heil *allen* bringt, ohne Vorbehalt und Ausnahme, ganz einfach, weil wir *alle ihn nötig* haben und weil Er der *Sohn Gottes* ist, der unser aller *Vater* ist. Indem er ein Mensch geworden ist, ist er unser aller *Bruder* geworden. «Euch ist heute der Heiland geboren», sagt der Engel des Herrn.

Das also ist die Weihnachtsgeschichte. Seht, wir können das alles nicht hören, ohne dass es uns widerfährt, dass wir von uns wegblicken dürfen, von uns selber und von unserem Leben und allem, was uns beschäftigen und beschweren mag. Da ist Er, unser großer Gott und Heiland, und da sind wir, und nun gilt es: gerade Er gerade für mich, für uns. Wir können seine Geschichte nicht hören, ohne unsere Geschichte mitzuhören, ohne von der großen *Veränderung*, welche mit uns geschehen ist, ein für alle Mal, zu hören und von der großen *Freude*, die uns damit bereitet ist, und von dem großen *Zuruf*, der damit ergeht in unser Leben hinein, sodass wir uns aufmachen und den Weg antreten dürfen, den Er uns weist. […]

Wir gehören nicht zu den Engeln, wir sind auf der Erde, hier in Basel, hier in diesem Hause. Aber wenn wir das hören von diesem Lobgesang und uns klarmachen, dass Gott nicht nur diesen einen Engel sandte, sondern dass die Menge der himmlischen Heerscharen zugegen war mit ihrem Lobgesang, dürften wir uns davon nicht mitreißen lassen, wie wenn wir etwa eine Marschmusik hören und in den gleichen Schritt fallen oder wie wenn eine bekannte Melodie ertönt, die wir unwillkürlich mitsummen oder mitpfeifen? Seht, das wäre es. Das hieße: frei hören und frei mittun in der Weihnachtsgeschichte. Amen.

Karl Barth, Predigten 1954–1967, hg. v. Hinrich Stoevesandt, Karl Barth-GA, Abt. I, Zürich 1979, 9–17.

Predigt über Johannes 16,33, Basler Gefängnis 1963

«Aber seid getrost!»

[…] *Ich habe die Welt überwunden.* Das ist die Weihnachtsbotschaft. *Ich!* Das Kind in der Krippe zu Bethlehem sagt uns das – in größter Demut, aber auch in größter Macht und Bestimmtheit. Ich, der Sohn Gottes, des allmächtigen Vaters, des Schöpfers des Himmels und der Erde! Ich, den er euch Menschen als Menschensohn wie ihr selbst gegeben hat, damit er euer Gott sei und ihr sein Volk seid – damit das Heil, der Friede, die Freude dieses Bundes über euch komme! *Ich* habe die Welt überwunden. Nicht ihr bösen und auch nicht ihr guten Menschen, ihr Dummen nicht und ihr Gescheiten auch nicht, ihr Gläubigen nicht und auch nicht ihr Ungläubigen! Kein Papst und kein Konzil, keine Regierung und keine Universität hat das getan, keine Wissenschaft und keine Technik – und wenn es euch gelänge, übermorgen auf der Milchstraße Schlitten zu fahren. *Ich* habe das getan.

Ich habe die *Welt* überwunden. Es geht um die Welt in der Weihnachtsbotschaft. Die Welt: das ist unser großes Wohnhaus, als Gottes Schöpfung so gut und herrlich gebaut und geordnet – und nun doch so voll Finsternis, eine Stätte von so viel Übeltat und Traurigkeit. Die Welt: das sind wir selber, wir Menschen, auch wir von Gott gut geschaffen und von Anfang an dazu bestimmt, seine Kinder zu sein – und nun doch von ihm abgefallen, seine Feinde, darum auch Feinde untereinander, darum ein jeder sein eigener Feind. Eben diese Welt hat Gott so sehr und in der Weise geliebt, dass er ihr mich, seinen Sohn – so spricht das Kind von Bethlehem – schenken wollte und geschenkt hat [Joh 3,16].

Ich habe die Welt *überwunden*, sagt dieses Kind. Es brauchte wohl einen großen Herrn dazu, um das zu tun! Ja, aber da ist er. Ein wunderlicher Herr freilich, ganz anders als die anderen großen Herren, die wenigstens diesen oder jenen Weltteil überwinden, unterwerfen, durch Schlauheit und Gewalt sich zu Füßen bringen zu können meinen. Ein Herr, der als armer Leute Kind in der Fremde, in einem Stall geboren, in der Nähe von Ochs und Esel in eine Krippe gelegt wurde – und wer weiß, ob das Holz dieser Krippe nicht aus dem gleichen Wald genommen war, in welchem später wieder Holz geschlagen wurde, um ein Kreuz zu zimmern? Denn damit und so hat dieses Kind die Welt überwunden, dass es sich für ihre Sünde und Schuld dem Tod der Schande ausliefern ließ. So hat es sie dem Verderben entrissen. So hat es sie mit Gott versöhnt. So hat es sie für Gott gewonnen. So hat es sie wiederhergestellt. So hat es uns Menschen uns selbst herrlicher als zuvor wiedergegeben.

Ich *habe* die Welt überwunden, hören wir. Nicht: ich werde das irgendeinmal tun! Sondern: Es ist vollbracht [Joh 19,30], es ist geschehen, ich habe es getan. Euch bleibt nur übrig, zu bemerken und euch darauf einzustellen und einzurichten, dass ihr in der von mir überwundenen Welt lebt – von mir überwundene Menschen schon seid! Das ist die Weihnachtsbotschaft. Das zu vernehmen, gelten zu lassen, in uns aufzunehmen, damit zu leben – dafür wollen wir uns an diesem Heiligen Abend alle miteinander bereitmachen: Ich habe die Welt überwunden. Doch halt! Das könnte nun, wenn Er, Jesus Christus, es uns nicht sagte, allzu schön sein, um wahr zu sein. Und eben Er sagt uns ja, wie wir hörten – und das sogar zuerst – noch etwas sehr anderes: *In der Welt habt ihr Angst.* «Angst» hat viel zu tun mit Enge. Angst ist Beengung, Beklemmung, Bedrängnis durch eine uns bedrohende Gefahr. Und nun sagt uns der Herr zwar nicht, dass wir Angst haben dürften oder gar sollten und müssten. Wiederum macht er es uns auch nicht zum Vorwurf, dass wir Angst haben. Er stellt es aber ganz nüchtern fest: In der Welt habt ihr Angst. [...]

Eben das Kind in der Krippe zu Bethlehem, eben der auf Golgatha ans Kreuz Geschlagene sagt uns ja beides: Ich habe die Welt überwunden – *und:* In der Welt habt ihr Angst. Wollten wir uns vor Diesem die Ohren zuhalten, dann würden wir wohl auch Jenes nicht hören und verstehen. Wir wollen uns darum auch das aufrichtig, wie es uns gesagt ist, sagen lassen: Wir haben Angst – auch die Starken unter uns, auch jetzt, auch an diesem Heiligen Abend. [...]

Noch etwas: Sollte nicht der eine oder andere auch von euch die Angst – gerade vor der Weihnacht kennen: die Angst vor der schmerzlichen Erinnerung an frühere bessere Weihnachtstage – die Angst vor der Verlassenheit, die sie gerade jetzt zu fühlen bekommen möchten – die Angst vor der Einladung, heute fröhlich zu sein, wo sie gar nicht fröhlich sein können – die Angst vor Gott, mit dem wir es ja an der Weihnacht so besonders intim und deutlich zu tun bekommen und mit dem wir doch so gar nicht im Reinen sind? Kurzum, es ist schon so: in der Welt habt ihr Angst. Es braucht allerdings das Wort des Herrn dazu, dass wir das ernstlich zugeben und gelten lassen. Aber es ist schon so, und wir können alles, was ich jetzt nur angedeutet habe, auf einen Namen bringen: wir haben Lebensangst, die man ebenso gut auch Todesangst nennen kann, weil sie die große Angst vor der Bedrohung ist, von der wir unser Leben durch den Tod, durch sein von allen Seiten sich anzeigendes gänzliches Ende, durch seine rettungslose Auslieferung an das Nichts umfangen finden. [...]

Wieder Derselbe, der uns auf den Kopf zu sagt, dass wir in der Welt Angst haben, wieder das Kind in der Krippe und der Mann am Kreuz fährt ja fort, ruft es ja unüberhörbar hinein in das ganze unruhige Meer unserer Angst:

Aber seid getrost! [...] Seid getrost! heißt nicht: Denkt eben an etwas anderes! Springt über das, was euch Angst macht, hinweg! Flieht vor eurer Angst – etwa in irgendeine Zerstreuung oder in irgendeine eifrige Beschäftigung oder in irgendein wildes Unternehmen! Ihr könnt und werdet ihr doch nicht entfliehen: so wenig ihr euch selbst entfliehen könnt. Und seht wohl zu: gerade das ganz undurchführbare und also unnütze Fliehenwollen vor der Angst pflegt irgendwie die Ursache alles Bösen und alles neuen Leides zu sein. Seid getrost! heißt: tut die Augen auf und seht empor: zu den Bergen, von denen euch Hilfe kommt [Ps 121,1] – und seht vorwärts: auf die paar nächsten offenen Stufen eures Weges! Und dann tretet fest auf eure Füße: dann fasst Mut! Dann seid sogar ein bisschen fröhlich – das alles genau da, wo ihr seid, und also mitten in der Angst, der großen Lebens- und Todesangst, die ihr zweifellos habt! [...]

Sicher kann *niemand von sich aus* aus eigener Erfindung, Einsicht und Entschließung getrost sein wollen, geschweige denn getrost sein. Ausnahmslos jeder kann das aber, indem er sich von Dem sagen lässt, dass er es darf und soll, der als wahrer Gottes- und Menschensohn selber in die Welt, in der wir Angst haben, hineingegangen ist, in ihrer Mitte selber die größte Angst gehabt hat – «Mein Gott, mein Gott, warum hast du mich verlassen?» [Mk 15,34] –, der eben damit diese Welt überwunden, sie mit Gott versöhnt und damit der Angst, die wir haben, eine Grenze gesteckt hat. [...]

Auf jene Frage: ob man denn, wie der Herr uns heißt, getrost sein könne? ist nun freilich noch eine zweite Antwort zu geben. Wie niemand von sich aus getrost sein kann, so auch *niemand für sich allein*. Wohl aber ohne Ausnahme jeder, indem er sich zu dem Volk versammeln lässt, dem [...] gesagt ist, dass es getrost sein darf und soll: zu dem Volk, dem in der Finsternis seiner Lebens- und Todesangst das große Licht leuchtet. [...] Darauf also wollen wir uns an diesem Heiligen Abend vorbereiten: zu vernehmen, dass wir mitten in der Angst, die wir haben, getrost sein dürfen, sollen und auch können. Und darauf, uns sagen zu lassen, dass wir das eben in der Gemeinschaft mit all denen zu hören bekommen, denen derselbe Herr und Heiland das auch zugesagt hat und wieder zusagen will. [...]

Karl Barth, Predigten 1954–1967, hg. v. Hinrich Stoevesandt, Karl Barth-GA, Abt. I, Zürich 1979, 242–251.

Zusammenfassung einer theologischen Lehre von der Predigt, Seminar Bonn 1932

1. *Offenbarungsmäßigkeit:* Die Predigt hat die Aufgabe, die geschehene und die kommende Offenbarung Gottes, d. h. die Epiphanie und die Parusie Jesu Christi zu verkündigen.

Die geschehene und kommende Offenbarung Gottes, in Beziehung gesetzt zu Jesus Christus, lässt unsere Gegenwart als zwischen den Zeiten befindliche erscheinen. Diese Doppelheit der Zeiten darf nicht in eine dritte aufgelöst werden, sondern gerade unsere Gegenwart steht zwischen dem Dagewesensein Jesu Christi im Fleisch und seinem Wiederkommen in Herrlichkeit; sie ist als Ereignis nicht zu umschreiben oder zu beschreiben, sondern gerade als solches stets Vater, Sohn und Heiliger Geist; sie ist keine bleibende Stadt, sondern der Ort derer, denen ihre Heimat, aus der sie kommen, und der Ort, da sie hinkommen sollen, gesagt ist. So hat denn auch die Predigt die Aufgabe, die Offenbarung in ihrem Weg vom Gestern zum Morgen zu bezeugen und so den Weg vom schon Gehörten zum immer wieder neu zu Hörenden zu gehen. Ist die Predigt auf diesen Grundton abgestimmt, dann ist sie offenbarungsgemäß, dann steht sie im rechten Verhältnis zu dem von ihr zu verkündenden Wort Gottes, indem sie von hier ihren Ausgangspunkt nimmt und wieder hineilt zum Worte Gottes als etwas ganz Neuem, ständig sich Erneuerndem, immer Lebendigem.

2. *Kirchlichkeit:* Die Predigt hat sich sachlich allein zu orientieren an der Taufe als dem Zeichen der Gnade, dem Abendmahl als dem Zeichen der Hoffnung und der Schrift als dem Dokument der Kirche begründenden Wahrheit.

Der Ort der Predigt ist also kein beliebiger, sondern der durch Taufe, Abendmahl und Schrift, und das, was in diesem Raum von Gott her geschieht, umgrenzte Raum. Einzig und allein daran hat sich die Predigt zu orientieren, nur dann können wir von Kirchlichkeit einer Predigt reden.

3. *Bekenntnismäßigkeit:* Die Predigt hat die Kirche zu erbauen durch die Wiederholung des ihr von ihrem Herrn gegebenen Auftrages.

Das Bekenntnis stellt die Antwort des Menschen (sozusagen Empfangsbestätigung) dar auf das, was er gehört hat. Wenn in der Kirche diese Verantwortung geschieht, dass sie gehört hat auf den Auftrag ihres Herrn und sich bekennt zur Vergegenwärtigung und Wiederholung dieses Auftrages, dann wird die Kirche immer wieder so erbaut, wie sie aus ihrem Grunde erbaut werden muss. Das schließt die Bindung an das kirchliche Bekenntnis in sich.

4. *Amtsmäßigkeit:* Die Predigt geschieht in der besonderen Legitimation und Verantwortung göttlicher Berufung zum Dienst in der Kirche.

Predigen ist immer Sache der Berufung. Aber diese Berufung ist nie eine menschliche Tat. Hiermit ist gesagt, dass alle menschlichen Kriterien des göttlichen Berufenseins nur Hinweis sein können auf Gottes eigene Tat der Einsetzung des Amtes und ins Amt. Damit aber bleibt diese Einsetzung als Gottes eigene Tat sein Geheimnis und stellt somit die große Frage dar, vor der jeder Prediger steht. Göttliche Berufung muss uns legitimieren, und wir wissen, dass wir als Berufene einst zur Rechenschaft gezogen werden.

5. *Heiligkeit:* Die Predigt soll sich selbst verstehen als Handlung eines sündigen Menschen, die im Befehl und Segen Gottes ihr Gesetz und ihre Verheißung hat.

Mit diesem mit «Vorläufigkeit» überschriebenen Punkt wird auf das Verhältnis von Gott und Menschen Bezug genommen, das in der Aktion der Predigt stattfindet. Predigt ist stets das Werk des Sünders, der von sich aus weder die Fähigkeit noch den guten Willen zu diesem Werk besitzt, wohl aber den Befehl Gottes dazu hat. Sie kann niemals Erfüllung sein, nur Vorläufer, aber angesichts des verheißenen göttlichen Segens darf der Prediger, auch wenn er sich seiner Ohnmächtigkeit und Unfähigkeit bewusst ist, aufgrund des Befehls, der an ihn ergangen ist, sich der Hoffnung getrösten, dass er nicht nur unter einem Gesetz, sondern gleichzeitig mit diesem unter einer Verheißung, unter dem Segen Gottes steht, dass sein Werk trotz aller Kümmerlichkeit doch nicht umsonst sein wird. Nur in dieser Heiligung kann und darf die Predigt geschehen.

6. *Biblizität:* Die Predigt ist nach Form und Inhalt unter allen Umständen gebunden als Schriftauslegung.

Soll in der Kirche tatsächlich *die* Wahrheit geredet werden (siehe These 2), so muss alles Reden in ihr in der Bewegung und Erwägung des Dokumentes dieser Wahrheit geschehen. Die Predigt darf nicht aus eigenem Reden quellen, sondern muss nach Form und Inhalt Schriftauslegung sein.

7. *Originalität:* Predigt kann nur in persönlicher Buße und Dankbarkeit geschehen und ist also ein freies Wort des Predigers.

Die Wiederholung des der ganzen Kirche gegebenen Auftrages ist dem einzelnen Prediger als eine ganz persönliche Aufgabe gestellt, der er sich unterziehen muss. Hat nun ein bestimmter Mensch die Aufgabe der Schriftauslegung übernommen, so muss er zuvor selbst die Schrift gehört haben und sie immer wieder hören, und zwar in allerpersönlichster Buße und Dankbarkeit vor Gott. Nur so kann er sich dann zu einem freien Wort über die Schrift hindurchringen, nur so kann er die riesengroße Aufgabe der Schriftauslegung erfüllen. Mit andern Worten: Die Heilige Schrift muss zunächst gewissermaßen durch ihn hindurchgegangen sein, dann erst ist er zu einem Nachreden mit seinen eigenen Worten und seinem eigenen Denken imstande.

8. *Gemeindemäßigkeit:* Die Predigt richtet sich an die Menschen einer bestimmten Gegenwart, um gerade ihnen zu sagen, dass ihr Leben in Jesus Christus seinen Grund und seine Hoffnung hat.

Wurde in These 7 die konkrete Situation des Predigers behandelt, so hier nun die der Hörenden: Die Predigt erfolgt nicht in einem leeren Raum, vielmehr hat sie ein menschliches Gegenüber, auf das ihre Verkündigung abzielt, und zwar sind es ganz bestimmte Menschen in einer ganz bestimmten Gegenwart, in einem bestimmten Raum und in einer bestimmten Zeit. Aus solcher Konkretion des angeredeten Hörers hat die Predigt ganz persönlich zu sein: gerade das Leben dieses Menschen da hat Grund und Hoffnung in Jesus Christus. Gerade er soll das begreifen, ihm gilt die Verkündigung; freilich darf ebenso wenig nur auf die Hörer gesehen und der in These 2 abgesteckte Raum außer Acht gelassen werden.

9. *Geistlichkeit:* Die Predigt muss geschehen in der Demut, in der Nüchternheit und als das Gebet dessen, der weiß, dass Gott selbst sich zu seinem Menschenwort bekennen muss, damit es Gottes Wort sei.

Hier ist die Stelle, wo die in verhältnismäßiger Abrundung aufzuzeigende Situation der Predigt sich nach oben öffnet und wir, vor dem Geheimnis des gnädigen Gotteswillens stehend, bekennen: es steht nicht in unserer Macht, dass Menschenwort Gotteswort werde. Die Predigt muss dann zum Gebet werden, zu einem Suchen und Anrufen Gottes, sodass letztlich alles auf die Erhörung dieses betenden Menschen ankommt. Diese Öffnung dürfen wir nicht mit dem triumphierenden Abschluss eines noch so hohen gotischen Spitzbogens versperren wollen, um uns selbst vor dem Hereinschauen des Himmels zu bergen, denn wahrhaft geborgen sind wir nur dann, wenn wir vor Gott ungeborgen sind. Also keine siegesgewisse Zuversicht auf den Erfolg des eigenen Tuns, vielmehr ein williges Sichöffnen nach oben und ein Offenbleiben für Gott, sodass Gott jetzt selbst dem Menschen gegenübertritt und ihm alles und reichlich gibt. So soll sich die Haltung des Menschen von oben her bestimmen: nichts von mir, alles von Gott, keine selbstständige Leistung, nur Abhängigkeit von Gottes Gnade und Willen.

Karl Barth, Homiletik. Wesen und Vorbereitung der Predigt, Zürich [3]1986, 69–72.

Karl Barth auf dem Bergli, 1951

Literatur zu Karl Barth

Michael Beintker, Krisis und Gnade. Gesammelte Studien zu Karl Barth, hg. v. Stefan Holtmann / Peter Zocher, Tübingen 2013

Michael Beintker / Christian Link / Michael Trowitzsch (Hg.), Karl Barth in Deutschland (1921–1935): Aufbruch – Klärung – Widerstand, Zürich 2005

Michael Beintker / Christian Link / Michael Trowitzsch (Hg.), Karl Barth im europäischen Zeitgeschehen (1935–1950): Widerstand – Bewährung – Orientierung, Zürich 2010

Michael Beintker / Georg Plasger / Michael Trowitzsch (Hg.), Karl Barth als Lehrer der Versöhnung (1950–1968): Vertiefung – Öffnung – Hoffnung, Zürich 2016

Michael Beintker (Hg.), Barth Handbuch, Tübingen 2016

Eberhard Busch, Karl Barths Lebenslauf, München ^{5}1993 (unveränderte Neuauflage Zürich 2005)

Eberhard Busch, Die große Leidenschaft. Einführung in die Theologie Karl Barths, Gütersloh 1998

Eberhard Busch, Karl Barth. Einblicke in seine Theologie, Göttingen 2008

Eberhard Busch, Mit dem Anfang anfangen. Stationen auf Karl Barths theologischem Weg, Zürich 2019

Ralf Frisch, Alles gut? Warum Karl Barths Theologie ihre beste Zeit noch vor sich hat, Zürich ^{2}2019

George Hunsinger, Karl Barth lesen: Eine Einführung in sein theologisches Denken, Neukirchen-Vluyn 2009

Eberhard Jüngel, Barth-Studien, Zürich / Köln / Gütersloh 1982

Bruce L. McCormack, Theologische Dialektik und kritischer Realismus: Entstehung und Entwicklung von Karl Barths Theologie, Zürich 2006

Christiane Tietz, Karl Barth: Ein Leben im Widerspruch, München 2018

Michael Trowitzsch, Karl Barth heute, Göttingen ^{2}2007

Michael Weinrich, Die bescheidene Kompromisslosigkeit der Theologie Karl Barths. Bleibende Impulse zur Erneuerung der Theologie, Göttingen 2013

Michael Weinrich, Karl Barth. Leben – Werk – Wirkung, Göttingen 2018